지구화 시대의
공공외교

개정 2판

개정 2판

지구화 시대의
공공외교

2019년 8월 30일 초판 1쇄 발행
2022년 5월 31일 개정 2판 1쇄 발행

지은이 김상배·송태은·안태현·박종희·배영자·전재성·박성우·조동준·신범식·이승주
편집 김천희
디자인 김진운
마케팅 최민규

펴낸이 고하영
펴낸곳 (주)사회평론아카데미
등록번호 2013-000247(2013년 8월 23일)
전화 02-326-1545
팩스 02-326-1626
주소 03993 서울특별시 마포구 월드컵북로6길 56
이메일 academy@sapyoung.com
홈페이지 www.sapyoung.com

ISBN 979-11-6707-065-4 93340

*본 도서는 2021년도 한국국제교류재단의 지원을 받아 완성되었음.

지구화 시대의 공공외교

개정 2판

김상배·송태은·안태현·박종희·배영자·전재성·박성우·조동준·신범식·이승주 지음

사회평론아카데미

지구화 시대의 공공외교

이 책은 2019년 8월에 출간된 『지구화 시대의 공공외교』의 증보판(개정 2판)이다. 한국국제교류재단의 〈2018년 공공외교 역량강화 시범대학 지원 사업〉에 서울대학교 정치외교학부팀이 선정되면서 2018년 2학기에 서울대학교 교양과목으로 〈지구화 시대의 공공외교〉를 개설했는데, 강의 시작 1년 후인 2019년 2학기에 교과서 제1판을 냈으니, 이번 증보판은 3년 만에 나오는 셈이다.

지난 3년의 강의에서 제1판을 교과서로 사용하면서 각 장의 내용을 수정·보완했다. 교과서의 수명으로 3년은 그리 긴 시간은 아니지만, '공공외교의 세계정치'가 워낙 빨리 변하는 분야여서 업데이트할 필요성이 시급히 제기되었다. 또한 지난 시기 코로나19로 인해서 강의 진행 과정에서 어려움도 없지 않았지만, 이 주제에 대한 식지 않는 학생들의 열기도 분발해서 증보판을 내게 된 동기가 되었다.

새로이 출판 작업을 진행했음에도 공공외교 분야의 주제 테마를 중심으로 구성되었던 원래 교과서의 기본 골격은 그대로 유지했다. 그럼에도 제1판 머리말에서 증보판에 포함시키기로 독자들께 약속했던 '문화공공외교'의 장을 새로이 추가했다. 아울러 '군사공공외교'와 '규범공공외교'를 다룬 기존의 장들은 새로 필자를 모셔서 대대적인 수정작업을 했다. 이렇게 세 장을 새로 써서 12장 체제로 증보판을 내게 되었다.

이 책이 나오기까지 많은 분의 도움을 받았다. 무엇보다도 이 책의 필자 선생님들께 감사의 말씀을 전한다. 특히 짧은 시간 내에 새로 원고를 써주신 세 분의 필자께 깊은 감사를 드린다. 교과서 증보판 출판에 대한 든든한 지원을 제공해 준 한국국제교류재단 측에 대한 고마움도 잊을 수 없다. 강의 진행과 교과서의 교정을 위해서 애써준 송태은 교수와 신은빈 학생에게 감사한다. 끝으로 빠듯한 일정임에도 세밀한 교과서 편집 작업을 진행해 준 사회평론아카데미 관계자들에 대한 고마움도 전한다.

2022년 5월 8일
김상배

지구화 시대의 공공외교

21세기 권력과 공공외교와 관련된 주제로 공부 모임을 진행해온 지도 어느덧 15년의 세월이 지났다. '소프트 파워(soft power)'와 '매력국가'를 주제로 열띤 토론을 벌이고 난 후『매력국가 만들기: 소프트 파워의 미래전략』(21세기평화재단 평화연구소)을 출간한 때가 2005년이었으니 말이다. '스마트 파워(smart power)'와 '네트워크 권력(network power)'에 대한 연구는 2009년에『소프트 파워와 21세기 권력: 네트워크 권력론의 모색』(한울)이라는 책으로 결실을 맺은 바 있다. 이러한 작업에 중견국의 실천적 고민을 더하여 2013년에는 『중견국의 공공외교』(사회평론)라는 책을 내기도 했다.

  그 이후 정보세계정치학의 다른 주제들을 섭렵하다 보니 공공외교라는 주제를 직접 내걸고 집합지성의 성과를 내는 데는 다소 소홀했다. 그러다가 한국국제교류재단(KF)의 '2018년 공공외교 역량강화 시범대학 지원사업'에 서울대학교 정치외교학부팀이 선정된 것을 계기로 다시금 공공외교에 대한 연구와 교육에 눈을 돌리게 되었다. 2018년 2학기부터 서울대학교 학부 교양과정에 '지구화 시대의 공공외교'라는 과목을 개설하고 이 책의 필자들이 교수진으로 참여하여 가르치기 시작했다. 딱히 교과서로 쓸 책이 없었던 차라 첫 학기에는 『중견국의 공공외교』를 사용했다. 그러다 한 학기 동안의 강의를 토대로 이 책을 펴내게 되었다.

기획 단계에서부터 학부생을 위한 교과서를 염두에 두고 집필된 이 책에서는 공공외교의 이론과 역사 이외에도 미디어 외교와 디지털 외교, 개발협력과 과학기술외교 등과 같은 신흥무대 위의 공공외교 이슈들을 다루었으며, 평화외교와 규범외교, 포럼외교 등과 같은 전통무대 위의 공공외교 문제도 포함시켰다. 이 밖에 디아스포라 외교와 국민외교와 같이 국가의 안팎에서 진행되는 네트워크 외교도 살펴보았다. 1~2학년 학부생을 독자층으로 겨냥했지만, 난삽한 흥미 위주의 사례보다는 공공외교에 대한 이해와 실천의 길잡이가 되어줄 개념적 기초를 잡아주는 데 내용의 주안점을 두었다.

우여곡절 끝에 다시 시작된 공공외교에 대한 연구와 교육의 여정은 이 책의 출간을 계기로 앞으로도 계속 이어나갈 것이다. 특히 이 책이 나오는 동안 한국국제교류재단의 지원사업에 선정된 것이 큰 힘이 되리라고 믿는다. 매 학기 개설되는 강의의 플랫폼 위에 젊은 지성들의 열띤 토론과 질문들을 담아서 한국이 추구해야 할 공공외교의 실천 방향과 좀 더 근본적으로는 이를 지탱해줄 이론적 틀을 다듬어가고자 한다. 이러한 숙성의 과정을 통해 조만간 한 단계 업그레이드된 증보판을 내기를 희망해본다. 이번에는 아쉽게도 자세히 다루지 못한 문화공공외교나 한류 열풍에 대한 내용이나 주요국의 공공외교 성공 사례 등을 새로이 포함시켰으면 하는 바람이다.

이 책이 나오기까지 많은 분들의 도움을 받았다. 무엇보다도 이 책의 필자 선생님들께 깊은 감사의 말씀을 전한다. 강의 개설과 진행 및 교과서 출판에 든든한 지원을 제공해준 한국국제교류재단 측에 대한 고마움도 잊을 수 없다. 이 책의 기반이 된 국제정치학의 기초 연구는 2010년에 시작되어 2016년에 대형 단계로 진입한 한국연구재단의 한국사회기반연구사업(Social Science Korea, SSK)의 지원으로 잉태되었다. 강의 진행과 교과서의 편집 및 교정을 위해서 애써준 송태은 박사와 김화경, 한상현에게 감사한다. 끝으로 빠듯한 일정임에도 세밀한 교과서 편집 작업을 진행해준 사회평론 관계자들에 대한 고마움도 전한다.

2019년 7월 29일

김상배

차례

개정 2판 책머리에   4
책머리에   6

제1장

공공외교의 이론적 이해 15

I. 지구화 시대의 공공외교   17
II. 공공외교의 개념과 이론   20
  1. 공공외교의 개념   20
  2. 소프트 파워의 이해   26
  3. 스마트 파워의 이해   30
III. 공공외교의 세계정치: 매력론의 시각   35
  1. 지식 기반 실력이 발산하는 매력   36
  2. 국가브랜드와 정책 및 지식공공외교   38
  3. 한류와 문화공공외교   40
  4. 정책 및 제도모델의 전파   41
  5. 보편적 가치와 규범외교   44
  6. 상황지성과 네트워크 외교   46
IV. 중견국 공공외교 이론의 모색   49
  1. 네트워크 시각의 도입   49
  2. 네트워크로 보는 중견국 공공외교   55
V. 맺음말   61

제2장

공공외교의 역사적 이해 67

I. 공공외교의 시작과 시대적 배경   69
  1. 공공외교 용어의 등장   70
  2. 외교정책 여론에 대한 새로운 이해   73

II. 양차대전기와 냉전기의 국가 프로파간다와 공공외교 77

    1. 세계대전과 전쟁 프로파간다 77

    2. 냉전기의 진영 대립과 프로파간다 81

III. 탈냉전기의 공공외교의 진화 85

    1. 정보화와 민주화의 영향 88

    2. 각국 공공외교의 차이 89

IV. 미중 패권경쟁 시대의 공공외교 94

    1. 샤프 파워와 국가 프로파간다의 부상 94

    2. 진영 간 가치·체제경쟁과 공공외교 101

제3장 ## 미디어 공공외교와 세계여론 111

I. 미디어와 공공외교 113

II. 미디어와 여론의 관계 116

III. 미디어 공공외교의 역할 121

IV. 매스미디어 시대의 공공외교 126

V. 인터넷과 소셜미디어 시대의 미디어 공공외교 131

VI. 4차 산업혁명 시대의 미디어 공공외교 138

제4장 ## 디지털 외교와 공공외교 151

I. 정보혁명과 외교의 변화 153

II. 정보혁명과 4차 산업혁명의 이해 155

    1. 정보혁명의 개념적 이해 155

    2. 4차 산업혁명, 정보혁명의 현주소 160

III. 4차 산업혁명 시대의 외교 변환 165

    1. 4차 산업혁명과 외교 과정의 변환 165

    2. 4차 산업혁명과 외교 영역의 변환 168

    3. 4차 산업혁명과 외교 주체의 변환 170

IV. 디지털 공공외교의 부상 175

    1. 인터넷과 지식공공외교 175

    2. 빅데이터와 정책공공외교 180

    3. 디지털 한류와 문화공공외교 185

V. 맺음말 190

문화외교와 공공외교 197

I. 들어가며 199

II. 문화 개념과 사례로 보는 문화외교와 공공외교 202

    1. 문화 개념의 발전과 의미 202

    2. 프랑스 문명의 투사 208

    3. 문화와 교육의 관계 216

    4. 영국의 국제문화관계 217

    5. 미국: 문화와 전쟁 222

    6. 대중문화외교와 공공외교의 발전 229

    7. 한국 대중문화의 성장과 소프트 파워: '상냥하고 부드러운' 한류의 힘 230

III. 맺음말 239

개발협력과 경제공공외교 247

I. 경제적 교류와 공공외교 249

II. 경제공공외교의 딜레마 252

    1. 국가브랜드 관리의 딜레마 252

    2. 공적개발원조의 딜레마 255

III. 경제공공외교와 국가의 역할 259

    1. 국가브랜드 관리자로서의 국가 261

    2. 원조딜레마 관리자로서의 국가 265

IV. 맺음말 270

제7장　　**과학기술외교와 공공외교**　277

I. 들어가며　279
II. 과학기술외교의 부상　281
III. 주요국 과학기술외교　288
　　1. 미국 과학기술외교: 경쟁력 강화와 소프트 파워 증진　288
　　2. 영국 과학기술외교: 경쟁력 강화와 소프트 파워 증진　294
　　3. 일본 과학기술외교: 경제 회복과 대개도국 협력 강화　298
IV. 한국 과학기술외교와 공공외교　302
V. 맺음말　307

제8장　**군사외교와 군사공공외교**　315

I. 국가 안보전략의 일환으로서 군사외교와 군사공공외교　317
II. 군사외교의 개념과 내용　320
　　1. 군사외교의 개념과 역할　320
　　2. 군사외교의 내용　321
III. 한국의 군사외교　322
　　1. 한국 군사외교의 목적　322
　　2. 한미동맹을 축으로 한 한국의 군사외교　324
　　3. 한국의 다각적 군사외교　326
IV. 군사공공외교의 개념과 내용　328
　　1. 군사공공외교의 개념 및 역할　328
　　2. 군사공공외교의 내용　330
V. 국제연합(UN)의 평화활동과 군사공공외교　333
　　1. 평화유지(PKO) 활동　333
　　2. 한국의 PKO 활동과 군사공공외교　336
　　3. UN의 평화구축 활동과 한국의 군사공공외교　339
VI. 다자기구 참여를 통한 한국의 군사공공외교　344
VII. 맺음말　346

제9장 **가치규범의 공공외교** 353

I. 서론: 가치, 규범, 공공외교 355
II. 평화의 가치규범과 공공외교 361
III. 인권과 민주주의 가치와 공공외교 367
IV. 기후변화규범과 공공외교 374
V. 맺음말: 가치규범 공공외교와 한국 378

 제10장 **세계정치의 장(場)과 대규모 행사를 활용한 공공외교** 387

I. 머리말 389
II. 19세기 지구화와 세계정치의 혁신 391
  1. 19세기 지구화와 지구적 쟁점의 등장 391
  2. 19세기 세계정치의 혁신 396
III. 현대 세계정치의 장(場)과 공공외교 401
  1. 현대 세계정치의 장 401
  2. 공공외교의 공간으로서 세계정치의 장 412
IV. 대규모 행사(mega-event)와 공공외교 417
  1. 19세기 대규모 행사 418
  2. 대규모 행사를 통한 매력 발산 421
V. 맺음말 425

 제11장 **디아스포라와 공공외교** 431

I. 머리말 433
II. 공공외교 자산으로서 디아스포라 네트워크 437
  1. 디아스포라 네트워크 437
  2. 디아스포라 네트워크의 외교적 가치 439
  3. 디아스포라 공공외교의 도전 441

III. 디아스포라의 역할과 공공외교 전략　448

　　1. 공공외교와 디아스포라의 역할　448

　　2. 21세기 공공외교와 디아스포라 전략　452

IV. 한국 디아스포라 공공외교의 실재　456

V. 맺음말: 한국 디아스포라 공공외교의 과제　468

국민외교와 네트워크 공공외교　479

I. 머리말　481

II. 세계정치의 변환과 공공외교 패러다임의 변화　483

III. 네트워크 공공외교: 행위자와 매체의 다양화　487

　　1. 행위자의 다양화　487

　　2. 매체 및 데이터의 다양화　493

IV. 네트워크 공공외교의 국내적 차원　499

　　1. 국내 공공외교의 등장　499

　　2. 국민외교: 한국의 사례　501

V. 맺음말　506

제1장

공공외교의 이론적 이해

김상배 | 서울대학교 정치외교학부

I. 지구화 시대의 공공외교

II. 공공외교의 개념과 이론

   1. 공공외교의 개념

   2. 소프트 파워의 이해

   3. 스마트 파워의 이해

III. 공공외교의 세계정치: 매력론의 시각

   1. 지식 기반 실력이 발산하는 매력

   2. 국가브랜드와 정책 및 지식공공외교

   3. 한류와 문화공공외교

   4. 정책 및 제도모델의 전파

   5. 보편적 가치와 규범외교

   6. 상황지성과 네트워크 외교

IV. 중견국 공공외교 이론의 모색

   1. 네트워크 시각의 도입

   2. 네트워크로 보는 중견국 공공외교

V. 맺음말

최근 지구화, 정보화, 민주화의 추세와 함께 기존의 정무외교와 통상외교 이외에도 제3의 외교 영역으로 공공외교에 대한 관심이 부쩍 늘었다. 공공외교에 대한 관심 뒤에는 소프트 파워의 부상으로 요약되는 권력게임의 변화와 '네트워크'의 부상으로 대변되는 세계정치 주체의 변화가 있다. 이러한 변화의 와중에 부상하고 있는 공공외교는 다음의 세 가지 개념을 주요 내용으로 한다. 첫째, 공공외교는 공개외교의 관념을 바탕으로 대내외적 커뮤니케이션을 강조하는 소통외교를 모색한다. 둘째, 공공외교는 외교 전담 부처의 전통적인 역할론을 넘어서 정부 내뿐만 아니라 민간 부문까지도 포함하는 네트워크 외교를 지향한다. 셋째, 공공외교는 다양한 형태로 공개되는 쟁점들을 조율하고 각자의 이익을 주장할 가능성이 있는 다양한 행위자들의 활동에 중심성을 제공하는 공익외교를 추구한다. 소통과 공감을 논하는 영역에서 '경쟁'을 논하는 현실적 비애가 없지 않지만, 소프트 파워와 네트워크 경쟁의 틈바구니에서 한가로이 머물러 있을 수만은 없는 것이 현재 한국의 처지이다. 따라서 단순히 선진국의 모델을 따라가는 차원을 넘어서 중견국인 한국의 실정에 맞는 공공외교의 전략을 모색할 필요성이 제기된다.

핵심어

공공외교public diplomacy   네트워크network

세계정치world politics   국가브랜드nation brand

소프트 파워soft power   서울 컨센서스Seoul Consensus

스마트 파워smart power   규범외교normative diplomacy

매력charming power   중견국middle power

I. 지구화 시대의 공공외교

최근 지구화, 정보화, 민주화의 추세와 함께 국제정치학에서는 기술, 정보, 지식, 커뮤니케이션, 문화 등의 문제에 대한 관심이 날로 커지고 있다. 21세기 세계정치의 장에서는 '힘'과 '돈'뿐만 아니라 '서로 소통하고 공감하는 문제'가 중요하다는 인식이 늘어났기 때문이다. 이러한 맥락에서 이른바 '커뮤니케이션의 세계정치'에 좀 더 적극적으로 눈을 돌리게 되었는데, 이러한 변화의 일례로 공공외교의 필요성이 강조되고 있다. 물론 이전에도 우리가 지금 공공외교라고 부르는 현상이 없었던 것은 아니다. 사실 외교와 국제정치의 과정에서 상대방의 정부나 국민과 소통하여 그들을 설득하는 일이 중요하지 않았던 적은 없다. 그럼에도 오늘날에는 예전에 비해서 남다른 관심이 커뮤니케이션의 세계정치와 공공외교에 쏟아지고 있다.

이러한 공공외교의 새로운 면모를 강조하기 위해서 신(新)공공외교나 공공외교 2.0 등과 같은 용어가 쓰이기도 한다.

　새로운 공공외교의 부상은 두 가지 차원에서 파악되는 세계정치의 변화를 배경으로 한다. 먼저, 공공외교에 대한 관심 뒤에는 소프트 파워(soft power)의 부상으로 요약되는 세계정치의 변화가 있다. 소프트 파워는 원래 미국의 국제정치학자인 조지프 나이(Joseph Nye)가 1990년대 초반에 소개한 개념이다. 소프트 파워에 대한 논의가 본격적으로 국제정치학계의 관심을 끈 시기는 9·11테러 이후이다. 미국은 반(反)테러를 명분으로 전쟁을 수행하면서 한 가지 교훈을 얻었다. 탈냉전 이후 세계 유일의 초강대국으로 여겨지던 미국은 반테러 전쟁을 통해서 오히려 자국의 정책에 대한 국제 여론의 악화를 경험해야만 했다. 이러한 과정에서 아무리 초강대국이라 하더라도 '힘'으로만 밀어붙여서는 안 되고 궁극적으로 상대방을 설득하고 감동시켜 내 편으로 만드는 것이 중요하다는 교훈을 얻게 된 것이다(Nye 1991; 2004).

　이러한 맥락에서 군사력이나 경제력과 같은 하드 파워(hard power)를 바탕으로 하는 부국강병의 국제정치뿐만 아니라 기술, 정보, 지식, 문화와 같은 소프트 파워의 자원을 바탕으로 세계인의 마음을 얻는 커뮤니케이션의 세계정치에 대한 관심이 커졌다. 사실 국가의 경계를 넘나드는 국제 커뮤니케이션이나 국제 문화교류에 대한 논의는 예전부터 있어왔다. 그럼에도 최근의 논의가 각별한 의미를 갖는 이유는 권력이라고 하는(그것도 새로운 방식으로 이해된) 개념의 렌즈를 통해서 기술, 정보, 지식, 커뮤니케이션, 문화 등의 변수에 접근하기 때문이다. 이러한 관점에서 보면, 소프트 파워의 세계정치라고 하는 것도 미국이라는 강대국이 세계를 운영하는 전략적 관심을 반영한 이데올로기적 편향을 갖고 있다. 그럼에도 21세기를 맞아 새롭게 부각된 커뮤니케이션의 세계정치를 소프트 파워의 잣대로 바라보아야 한다는 문제의식 자체가 지니는 중요성은 부인할 수 없다.

소프트 파워라는 용어와 더불어 공공외교의 화두를 장식하는 것은 다름 아닌 '네트워크'라는 말이다. 전통적인 의미에서 외교의 축은 정무외교(또는 안보외교)이고 외교적 행위의 주인공은 국민국가의 정부이다. 이에 비해 21세기 공공외교의 추진 과정에서는 정부뿐만 아니라 국가 영역의 밖에서 활동하는 다양한 형태의 민간 행위자들이 나름대로 중요한 역할을 담당하게 되었다. 정부 조직 내에서는 전통적인 의미의 외교 담당 부처 이외에도 다양한 국제교류 업무를 담당하는 실무 부처의 외교적 역할이 중요시된다. 이러한 현상의 저변에는 다양한 비(非)국가 행위자들의 활동이 증대되고 있는 21세기 세계정치의 변화가 자리 잡고 있다.

이렇듯 21세기 외교의 가장 큰 특징 중의 하나는 혼자가 아닌 여럿이 함께해야 한다는 것이다. 이러한 시각에서 보면 21세기 공공외교의 성격은 다양한 행위자들이 개방적인 환경에서 서로 협업하는 외교, 즉 네트워크 외교로 요약된다. 외교부의 정책홍보 활동, 잘나가는 기업들의 첨단제품이 만들어낸 이미지, 그리고 한국 문화를 전파하는 대중문화 스타의 매력 등이 모두 공공외교의 네트워크를 만들어내는 주체이다. 이러한 변화의 이면에 정보혁명과 인터넷의 지구적 확산, 그리고 이러한 기술의 네트워크를 바탕으로 활성화되고 있는 사람들의 네트워크(이른바 소셜 네트워크)가 있다. 이렇게 다층적으로 작동하고 있는 네트워크의 시대를 맞이하여 다양한 행위자들을 엮어내는 공공외교의 역할이 새삼 중요해졌다.

이렇듯 소프트 파워와 네트워크로 요약되는 공공외교의 세계정치가 전개되고 있다. 한국은 하드 파워의 기준으로 보면 주변 4강에 둘러싸여 하위에 머물고 있지만, 소프트 파워를 기준으로 한 세계정치의 무대에선 막연하게나마 희망이 보인다. 사실 소통과 공감을 논하는 소프트 파워와 네트워크의 세계정치 영역에서 '협력'이 아니라 '경쟁'의 잣대를 들이댈 수밖에 없는 현실의 비애가 없지는 않다. 실제로 공공외교는 결과로 얻어지는 것을 목적으로 내걸었을 경우에 오히려 낭패를 볼 수도 있는 분야이다. 그럼에도 소프트 파워와 네트워크 경쟁의 틈바구니에서 한가로이 머물러 있을 수만은 없는 것이 한국의 처지이다. 따라서 단순히 선진국의 모델을 따라가는 차원을 넘어서 중견국인 한국의 실정에 맞는 공공외교의 전략을 모색할 필요성이 제기된다.

II. 공공외교의 개념과 이론

1. 공공외교의 개념

전통적인 의미의 외교는 통상적으로 A국 정부와 B국 정부 사이에서 이루어졌다. 이러한 정부 간 외교 중에서도 정무·안보외교와 경제외교는 20세기 외교의 양대 축이었다. 최근 한국 외교의 쟁점을 살펴보아도 '북핵 외교'가 한 축을 이루고 '통상 외교'가 다른 한 축을 이룬다고 할 수 있다. 이러한 연속선상에서 볼 때, 공공외교는 오

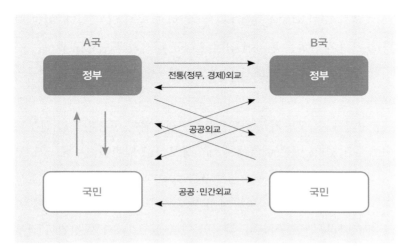

| 그림 1-1 | 공공외교의 범위

출처: 외교부 국민외교센터(2018).

늘날 외교의 세 번째 축이라고 할 수 있다. 20세기 말과 21세기 초를 거치면서 급속히 중요해진 공공외교는 상대국의 정부가 아니라 상대국의 국민을 대상으로 벌이는 외교이다. 〈그림 1-1〉에서 보는 바와 같이, 공공외교는 A국 정부와 B국 국민 사이에서 또는 B국 정부와 A국 국민 사이에서 벌어지는 외교를 의미한다.

　그런데 최근 외교 현실이 급속히 변화하고 공공외교에 대한 논의가 20여 년 이상 활발하게 진행되면서 공공외교의 어의 자체뿐만 아니라 그 개념적 외연이 확장되는 현상이 발생하고 있다. 경우에 따라서는 A국 국민과 B국 국민이 벌이는 민간교류 활동도 공공외교 차원에서 이해할 수 있다. 이러한 현상을 민간외교 또는 문화외교라고 구별하여 부르기도 하면서 용어의 혼란이 발생하기도 한다. 여하튼 요즘에는 일반 국민도 외국인 그룹과 만나 교류하는 과정에서 일종의 국민 외교관으로 나서는 경험을 많이 하고 있다. 외교 담당 부처가 주관하는 행사에 참여해 다른 나라의 국민과 교류하는 것처럼 국민이 정부를 통해서 국제교류 활동을 벌이는 경우도 공공외교로 이해할 수 있다.

최근에는 '국민외교'라는 개념도 생성되어 공공외교의 일부로 이해되고 있다. 이는 예전에는 대민홍보라고 일컬어졌는데, 외교부 내 대변인실에서 처리하는 업무 정도로 이해되었다. 예전에는 정부와 국민 사이의 소통이 이렇게 정부로부터 국민을 향한 일방향 화살표를 따라서 이루어졌다. 하지만 인터넷 시대에 들어서면서 정부와 국민 사이에도 쌍방향의 소통을 기대할 수 있게 되었다. 다시 말해, 국민이 외교의 대상이거나 외교의 좋은 조건을 만들어주는 지원자의 수준을 넘어서서 외교의 주체로 외교 과정에 참여하게 된 것이다.

종합컨대, 21세기 공공외교는 이상의 세 가지 차원을 통틀어 이해해야 한다. 한 나라의 정부가 타국의 국민을 대상으로 하는 외교의 차원이 한 나라의 국민과 다른 나라의 국민 사이에서 일어나는 외교로 확장되었다. 그리고 더 나아가 한 나라의 국민이 그 나라의 외교 활동에 참여하는 과정까지 포함되었다. 다시 말해, 이러한 확장의 과정에서 외교를 수행하는 주체의 성격이 변하고 있는 것이 핵심이라고 할 수 있다. 그 저변에는 외교의 대상이 확장되는 인식의 변화와 외교의 수단이 다변화되는 환경의 변화가 깔려 있다.

이러한 맥락에서 공공외교의 개념에 대해서 좀 더 자세히 알아보자. 공공외교(公共外交)라는 말은 1960년대 중반에 미국에서 처음으로 사용되기 시작한 'public diplomacy'를 번역한 것이다. 공공외교라는 용어의 새로운 출현은 당시 국제정치 현실의 변화를 반영한다. 흥미롭게도 그 변화의 내용은 'public', 즉 '공공'이라는 단어 안에 담겨 있다. 공공외교에 대한 또 하나의 정의를 추가하기보다는 '공공(公共, public)'의 뜻을 새겨보면서 그 의미를 살펴보도록 하자. 이는 '공공'이라는 단어에 방법, 주체, 목적 등과 관련된 공공외교의 의미심장한 뜻이 담겨 있기 때문이다(김상배 2014c).

첫째, '공(公)'은 '숨김없이 드러내놓다'라는 뜻, 즉 공개(公開)의 의미를 담고 있다. 이러한 점에서 보면, 공공외교는 공개외교로 이해된다. 17~19세기 서구에 기원을 둔 근대 외교는 베일에 가려진 비밀 영역에서 진행되었다. 그러나 1차 세계대전을 거치면서 이러한 비밀외교의 문제점이 불거지면서 현대 외교는 공개 영역에서 이루어져야 한다는 인식이 확산되었다. 이러한 맥락에서 볼 때 21세기 공공외교의 화두는 비밀과 폐쇄보다는 개방과 참여이다. '개방·협업·참여의 인터넷'을 뜻하는 웹 2.0에서 유추한 공공외교 2.0이라는 말을 쓰는 이유도 바로 이러한 화두와 통한다. 최근에는 위키리크스와 같은 온라인 폭로사이트가 세간을 떠들썩하게 만들면서 외교 분야의 정보를 어디까지 공개할 것이냐는 논란이 벌어지고 있다.

공개외교로서 공공외교의 내용적 핵심은 국내외 대중과 커뮤니케이션하는 외교, 즉 소통외교이다. 이는 공공외교에서 대내외적인 차원의 홍보가 강조되는 이유와도 통한다. 대정부홍보뿐만 아니라 대민홍보가 소통외교의 기본을 이룬다. 공공외교를 가장 좁은 의미로 이해해서 대민홍보나 대민관계로 보는 것은 바로 이러한 이유 때문이다. 그러나 이러한 과정에서 소통이 그리 쉽지만은 않다. 소통의 목적은 지적 교감과 감정적 공감을 통한 설득과 동의이다. 여기에 권력이라는 안경을 쓰고 보면, 소통, 교감, 공감, 설득, 동의 등은 상대방의 마음을 끌어 내가 얻고자 하는 바를 싸우지 않고도 얻는 권력, 즉 소프트 파워의 개념으로 통한다. 이러한 점에서 소통외교로서의 공공외교는 중립적인 의미가 아닌 새로운 권력정치의 일례로 이해된다.

둘째, '공(共)'은 여럿이 함께한다는 '집합'의 의미를 담고 있다. 이러한 점에서 보면 공공외교는 공동(共同)외교의 뜻을 담고 있다고 할 수 있다. 사실 상대국 정부의 외교 담당자가 아니라 상대국 국민 전반, 그리고 경우에 따라서는 자국의 국민까지도 포함하는 세계시민을 대상으로 벌이는 외교에 소수의 외교관만이 주체로 나선다는 것은 상상하기 어렵다. 다양한 층위에서 다양한 부류의 주체가 함께 참여하는 방식으로 이루어져야 하는 것이 공공외교의 특징이기 때문이다. 이러한 맥락에서 보면 공공외교에는 외교 전담 부처뿐만 아니라 다양한 정부 실무 부처나 다양한 민간 행위자들의 참여라는 뜻이 담겨 있는 셈이다.

그러나 중구난방으로 참여해서는 외교라는 소기의 목적을 달성하기 어렵다. 이러한 점에서 '공(共)', 즉 여럿이 함께하는 집합은 조율되어야 한다. 다시 말해, 공공외교는 단순한 공동외교가 아니라 다양한 주체를 엮는 네트워크 외교의 모습을 취해야 한다. 여기서 네트워크 외교라는 말은 다소 다의적이다. 네트워크 외교는 외교 전담 부처가 실무 부처나 다양한 민간 행위자를 공공외교의 과정에 참여시킨다는 의미에서 '네트워킹'의 외교를 의미한다. 또한 외교 공관들의 네트워크나 초국적으로 활동하는 민간 행위자들의 네트워크가 새로운 공공외교의 주체로 등장한다는 의미로 이해될 수도 있다. 여하튼 21세기 공공외교는 여럿이 참여해서 공동으로 보조를 맞추어가는 외교를 특징으로 한다.

셋째, '공(公)'은 '어느 한쪽으로 치우치지 않고 공평하다'는 뜻도 담고 있다. 이러한 점에서 보면 공공외교는 특수한 사익이 아니라 보편적인 공익을 추구하는 외교 활동을 지향한다. 공공외교라는 말에서 '외교'가 뜻하는 바도 이러한 공익성과 통하는 바가 크다. 외교란 기본적으로 국가 간의 관계를 전제로 하여 자국의 보편적 이익을 대표하는 활동이다. 그런데 여기서 민간 행위자들이 주를 이루는 공공(또는 문화) 분야의 활동에 외교라는 용어를 사용하는 이유를 음미해볼 필요가 있다. 다시 말해, 이 분야에도 여전히 국가 차원의 보편적인 이익을 위해서 정부가 담당할 역할의 여지가 있다는 것을 암시한다. 이는 네트워크 시대를 맞이하여 정부의 역할을 되새기게 하는 대목이다.

그런데 여기서 토론의 대상이 되는 것은 정부가 어떻게 개입할 것이냐의 문제이다. 사실 공공외교(또는 문화외교)는 민간 행위자들의 자율적인 활동이 활발한 분야이다. 따라서 획일적인 계획의 틀에 갇히지 않는 것이 장점이다. 그러나 역으로 사익으로 흐르거나 너무 애국주의적 감정을 앞세울 우려도 없지 않다. 따라서 공공외교의 성공적인 추진을 위해서는 일종의 '중심성'을 부여하는 누군가의 역할이 필요하다. 이러한 역할을 하는 주체는 다양한 각도에서 모색될 수 있겠지만, 일반적으로 공익의 담지자로 일종의 허브(hub) 역할을 하는 정부를 떠올려볼 수 있다.

요컨대, 21세기 공공외교는 공개외교의 개념을 바탕으로 대내외적 커뮤니케이션을 강조하는 소통외교에 대한 강조, 외교 전담 부

처의 전통적인 역할론을 넘어서 정부 내뿐만 아니라 민간 부문까지
도 포함하는 네트워크 외교의 부상, 그리고 다양한 형태로 공개되는
쟁점들을 조율하고 각자의 이익을 주장할 가능성이 있는 다양한 행
위자들의 활동에 중심성을 제공하는 공익외교의 세 가지를 주요 내
용으로 한다. 국제정치학의 시각에서 볼 때 이러한 공공외교는 단순
히 중립적인 상호 소통과 문화교류의 의미를 넘어서 상대적으로 비
대칭적인 관계를 염두에 두고 벌어지는 권력게임이다. 앞서 언급한
바와 같이, 최근 공공외교의 연구에서 소프트 파워의 개념에 그 출
발점을 설정하는 것은 바로 이러한 맥락에서이다.

2. 소프트 파워의 이해

공공외교에 대한 논의에 이론적 배경을 제공하는 대표적인 개념
은 소프트 파워이다. 변환을 겪고 있는 국제정치 권력의 모습을 간
결하고 쉬운 용어인 '소프트 파워'로 표현했다는 것은 큰 의미를 갖
고 있다. 일반적으로 이해하기에 '딱딱할(hard)' 수밖에 없는 '권력
(power)'이라는 용어에 '부드럽다(soft)'는 형용사를 결합시켜 '소
프트 파워'라고 부른다. 이러한 다소 모순적인 조어(造語)의 상상력
이 세간의 주목을 끌었다. 궁극적으로 '딱딱한 힘'이 아닌 '부드러운
힘'이라는 개념의 렌즈를 동원하지 않고서는 이해할 수 없는 세계정
치 현실의 변화가 소프트 파워의 성공을 설명한다. 그렇지만 뒤에서
설명하다시피 아무리 '부드러운 힘'을 강조하더라도 여전히 '딱딱한
힘'을 무시해서는 살아남을 수 없는 것이 권력세계의 현실이다. 그
래서 나이는 '똑똑한 힘', 즉 스마트 파워(smart power)라고 하는 또
다른 히트작을 고안했다.

소프트 파워 논의의 출현 배경

나이의 소프트 파워에 대한 논의는 1980년대 후반을 국제정치적 배경으로 하여 처음으로 등장했다. 나이는 1991년에 출간된 *Bound to Lead: The Changing Nature of American Power*라는 책에서 당시 국제정치학계의 화두였던 미국의 패권쇠퇴론에 대한 반론을 피력했다(Nye 1991). 나이에 따르면, 미국의 패권은 군사력이나 경제력이라는 지표로 보면 상대적으로 쇠퇴하고 있는 것이 사실이지만 소프트 파워라는 개념의 잣대로 보면 여전히 세계를 주도해갈 역량을 갖추고 있다. 그러고 나서 13년이 지난 2004년에 나이는 그동안의 소프트 파워에 대한 논의를 발전시켜서 *Soft Power: The Means to Success in World Politics*라는 책을 내게 된다(Nye 2004).

그런데 2004년의 책이 대상으로 삼고 있는 2000년대 초반의 국제정치 현실은 1980년 후반의 것과는 정반대의 상황으로 연출되었다. 부시 행정부의 세계전략을 보면 미국이 세계 최강의 하드 파워를 지닌 유일 강대국임은 분명했지만 세계전략을 원활히 수행할 소프트 파워를 지니고 있는지에 대해서는 의심받는 상황이 창출되었던 것이다. 예를 들어, 9·11 테러 이후에 '테러와의 전쟁'을 수행하는 과정에서, 특히 이라크 전쟁을 수행하는 과정에서 미국이 내세운 개입 논리의 정당성에 대한 비판이 제기되었다.

나이의 개념적 도식에서 소프트 파워란 '강제나 보상보다는 사람의 마음을 사로잡아 원하는 것을 얻어내는 능력'이다. 특히 국제적 차원에서 소프트 파워는 한 나라의 문화나 민주주의·인권·개인적 기회의 보장 등과 같이 그 나라가 추구하는 정치적 목표와 제반 정책 등에서 우러나오는 매력과 관련된다. 소프트 파워란 어느 나라의 가치체계를 존중하고 그 나라의 본을 따르며 번영과 개방성의 수준을 동경하게 함으로써 그 나라를 뒤따르게 하는 권력이다. 소프트 파워는 국제정치 무대에서 의제를 설정하는 능력이고 국가 행위의 정당성과 도덕성에 기반을 두는 권력이다. 또한 소프트 파워는 하드 파워의 정당한 행사나 보편적인 국제규범의 추구 등과도 밀접한 관련을 맺고 있다. 나이는 이러한 소프트 파워의 여러 측면을 문화, 정치적 가치, 외교의 세 부분으로 요약해서 설명하고 있다.

정치이념이나 가치와 관련하여 나이가 지적하는 미국의 소프트 파워로는 민주주의나 인권의 옹호 및 실천, 개인주의와 자유, 페미니즘 등을 들 수 있다. 또한 정책 및 외교와 관련된 미국의 소프트 파워로는 바람직한 국내정책, 외교정책의 내용과 스타일, 국제적 공공재의 제공 등을 들고 있다(Nye 2004, 34-72). 이러한 연속선상에서 나이가 특별히 주목하는 미국의 소프트 파워는 이른바 '워싱턴 컨센서스(Washington Consensus)'로 알려진, 시장경제와 자유민주주의를 골간으로 하는 미국의 정치경제 모델이다. 그야말로 미국의 경험을 바탕으로 하는 제도모델이 글로벌 스탠더드로 보편화되는 과정에서 미국의 소프트 파워가 그 위력을 발휘하고 있다는 것이다. 이렇게 나이가 미국의 소프트 파워를 객관적으로 드러내기 위해서 사용한 지표와 방법론은 그 이후 세계 각국의 소프트 파워를 측정하려는 작업들에 원용되는 '소프트 파워'를 발휘하게 되었다. 이러한 학술적 의미와 더불어 소프트 파워의 개념이 지니는 의미는 부시 행정부의 외교정책과의 차별화를 시도하는 오바마 행정부의 외교안보정책 실세들에 의해 채택됨으로써 그야말로 실천적 파괴력을 획득했다는 점에 있다.

사실 소프트 파워는 원래 본인이 통제하기 어려운 종류의 힘이다. 특히 국제적 맥락에서 자국이 지닌 소프트 파워를 제대로 통제한다는 것은 더욱 어렵다. 소프트 파워의 성공이 낳을 결과에 대해서는 강자나 약자 어느 누구도 제대로 알 수 없다. 소프트 파워가 성공할 경우 오히려 저항이 생길 수도 있기 때문이다. 예를 들어, 미국 대중문화의 상징인 맥도날드 햄버거를 먹으면서도 반미시위를 벌일 수 있다. 그럼에도 불구하고 소프트 파워의 역풍은 하드 파워의 경우보다는 덜할 수 있다. 왜냐하면 권력이 행사되는 과정에서부터 약자를 끌어들일 수 있는 여지가 있는 권력이 바로 소프트 파워이기 때문이다. 이러한 점에서 소프트 파워는 정보를 공유하는 능력, 즉 신뢰를 얻어내는 능력에 크게 의존한다. 나이도 소프트 파워의 행사 과정에서 정보의 중요성을 강조했다. "정보화 시대를 맞아 다른 나라의 호감을 더 많이 사고 소프트 파워를 강화시킬 가능성이 많은 나라는 이슈를 형성하는 데 도움이 되는 커뮤니케이션 채널이 많은 국가이다"(Nye 2004, 31).

소프트 파워에 대한 논의를 펼친 나이의 궁극적인 관심은 외교정책의 역할로 귀결된다. 미국은 이라크 전쟁을 계기로 소프트 파워에 심각한 훼손을 입었다. 하지만 나이는 미국이 안고 있는 문제는 미국의 문화나 가치, 이념의 실추에 따른 것이 아니라 특정한 외교정책상의 오류에서 발생한 것이라 판단한다. 나이의 인식 속에서 냉전기까지 미국의 소프트 파워는 성공한 작품이었다. 소프트 파워의 전쟁이라는 관점에서 보았을 때 미국이 2차 세계대전에서 승리하고 냉전을 거치면서 소련의 붕괴를 유도해낼 수 있었다는 것이다. 그러나 냉전이 끝나자 미국 정부에서는 소프트 파워에 대한 관심이 저하되고 공공외교에 대한 노력을 경시하게 되었다고 비판한다(Nye 2004, 99-125). 나이에 따르면, 21세기 정보화 시대는 단순한 선전을 넘어서는 공공외교의 필요성이 더욱 강조되는 시기임에도 불구하고 부시 행정부는 오히려 소프트 파워의 외교를 소홀히 취급했다. 이러한 나이의 문제제기는 트럼프 시대 미국의 대외정책에도 적용해 볼 수 있는 여지가 매우 크다고 할 수 있다

3. 스마트 파워의 이해

외교정책의 일환으로 소프트 파워에 접근하는 나이의 논의에서 유의할 점은 그가 소프트 파워의 자율성을 강조하면서도 하드 파워의 중요성을 무시하지는 않는다는 사실이다. 바로 이 대목에서 나이의 스마트 파워의 개념이 진가를 발휘한다. 나이는 2004년 저서의 출간 이후에 하드 파워를 바탕으로 하지 않은 소프트 파워는 없다는 세간의 지적에 적극적으로 대응이라도 하듯이 스마트 파워라는 개념을 좀 더 빈번히 동원하여 하드 파워와 소프트 파워 양자의 관계를 대체관계가 아닌 보완관계로 그리고 있다(Nye 2008).

나이가 개념화하는 스마트 파워란 하드 파워와 소프트 파워를 잘 조합하여 성공적인 전략을 도출하는 권력이다. 일정한 하드 파워의 자원을 보유한 상황에서 소프트 파워가 성공적으로 행사될 경우, 이는 다시 하드 파워를 행사하는 데 유리한 소프트 파워의 환경을 만들어줄 수 있다는 것이다. 결국 하드 파워와 소프트 파워는 양자를 절묘하게 결합하고 활용한다는 스마트 파워의 메커니즘을 통해서 서로 상호작용하면서 신장된다. 스마트 파워의 작동 메커니즘을 밝히는 해법으로 나이가 주목하고 있는 것은 '리더십'의 개념이다. 나이의 논의에 따르면, 하드 파워냐 아니면 소프트 파워냐를 다루는 '권력자원에 대한 논의'와 그러한 권력자원을 바탕으로 구체적으로 힘을 행사하는 '리더십에 대한 논의'는 구분되어야 한다. 리

더십이 발휘되기 위해서는 권력자원이 필요하지만 권력자원이라고 모두 다 리더십에 의해서 활용되는 것은 아니기 때문이다.

나이에 따르면, 성공적인 리더십을 달성하기 위해서는 하드 파워와 소프트 파워의 권력자원이 상황에 따라 서로 다르게 배합되어야 한다. 그런데 최근 나이가 펼치고 있는 논의에서 한 가지 유의할 점은 권력자원의 종류를 구분할 때 군사력과 경제력을 한 축으로 하고 문화와 이념을 다른 축으로 하는 종전의 구분법에서 상대적으로 모호한 부분으로 남아 있던 '지식 변수'를 둘로 나누고 있다는 것이다. 흥미롭게도 나이는 리더십을 통해서 스마트 파워를 논할 때 하드 파워와 소프트 파워를 두 가지 종류의 '지성'에 비유하고 있다. 하드 파워가 분석적인 지성을 의미하는 인지지성(cognizant intelligence) 또는 IQ(intelligence quotient)라면, 소프트 파워는 자기극복과 다른 사람에 대한 배려 및 공감적 커뮤니케이션의 능력을 의미하는 감성지성(emotional intelligence) 또는 EQ(emotional quotient)라고 한다.

이렇게 배합된 권력자원을 가지고 리더십을 발휘하는 스타일에도 차이가 있다. 나이는 이러한 리더십의 스타일을 크게 둘로 나누어 이해하고 있다. 하나는 추종자의 행동을 명령하는 데 초점을 두는 '명령적 리더십'이다. 이러한 리더십은 이미 설정된 이해관계의 구도 속에서 추종자들의 이기심을 조정하는 '거래적 기술(transactional skills)'에 주로 의존한다. 다른 하나는 추종자의 행동을 설득하는 데 초점을 두는 '설득적 리더십'이다. 이러한 리더십은 이미 설정된 이해관계의 구도를 넘어서 추종자들의 이기심을 변화시키는 '영감적 기술(inspirational skills)'에 주로 의존한다. 하드 파워

	하드 파워 자원 군사력, 경제력, IQ	소프트 파워 자원 문화, 이념, EQ
명령적 리더십 거래적 기술	1-영역 위협, 강제	3-영역 조직관리, 제도수립
설득적 리더십 영감적 기술	2-영역 보상, 유인	4-영역 친화, 설득

| 그림 1-2 | 권력자원과 리더십 스타일
출처: 김상배(2014a, 237).

와 소프트 파워가 서로 보완적인 것처럼 이러한 두 가지 종류의 리더십은 상호 배타적이지 않고 매우 밀접하게 연관되어 있다.

　이러한 구분에 따라 다소 혼란스러운 논의를 펼치고 있는, 권력 자원과 리더십에 대한 나이의 주장을 간결하게 정리해보면 〈그림 1-2〉과 같다. 〈1-영역〉과 〈4-영역〉은 나이가 종전에 하드 파워와 소프트 파워라고 일차원적으로 구분한 영역이어서 이해하기가 쉽다. 우선 〈1-영역〉은 하드 파워 자원에 기댄 명령적 리더십과 거래적 기술의 영역이다. 상대방이 원하지 않는 것을 강제적으로 하도록 만드는 것으로, 주로 군사력을 바탕으로 하여 위협, 공포, 강제 등의 형태로 작동한다. 한편 〈4-영역〉은 소프트 파워 자원에 기댄 설득적 리더십과 영감적 기술의 영역이다. 자신이 원하는 바를 상대방이 원하도록 만드는 것으로, 설득과 주장을 통해 사람들을 끌어들이고 친화하게 만드는 능력이다. 스마트 파워의 논의에서 쟁점이 되는 부분은 나머지 두 영역의 권력자원과 리더십에 대한 논의이다.

〈2-영역〉은 하드 파워 자원에 기댄 설득적 리더십과 영감적 기술의 영역이다. 주로 경제력을 바탕으로 상대방에게 자신이 원하는 것을 하도록 설득하고 유인하는 것으로, 보상의 메커니즘에 의존한다. 보상은 위협보다 훨씬 낫지만 그것을 없애겠다는 암시만으로도 효과적인 위협이 될 수 있다. 실제로 상호 의존관계에서 힘의 불균형은 덜 의존적인 쪽에 권력을 안겨준다. 또한 하드 파워를 기반으로 한 실력이라도 그것이 영감적 스타일로 동원된다면 그 자체가 매력이 되기도 한다. 아무리 협박자라도 그가 비전과 신념을 가지고 성공해서 명성을 얻는다면 폭력적인 행동에도 불구하고 사람들은 그를 따른다. 이와 관련해서 나이는 공포에 질린 인질이 납치범에게 순종하다가 애정을 느끼게 된다는 '스톡홀름 증후군'의 사례를 소개하고 있다. 한편 이 영역에서 작동하는 유인의 과정에는 경제력뿐만 아니라 IQ에 기반을 둔 지적 능력도 중요한 권력자원으로 작용한다 (Nye 2008, 39).

〈3-영역〉은 소프트 파워 자원에 기댄 명령적 리더십과 거래적 기술의 영역이다. 비물질적 자원을 동원하여 상대방이 원하지 않는 것을 하게 만드는 것으로, 나이는 조직관리 기술과 마키아벨리적 정치기술을 사례로 들고 있다. 리더는 자기에게 보고되는 정보를 관리하고, 채용과 해고를 통해서 인력을 통제하며, 조직의 각종 규정과 제도를 창출·유지·변화시킴으로써 리더십을 행사한다. 일종의 조직 관리자인 셈이다. 또한 리더는 조직 내의 추종자들이 원하는 목적을 추구할 뿐만 아니라 조직 외부의 청중과 협상하여 신뢰망을 구축하는 정치기술을 발휘해야 한다. 오늘날과 같은 커뮤니케이션의 시대에는 군사적 리더십조차도 이러한 조직관리 기술과 정치기술을 필요로 한다. 나이가 '정치지성'이라고 부르는 이러한 기술들은 소프트 파워 자원이 명령적이고 거래적인 목적을 위해서도 활용될 수 있는 사례이다. 어쩌면 소프트 파워라는 것은 그 자체로 선이 아니며 항상 하드 파워보다 좋은 것도 아니다. 나이의 말처럼 "마음을 비트는 것이 팔을 비트는 것보다 더 선한 것은 아니다"(Nye 2008, 43).

이러한 구도에서 보았을 때 나이가 말하는 스마트 파워란 무엇인가? 스마트 파워란 다름 아니라 하드 파워 자원과 소프트 파워 자원을 활용하여 명령적·거래적 기술과 설득적·영감적 기술을 적절하게 조합하는 리더십의 능력이라고 할 수 있다. 다시 말해 〈그림 1-2〉의 네 영역을 잘 섞는 능력인 것이다. 그렇다면 여기서 추가적으로 제기되는 질문은 어떻게 섞느냐의 문제라고 할 수 있다. 이러한 질문에 대해서 나이는 상황에 맞게 적절히 대처하는 리더십의 지적 능력, 즉 '상황지성(contextual intelligence)'이라는 개념을 통해서 대답하고 있다. 나이가 말하는 상황지성이란 1) 전개되는 상황을 이해하는 능력, 2) 대세에 편승하여 행운을 창출하는 능력, 3) 전반적인 맥락과 추종자들의 요구에 따라 자신의 스타일을 적응시키는 능력 등으로 요약된다. 상황지성을 발휘하기 위해서는 문화적 맥락의 차이, 권력자원의 분포, 추종자들의 필요와 요구, 시간적 시급성, 정보의 흐름 등을 제대로 파악하는 능력을 갖추어야 한다.

이러한 맥락에서 보면, 스마트 파워 개념의 핵심은 주어진 상황에서 문제점을 파악하고 추종자들의 요구를 반영하여 목표를 달성해내는 '상호작용의 기예(interactive art)' 또는 일종의 '지혜'라고 할 수 있다. 하드 파워와 소프트 파워를 각각 IQ와 EQ에 비유한 것의 연속선상에서 유추해볼 때, 나이가 말하는 스마트 파워는 일종의 소셜 지성(social intelligence) 또는 SQ(social quotient)에 비유해볼 수 있을 것이다. SQ로 이해된 상황지성의 시각에서 보면, 하드 파워가 좋은가 소프트 파워가 좋은가 또는 거래적 리더십과 영감적 리더십 중 어느 것이 더 바람직한가를 묻는 것은 올바른 질문이 아니다. 오히려 특정한 상황에서 어떠한 권력자원과 어떠한 리더십 스타일을 어떠한 방식으로 결합하느냐가 중요한 문제이다.

III. 공공외교의 세계정치: 매력론의 시각

2000년대 초·중반부터 국내 학계에서는 매력(魅力)에 대한 논의가 제기되었다. 소프트 파워에 대한 논의를 바탕으로 공공외교의 숨은 공식에 대한 단서를 밝히고자 했다는 점에서 그 연구사적 의미가 있다(평화포럼21 편 2005; 손열 편 2007). 조지프 나이도 소프트 파워 개념의 핵심으로 '당기는 힘(attractive power)'의 요소를 지적하고 있다. 그러나 여기에서 주목하는 매력은 이러한 소프트 파워의 측면을 번역한 것은 아니다. 매력은 소프트 파워의 개념적 충분조건이 아니다. 역으로 소프트 파워가 매력의 개념을 모두 포괄하지도 못한다. 오히려 매력은 중견국 한국이 처한 새로운 권력정치와 공공외교의 현실을 담아내기 위해서 새로이 제안한 개념으로 보아야 한다. 그렇다면 매력의 본질은 무엇이며 매력은 어떻게 발휘되는가?

　매력의 '홀릴 매(魅)' 자에서 연상되는 이미지는 소프트 파워라기보다는 차밍 파워(charming power)에 가깝다. 사실 매력의 사전적 의미는 '마음을 호리어 끄는 힘'이다. 매력의 개념은 그 정체가 무엇인가라는 질문에서 출발해서 이러한 매력을 어떻게 가공하고 매력을 효과적으로 발산하기 위해서는 무엇을 어떻게 할 것인가의 문제로 구성된다. 이러한 과정에서 매력 개념에 대한 정의를 단번에 내릴 수는 없다. 하지만 매력 개념의 몇 가지 핵심적 요소들을 추출하여 공공외교의 방향을 모색하는 데 힌트를 얻을 수는 있다. 여기에서는 매력 개념의 뼈대를 이루는 요소로 머리의 힘, 포장의 힘, 마음의 힘, 제도의 힘, 규범의 힘, 지혜의 힘 등을 제시하고자 한다(평화포럼21 편 2005).

1. 지식 기반 실력이 발산하는 매력

실력, 즉 하드 파워도 매력을 구성한다. 매력이라고 해서 소프트 파워에만 관련되는 것은 아니다. 실력을 갖추는 것도 매력이다. 먼저 한국이 지금과 같은 경제력을 이룩한 과정이 떠오른다. 40~50년 전을 생각해보면 그 사이의 경제성장 경험이 한국의 매력임은 분명하다. 동시에 우리는 민주주의를 이루어내기도 했다. 최근에 와서는 IT산업 분야에서 세계를 선도하는 인터넷 강국으로 불리기도 한다. 특히 그중에서도 지식 자원과 관련된 물질적인 상품을 만드는 능력이 공공외교와 관련된다. 이를테면 스마트 폰이나 자동차나 첨단 무기를 만드는 능력도 매력이 된다. 우리의 일상생활에서 실력이 매력으로 여겨지는 것처럼 국가 간의 관계에서도 실력은 매력을 얘기할 때에 그 바탕을 이룬다.

이런 점에서 매력은 상대의 머리(mind)를 사로잡는 지식의 힘, 즉 지력(知力)을 바탕으로 한다. 이렇게 이성에 호소하여 상대를 홀리는 힘은 우리가 기술·과학·지식(통칭하여 지식)이라고 지칭하는 것에서 비롯된다. 이러한 지식은 기본적으로 실력 자원으로 이해될 수 있지만 동시에 매력의 구성 요소이기도 하다. 사실 어떤 사람이 남들에 비해 똑똑하다는 것은 그의 매력이 된다. 내가 어렴풋이 알고 있는 생각을 명쾌하게 정리하여 언어화해주는 친구는 매력적이지 않을 수 없다. 마찬가지로 국가의 경우에도 뛰어난 지적 자산을 바탕으로 경제 발전이나 부국강병을 이룩한 나라는 이웃 나라의 선망의 대상이 아닐 수 없다. 이는 가장 넓은 의미에서 본 '보편적 지적 능력'이다.

이렇게 보면 군사력이나 경제력을 바탕으로 한 물질적인 삶의 향상, 즉 실력 그 자체가 한국의 매력이자 공공외교의 중요한 아이템이라고 할 수 있다. 한국은 한국전쟁의 폐허를 딛고 일어서 이제 '원조를 받는 나라'에서 '원조를 주는 나라'가 되었다. 이런 점에서 '하드 파워의 소프트 파워'를 잘 살려 공공외교의 아이템을 발전시키는 것이 중요하다. 19~20세기에는 무기와 상품을 만드는 기술이 국가적인 차원에서 본 핵심적인 능력이었다면, 최근에는 정보와 데이터, 지식을 다루는 기술이 21세기 국력의 핵심으로 부상하고 있다. 이렇게 정보와 데이터, 지식을 생산하고 공급하며 활용하는 능력은 이른바 4차 산업혁명 시대를 선도하는 역량으로 강조되고 있다.

이러한 능력을 계속 배양해 나가는 일은 국력의 핵심인 동시에 이를 대내외적으로 홍보함으로써 국가적 매력을 발산할 수 있는 중요한 항목이다. 즉, 실력을 공공외교로 잇는 메커니즘에 해당하는 부분이다. 흥미롭게도 이 분야에서 한국은 꽤 능력이 있다고 평가된다. 디지털 또는 사이버 역량을 놓고 볼 때 세계에서 다섯 손가락 내지는 열 손가락 안에 들어가는 국가로 거론된다. 이는 한국의 기업들이 각 분야에서 이룩한 성과를 바탕으로 한다. 요컨대 소프트 파워가 중요한 개념이긴 하지만 여전히 하드 파워도 중요하고 소프트 파워의 기저에는 하드 파워의 성격이 깔려 있다는 점을 강조하고 싶다.

2. 국가브랜드와 정책 및 지식공공외교

매력은 그것을 가공하고 포장하는 기예(技藝)에도 크게 의존한다. 사실 아무리 심금을 울리는 고급문화라도 촌스러운 용기에 담겨 있으면 매력이 없다. 아무리 좋은 제품이라도 촌스럽고 거칠게 포장하면 사고 싶지 않다. 간혹 겉으로 보이는 포장이 제품의 내용을 빛나게도 한다. 물론 품질이 좋아야 하지만 말이다. 이런 점에서 매력은 포장하는 능력과 밀접히 관련이 있다. 실력이 있다고 잘난 척만 하다 보면 자칫 비(非)호감으로 흐를 수 있다. 경우에 따라서는 기교를 담아서 그 실력을 그럴듯하게 잘 포장하는 과정이 필요하다. 오늘날 국가브랜드나 이미지를 강조하는 것은 바로 이러한 맥락에서이다.

실력을 시대적인 특성에 맞도록, 그것을 수용하는 상대방의 기대에 부응하도록 가공해서 전달하는 능력 또한 굉장히 중요하다. 이러한 과정에서 '지식'은 도구적인 맥락에서 매력을 가꾸는 데 활용된다. 최근 공공외교에 대한 논의에서 '지식'이 중요한 매력자원으로 강조되는 것도 이러한 '지식'이 매력의 구체적인 조건들을 향상시킬 수 있는 직접적인 수단이기 때문이다. 최근 IT산업 분야에서 거둔 성공이 한국 기업과 국가의 이미지를 높인 것도 같은 맥락에서 이해할 수 있다. 이러한 점에서 미디어는 국가의 매력을 가공하는 매력의 '도구론적 측면'이라고 할 수 있다.

그러다 보니 최근 외교부의 조직 구성에도 변화가 생겼다. 정책공공외교나 지식공공외교와 같은 담당 부서들이 생긴 것이다. 공공외교가 어느 한 나라의 정부가 상대 국가의 국민을 대상으로 하는 외교라면, 정책공공외교는 상대 국가의 정책 결정에 영향을 미칠 수 있는 엘리트층을 집중적으로 겨냥한 외교이다. 가령 북한 문제와 관련하여 미국의 여론 주도층을 대상으로 주기적으로 만나서 한국의 입장을 설명하고 협력의 필요성을 피력하는 공공외교 활동을 떠올려볼 수 있다. 이는 전통적으로 활용되어온 정책공공외교 활동이다. 이에 비해 최근에는 트위터, 페이스북, 유튜브 등과 같은 다양한 소셜미디어를 활용한 정책공공외교가 추진된다. 이런 점에서 보면 외교부의 홈페이지 자체가 굉장히 중요한 정책공공외교의 창구이다.

지식공공외교는 지식을 다루는 문제와 관련이 있다. 이와 관련하여 빅데이터 분석 기법을 활용한 빅데이터 외교의 필요성이 거론되고 있다. 예전에는 설문조사를 통해 파악했을 여론이나 정세를 매스미디어나 소셜미디어에서 생성되는 수많은 데이터들을 분석하여 파악하는 것이다. 굉장히 큰 규모의 데이터에서 패턴을 추출하여 개별적인 데이터에선 볼 수 없었던 어떤 흐름을 읽어내는 작업이다. 다양한 분석 기법들이 생기고 있고, 그것을 외교에 활용하는 방식 자체도 활발하게 실험되고 있다. 이 밖에도 상대국의 국민에게 한국에 대한 새로운 지식을 제공해주는 활동도 지식공공외교의 일환으로 이해되고 있다.

3. 한류와 문화공공외교

매력은 궁극적으로 사람의 마음을 감동시키는 능력으로 귀결된다. 구체적으로 설명할 수는 없지만 마음을 움직이게 하는 무언가를 통해서 설득되고 동의하게 된다. 어쩌면 마음을 움직이는 힘이라는 것은 매력의 가장 중요한 요소일지도 모른다. 이런 점에서 매력은 상대의 가슴(heart)을 품어내는 마음의 힘, 즉 심력(心力)을 바탕으로 한다. 이렇게 가슴으로 품어서 상대를 홀리는 힘은 우리가 문화라고 지칭하는 것에서 비롯되는데, 이는 매력의 '존재론적 측면'이라고 할 수 있다. 이는 상대방의 이성보다는 감성에 호소하는 힘이다. 우리가 곧잘 얘기하는 문화의 특수성, 선진국의 대중문화, 한류(韓流) 열풍 같은 것들이 이와 관련된다.

어떤 나라가 다른 나라 사람들의 관심과 선망의 대상이 되는 가장 큰 이유 중의 하나는 그 나라의 문화가 주는 특수한 매력인 경우가 많다. 최근 문화외교에 대한 논의에서는 매력적인 대중문화와 그것에 담기는 가치를 강조하고 있다. 20세기 후반 미국의 대중문화의 성공이나 1980~1990년대 동아시아 대중문화의 전파, 그리고 이러한 연속선상에서 본 최근 한류의 성공도 이러한 맥락에서 이해할 수 있다. 이 밖에도 한국의 전통문화, 음식문화, 한국어 등도 중요한 매력자원이다.

이러한 맥락에서 볼 때 K-팝 한류를 빼놓을 수 없다. 2018년에는 BTS(방탄소년단)가 빌보드 차트 1위를 차지했다. 다른 문화권 사람들의 마음을 움직이고 한국적이면서도 세계적인, 한국의 또는 한국 엔터테인먼트 기업의 매력 모델이라고 할 수 있다. BTS는 이러한 한국 대중문화를 전 세계 팬들에게 알리는 엄청난 영향력을 발휘하고 있다. 그런데 공공외교의 관점에서 보면 그들이 공연장을 떠난 후 전 세계 팬들이 갖게 된 한국 문화에 대한 관심을 누가 더 충족시켜줄 것인가 하는 질문을 제기할 수 있다. 떠들썩하게 축제를 벌이고 난 다음에 공연장은 누가 치울 것인가? 그런 차원에서 공연장을 전체적으로 관할하는 시스템, 공공의 이름으로 관장해주는 외교가 필요하다.

이미 관광, 음식, 언어, 예술 등 다양한 부분에서 문화교류가 진행되고 있다. 하지만 그 과정에서 유념해야 할 점은 우리 문화가 갖고 있는 어떤 우수성을 자랑하는 방식만 고수하는 것은 지양해야 한다는 것이다. 경우에 따라서는 우리 문화의 특수성을 발견해주는 수용자가 우수하기 때문에 한류가 가능했다고 해석할 수도 있다. 어떤 가치가 존재하기 위해서는 쌍방향성의 메커니즘이 분명히 작동하고 있음을 깨달아야 한다. 이처럼 발신자와 수용자의 상호작용 측면에서 문제를 풀어 나가는 외교활동을 문화공공외교로 이해할 수 있다.

4. 정책 및 제도모델의 전파

일을 하는 방식이나 그것을 뒷받침하는 제도 역시 매력을 구성하는 요소이다. 매력을 갖춘 어떤 조직 또는 국가의 독특한 작업방식이나 모델 자체도 매력이 될 수 있다. 매력적인 첨단제품과 대중문화를 생산하는 기업모델과 정부정책, 그리고 기타 사회제도 등은 그 나라

워싱턴 컨센서스와 베이징 컨센서스

시장경제와 자유민주주의 체제의 도입을 통해 국가 발전을 이룩한 모델을 워싱턴 컨센서스라고 부른다. 1980년대에 미국이 자신의 가치나 제도, 정책을 범세계적으로 세일즈하면서 쓰기 시작한 용어이다. 2000년대에 접어들어 중국의 국력이 커지면서 베이징 컨센서스(Beijing Consensus)라는 말이 등장했다. 동아시아 나름대로의 정치사회적인 특성이 있으니 중국식의 보호주의적이고 권위주의적인 방식으로도 시장경제를 수용하여 발전시킬 수 있다는 것이다. 이런 시각에서 보면 미국과 중국은 정치경제의 발전을 이루어 나가는 모델이라는 점에서도 경쟁을 하고 있다.

한국의 경우를 생각해보면, 개발독재로 얻어낸 경제성장이 있고 민주화 운동을 통해 이룩한 정치적 성숙이 있다. 이것을 하나의 모델로 만들면 어떨까? 권위주의에서 시작했지만 나름대로의 경로를 개척해 민주화를 달성한, 말하자면 베이징 컨센서스와 워싱턴 컨센서스를 동태적으로 엮어낸 모델이다. 이러한 한국의 경험과 구조적인 변동의 핵심을 적극적으로 개념화하여 서울 컨센서스(Seoul Consensus)라고 부를 수 있다. 이는 워싱턴 컨센서스와 베이징 컨센서스 사이에서 고민하는 개도국에게 또 다른 선택지를 제시할 수 있을 것이다.

에 대해 배우고 싶게 만드는 매력의 요소이다. 학업 능력이 뛰어난 학생은 자기만의 독특한 공부 방법이 있다. 그런 학생으로부터는 지식 자체를 배울 수 있고 지식을 다루는 방식도 배울 수 있다. 국제정치에서의 매력에도 그런 일면이 있다.

최근 한국형 경제발전 모델의 매력이 거론되는 것은 바로 이러한 맥락과 맞닿는다. 한국의 제품이나 대중문화에 대한 관심의 이면에는 사회경제적 삶의 영역에서 한국이 이룩한 지난 50여 년 동안의 성과가 자리 잡고 있다. 한국전쟁 이후에 원조를 받는 나라에서 21세기에 원조를 주는 나라로 우뚝 선 경험이 있다. 이러한 성공을

코로나19와 미중 공공외교 경쟁

코로나19 국면에서 미국과 중국이 벌인 상호비방전 형식의 공공외교는, 일종의 샤프 파워(sharp power)에 의존하는 '네거티브 공공외교'로 이해할 수 있다. 소셜미디어에서 제기된 코로나19 발원지에 대한 음모론 수준의 이야기들이 미중 양국의 지도자들 입을 통해서 책임 전가성 발언과 조치들로 이어졌다. 사실 발원지에 대한 정보가 중요한 것은 확산 관련 정보의 파악을 위한 것이지 특정 국가의 책임을 묻기 위한 것은 아니다. 그럼에도 미중 간에 벌어진 발원지 논쟁은, 감염병이라는 신흥안보 위협을 공동으로 해결하겠다는 자세가 아니라, 오히려 특정 국가의 책임으로 몰아가려는 속내를 드러냈다.

코로나19 사태는 미중 양국의 국내체제와 정책 및 제도의 차이를 둘러싼 경쟁도 부각시켰다. 미중 체제경쟁은 이전에도 제기된 바 있지만, 코로나19 사태는 그 성격을 변화시켰다. 자국 정치경제 체제의 특수성과 우월성을 과시하는 경쟁에서 갑작스러운 위기에 대응하는 적합력(fitness)과 복원력(resilience)의 경쟁으로 나타났다. 감염병에 대한 방역과 봉쇄 모델뿐만 아니라 예방과 치료 및 회복의 전 과정에 걸친 국가적 거버넌스의 역량이 위기해결 모델의 관건이 되었다. 이러한 과정에서 리더십의 판단과 결단력, 정보의 공개와 투명성 등도 쟁점이 되었음은 물론이다. 게다가 미국과 중국 모두가 이러한 차이점을 상대국에 대한 체제우월성의 이데올로기적 근거로 활용했다.

이러한 체제경쟁은 좀 더 넓은 의미의 미중 패권경쟁의 맥락에서 본 규범과 가치의 경쟁으로 연결되었다. 미 트럼프 행정부는 '배제의 논리'로 중국을 고립시키는 프레임을 짜려 하고, 중국은 새로운 국제규범을 통해 동조 세력을 규합해 미국 일방주의의 덫에서 벗어나려 했다. 바이든 행정부에서도 그러한 경쟁의 양상은 지속되는 가운데, 기술보다 가치를 강조하고 안보보다 규범을 강조하고 있다. 실제로 바이든 행정부는 인권과 민주주의를 명분으로 동맹 전선을 고도화하여 국제적 역할과 리더의 지위를 회복하고 다자주의를 강조하고 있다. 개인정보를 보호하고 국가 기반시설 수호를 위해 다른 국가와 협력을 표명하며, '하이테크 권위주의'에 대한 대응의 차원에서 '사이버 민주주의 동맹'을 추진하였다. 이러한 미국의 공세에 대응하여 중국도 보편성과 신뢰성, 인권규범의 문턱을 넘어야 할 과제를 안고 있다.

일궈낸 한국의 기업모델과 기타 제도들은 비슷한 발전 경로를 밟아 가려는 국가들에는 닮고 싶은 대상이다. 최근 워싱턴 컨센서스나 베이징 컨센서스의 모델을 아우르는 서울 컨센서스의 모델에 대한 관심이 높아지는 것도 이러한 맥락에서 이해할 수 있다.

5. 보편적 가치와 규범외교

매력은 도덕적이고 보편적인 규범을 전파하는 힘과도 불가분의 관계를 맺고 있다. 아무리 실력이 있고 기교가 있으며 감동이 있고 좋은 방법이 있다고 해도, 매력은 궁극적으로 인류가 추구하는 보편적인 인권의 가치와 민주주의에 기여하는 방식으로 발산되어야 한다. 부당하고 부도덕한 방식이 되어선 안 된다. 특히 이는 최근 한국 사회에서 중요하게 여겨지는 항목이다. 더 나아가 이는 우리가 갖고 있는 평화에 대한 신념이나 가치를 대외적으로 주창하는 능력과도 연결된다.

이런 점에서 매력은 보편적 규범을 제시하는 힘, 즉 덕력(德力)과 통한다. 현실적으로 어떤 나라가 다른 나라 사람들의 존경과 부러움의 대상이 되는 이유는 그 나라 특유의 문화나 효율적인 제도 때문일 수도 있겠지만, 그 나라가 대내외적으로 행하는 바가 당시의 국제사회 전체에 구현되고 있는 보편적 이념이나 규범에 부합하기 때문이기도 하다. 이는 매력의 '규범론적 측면'이라고 할 수 있다. 이러한 맥락에서 볼 때 모범적으로 행함으로써 도덕적 우위를 확보하는 규범의 힘은 매력을 발산하는 매우 중요한 요소이다. 이러한 힘은 국내적으로는 민주주의의 이념과 제도를 통해서 나타나고, 대외적으로는 국제사회의 발전에 참여하는 기여외교나 봉사외교 등 최근 경제·경영학 분야에서 환경(Environment)–사회(Social)–거버넌스(Govern-ance), 즉 ESG에 대한 논의가 활발하다. 협소하게 주주의 이익에만 머물지 말고 넓은 시야에서 이해관계자와 상생 관계를 맺자는 것이 ESG 경영의 취지다. 기후변화와 지구환경에 관한 관심의 고조가 배경이 되었고, 코로나19 사태로 인한 경제적 난국으로 인해 더욱 시선을 끌었으며, 미중 패권경쟁의 과정에서 중국 기업을 견제하려는 미국의 의도도 가세한 것으로 해석된다. 이전에도 '기업의 사회적 책임(CSR)'이나 '지속가능한 경영' 등의 형태로 유사한 논의가 진행되었지만. 최근의 ESG에 대한 논의는 그 범위가 넓어지고 내용도 풍부해졌다. ESG의 중요성이 점점 널리 인지되면서 기업 차원의 관심사를 넘어서 국가 차원의 어젠다가 되고 있다.

최근 국제정치의 전개를 보면, ESG 국제정치의 연구어젠다가 시험대에 오른 듯한 양상을 보게 된다. 최근 국가브랜드와 대중문화, 규범과 기여를 강조하는 공공·문화외교가 새로운 외교양식으로 자리매김하고 있다. 이른바 MDGs에서 SDGs로의 이행 과정에서 강조된 지속가능성의 추세는 글로벌 불평등 해소와 국제 개발협력을 위한 국제사회의 책무를 부각시켰다. 기후변화 대응과 탄소중립을 향한 지구적 노력은 개별 국가의 이익을 넘어서는 인류 공통의 이익을 논하게 했다. 동아시아 및 글로벌 경제위기는 국가신용 지수, 국가경쟁력 지수, 부패 지수 등과 같은 글로벌 스탠더드의 위력을 실감케 했다. 최근 미중 패권경쟁 과정에서도 양국의 체제 우월성과 보편규범 및 국제적 책임은 핵심적인 쟁점이다. 이들은 모두 ESG의 부상이라고 하는. 이른바 '규범 세계정치'의 맥락에서 이해되는 현상이라고 할 수 있다.

의 형태로 나타난다.

사실 이러한 종류의 힘을 바탕으로 규범을 세우는 것은 강대국의 몫이었다. 권력을 가진 쪽이 옳고 그름까지 정하는 것이 국제정치에서는 다반사였다. 이에 비해 최근에 강대국마저도 지켜야 할 보편적인 가치를 논하자는, 비(非)강대국 또는 중견국의 규범외교에 대한 관심이 커지고 있다. 만약에 중견국이 규범을 세울 수 있다면 한국이 내세울 수 있는 규범은 무엇일까? 지난 정부에서 '신뢰외교'라는 말을 썼고 현 정부에서도 마찬가지로 이러한 신뢰의 요소를 외교에서 강조하고 있다. 이러한 한국 외교의 규범적 성격을 '어진(仁) 외교'라는 개념으로 발전시켜보면 어떨까?

중견국 규범외교의 사례로 전통안보 분야에서 모색했던 평화외교를 떠올려보자. 이러한 관점에서 보면 한국이 추진하는 개발협력외교도 공공외교이자 규범외교의 아이템이라고 할 수 있다. 그런데 공공외교의 차원에서 한국이 평화외교와 개발협력외교를 추진하여 성공시키기 위해선 무엇보다도 우리가 가진 협소한 국익에 대한 관념을 넘어서는 것이 중요하다. 2018년에는 제주도에서 예멘인들의 난민 신청을 둘러싼 논란이 벌어지기도 했다. 이는 중견국으로서의 한국의 규범외교적 입장과 개방적 국가 이익의 문제를 고민하게 했다.

6. 상황지성과 네트워크 외교

끝으로 생각해보아야 할 매력의 비결은 앞서 말한 다섯 가지 매력의 요소를 상황에 맞게 적재적소에 활용하는 지혜의 힘, 즉 지력(智力)이다. 이는 매력자원의 보유 자체를 넘어서 교묘하게 행(行)함으로써 상대의 마음(心)을 홀리는 힘이다. 이는 상황에 맞추어 문제를 해결하는 매력의 '전략론적 측면'이다. 전략으로서 매력의 요체는 상대방의 존경과 사랑을 받기 위해 자신의 매력을 은연중에 교묘하게 발산해야 한다는 것이다. 상대방의 존경과 사랑을 너무 노골적으로 요구하다가는 오히려 빈축과 경멸을 자초하기 일쑤이다. 이는 야구 경기에서 아무리 만루 홈런을 칠 역량이 있는 타자라도 풀 스윙만을 휘두르다가 스트라이크 아웃을 당하느니 그라운드의 상황에 따라서 단타를 칠 수도 있고 2루타 혹은 3루타를 칠 수도 있으며 경우에 따라서는 번트를 대는 유연성이 필요한 것과 같은 이치이다.

이러한 관점에서 보면 공공외교의 핵심은 아무래도 '지혜'이다. 이러한 지혜의 힘은 정치와 외교의 핵심이기도 하다. 상황에 맞추어 대처하는 지혜, 말하자면 '상황지성'이 필요하다. 특히 오늘날에는 다양한 행위자들이 이 지혜를 모으는 과정에 참여하는 일의 중요성이 커지고 있다. 인터넷을 기반으로 한 '집합지성(collective intelligence)'이 가능한 시대인 것이다. 정치와 외교 차원에서도 국민 사이에 공동의 가치와 이념을 형성하고 상호 이해의 기반을 넓혀가는 과정이 점점 더 중요해지고 있다. 최근 자국의 매력을 대외적으로 널리 알리는 활동을 단순한 민간교류의 차원이 아닌 네트워크 공공외교로 이해하려는 것도 바로 이러한 이유 때문이다.

이상에서 살펴본 매력에 대한 논의를 통해 베일에 싸인 소프트 파워의 생성 공식을 엿볼 수 있다. 그러나 그 생성 비법을 알아냈다고 해도 쉽게 베낄 수 없다는 것이 또한 소프트 파워라는 힘이 갖는 아이러니이다. 사실 약자의 입장에서는 하드 파워를 베끼는 것보다 소프트 파워를 베끼는 것이 더 어려울 수 있다. 아무리 열심히 해도 강대국에 버금가는 소프트 파워나 매력자원을 창출하기는 쉽지 않을지도 모른다. 사정이 이렇다 보니 공공외교를 추구하는 중견국의 입장에서는 소프트 파워 또는 매력의 개념만을 잣대로 삼아 마냥 고민하는 것만이 능사가 아닐 수도 있다. 특히 강대국 미국의 세계 전략이라는 문제의식에서 출발한 소프트 파워의 개념을 중견국 공

공외교의 사례에 그대로 적용하면 엉뚱한 방향으로 흐를 우려마저
있다.

미국 메이저리그 류현진 선수의 상황지성

공공외교의 매력 차원, 특히 지혜의 힘에 대한 논의를 좀 더 구체적으로 이해하기
위해서 야구 경기에서 비유를 하나 들어보자. 국내 야구 KBO리그에서의 좋은 성
적을 바탕으로 2013년 미국 야구 메이저리그에 진출해서 큰 성공을 거둔 류현진
선수의 실력과 매력에 대한 이야기이다. 류현진 선수는 메이저리그 투수들 중에서
가장 빠른 공을 던지는 선수는 아니다. 평균 최대 구속 91~92마일의 공을 던지는
류현진 선수에 비해 메이저리그에는 100마일 이상의 강속구를 던지는 투수들이
즐비하다. 그럼에도 류현진 선수가 막강한 강속구 투수들과 어깨를 겨루며 성공할
수 있었던 비결은 무엇일까?

아마도 그 비결은 류현진 선수의 '상황지성'에서 찾을 수 있을 것 같다. 류현진
선수가 던지는 공의 구종은 대략 네 가지로 알려져 있다. 90마일이 넘는 빠른 공을
던져 승부하는 것 외에도 위에서 아래로 떨어지는 커브, 좌우로 휘어 나가는 슬라
이더, 그리고 느리게 속도를 조절하는 체인지업도 던진다. 물론 이외에도 다른 구
종의 변화구도 던질 것이다. 여하튼 이들 구종은 모두 각각 류현진 선수의 실력을
반영한다. 다른 선수들은 던지지 못하는 구종을 던질 수 있는 류현진 선수만의 매
력이 있다. 그런데 류현진 선수의 진가는 이들.구종을 던질 수 있는 실력과 매력에
만 있지 않다.

오히려 상대 타자가 누구이냐에 따라서 이들 구종을 적절히 조합해서 잘 던짐
으로써 타자의 타이밍을 뺏는 능력에서 그 진가를 찾아야 한다. 실제로 류현진 선
수는 나이에 비해서 성숙한 '멘탈'을 바탕으로 상대 타자와 상황에 맞추어 경기를
운용하는 능력을 지닌 선수로 알려져 있다. 이러한 능력은 다름 아닌 바로 '상황지
성', 즉 '전개되는 상황을 이해하고 대세에 편승하여 전반적인 맥락과 추종자들의
요구에 따라 자신의 스타일을 적응시키는 능력'이다.

IV. 중견국 공공외교 이론의 모색

1. 네트워크 시각의 도입

소프트 파워와 스마트 파워라는 개념에 주목해야 하는 이유가 있다. 이들 개념은 2000년대 후반에 미국의 오바마 행정부에 의해 적극적으로 채택되면서 '단순한 개념'이 아니라 우리의 국제정치적 삶에 영향을 미치는 '엄연한 현실'로 부상했기 때문이다. 오바마 행정부의 외교안보정책 실세들은 하드 파워와 소프트 파워를 적절히 섞는 스마트 파워를 지향할 것임을 명시적으로 천명한 바 있다. 이후 스마트 파워의 개념과 정책은 미국의 세계전략 전반의 변화뿐만 아니라 동아시아 정책, 좀 더 구체적으로는 한반도 주변정치의 방향을 주도했다. 또한 한국의 외교 전략도 소프트 파워와 스마트 파워의 개념을 수용하고 관련 정책을 모방하려는 경향을 보이고 있다. 그런데 바로 이러한 점이 공공외교를 모색하는 중견국의 시각에서 보면 그 개념을 그대로 수용하기보다는 뒤집어서 되새겨보아야 할 여지를 남긴다.

소프트 파워에 사용하고 있는 '부드러운 힘'이라는 은유의 활용은 합리적인 권력 논의를 회피하고 더 나아가 그러한 권력이 생성되는 과정을 은폐함으로써 미국이라는 강대국의 이데올로기로 작용할 가능성이 높다. 기본적으로 소프트 파워는 하드 파워의 모자라는 부분에 소프트 파워를 보완하고 이를 똑똑하게 섞어서 쓴다는 개념이다. 야구 경기에 비유하면, 하드 파워가 일종의 선발투수라면 소프트 파워는 구원투수인 셈이다. 따라서 소프트 파워라는 구원투수는 그 이전에 하드 파워라는 선발투수가 어느 정도 상대 팀의 타선을 막아준 이후에 등판해야 그 진가를 발휘해서 세이브를 올릴 수 있다. 이러한 관점에서 보면, 기본적으로 소프트 파워는 원래 하드 파워를 충분히 갖추고 있는 강대국의 사치스러운 고민인지도 모른다. 따라서 하드 파워도 변변히 갖추지 못한 비강대국이 하드 파워의 열세를 소프트 파워의 신장으로 만회해보려고 시도하는 것은 어쩌면 일종의 신기루와 같을지도 모른다.

나이가 소프트 파워에 대한 논의에서 철저하게 그 생성 과정의 비법을 밝히기를 거부하는 것도 소프트 파워를 모방하려는 비강대국의 시도를 좌절시킨다. 마치 최고급 레스토랑에 가서 맛있는 음식을 사먹을 수는 있지만 그 음식의 조리법에 대해서는 물어볼 수 없는 상황을 연상시킨다. 음식 재료의 질이나 요리사의 실력에 대한 논의 없이 피상적인 요리 방법에 대한 논의만 무성하다고나 할까? 사실 나이는 권력 논의에서 소프트 파워의 비법을 해부하는 대신에 그것을 적당한 수준에서 얼버무려 제시함으로써 그것이 생성되는 물적, 지적, 그리고 제도적 기반에 대한 논의를 회피하고 있다. 만약에 강대국이 아닌 나라들이 이러한 사정을 제대로 고려하지 않고 섣불리 소프트 파워라는 그럴듯해 보이는 개념만을 가져다 쓰려고 한다면 오히려 큰 낭패를 볼 우려마저 있다. 이런 점에서 볼 때 중견국 공공외교의 잣대가 되는 개념의 개발을 위해서는 소프트 파워의 생성 공식에 대한 좀 더 면밀한 탐색이 필요하다.

중견국 공공외교의 새로운 잣대를 고민하기 전에 먼저 필요한 것은 '중견국(middle power)'이라는 존재적 위상에 대한 인식이다. 중견국이란 강대국도 아니고 약소국도 아닌 국가를 지칭하는 상대화된 개념이다. 따라서 중견국을 어떻게 규정하느냐가 관건일 수밖에 없다. 기존의 중견국 연구에서는 중견국의 개념을 행위자가 보유하고 있는 군사력이나 경제력과 같은 자원권력의 객관적 지표를 통해서 파악하거나 이와 병행하여 행위자들이 내보이는 행태적 속성이나 기질에 의거하여 파악했다. 이러한 관점에서 보면 국제정치 현실에는 강대국도 아니고 약소국도 아닌 그 중간 규모의 능력을 지니고 있거나 중견국의 행태를 보이는 동류 집단의 국가들이 존재하는 것이 사실이다. 이러한 기준은 국제정치에서 중견국의 범주를 논하는 전제가 될 수밖에 없다. 한국이 최근 중견국으로 인식되는 이유도 이러한 속성론의 잣대를 일정 부분 통과했기 때문이다(김상배 2014b).

그러나 이러한 속성론만으로 중견국의 소프트 파워나 매력 또는 공공외교의 본질을 제대로 가늠할 수 없다. 기존의 속성론으로는 상대적으로 객관적 지표로 파악되는 하드 파워를 측정하여 중견국을 규정할 수 있다. 하지만 기본적으로 주관적이고 관계적인 맥락에서 감지되는 소프트 파워의 분야에는 적용하기 쉽지 않다. 사실 속성론의 관점에서는 아무리 소프트 파워를 충분히 보유하고 있더라도 실제 세계정치 과정에서 이를 활용하여 상대방을 설득할 수 있느냐는 별개의 문제이다. 게다가 기존의 속성론은 어느 나라가 중견국인지를 판별하는 데는 유용하지만 그 나라가 어떠한 역할을 하는지에 대한 설명을 하기에는 부족했다. 다시 말해 속성론은 멤버십의 조건을 제시할 수 있지만 전략적 행위의 내용을 설명하지는 못한다. 행태적 속성이나 기질에 대한 부분적인 논의를 통해 이러한 논제들을 탐구할 수 있겠지만, 이것 역시 행위자 차원의 고정된 속성으로 환원하는 시각을 취하고 있다(김상배 2014b).

따라서 중견국이 취하는 매력 전략이나 공공외교의 내용을 제대로 이해하기 위해서는 중견국의 개념 자체를 행위자의 속성이 아닌 시스템상의 구조적 위치로부터 논하는 발상의 변화가 필요하다. 왜냐하면 중견국으로 구분되는 국가가 내보이는 특정한 행태는 그 국가가 주위의 다른 국가들과 맺는 관계의 패턴, 즉 네트워크의 구조와 그 구조하에서 그 국가가 차지하는 위치와 밀접한 관련이 있기 때문이다. 특히 소프트 파워나 매력이라는 변수는 국가들 간에 형성되는 관계적 맥락이나 어느 국가가 시스템 전체에서 차지하는 위상 등을 고려하여 이해해야 한다. 다시 말해 어느 나라가 매력적이라고 느끼는 이유는 그 나라의 고유한 속성 때문이기도 하겠지만, 많은 경우에 예전부터 있어왔던 그 나라와의 관계나 국제사회에서 그 나라가 맡고 있는 역할에서도 기인한다. 그야말로 소프트 파워와 매력은 네트워크의 시각에서 이해해야 하는 개념이다.

　여기서 네트워크의 시각이 의미하는 바는 중견국인 어느 나라가 보유한 자원이나 속성보다는 주변의 다른 나라들과 맺는 관계적 맥락에 주목하라는 것이다. 강대국이 아닌 중견국의 입장에서는 자신이 어떻게 하느냐보다는 주위 네트워크의 구도가 어떻게 짜이느냐가 더 중요할 수 있기 때문이다. 이러한 네트워크의 시각은 상호 연결된 노드(node)들이 모여서 형성한 네트워크가 개별 노드들의 행위를 제약하거나 촉진하는 구조를 만든다는 점에 착안한다. 다시 말해 여러 노드들이 서로 연결되어 교류하면서 네트워크를 형성하기 위해서는 나름대로의 규칙 또는 패턴이 있어야 하는데, 이러한 규칙과 패턴은 노드들의 행위에 의해서 생성되지만 역으로 노드들의 행위와 노드들 간의 흐름에 영향을 미치는 일종의 구조로 작동한다는 것이다. 이러한 네트워크의 시각은 최근 학계에서 관심을 끌고 있는 네트워크 이론의 시각을 원용했다(김상배 2014b).

이러한 시각에서 볼 때, 소프트 파워의 개념을 원용하여 진행되고 있는 국내외의 공공외교 연구는 관계적 맥락에서 작동하는 커뮤니케이션의 세계정치를 지나치게 단순화해서 파악한다는 아쉬움을 남긴다. 무엇보다도 기존의 소프트 파워와 공공외교 연구는 각 (국가) 행위자들이 지니고 있는 자원이나 속성의 분석에 치중하는 경향이 있다. 간혹 흐름의 관점에서 접근하는 연구도 없지 않지만, 이러한 연구들은 기본적으로 양자 관계의 구도에서 발생하는 '발신자-수신자 모델'에 머물고 있다. 이들 연구에서 관심을 갖는 것은 행태주의적 차원에서 이해된 상호작용의 관계이다. 이는 주로 단위 차원에서 본 행위자의 전략을 연구 대상으로 삼기 때문에 생긴 결과이다. 그러나 커뮤니케이션의 세계정치, 좀 더 구체적으로 공공외교의 세계정치는 단위 차원의 발상을 넘어서 행위자들이 구성하는 복합적인 관계, 즉 네트워크의 맥락에서 이해되어야 한다. 이러한 시각에서 보면 공공외교의 본질은 소프트 파워 논의가 암시하는 것처럼 일방적으로 우월한 이념과 가치를 전파하는 데 있기보다는 많은 사람들과 쌍방향으로 소통하는 관계 맺기를 통해서 공감을 얻어내는 데 있다.

소프트 파워의 개념이 지니는 이러한 한계는 나이의 개념화 자체가 안고 있는 '행위자 기반의 개념화'라는 특성에 그 원인이 있다. 소프트 파워의 개념은 행위자 간의 밀고 당기는 작용과 반작용의 인과관계를 염두에 둔 인식론을 바탕으로 한다. 이러한 개념 인식은 소프트 파워의 메커니즘을 행태주의적인 차원에서 너무 단순화해서 이해한다는 비판을 면하기 어렵다. 실제로 이러한 개념화는 행위자 차원을 넘어서 '구조' 차원에서 작용하는 권력의 존재를 파악하는 데 둔감하다. 소프트 파워의 개념은 설득되고 매혹되어 자발적으로 따르는 권력의 메커니즘을 설명할 수 있지만, 구조 안에서 차지하는 위상에서 비롯된 권력이나 싫으면서도 어쩔 수 없이 받아들여야 하는 권력의 메커니즘을 설명하지는 못한다. 인간관계처럼 국가들 간의 관계에도 매력을 느끼고 호감을 갖는 것이 선택사항으로 다가오는 것이 아니라 오히려 선택의 여지가 없는 운명으로 주어지는 경우 또는 내가 잘나서 그런 것이 아니라 내 주위에 펼쳐진 상황이 유리하게 작동해서 그러한 경우가 있을 수 있다(김상배 2014a).

이러한 비판은 행위자 기반의 권력 개념만으로는 최근 벌어지고 있는 권력 변환을 제대로 포착할 수 없다는 21세기 권력론의 문제의식과 통한다. 특히 네트워크 이론의 성과를 원용한 최근 국제정치학 분야의 권력론은 단순한 행위자(즉, 노드) 차원을 넘어서 행위자들이 구성하는 관계적 맥락에서 작동하는 권력에 관심을 기울이고 있다. 이는 네트워크에서 비롯되는 권력이라는 의미에서 '네트워크 권력(network power)'이라고 부를 수 있다. 네트워크 권력은 노드의 속성이나 보유자원 차원으로 환원되는 권력이 아니라 노드들이 구성하는 네트워크 자체의 차원에서 발생하는 권력이다. 그러나 엄밀하게 말하면 네트워크라는 것이 노드와 링크 전체를 포괄하는 개념이라는 점에서 노드 차원에서 발생하는 권력을 완전히 배제하는 것이 아니라 노드라는 행위자와 네트워크라는 구조를 모두 품는 개념으로 보아야 할 것이다.

이러한 시각을 반영한 네트워크 권력의 개념은 세 가지 차원에서 파악된다(김상배 2014a). 첫째, 가장 쉽게 이해하면 네트워크에서 비롯되는 권력은 말 그대로 네트워크를 구성한 노드들이 여럿 모여서 상대적으로 적은 수의 노드들에 대해서 발휘하는 권력이다. 이는 노드들이 모여서 세를 발휘한다는 의미로 집합권력(collective power)이라고 부를 수 있다. 둘째, 네트워크 권력은 네트워크라는 환경에서 노드들이 상호작용하는 과정에서 발휘하는 권력인데, 특히 네트워크상에서 특정한 위치를 차지함으로써 생겨나는 권력이다. 이는 네트워크상에서 좋은 위치를 차지하여 노드 간 상호작용의 흐름을 통제한다는 의미에서 위치권력(positional power)이라고 부를 수 있다. 셋째, 네트워크 권력은 네트워크의 기본적인 아키텍처와 작동방식을 설계함으로써 행사되는 권력이다. 하나의 시스템으로서의 네트워크를 프로그래밍하는 권력이라는 의미에서 설계권력(programming power)이라고 부를 수 있다. 이렇게 세 가지 차원에서 파악된 네트워크 권력의 개념은 기존의 어떤 권력 개념보다도 중견국의 외교 전략이나 특히 공공외교 전략의 방향을 제시하는 데 도움을 준다.

2. 네트워크로 보는 중견국 공공외교

이상에서 소개한 시각에서 볼 때, 중견국의 네트워크 권력이라는 것은 가능할까? 사실 기존의 자원권력의 국제정치가 그랬듯이 새로운 네트워크 권력의 세계정치도 강대국들이 주도하고 있다. 그럼에도 불구하고 네트워크 권력의 게임은 자원권력의 게임에 비해서 강대국이 아닌 국가들이 운신할 수 있는 폭을 넓혀주는 것이 사실이다. 무엇보다도 네트워크 권력의 개념은 강자의 힘뿐만 아니라 약자의 힘도 상상해볼 수 있는 여지를 준다. 미국과 같은 강대국이 행사하는 권력에 비해서 한국과 같은 중견국이 추구하는 권력은 주변 행위자들과의 관계, 즉 네트워크 환경을 좀 더 적극적으로 고려할 수밖에 없기 때문이다. 이러한 맥락에서 볼 때, 중견국은 세 가지 차원에서 파악된 네트워크를 다루는 능력 또는 네트워크상에서 행동하는 전략을 터득해야 한다. 이를 바탕으로 한국이 추구할 공공외교의 방향도 가늠해볼 수 있다.

첫째, 중견국이 추구할 네트워크 권력의 핵심은 세를 모으는 힘이다. 이는 가능한 만큼 많이 내 편을 모으는 능력이다. 나이는 소프트 파워에 대한 논의에서 기본적으로 개별 국가 차원에서 발휘되는 머리의 힘이나 기예의 힘 또는 마음의 힘을 다룬다. 그런데 대부분의 경우 중견국은 개별 국가 차원에서는 강대국에 버금가는 머리와 기예와 마음의 힘을 갖추기 어렵다. 따라서 중견국의 경우에는 개별 국가의 발상을 넘어서 자신의 주위에 비슷한 세력들을 모아서 집합적으로 힘을 발휘하는 전략을 취하는 것이 유리하다. 이렇게 하여 자신과 함께 네트워크를 구성하는 노드들의 숫자가 많으면 많을수록 그렇게 형성된 네트워크 행위자가 발휘하는 힘은 더 커진다.

이렇게 세를 모으는 방식에서는 폭력과 금력을 기반으로 하는 하드 파워가 여전히 중요하다. 그러나 21세기 세계정치에서는 소프트 파워를 활용하여 세를 모으는 전략의 중요성이 강조되고 있다. 사실 나이의 소프트 파워 개념도 비록 초보적이지만 이렇게 네트워크의 세를 모으는 집합권력에 대한 논의를 담고 있다. 나이의 논의에서 주목할 점은 세를 모으는 과정에서 하드 파워처럼 '밀어붙이는 완력'보다는 소프트 파워처럼 '끌어당기는 매력'의 중요성을 강조했다는 사실이다. 그렇지만 중견국의 매력은 강대국처럼 혼자서 발산하는 방식으로는 얻어내기 어렵다. 중견국의 매력외교는 비슷한 세력들이 함께 힘을 합치는 구도에서 강대국의 그것을 앞설 가능성이 있다. 비유컨대, 강대국의 매력외교가 혼자서 네트워크를 치는 '거미줄 치기'를 연상시킨다면 중견국의 매력외교는 여러 마리의 꿀벌들이 만드는 '벌집 짓기'를 떠올리게 한다.

집합권력을 기반으로 한 중견국 매력외교의 사례는 최근 한국외교의 곳곳에서 발견된다. 한국이 2011년과 2012년에 G20정상회의나 핵안보정상회의 또는 세계개발원조총회 등을 개최하여 여러 나라의 대표들을 불러 모아 성공적으로 회의를 치른 일은 한국이 국제사회의 책임 있는 구성원으로 자리매김하는 효과를 보였다. 한국은 이러한 기회를 잘 살려서 국제사회에 좋은 이미지를 발산할 수 있을 것이다. 최근에는 SNS(social network service)로 대변되는 온라인상의 네트워크를 활용한 디지털 매력외교도 한창 진행되고 있다. 이렇게 SNS가 매력외교에서 차지하는 역할은 민간 차원의 대중문화 교류에서 더욱 두드러지게 나타나고 있다. 글로벌 한류 열풍의 와중에 한몫을 담당하고 있는 현지 팬들의 소셜 네트워크에도 주목할 필요가 있다. 이 밖에도 여러 나라에 흩어져 있는 한민족을 엮는 디아스포라 외교도 집합권력을 기반으로 한 매력외교의 일환으로 이해할 수 있다.

둘째, 중견국의 네트워크 권력에서는 네트워크에서 형성되는 관계적 구도를 활용하는 힘이 중요하다. 이러한 힘은 네트워크에서 자신의 위치를 파악하는 능력에서 시작된다. 사실 중견국의 입장에서 볼 때 자신의 주위에 형성된 네트워크는 강대국의 경우처럼 전략적으로 활용하는 단순한 환경을 의미하는 것만은 아니다. 오히려 그러한 네트워크가 중견국 자신의 행위를 제약하는 구조로 작동할 수도 있기 때문이다. 따라서 중견국이 이러한 구조하에서 매력을 발산하기 위해서는 우선 네트워크 전체의 형세를 파악하고 그러한 네트워크의 구조에서 차지하는 자신의 위치를 파악하려는 지혜가 필요하다. 나이가 강대국의 '상황지성(contextual intelligence)'을 강조했다면, 여기에서 말하고자 하는 바는 일종의 '위치지성(positional intelligence)'이라고 부를 수 있다.

비유컨대, 중견국이 네트워크의 관계적 구도를 활용하는 능력은 자신의 주위에 네트워크를 치는 거미의 능력이라기보다는 이미 쳐져 있는 거미줄에서 떨어지지 않고 살아남는 종류의 능력이다. 이러한 점에서 중견국의 위치지성은 '거미줄 치기'의 발상을 넘어서 '거미줄 타기'에 비유된다. 거미줄 타기의 위치지성은 전체 네트워크상에서 또는 두 개 이상의 네트워크 사이에서 어느 특정 노드가 차지하는 위치나 기능 또는 링크의 형태와 숫자, 통칭하여 네트워크의 구도로부터 발생하는 위치권력을 추구한다. 더 나아가 네트워크에 숨어 있는 틈새나 공백을 찾아서 그것을 잇거나 메워주는 중개자의 전략도 중견국의 주요 관심사이다. 이러한 과정에서 다른 행위자들을 기존의 네트워크에서 형성된 관계로부터 분리하여 자신의 편으로 편입시키는 세 모으기의 전략도 병행된다.

이러한 중견국의 위치권력이나 중개권력이 공공외교 차원에서 발휘된 사례는 최근 한국의 외교에서 많이 발견된다. 아마도 가장 많은 관심의 대상이 되는 것은 미·중 사이에서 한국이 지혜로운 중개자 역할을 할 수 있느냐의 문제일 것이다. 최근 한국에서 주관했던 여러 차례의 다자간 정상회의에서 중견국 한국은 선진국 그룹과 개도국 그룹 사이에서 양 그룹이 모두 받아들일 수 있는 합리적인 중재안을 내는 이미지를 이룩해왔다. 이 밖에도 최근 환경 분야의 세계질서 형성 과정에서 한국은 선진국과 개도국의 입장을 중개하는 새로운 국제규범을 마련하는 데 일정한 역할을 담당했다. 향후 이러한 중개자의 역할이 성공하기 위해서는 글로벌 매력망의 구도에서 중견국으로서의 한국의 위상을 적절히 설정하는 것이 무엇보다도 중요하다.

셋째, 중견국의 네트워크 권력은 네트워크의 아키텍처나 작동 방식에 대한 새로운 발상을 제시하는 힘을 필요로 한다. 이러한 힘은 행위자들의 상호작용이 이루어지는 네트워크의 기본 구도를 설계하는 권력과 동일한 맥락에서 이해될 수 있다. 사실 국제정치의 역사에서 설계권력은 주로 강대국에 의해서 독점되어왔다. 국제정치에서 이러한 설계권력이 중요한 이유는 만약에 어느 네트워크가 특정한 방식으로 작동하도록 미리 설계될 수만 있다면 그 네트워크 자체가 실행되기도 전에 이미 승부가 결정될 가능성이 있기 때문이다. 국제정치 영역에서 이러한 설계권력은 명시적 제도와 암묵적 규범을 설계하는 힘을 의미한다. 그리고 더 나아가 그러한 제도와 규범에 설득력 있는 이념과 존재론적 보편성을 담아내는 능력과도 연결된다.

그렇다면 강대국의 전유물이라고 할 수 있는 설계권력의 영역에서 중견국이 할 수 있는 역할은 무엇일까? 강대국의 경우와 마찬가지로 중견국 공공외교의 목표도 자신에게 유리한 프레임을 짜고 이를 일종의 표준으로 세우는 것일 수밖에 없다. 그렇다고 중견국이 강대국을 능가하는 설계자가 될 수 있는 것은 아니다. 그러나 중견국은 전체 프로그램을 설계할 수는 없더라도 적어도 주어진 플랫폼 위에서 응용 프로그램을 개발하거나 틈새를 메우는 정도의 설계는 할 수 있을 것이다. 최근 서울 컨센서스나 한류의 모델에서 발견되는 것처럼 기존에 존재하는 두세 개의 모델들을 엮어내는 '메타 설계'의 발상이 좋은 사례가 될 수 있다.

한편 중견국의 설계권력이 효과를 볼 수 있는 또 하나의 전략은 강대국이 설계한 프로그램의 규범적 타당성에 도전하는 것이다. 이러한 맥락에서 최근 중견국 공공외교의 단골메뉴로 등장하는 것이 규범외교이다. 중견국은 지배 네트워크와는 상이한 대안적 채널의 비전을 제시함으로써 어느 정도의 반론을 제기하는 효과를 노릴 수 있다. 지배 네트워크가 운영하는 프로그램의 구조적 편향을 지적하거나 이러한 행보에 힘을 싣기 위해서 세를 규합하는 전략이 동원될 수 있다. 사실 강대국의 일방적 권력을 비판하고 약소국의 동조를 끌어낼 수 있는 규범의 힘은 여럿이 나서서 네트워크를 형성할 때 더 쉽게 만들어진다. 이러한 과정에서 중견국이 얻게 되는 공공외교의 효과는 약자의 표준을 세우는 모범국가로서의 이미지이다.

요컨대, 한국과 같은 중견국이 네트워크 권력을 행사하기 위해서는 노드 차원의 전략을 넘어서는 네트워크의 발상이 필요하다. 네트워크의 발상에 입각한 중견국의 공공외교에서는 개별 매력의 발산 차원을 넘어서 주위의 세를 모으는 집합의 매력 전략을 고민해야 한다. 또한 중견국의 네트워크 권력은 네트워크의 구조에서 자신이 차지하는 위상과 역할을 적절히 활용하는 위치 잡기의 매력 전략을 추구해야 한다. 아울러 중견국의 네트워크 권력은 주어진 네트워크 프로그램의 판세를 정확히 읽고 그 안에서 새로운 디자인을 제시하는 발상도 포기하지 말아야 할 것이다. 이러한 점들을 고려해볼 때, 한국과 같은 중견국이 추구할 수 있는 네트워크 권력과 공공외교는 미국과 같은 강대국이 추구하는 그것과는 내용과 형태가 다를 수밖에 없다.

V. 맺음말

사실 소프트 파워와 네트워크로 요약되는 공공외교의 필요성에 대한 인식은 이미 높아졌다. 전통적인 하드 파워의 기준으로 보면 한국은 세계적으로는 대략 10~15위권을 차지하지만 이른바 4강에 둘러싸인 동북아에선 북한을 예외로 치면 꼴찌를 면할 수 없다. 그렇지만 소프트 파워를 기준으로 한 세계정치 무대에선 막연하게나마 한국에 희망이 보인다. 인터넷의 확산과 활용이라는 측면에서 보면 한국은 이미 세계적인 선진국이다. 이러한 IT인프라를 바탕으로 하여 네티즌들은 국내외의 정치 과정에 다양한 방식으로 참여한다. 여기에 담기는 콘텐츠의 생산이라는 차원에서도 한국은 두각을 나타내고 있다. 한류로 대변되는 한국의 대중문화와 예술활동 등이 대표적인 사례이다. 이러한 맥락에서 보면 외교부의 신세대 젊은 외교관들이 선호하는 부서로 공공외교 관련 부서가 거론되는 현상도 이해할 수 있다.

국내 네트워크의 구축이라는 관점에서 볼 때 한국의 공공외교는 어떻게 추진되어야 하는가? 공공외교의 효과적 추진을 위해서 어떠한 제도적 장치를 마련해야 하는가? 최근 한국은 공공외교의 추진체계 정비와 제도적 여건의 구비를 놓고 토론을 벌여왔다. 커뮤니케이션과 네트워크 세계정치의 부상으로 대변되는 바깥세상의 변화에 대한 대응책의 마련이라는 차원에서 이러한 토론 자체는 매우 고무적이었다. 게다가 기존에 진행되어온 공공외교나 문화외교 또는 국제문화교류의 새로운 방향을 모색한다는 차원에서도 의미가 컸다. 그리고 무엇보다도 예산과 인력의 확보라는 점에서 새로운 전기가 마련되었다. 이렇게 공공외교의 추진체계를 정비하려는 노력이 앞으로 결실을 이루기 위해서는 몇 가지 고려해야 할 사항이 있다.

우선, 외교 전담 부처 내에서 각 국에 분산되어 있던 공공외교 업무를 좀 더 체계적으로 조율하기 위해 체계 정비가 필요하다. 최근 외교부는 공공외교에 대해 전례 없이 진지한 접근을 펼치고 있다. 예를 들어, 새로이 공공외교 대사직을 신설하거나 공공문화외교국을 신설하고 그 안에 국민외교센터 등을 설치하여 공공외교의 도약을 모색하고 있다. 세계의 변화는 정무외교와 통상외교를 양대 축으로 하는 현재의 구도를 넘어서는 새로운 발상을 요구하고 있다. 이러한 맥락에서 한국 외교의 '제3의 축'으로 공공외교를 추진하는 새로운 체계를 고민해야 할 것이다. 어떠한 형태이건 외교 현안에 너무 바쁘게 쫓기는 현실을 넘어서 느긋하게 장기적인 구상을 가지고 '24시간' 공공외교를 고민하는 조직지(組織知)가 필요하다.

더불어 실무 부처 차원에서 진행되고 있는 국제교류를 넓은 의미의 공공외교라는 구도에서 이해하려는 노력도 필요하다. 사실 국제교류나 공공외교의 추진은 외교 전담 부처만이 아니라 범정부 차원에서 여러 실무 부처들이 나서고 있는 업무이다. 예를 들어, 문화관광부가 추진하는 국제문화교류 사업이나 교육부의 학술·지식·언어 분야의 국제교류, 과학기술과 정보통신담당 부처의 IT분야 국제교류협력사업, 그리고 기획재정부와 수출입은행이 관여하는 국제개발협력사업 등이 있다. 따라서 공공외교를 이 중의 어느 한 실무 부처가 담당하는 국제교류 정책의 차원에서만 이해해서는 곤란하다. 궁극적으로 넓은 의미의 공공외교는 문화외교뿐만 아니라 과학기술외교, 기여외교, 교육과 지식외교 등을 모두 아우르는 한국 외교의 새로운 밑그림을 그리는 작업과 연결되어야 한다.

이러한 맥락에서 파악된 공공외교는 네트워크 외교로서의 특성상 어느 한 주체가 독점하는 것이 아님을 명심해야 한다. 이러한 맥락에서 단일한 '조직'이 아니더라도 국가적 차원에서 공공외교를 전체적으로 네트워킹하는 존재가 필요하다. 물론 네트워킹을 통한 조율의 기능이라는 것은 말은 쉽지만 실제로는 어려운 경우가 많다. 특히 각기 이권이 달려 있는 정부 부처들 사이에서 공조의 네트워크를 만든다는 것은 생각처럼 쉽지 않다. 그렇지만 범정부적 차원에서 공공외교 분야의 '메타-거버넌스(meta-governance)'의 기능을 담당하는 추진체계를 만드는 일은 효용성이 매우 클 것이다.

그렇다면 이러한 범정부적 조율기구는 어떤 역할을 해야 하는가? 우선은 기존에 한국의 경제발전을 이끌었던 '발전국가'의 경우처럼 모든 것을 통제하려는 발상을 넘어서야 할 것이다. 이는 중장기 기본계획을 세우는 기존의 '독(獨) 마인드'로부터 여럿이 함께 하는 '공(共) 마인드'로의 이행을 의미한다. 이러한 과정에서 한국의 네트워크를 상대국의 네트워크로 연결시켜주는 중개자의 역할이나 현장에서 토론과 소통의 장을 만들어주는 플랫폼 제공자로서의 역할을 떠올려볼 수 있다. 어떠한 형태가 되건 간에 새로이 마련되는 범정부적 공공외교 추진체계에 일사불란과 중구난방 또는 집중과 분산의 이분법적 발상을 넘어서는 조율의 기능을 마련하는 지혜가 필요하다.

참고 1-6

생일 파티에의 초대 에피소드

중견국으로서 한국이 풀어가야 할 공공외교의 과제를 고민해보기 위해서 한 가지 에피소드를 질문 삼아 던져보자. 예를 들어, 30명 정도 되는 정원의 어느 학급의 두 학생을 떠올려보자. A학생은 부유한데다가 인기도 많은 학생이고, B학생은 그에 비해 다소 평범한 학생이다. A학생을 강대국에, B학생을 중견국에 대응해 보아도 좋다. 우연히도 이 두 학생이 같은 날 생일을 맞아 동시에 생일 파티를 연다고 하자. 나머지 학생들을 자신의 생일 파티에 초대하려고 경쟁을 벌이는 상황이 펼쳐진다. 물론 이러한 경쟁이 벌어질 경우 이른바 하드 파워에서 우세한 A학생이 더 많은 친구들을 초대할 가능성이 클 것이다. 소프트 파워라는 점에서도 A학생의 생일 파티가 더 매력적일 가능성이 높다. 그렇다면 중견국의 처지를 연상시키는 B학생이 나머지 학생을 더 많이 초대하여 이 대결에서 승리할 수 있는 방법으로 무엇이 있을까?

---

1   왜 공공외교에 대한 관심이 커지고 있는가? 이러한 현상의 저변에서 벌어지
    는 21세기 세계정치의 변화는 무엇인가? 권력게임의 성격과 주체의 변화라는
    맥락에서 생각해보고, 그 안에서 공공외교를 둘러싼 세계정치의 의미를 짚어
    보시오.

2   조지프 나이가 제시한 소프트 파워와 스마트 파워의 개념은 무엇인가? 어떠
    한 세계정치 변화를 배경으로 하여 이들 개념이 출현했으며, 어떠한 정책적
    유용성 및 한계를 갖는가?

3   소프트 파워와 스마트 파워, 그리고 그 연속선상에서 제시하는 매력이라는 잣
    대에 비추어볼 때 한국의 매력은 무엇인가? 공공외교를 추진하는 차원에서
    한국이 개발하거나 전파해야 할 매력자원과 매력 전략이 있다면 무엇인지 생
    각해보시오.

4   강대국의 매력과는 달리 중견국의 공공외교 이론을 풀어가는 이유는 무엇인
    가? 그리고 이러한 과정에서 네트워크 권력의 개념은 어떠한 유용성을 갖는
    가? 중견국의 네트워크 권력을 어떻게 이해해야 하며 그 연속선상에서 보는
    중견국 공공외교의 내용은 무엇인가?

추천 문헌

- 손열 편. 2007. 『매력으로 엮는 동아시아』. 지식마당.
- 평화포럼21 편. 2005. 『매력국가 만들기: 소프트 파워의 미래전략』. 21세기평화재단 평화연구소.
- Nye, Joseph S. 2004. *Soft Power: The Means to Success in World Politics*. New York: Public Affairs.
- Nye, Joseph S. 2008. *The Powers to Lead*. Oxford and New York: Oxford University Press.

참고 문헌

김상배. 2014a. "권력변환과 네트워크 권력론." 『아라크네의 국제정치학: 네트워크 세계정치이론의 도전』. 한울. pp.225–279.

김상배. 2014b. "중견국의 네트워크 전략론." 『아라크네의 국제정치학: 네트워크 세계정치이론의 도전』. 한울. pp.361–402.

김상배. 2014c. "외교변환과 디지털 공공외교." 『아라크네의 국제정치학: 네트워크 세계정치이론의 도전』. 한울, pp.437–478.

손열 편. 2007. 『매력으로 엮는 동아시아』. 지식마당.

평화포럼21 편. 2005. 『매력국가 만들기: 소프트 파워의 미래전략』. 21세기평화재단 평화연구소.

Barnet, Michael and Raymond Duvall. 2005. "Power in International Politics." *International Organization* 59(1): 39–75.

Nye, Joseph S. 1991. *Bound to Lead: The Changing Nature of American Power*. Basic Books.

Nye, Joseph S. 2004. *Soft Power: The Means to Success in World Politics*. New York: Public Affairs.

Nye, Joseph S. 2008. *The Powers to Lead*. Oxford and New York: Oxford University Press.

공공외교의 역사적 이해

송태은 | 국립외교원 안보통일연구부

I. 공공외교의 시작과 시대적 배경

   1. 공공외교 용어의 등장

   2. 외교정책 여론에 대한 새로운 이해

II. 양차대전기와 냉전기의 국가 프로파간다와 공공외교

   1. 세계대전과 전쟁 프로파간다

   2. 냉전기의 진영 대립과 프로파간다

III. 탈냉전기 공공외교의 진화

   1. 정보화와 민주화의 영향

   2. 각국 공공외교의 차이

IV. 미중 패권경쟁 시대의 공공외교

   1. 샤프 파워와 국가 프로파간다의 부상

   2. 진영 간 가치·체제경쟁과 공공외교

공공외교라는 용어는 양차대전기 전부터 서방의 신문에 종종 등장했으나 현대적 의미에서의 '공공외교' 개념은 데탕트가 도래했던 1960년대에 출현했다. 외교가와 학계가 공공외교에 관심을 갖기 시작한 것은 여론이 외교정책에 끼치는 영향에 주목했기 때문이다. 또한 미디어 기술의 발전으로 인해 국내외 정보가 세계적으로 확산되고 해외청중의 국제정치적 영향력이 증대되면서 공공외교는 점점 국가 외교정책의 중요한 일부가 되어갔다. 양차대전기와 냉전기의 공공외교는 전쟁의 수행 및 자유진영과 공산진영 간 이념 경쟁으로 국가 프로파간다의 성격을 완전히 탈피하기 힘들었다. 그러나 체제 경쟁의 의미가 없어진 탈냉전기에는 전 세계적으로 민주주의가 확산되고 인터넷이 등장하면서 세계청중에 대한 설득과 청중과의 상호성이 공공외교에서 더욱 중요해졌다. 즉, 탈냉전기부터 현재에 이르기까지 공공외교는 해외청중의 마음을 얻고 매력을 발산하는 방식을 통해 자국에 유리한 해외여론을 형성하는 데에 초점이 맞춰져 있다. 한편 최근 미·중 패권경쟁이 전방위적으로 격화, 심화됨에 따라 민주주의와 권위주의 진영 간의 정치체제와 가치를 둘러싼 경쟁이 각국 공공외교에도 투영되고 있고 국가 프로파간다가 다시 부상하고 있다. 특히 권위주의 국가들은 외교갈등 관계에 있는 민주주의 국가의 대중을 목표로 소셜미디어 플랫폼에서의 허위조작정보의 유포를 통해 여론을 왜곡하고 사회교란과 갈등을 부추기는 등 소프트 파워와 대척점에 있는 샤프 파워를 추구하는 모습을 보이고 있다.

핵심어

프로파간다propaganda	소프트 파워soft power
공공외교public diplomacy	하드 파워hard power
냉전Cold War	샤프 파워sharp power
탈냉전post Cold War	가짜뉴스fake news
미중경쟁US-China rivalry	허위조작정보disinformation
세계청중international audience	민주주의democracy
세계여론world public opinion	권위주의authoritarianism

I. 공공외교의 시작과 시대적 배경

현대 세계의 수많은 국가들이 경쟁적으로 펼치고 있는 공공외교는 어떻게 시작되었을까? 정부 주체들이 국가 간의 공식적인 통로와 방법을 통해 수행하는 통상적인 의미에서의 전통적 외교가 아닌 '공공외교'는 왜 시작되었고 공공외교의 개념은 어떤 맥락에서 언급되기 시작했을까?

세계청중에 대해 자국의 긍정적인 이미지를 구축하는 활동이나 프로파간다(propaganda)를 전개하는 일은 고대 그리스와 로마, 르네상스기의 이탈리아 모두 수행했다. 특히 15세기의 인쇄술 발명 이후 국가가 추구할 수 있는 세계청중과의 공식적인 커뮤니케이션의 범위는 획기적으로 확대되었다. 공공외교 분야의 대표적 학자 중 한 명인 얀 멜리센(Jan Melissen)은 공공외교의 역사가 전통적인 외교의 역사만큼 오래되었다고 언급했다(Melissen 2005, 3). 특히 현대 공공외교가 등장하기 전에 국제정치의 장에는 프로파간다 활동이 국가 전략으로 오랫동안 존재해왔고 공공외교의 역할과 프로파간다 활동에 유사한 점이 많았기 때문에 일반 대중의 시각에서는 비슷한 국가 활동으로 인식되었다. 그렇다면 공공외교는 프로파간다와 어떻게 구별될까? 왜 현대의 많은 국가들이 조직과 예산을 겸비한 외교정책의 한 축으로 공공외교를 운영할 만큼 공공외교가 중요해지기 시작했을까?

이 장에서는 공공외교의 기원, 즉 공공외교의 개념이 어떻게 출현했고 국제정치의 장에서 공공외교가 왜 중요하게 인식되기 시작했는지, 양차대전과 냉전기, 탈냉전기와 현대에 이르기까지 공공외교는 어떻게 변화해왔고, 초강대국과 강대국, 중견국을 포함한 현대의 모든 국가들이 왜 공공외교를 경쟁적으로 전개하고 있는지 공공외교의 역사적 맥락을 구체적으로 탐색한다.

1. 공공외교 용어의 등장

오늘날 우리가 일컫는 '공공외교(public diplomacy)'라는 용어는 최근 등장한 신조어가 아니다. 공공외교는 양차대전이 발발하기 전 시기인 1856년 영국 일간지 『타임스(*Times*)』를 비롯하여 1871년 미국 일간지 『뉴욕 타임스(*New York Times*)』 등 미국과 서유럽의 주요 언론에서 간헐적으로 언급되어온 터였다. 그런데 당시 공공외교는 그때마다 같은 의미로 사용되기보다 정치인이 대중을 대하는 '정중한 태도(civility)'를 뜻하기도 하고 '비밀외교' 혹은 '밀실외교'와 반대되는 의미에서의 '투명한 외교', 즉 '공개외교(open diplomacy)'를 뜻하는 등 서로 다른 맥락에서 동일하지 않은 의미로 다수 언급되었다(Cull 2009, 19-21).

'공공외교'라는 용어는 유럽의 미디어에서 먼저 언급되었지만, 국가가 예산을 투입하고 독립적인 부서를 갖추며 실제적으로 다양한 공공외교 프로그램을 국가 차원에서 운영한 것은 미국이 최초였고 유일했다. 냉전 초기였던 1953년 아이젠하워 행정부는 대외공보처(United States Information Agency, USIA)를 설립했고, 국무부는 많은 예산을 투입하여 해외에서의 미국 정부 및 민간 기관의 다양한 교육과 문화교류 프로그램을 지원했다. 이렇게 공공외교는 이미 냉전기에 공식적인 외교의 한 형태로 수행되기 시작했다. 외교 현장에서는 이미 공공외교가 전개되고 있었지만 학계에서 공공외교가 언급되기 시작한 시기는 1960년대였고 공공외교에 대한 학계의 본격적인 연구는 2000년대 초반부터 시작되었다.

미국 터프츠 대학(Tufts University) 플레처 스쿨(Fletcher School of Law and Diplomacy)의 에드먼드 걸리언(Edmund Gullion) 학장은 1965년에 공공외교 연구를 위하여 미국 방송 저널리즘의 아버지로 불리는 에드워드 머로우(Edward R. Murrow)의 이름을 딴 공공외교센터(Edward R. Murrow Center of Public Diplomacy)를 설립했다. 당시 머로우 공공외교센터가 발행한 소책자가 소개한 공공외교의 개념은 현대적 의미에서의 공공외교의 개념과 동일하다. 당시 머로우 센터는 공공외교를 "외교정책의 구축과 실행에 영향을 주는 대중의 태도를 다루는 활동(public diplomacy....deals with the influence of public attitudes on the formation and execution of foreign policies)"으로 정의하고 있다. 머로우 센터는 공공외교에 있어서 정부가 관심을 갖는 부분이 타국 여론이고 공공외교가 정부 간의 전통적 외교와 달리 각국의 다양한 행위자 간 상호 교류와 커뮤니케이션을 중시한다는 것을 강조했다(Cull 2009, 19).

학계에 이렇게 공공외교에 대한 새로운 정의와 시각이 출현하게 된 것은 양차대전기와 냉전기에 미국과 소련의 체제 경쟁과 이데올로기 대립에 의한 국가 중심의 프로파간다 활동과 공공외교를 차별화하려고 한 미국 학계 차원의 노력이었다. 즉, 학계는 공공외교를 새롭게 정의하여 미국 정부가 추구했던 외교정책과 국제정치 질서를 합리화하고 미국이 구축하려는 세계적 어젠다에 명분을 제공하려 했던 것이다. 그러면 냉전기 미·소 이데올로기 경쟁에서 미국은 왜 국가 프로파간다 활동의 부정적 이미지를 탈피하고 보다 진전된 의미에서 해외여론에 호소할 국가 활동을 필요로 했을까?

이러한 질문에 답하기 위해서는 미국 학계가 공공외교에 관심을 보인 시점이 1960년대였던 이유를 살펴볼 필요가 있다. 미국은 1960년대 중반 베트남전의 패배로 자국의 세계적 영향력이 약화되는 것을 경험하고 있었다. 1945년부터 1970년까지 미국 경제는 전체 세계 경제에서 차지하는 비중이 감소하고 있었고, 1960년대 후반 유럽의 데탕트 분위기와 유럽과 일본의 부상으로 당시 국제정치는 전환기적 시점을 맞이하고 있었다. 이러한 상황에서 미국은 세계 정치경제 질서를 홀로 움직일 수 없었다. 즉, 세력이 쇠퇴하던 미국은 원하는 세계 질서를 이끌기 위해 미국에 대한 세계여론을 의식하게 된 것이다. 데탕트 시기였어도 여전히 자유진영과 공산진영의 대립이 끝나지 않았던 당시 힘이 쇠퇴하는 미국의 세계적 리더십에 타국 정부와 해외여론이 동조하느냐의 여부는 미국 정부에게 이전보다 중요한 사안이 되었던 것이다.

2. 외교정책 여론에 대한 새로운 이해

앞서 살펴보았듯이 1960년대에 미국의 일부 국제정치학계가 공공외교에 관심을 갖게 된 것은 미국에 호의적인 해외여론을 통해 미국의 쇠퇴한 힘을 만회할 필요가 있었던 당시 미국이 처한 현실적 상황에 기인했다. 여기서 한 가지 질문이 제기될 수 있다. 왜 미국 정부는 미국에 대한 해외여론에 신경을 썼냐는 것이다. 미국이 냉전기부터 세계에서 유일하게 공공외교를 추진하는 기관과 예산을 갖췄던 것은 미국이 대외정책 추진에 있어서 해외여론을 중요하게 인식했음을 반증한다. 하지만 미국의 외교정책이 '해외여론'의 영향을 받았느냐에 답하기 이전에 먼저 답할 질문은 미국의 외교정책이 '국내여론'의 영향은 받고 있었느냐는 것이다.

1960년대 미국 외교정책에 대한 국내외 여론을 살펴보면 미국 정부가 해외여론에 영향을 줄 방도로서 공공외교에 관심을 가졌다는 것을 알 수 있다. 하지만 미국 정부가 미국을 쇠퇴하는 국가로 인식했던 것보다 더욱 다급했던 것은 베트남전에 대한 미국 내 여론의 심상치 않은 추이였다. 즉, 베트남전은 미국 국내 여론이 정부의 외교정책에 영향을 끼치게 된 중요한 계기가 되었다. 미국은 1965년 3월 베트남전에 본격적으로 개입한 이후 전쟁 수행에 필요한 경제적 비용으로 경상수지 적자를 경험했고 국내 여론도 악화되었다. 또한 쉽게 이길 것으로 예상한 베트남전이 장기화되면서 미국 내에는 반전 여론이 고조되었고, 미국 정부는 지고 있는 전쟁을 지속할 명분을 상실하고 있었다. 데탕트 시기였어도 여전히 소련과 대립하던 냉전기 미국의 '베트남 철수'는 여론이 국가의 외교정책, 특히 군사정책에 영향을 끼친, 당시로서는 매우 이례적인 사건이었다.

과거 미국 학계와 외교정책 실무자들은 대중이 국제정치나 외교정책에 관심을 갖거나 각 쟁점들을 충분히 인지하는 것으로 보지 않았다. 여론에 대한 이러한 회의적인 통념은 '아몬드-립만 합의(Almond-Lippmann consensus)'로 일컬어졌다. 즉, 외교정책에 대한 대중 여론은 다양한 국내 변수나 애국심과 같은 감정적 요인에 의해 영향을 받기 쉬우므로 일관적이지 못하고 변덕스럽기 때문에 국가의 대외정책 결정의 기준으로 삼아서는 안 된다는 것이다. 요컨대 여론은 외교정책의 지침(lodestar)이 아니고 대중은 교육의 대상이

참고 2-1

아몬드-립만 합의와 저널리스트 립만의 대중의 외교정책 여론에 대한 인식

제2차 세계대전 이후 베트남전 이전까지 미국 학계와 외교정책 실무자가 바라본 대중의 외교정책 여론에 대한 회의적인 시각은 '아몬드-립만 합의(Almond-Lippmann consensus)'에서 잘 드러나고 있다. 즉 외교정책에 대한 대중의 판단은 국내 정치의 다양한 변수에 영향받기 쉽고 애국심이나 민족주의와 같은 감정적 변수로 인해 일관성을 결여하므로 합리적이지 못하다는 것이다. 저널리스트 월터 립만(Walter Lippmann)은 고전적 민주주의 이론의 핵심 전제인 '식견 있고 참여적인 시민'에 대한 논의가 허황된 것이고 일반 시민은 자신의 일상에만 매진하고 국제문제에 무지하고 관심이 없다고 주장했다. 립만은 실제 국제정세와 시민이 생각하는 국제정세 사이에 존재하는 커다란 괴리로 인해 미국의 외교정책이 무지하고 무관심한 대중여론에 지배받는 것을 우려했다. 미국 정치학자 아몬드의 과학적인 방법을 통한 외교정책 여론에 대한 연구도 이러한 립만의 주장을 지지했기 때문에 이 두 사람의 외교정책 여론에 대한 동일한 입장은 '아몬드-립만 합의'로 일컬어지게 되었다.

며 대통령은 외교정책에 있어서는 전권(free hand)을 누려야 한다는 것이 과거 미국 엘리트가 공유했던 생각이었다. 게다가 '국기 주변으로의 집결(a rally round the flag)'로 표현되듯이 대중은 전쟁과 같은 국가 간 분쟁에서 정부의 외교정책을 합리적으로 면밀히 평가하기보다 대개 감정적으로 지지하는 성향을 보인다고 인식되었다.

그러나 베트남전과 한국전에 대한 미국 내 여론을 분석한 존 뮬러(John Mueller)의 연구는 여론에 대한 오래된 합의에 도전하며 여론과 외교정책 간 관계가 새롭게 조명되기 시작했다. 뮬러는 두 전쟁에 대한 미국 대중의 전쟁 지지도가 전쟁이 지속되면서 함께 증가하는 전사자 수와 반비례함을 발견했다. 이러한 분석 결과는 여론이 전장(battlefield) 정보를 반영하며 체계적으로 형성되고 갱신된다는(updated) 사실을 보여주는 것으로서 학계의 여론에 대한 전통적인 통념과 상반되는 것이었다. 이러한 뮬러의 연구를 시작으로 미국 정치학자들은 과거의 여론조사에서 응답자에게 질문하는 방식이 잘못 설계되었음을 지적했고 학계가 그동안 대중의 외교정책 여론을 잘못 분석해왔음을 실증적 연구를 통해 증명해보였다(Mueller 1973).

이렇게 베트남전 여론에 대한 뮬러의 연구를 기점으로 이후 외교정책과 여론의 관계에 대한 인식은 새로운 전환점을 맞이하게 되었다. 뮬러의 베트남전과 한국전에 대한 여론 연구 이후 대규모 데이터를 바탕으로 한 수많은 실증적인 후속 연구가 아몬드-립만 합의를 반박하는 분석 결과를 쏟아냈던 것이다. 예컨대 얼드리치, 설리번, 볼지더(Aldrich, Sullivan & Borgida)와 같은 미국 정치학자들은 1972년부터 1984년까지의 대통령 선거에서 미국 대중이 후보자들의 외교정책의 입장 차이를 명백하게 구별하고 있음을 여론 분석을 통해 증명했다. 이들은 선거에 있어서 국내 사안이 외교 사안보다 우선한다는 '투표는 국경에서 끝난다(voting ends at the water's edge)'는 가설을 뒤집고 대선 후보자들이 결코 '맹인 청중 앞에서 왈츠를 추는 것이 아님을(candidates do not waltz before a blind audience)' 증명해보였다(Aldrich et al. 1989). 이러한 연구결과를 통해 국내외 대중 모두가 국가 프로파간다 메시지를 맹목적으로 믿었을 것이라는 근거는 없다.

특히 일반 대중의 교육 수준이 높을수록 정부가 주장하는 바를 사실로서 맹목적으로 받아들이지 않는다. 그렇기 때문에 국가 프로파간다 활동과 공공외교 모두 국내 청중을 대상으로 하든 세계청중을 대상으로 하든 상당히 전략적인 설득논리를 필요로 한다. 특히 국내 이슈보다 정보 접근성이 낮을 수밖에 없는 국제정치 이슈에 대한 대중의 분별력은 미디어에 의해 많은 영향을 받기 쉽다. 인터넷이 없었던 냉전기에 국제정치 및 타국과 관련된 정보는 사실상 국가와 미디어가 독점하다시피 했다. 선진 민주주의 국가인 미국에서도 당시 미국해외정보국(USIA)은 다양하고 은밀한 방법을 통해 국내외 미디어를 통제했고, 특히 해외 저널리스트들과 같은 타국의 오피니언 리더층의 정치적 시각에 영향을 끼치려는 활동을 전개했다(Nelson & Izadi 2009, 336). 즉 탈냉전기 각국 정부의 공공외교에 대한 관심의 배경에는 국내외 외교정책 여론에 대한 발견, 즉 각국 외교정책이 국내외 여론의 영향을 받는다는 인식이 자리 잡고 있다. 비슷한 맥락에서 9·11 테러 이후에도 세계적으로 반미감정이 확산되는 현상을 우려한 부시 행정부 시기부터 미국이 체계적인 세계 여론조사를 본격화한 것은 곧 미국이 원하는 세계질서 형성에 있어서 미국에 우호적인 세계여론을 필요로 했음을 반증한다고 볼 수 있다 (송태은 2017).

II. 양차대전기와 냉전기의 국가 프로파간다와 공공외교

1. 세계대전과 전쟁 프로파간다

앞서 살펴보았듯이 '공공외교'라는 용어는 양차대전이 발발하기 이전부터 이미 다양한 의미로 유럽 및 미국의 일간지 등에 등장했다. 하지만 현대의 공공외교와 동일한 의미로 사용되는 공공외교 용어는 외교 현장의 경우에 1950년대에 미국이 USIA를 설립하면서, 그리고 학계의 경우에는 1960년대에 터프츠 대학이 공공외교센터를 건립하면서 처음 언급되었다. 그러면 냉전기 이전 시기에 세계청중에게 국가의 메시지를 전달하고 설득하려는 활동은 어떻게 이해되고 정의되었을까?

냉전기 이전의 공공외교를 이해하기 위해서는 먼저 프로파간다의 개념을 이해할 필요가 있다. 프로파간다란 "목표청중(target audience)의 감정, 태도, 의견, 행동에 영향을 끼치려는 체계적 형태의 의도적 설득행위로 이념적, 정치적, 상업적 목적을 위해 미디어를 통해 통제된 방식으로 메시지를 일방향으로 전달하는 것"을 말한다. 프로파간다가 반드시 기만적이거나 허위일 필요는 없지만 '진실(truth)'이어야 할 이유도 없는 것은 프로파간다의 주요 목적이 메

프로파간다의 정의(definition)와 종류

프로파간다란 "목표청중(target audience)의 감정, 태도, 의견, 행동에 영향을 끼치려는 체계적 형태의 의도적 설득행위로서 이념적, 정치적, 상업적 목적을 위해 미디어를 통해 통제된 방식으로 메시지를 일방향으로 전달하는 것"이다(Nelson 1996). 프로파간다의 종류는 정보의 출처와 정보의 정확성 유무를 기준으로 대개 다음과 같이 분류된다.

⊙ 백색선전(white propaganda): 정보의 출처를 밝히고 공식 기관에 의해 수행되는 선전전이다. 공식 기관에 의한 선전이므로 책임성, 신뢰성, 권위를 가지지만 유포하고자 하는 선전 내용에 대해서는 제약을 받을 수 있다.

⊙ 회색선전(gray propaganda): 정보의 출처가 분명하지 않은 선전전이다. 경쟁 대상이나 적이 역선전을 수행할 경우에 대항하기 어려운 측면이 있다.

⊙ 흑색선전(black propaganda): 근거나 증거가 없는 사실을 조작하여 경쟁 대상이나 적을 모략하고 혼란을 야기하려는 선전전이다. 정보의 출처를 위장할 수 있고 즉각적인 효과를 얻기 위해 집중적인 선전전을 전개할 때 악의적으로 사용될 수 있다.

시지를 유포하는 주체의 의도와 이익을 효과적으로 전달하는 것이기 때문이다. 이러한 국가 프로파간다 활동은 전쟁 과정과 긴밀하게 맞물려 있었고 신문과 라디오, 텔레비전 등의 미디어와 포스터, 영화 등을 통해 왕성하게 수행되었다.

인류의 역사 속에서 다양한 수단을 통해 전개된 프로파간다 활동은 어떤 형태의 정치집단 혹은 정치체제를 불문하고 중세시대 가톨릭교회를 포함하여 당대의 주요 정치세력에 의해 꾸준히 수행된, 대중에 대한 설득전략(persuasion strategy)이다. 아마도 국가가 수행한 프로파간다 활동의 최악의 사례는 2차 세계대전 때 나치 독일이 전개한 전쟁 프로파간다일 것이다. 독일 사회 전체를 총력전(total war)에 동원하기 위해 나치의 선전장관 파울 요제프 괴벨스(Paul Joseph Goebbels)는 외국과 유대인의 독일 전복에 대한 공포를 시민들에게 주입시키는 설득전략을 펼쳤고, 이러한 국가 프로파간다는 독일 사회를 속이는 데 성공했다.

　프로파간다라는 말이 다분히 부정적인 뉘앙스를 갖게 된 것은 근대 이전부터였다. 중세시대에 프로테스탄트에 대해 가톨릭교회가 펼친 선전 활동이 프로파간다 활동으로 일컬어지면서 이 단어는 중립성(neutrality)을 상실했다. '거짓말', '조작(manipulation)', '왜곡(distortion)', '정신조종(mind control)', '심리전(psychological warfare)', '기만(deceit)', '세뇌(brainwashing)'와 같은 말들이 프로파간다와 유의어인 것처럼 언급되었던 것이다. 이를 감안하면 프로파간다의 부정적 의미는 거의 고착화되었다고 볼 수 있다(Jowett & O'Donnell 2006, 2-3). 프로파간다는 왜곡된 정보와 정확한 정보를 구분하는 용어가 아니므로 정확한 정보의 확산 활동은 '백색선전(white propaganda)', 애매한 정보의 경우에는 '회색선전(grey propaganda)', 거짓된 허위정보의 유포는 '흑색선전(black propaganda)'으로 불린다. 따라서 프로파간다의 커뮤니케이션은 청중의 '마음을 얻어(winning hearts and minds)' 설득하고자 하는 공공외교의 전략과 명백히 구분된다.

　국가가 주도하는 프로파간다는 19세기부터 발달하기 시작한 인쇄술 및 근대의 다양한 미디어 매체의 발명과 세계청중의 높아진 읽고 쓰는 능력과 맞물려서 국가가 원하는 메시지를 세계청중에게

| 그림 2-1 | 양차대전기의 국가 프로파간다 포스터

전달할 수 있는 효과적인 도구가 되었다. 특히 인터넷이 대중화되기 이전인 20세기 대부분의 시기 제한된 소수의 각국 미디어와 국가권력이 결탁하는 일은 매우 빈번했다. 또한 국가가 양차대전과 같은 전쟁을 수행하기 위해 군인을 징집하거나 대중의 단합된 전쟁 여론을 구축하는 데 있어서 라디오와 신문, 텔레비전 등의 매스미디어를 통한 프로파간다 활동은 핵심적이었다.

양차대전기 동안 참전국 대중이 자연스럽게 갖게 되는 적국에 대한 증오는 프로파간다가 효과적으로 작동하기 위한 가장 유용한 감정 변수이다. 프로파간다의 설득력은 증오의 대상이 명확하고 그러한 대상에 대한 고정관념(stereotype)이 강화될 때 더욱 성공적이다. 특히 정보에 대한 불확실성이 고조되는 전쟁 기간에 프로파간다는 더욱 효과적이다. 더군다나 양차대전 시기만 해도 대중은 나치의 반유대인 인종주의에 열광한 독일 시민과 같이 매스미디어의 감정적 선동에 쉽게 휘둘렸다. 따라서 프로파간다는 적대국의 야만성과 폭력성을 더욱 과장하여 전쟁 수행을 위한 국가적 동원에 대중이 열광적으로 지지할 수 있도록 돕는 역할을 했다(Welch 2015).

2. 냉전기의 진영 대립과 프로파간다

2차 세계대전이 끝났을 때 미국 의회에서는 전쟁 기간 동안 해외에서 활발히 전개했던 방송을 통한 국가 프로파간다 활동을 계속해야하는지에 대한 회의론이 있었다. 하지만 소련이 전개한 매우 정교하게 고안된 프로파간다 활동으로 인해 미국 의회는 전쟁이 아닌 평시(peace time)에도 미국의 프로파간다 활동이 필요하고 정당하다는 것을 인정하게 되었다. 자유진영과 공산진영이 치열한 '이념의 전쟁(war of ideas)'을 치른 1950년대부터 1980년대까지 국가 중심의 프로파간다 활동은 양 진영의 군사, 정치, 경제 체제 및 과학기술과 문화 전반에서의 우월함을 선전하는 것이었다.

냉전기 미국은 자유무역을 세계적으로 확대하기 위해 자본주의 시장경제를 뒷받침할 수 있는 경제레짐을 구축하고 유지했다. 미국이 전개한 프로파간다 활동은 이러한 자본주의 세계경제의 우월성을 선전하는 효과적인 역할을 담당했다. 1953년 아이젠하워 행정부가 설립한 USIA는 그야말로 냉전의 산물로서 양 진영의 이념전쟁의 중심에 있었다. 미국은 국무부와 USIA를 통해 해외에서의 다양한 교육 프로그램과 문화교류, '미국의 소리(Voice of America)'와 같은 해외방송 활동을 지원하여 자유진영의 우월성과 미국이 지향하는 세계 어젠다를 설명하고 설득하며 선전했다. 그래서 USIA가 수행한 활동을 엄밀한 의미에서 프로파간다와 구분하기는 힘들었다. 따라서 공공외교가 미국의 외교 현장에서 언급되기 시작했던 1950년대 냉전기 초 공공외교는 국가 프로파간다 활동과 잘 구분되지 않는다. 냉전기 진영 간 이념경쟁의 내용을 담을 수밖에 없는 공공외교가 프로파간다와 차별되는 활동으로 보이기 힘들었던 것이다.

1960년대 말 데탕트에 들어서면서 학계는 공공외교와 프로파간다를 구분하기 시작했다. 하지만 여전히 1960년대는 미·소 진영의 이데올로기 대립과 체제 경쟁이 계속되었던 시기였으므로 국가 프로파간다와 완전히 구별된 차원에서의 공공외교 활동이 독자적으로 수행되었다고 보기는 어려웠다. 미국 공공외교의 주요한 축을 담당했던 VOA와 같은 방송의 주된 목표는 미국의 세계적 목표와 동기를 왜곡하고 좌절시키려는 공산진영의 적대적인 시도의 정체를 밝혀내고 반격을 가하는 것이었다. USIA가 미국 의회에 제출한 1974년 3월 보고서 "Telling America's Story to the World"에서 USIA는 기관의 원래 목표가 "자유, 진보, 평화"를 증진시키는

참고 2-3
USIA가 미국 의회에 제출한 보고서
"Telling America's Story to the World" 중에서

"USIA는 미국 행정기관 내의 외교 업무를 담당하는 독립적인 기관이다. 지구상의 모든 사람들이 미국인과 미국의 정책, 문화에 대해 알 수 있게 돕는 것이 우리의 역할이다. USIA는 넓은 범위에서의 다양한 정보활동과 교육, 문화교류를 세계적으로 운영함으로써 세계에 미국에 대한 통찰력을 제공하고 해외의 많은 미국 전문가들을 미국으로 오게 하며 그들이 스스로 미국 문화와 사회의 다양함을 경험할 수 있도록 한다."

것이었으나 소련의 프로파간다에 대항하는 활동만이 의회로부터 찬사를 받고 여타 활동은 심각한 비판을 받았음을 언급했다. 일찍이 USIA는 정부 차원에서 발신되는 정보가 국제사회에서 중립적인 정보로 인식될지 혹은 프로파간다 메시지로 받아들여질지는 정보를 접하는 자의 시각에 달려 있다고 언급한 바 있다.

냉전기 소련도 미국처럼 국가 프로파간다 활동을 왕성하게 펼쳤다. 소련의 국가보안위원회(KGB) 예산의 30% 이상이 심리전 공작에 투입되었던 만큼 소련은 세계 최고의 전술을 구비한 다양한 비밀공작 활동 역량을 보유하고 있다. 소련의 간첩 조직들은 미국을 비롯한 서방의 대학가에서 이들 국가의 정책방향을 분석하고 비밀작전 수행을 위해 주요 인물을 정보원으로서 포섭하며 민감한 군사시설 및 연구물에 접근하는 활동을 전개해왔다. 특히 서구 학계의 투명성과 공정한 절차를 통해 지원되는 장학금 체계나 구직 과정은 소련이 활용할 수 있는 유용한 조건이었다.

흥미로운 점은 양차대전이 종료된 냉전기에 오히려 공공외교로서의 문화교류 혹은 문화외교(cultural diplomacy), 그리고 세계청중을 대상으로 하는 다양한 교육프로그램과 해외방송이 국가에 의해 활발하게 장려되었다는 것이다. 즉, 전쟁이 아닌 평시에 대립하는 두 진영이 세계청중의 마음과 생각을 사로잡는 방책으로서 문화와 교육을 공공외교와 프로파간다 활동의 주요 수단으로 활용했던 것이다. 미국의 경우 이러한 활동의 초점은 세계적 차원에서 반공산주의(anti-communism)와 미국에 대한 긍정적 인식을 확산시키는 것에 맞춰졌다. 미국의 USIA는 공산주의 이념의 모순, 강제노동소, 자유 억압, 공산품 부족 등을 비판하고 자유진영 국가들이 옹호하는

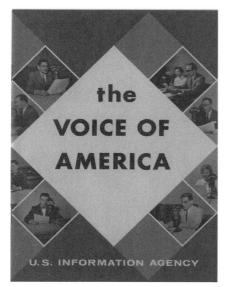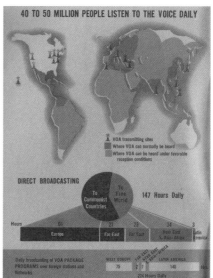

| 그림 2-2 | 1959년 USIA와 'Voice of America(VOA)'가 공동으로 발간한 *The Voice of America*의 표지와 일부 내용[1]

자유와 민주주의의 가치, 자본주의의 장점, 과학과 기술의 진보, 노동조합의 활동 등을 내세우며 국내외 대중에게 선전전을 펼쳤다. 공공외교 활동에 있어서 CIA도 냉전기에 소련과 동유럽 대중을 대상으로 하는 'Radio Free Europe'과 'Radio Liberation' 등의 방송을 직접 운영했고, 서유럽에서도 수많은 국제 컨퍼런스와 출판 활동 및 비공산주의 노동조합이나 언론인, 정치인들과 학생 단체들을 비밀리에 지원했다.

냉전기 미국이 자유진영을 이끄는 리더로서 세계적인 프로파간

....

1   http://www.coldwarradiomuseum.com/exhibitionvoice-of-america-1959/

다 활동과 공공외교를 전개한 반면 유럽은 주로 예술과 문화를 홍보하는 활동에 초점을 둔 공공외교를 왕성하게 펼쳤다. 미국은 예술 분야를 공공외교 활동의 우선순위로 두지 않으며 예술 분야의 활동을 정부가 지원하는 일은 극히 드물다. 할리우드와 같은 미국의 영화산업이나 팝음악 등은 세계 각지에서 상업적으로 성공하고 있으므로 미국 정부가 이러한 방대한 민간 영역의 산업 활동을 국가 차원에서 지원할 유인은 없는 것이다.

한편 냉전기에 각국 대중이 모두 천편일률적으로 정부가 추구하는 외교정책이나 군사활동과 관련하여 국가 중심의 프로파간다나 공공외교 메시지를 맹목적으로 신뢰했다고 볼 근거는 없다. 정치적 의사 등 표현의 자유가 보장되는 자유진영의 민주주의 국가의 대중의 경우에는 더욱 그러할 것으로 짐작해볼 수 있다.

III. 탈냉전기의 공공외교의 진화

1. 정보화와 민주화의 영향

탈냉전기 본격적으로 시작된 세계적인 민주화의 물결은 프랜시스 후쿠야마(Francis Fukuyama)가 냉전 종식을 '역사의 종언', '자유주의의 영구 승리'로 일컬을 만큼 예고된 일이었다. 민주주의의 확산은 여론을 활성화시키고 시민의 정치참여(political participation) 욕구도 증대시켰고, 그 범위는 국내정치 영역에 한정되지 않았다. 국제정치 영역에서도 이미 1960년대와 1970년대에 설립된 '그린피스(Greenpeace)', '휴먼라이츠워치(Human Right Watch)', '국경없는의사회(Doctors Without Borders)', '국제앰네스티(Amnesty International)' 등과 같은 비정부기구(NGO)와 시민단체들이 국제정치 무대로 진입했다. 이들은 인권, 군축, 환경, 기아, 보건 등 다양한 세계적 이슈와 문제에 대해 시민운동을 전개했고 각국 외교정책에 자신들의 의제가 반영되게끔 목소리를 높이며 활동 범위를 넓혀갔다.

공교롭게도 탈냉전의 시작이 인터넷이 대중화되는 시기와 맞물리면서 대중은 온라인 공간을 통해 세계의 주요 이슈에 대해 더 많은 정보와 지식을 접할 수 있게 되었고, 국내정치 이슈뿐 아니라 국제정치 이슈에 대한 세계여론도 활성화되었다. 세계의 수많은 NGO와 크고 작은 시민단체들은 인터넷이 대중에게 보급되기 시작한 초창기부터 이미 온라인 공간을 다양한 시민운동의 무대로 삼아왔다. 국제적 사안에 대한 시민사회의 정보지식 수준이 높아지고 이들의 활동 역량과 영향력도 함께 증대된 것이다. 결과적으로 탈냉전기 본격화된 세계적 민주화와 정보화는 외교의 영역에도 시민들이 참여하고 개입할 공간을 형성시키고 확대시킨 것이다.

인터넷이 등장하게 되면서 일반 대중도 온라인 공간에서 세계적 이슈에 대해 자신들의 의견을 표출할 수 있는 기회를 갖게 되었다. 특히 실시간의 쌍방향 커뮤니케이션이 가능한 소셜미디어(social media)의 등장은 매스미디어 시대에 '정보 소비자(information consumer)'에 머물던 대중을 더 이상 수동적인 '청중(audience)'이 아닌 정보와 뉴스를 직접 생산할 수 있는 주체로 변모시켰다. 국제적 사건에 대한 한 개인의 의견과 메시지는 소셜미디어의 전 세계 네트워크를 통해 지구상의 어떤 타인에게도 도달할 수 있기 때문이다. 요컨대 인터넷과 소셜미디어의 출현은 정보커뮤니케이션 환경도 민주화시키는 효과를 가져왔다.

국내외 이슈에 대한 정보를 실시간으로 국경을 초월하여 획득할 수 있고 인터넷 네트워크를 통해 특정 정보에 대한 사실 확인과 교차 검증이 가능한 정보커뮤니케이션 환경에서 각국 정부는 냉전기에 펼쳤던 방식의 일방적인 국가 프로파간다 활동을 전개하기 어렵다. 대신 각국 정부는 자국이 선호하는 세계적 어젠다에 대한 국제사회의 지지를 얻어내거나 자국의 이미지와 평판을 증진하기 위해 국내외 청중의 마음과 생각을 논리적으로 설득하고 감정적 공감을 얻기 위한 방도로 공공외교에 관심을 갖게 되었다. 탈냉전기, 특히 인터넷의 등장 이후 각국이 공공외교에 대해 본격적으로 관심을 갖게 된 것은 세계정치 이슈와 외교정책 정보에 대한 대중의 접근이 급속도로 향상된 것과도 관련이 있다. 개인이 국가가 추구하는 공공외교 활동에 참여할 수 있다는 것은 곧 대중의 지지가 뒷받침된, 영향력의 범위와 반경이 더 확장된 공공외교를 의미한다.

공공외교 활동에 시민이 참여할 수 있다는 것은 단순히 공공외교 주체가 많아진 것만을 의미하지 않는다. 시민사회의 공공외교 참여는 오히려 더 영리하고 효과적인 공공외교 활동을 위한 다양한 아이디어를 이끌어내기 때문이다. 개인의 지혜와 아이디어가 모인 집단지성 혹은 집합지성(collective intelligence)은 다양한 국제문제에 대해 국가가 고안해낼 수 없는 대안을 제시하기도 한다. 또한 시민사회가 공공외교의 주체로 활동하는 것은 오히려 정부가 전면에 나설 때 국가 프로파간다로 오해받을 수 있는 문제를 불식시킬 수 있다.

그러한 대표적인 사례 중 하나가 한국의 시민단체와 네티즌들이 2000년대 초반부터 전개해왔던 한국의 영토 명칭이나 역사 정보 및 지식과 관련된 일련의 온라인 운동이다. 한국 네티즌들은 해외의 다양한 기관과 단체를 상대로 인터넷 공간에 정확하게 기술되어 있지 않은 동해나 독도의 표기에 대한 수정을 요구하는 오류시정 활동을 펼쳤다. 네티즌들의 이러한 지식운동은 2012년 미국 교과서의 한국 영토 명칭 오류를 시정할 것을 요구하는 미국 정부를 상대로 한 온라인 청원운동으로서 전개되었고, 실제로 미 의회에서 2014년 관련 법안이 통과되는 결과로 이어지기도 했다. 이러한 지식운동에서 네티즌들은 온라인에서 자발적으로 정보를 탐색하고

참고 2-4   집단지성/집합지성이란?

피에르 레비(Pierre Levy)는 21세기의 지식 공간을 집합지성의 개념으로 설명한다. 그는 '집단지성' 혹은 '집합지성'이 '보편적으로 어디에나 편재하는 지성(universally distributed intelligence)'으로 상시적으로 개선될 수 있고 실시간으로 조율되어 효과적인 동원이 가능한 지성이라고 정의했다. 그가 말하는 '지식'은 우리 모두가 알고 있는 것들의 '합'이며, 이렇게 합쳐진 총체적인 지성은 현대의 복잡한 문제를 풀기에 더 적합하다. 하워드 라인골드(Howard Rheingold)도 『영리한 군중(Smart Mobs)』(2002)과 『영리한 네트워크(Net Smart)』에서 개인과 군중은 무지할 수 있지만 디지털 네트워크에 연결된 대중은 하나의 가상 공동체(virtual community)이므로 뛰어난 개인의 영리함을 뛰어넘는다고 주장했다. 즉, 디지털 네트워크에 연결된 개인은 '사회적 디지털 비결(social-digital-knowhow)'을 갖게 된다는 것이다. 제임스 서로위키(James Surowiecki)도 『군중의 지혜(The Wisdom of Crowds)』에서 집합지성이 특정 전문가의 분석보다 정확하며 집단의 분위기가 개인의 의견과 감정을 능가한다고 단언했다.

수평적, 개방적 방식으로 지적협업을 도모했으며 국제사회를 직접적으로 설득하는 등 집단지성의 커뮤니케이션 능력을 효과적으로 발휘했다(송태은 2016).

　한편 탈냉전 이후 세계적 민주화의 움직임과 시민사회의 성장, 그리고 달라진 정보커뮤니케이션 환경에 반응하여 가장 먼저 공공외교의 전개 방식을 변화시킨 국가는 다름 아닌 미국이다. 9·11 테러 이후 부시 행정부는 세계적으로 확산된 반미감정을 국가적 차원에서 대응하고자 공공외교에 대한 논의를 시작했다. 2010년 오바마 행정부의 '제1차 4년 외교개발검토보고서(The First Quadrennial Diplomacy & Development Review, QDDR)'는 공공외교를 미국 외교의 핵심 과제 중 하나로 설정하고, 해외 각지에 미디어 허브를 확장할 것과 미국을 대변하면서 세계의 어떤 장소와 시점에서도 공공토론에 참여할 수 있는 커뮤니케이터의 역할을 수행할 인력을 확보할 것을 주문했다. 이후 2015년 미국은 국내외 미국인이 시민외교관(citizen diplomat)으로서 정부의 다양한 활동에 개입할 것을 호소하면서 미국 정부와 시민 모두가 미국과 뜻을 같이하는 해외 시민사회, 시민운동, 개혁가, 해외 지역 공동체와 파트너십을 강화할 것을 강조했다.

2. 각국 공공외교의 차이

탈냉전기 20세기 후반부터 국가적으로 독립적인 정부기관과 조직, 예산과 방대한 프로그램으로 공공외교를 운영해온 최초의 국가는 미국이다. 특히 세계 패권국 미국의 공공외교는 미국이 원하는 세계질서를 만들기 위한 세계적 어젠다와 외교정책 기조를 반영하기 때문에 외교정책과 공공외교 간 조응이 두드러진다. 탈냉전기 첫 정부인 클린턴 행정부의 경우 세계적 차원에서의 체제 경쟁과 이념 경쟁으로부터 자유로웠으므로 그동안의 공공외교 활동을 축소시키고 USIA를 1999년 국무부 산하 '공공외교·공보 차관(The Under Secretary for Public Diplomacy and Public Affairs)' 조직에 편입시켰다. 그러나 2001년 미국은 본토에서 9·11 테러를 경험하면서 세계 각지의 반미여론의 위험성을 자각하게 되었고 세계여론을 관리할 필요에 의해 공공외교 활동을 다시 정비하게 되었다.

부시 행정부는 인권과 평등, 자유, 법치, 인류의 고귀함과 같이 미국이 중시하는 가치와 원칙을 전파하는 발신자 중심의 공공외교를 펼쳤지만 중동에서의 군사 우위의 정책으로 오히려 미국의 평판은 더 악화되었다. 반미여론 확산을 우려한 오바마 행정부는 타국 사회의 청중과 소통하며 해외 공동체와 파트너십을 강화하는 등 수신자 중심의 공공외교 활동을 강화한 결과 미국에 대한 세계여론을 다시 우호적으로 바꾸는 데에 성공했다. 하지만 2017년 출범한 트럼프 행정부가 국제기구에 대한 지원 및 해외원조 등 미국의 공공외교 활동과 예산을 대폭 축소하고 군사력 중심의 하드 파워에 초점을 둔 '미국 우선주의(America First)' 정책을 외교 기조로 삼으면서 대미여론은 다시 악화되었다(송태은 2017). 그런데 2021년 출범한 바이든 행정부가 다자주의(multilateralism)와 동맹을 중시하는 외교를 다시 전개함에 따라 마치 부시 행정부 시기에 악화된 국제사회의 대미여론을 오바마 행정부가 우호적으로 회복시킨 것과 동일한 현상이 반복되고 있다.

중국도 막대한 예산과 정부조직을 통해 활발하게 공공외교를 전개해왔다. 탈냉전기의 시작과 함께 발생한 1989년 6월의 천안문 사태는 중국이 국제사회에 비춰지는 자국의 이미지를 외교정책 차원에서 심각하게 재고하는 계기가 되었다. 이후 중국도 국가 차원에서 미디어와 교육 프로그램을 통해 본격적인 공공외교를 펼쳤다. 중국 정부는 천안문 사태로 인해 중국이 독재국가 이미지로 비춰지는 것을 희석시키고 중국 정부에 대한 국내외 여론을 관리하고자 1991년 국무원의 신문판공실(新聞辦公室)을 설립하고 중국의 역사와 문화를 세계에 홍보했다. 중국은 중동과 남미, 아프리카 지역에 대한 집중적인 투자와 원조를 통해 '친구매수(buying friends)' 전략을 구사해오고 있다. 중국은 세계 각지의 교육기관에 공자학원을 설립하고 글로벌 미디어 공공외교를 펼치면서 '중국 위협론'을 무마하고 있다. 이러한 중국의 공공외교는 동아시아와 유럽 경제권을 연결하는 대형 프로젝트인 육상·해상 실크로드 '일대일로(一帶一路, One Belt & One Road)'를 세계 각지에서 순조롭게 추진하기 위한 목적도 갖는다.

현재 군사, 경제, 기술, 정치체제와 가치 모든 차원에서 패권경쟁과 진영경쟁을 펼치고 있는 미국과 중국은 세계질서를 이끄는 글로벌 리더로서의 능력과 면모를 국제사회에 보여줄 수 있어야 하므로 이들의 공공외교는 거대 경제력이 뒷받침된 세계적 수준에서의 전방위 활동을 보여주고 있다. 하지만 서유럽 강국과 북유럽국, 세계 각 지역 중견국과 같은 국가는 미국과 중국이 전개한 전방위 성격의 공공외교와는 차별되는 공공외교를 전개하고 있다. 각국은 각자가 처한 국제정치적 도전과 국제정치에서 차지하는 자국의 위치와 영향력의 수준에 따라 추구하는 가치와 국가 이미지가 다르다.

즉 세계 각국의 공공외교를 전개하는 방식이나 중점을 두는 분야는 각국의 세계적 위상이나 세계정치 무대에서 선호하는 역할에 따라 다르다.

캐나다를 비롯하여 스웨덴, 노르웨이와 같은 북유럽 국가의 공공외교는 국제무대에서의 모범적인 이미지에 호소하는 규범적 역할을 강조한다. 반면 공공외교와 소프트 파워 담론이 세계적으로 확산되는 데 일조한 미국의 공공외교는 미국식 민주주의의 전파와 같이 자국의 정치체제와 그것을 뒷받침하는 가치와 원칙을 더 강조한다. 미국 공공외교는 미국의 정책에 대한 올바른 정보 전달을 통해 세계 청중을 설득하고 미국에 대한 반감과 적대감을 차단하는 데에 더 중점을 두고 있다. 9·11 테러의 여파로 국가 안보 차원에서 공공외교를 재고한 미국과 달리 영국과 프랑스 등 서유럽 강국의 공공외교는 국가 안보적 차원에서 추진된 것이 아니다. 이들 국가는 유럽의 오래된 역사와 전통에 뿌리를 둔 문화와 예술, 학문, 언어 등을 세계에 전파하여 자국의 이미지와 위상을 제고하는 것을 목표로 한다.

러시아도 냉전기부터 공공외교 활동을 왕성하게 펼쳐왔다. 러시아는 1960년대에 아시아, 아프리카, 남미 등 제3세계 지역 청년층에 장학금을 지원하는 인민우호대학(Университет дружбы народов)을 설립하여 왕성한 교육활동을 전개해왔다. 또한 탈냉전기에는 냉전기 팽창국가 이미지를 벗고 국가 평판을 개선하기 위해 전 세계에 송출하는 영어 TV 채널인 Russia Today(RT)를 2005년 설립 이후 지금까지 운영해오고 있다. 러시아가 RT를 설립한 것은 2003년 러시아의 세계 여론조사에서 세계청중이 러시아를 '공산주의', '비밀경찰(KGB)', '마피아' 이미지로 인식한 데 따른 조치였다.

영국의 경우 외교부가 공공외교를 총괄하고 문화부와 무역투자청 등 관련 부처들도 공공외교 활동에 관여하고 있다. 영국의 외교부 산하 싱크탱크인 윌튼파크(Wilton Park), 영국문화원(British Council) 등이 학술교류 및 영어 교육 프로그램 등을 운영하고 있고 BBC가 미디어 공공외교 활동을 펼치고 있다. 프랑스의 경우 외무부가 문화외교를 전담하고 있고 2010년에 '전략방향위원회'와 2011년에 '인스티튜트 프랑세(Institute Francais)'를 설립하여 프랑스의 문화예술과 언어를 세계에 전파하고 있다. 반면 독일은 2차 세계대전 시기 나치에 의한 프로파간다 활동의 이미지를 탈피하기 위해 국가가 공공외교 활동에 나서기보다 민간기관인 괴테 인스티튜트, 독일학술교류처(DAAD), 국제관계연구소(ifa), 세계문화의 집(HKW) 등이 문화예술과 학술교류 활동을 펼치고 있다.

미국이나 중국과 같은 세계 초강대국이나 전통적인 강대국인 영국, 독일, 프랑스와 달리 북유럽 국가와 여러 지역의 중견국들은 일종의 '틈새외교(niche diplomacy)' 및 '규범외교(norm diplomacy)'의 성격을 갖는 공공외교 노력에 집중하는 경향을 보인다. 이들 국가들은 서유럽이 자국의 문화 확산에 초점을 두는 것과 달리 특정 이슈 영역에서 전문성과 의제설정자(agenda-setter)로서의 리더십을 보여주는 데에 초점이 맞춰져 있다. 양차대전기와 냉전기에 중립국의 위치를 고수해온 스웨덴은 인권, 개발협력, 환경 등의 이슈에서 보편적 가치와 세계시민주의를 내세우고 있다. 세계 최고 수준의 공적개발원조(ODA) 공여국인 노르웨이는 국제사회에 대한 기여외교와 국가 간 분쟁과 갈등을 조정하는 평화외교에서 두각을 보이고 있다. 캐나다는 대인지뢰금지협약, 인간안보, 환경, 난민문제 등 규범외교 활동을 왕성하게 전개해왔다.

　　한국의 공공외교는 개발협력을 통한 기여외교, 한국의 첨단기술이나 상품을 홍보하는 '국가브랜드' 차원에서의 공공외교와 한국의 대중음악이나 전통 음식 등 '한류'를 전파하는 '매력외교'와 같이 문화외교 차원에서 공공외교를 활발하게 전개해왔다. 최근 한국 정부는 한국의 민주주의와 경제발전 모델 및 성공한 국가정책을 국제사회에 공유하고 홍보하는 활동도 전개하고 있다. 특히 코로나19 팬데믹 시기 타국의 요청에 응하여 한국의 방역정책과 디지털 교육 소개 등 우수 정책을 공유하는 공공외교도 활발히 이루어졌다. 더불어 방탄소년단(BTS)의 세계적 활약과 아카데미 시상식에서 오스카상을 수상한 영화 〈기생충〉이나 넷플릭스(Netflix)를 통해 전 세계에 방영되어 큰 호평을 얻은 〈오징어게임〉 드라마 등 최근 한국의 대중문화는 세계 속 한류를 강력하게 견인하고 있다. 한편, 최근 미중경쟁으로 급박하게 변화하고 있는 안보 정세 속에서 한반도 평화를 추구하는 한국의 입장과 목소리가 배제되는 것을 막고 한국에 유리한 국제정치 환경을 조성하고자 해외 오피니언 리더를 상대로 한 정책 공공외교도 정부 차원에서 활발하게 펼쳐지고 있다.

IV. 미중 패권경쟁 시대의 공공외교

1. 샤프 파워와 국가 프로파간다의 부상

현재 전방위로 첨예화되고 있는 미중 패권경쟁으로 인한 미국과 중국을 중심으로 한 진영 간 경쟁은 냉전기 진영 대결의 주요 특징인 상대 진영에 대한 초국가적 여론전을 동반하고 있다. 현대의 이러한 여론전은 마치 냉전기 이념경쟁에 의해 전개된 국가 프로파간다와 같이 인터넷 공간을 통해 경쟁국 대중의 여론에 영향을 주려는 초국가적 디지털 프로파간다(digital propaganda)의 성격을 갖게 되었다. 이러한 국가 중심 프로파간다 활동이 흑색선전과 같이 거짓정보를 유포하는 형태를 띨 경우 대개 상대 국가 인터넷 공간에 허위조작정보(disinformation)를 유포시키는 방식의 사이버 공격이 수행된다.

최근 서구 민주주의 국가들의 선거철 소셜미디어 플랫폼(social media platform)을 통해 허위조작정보, 즉 가짜뉴스(fake news)가 대규모로 확산되며 선거결과에 영향을 준 일련의 사례들은 서구권이 이러한 사이버 공격을 단순히 여론 교란이 아닌 민주주의 제도에 대한 공격으로 간주하게 만들었다. 2016년 미국 대선을 시작으로 하여 2017년 독일 총선, 프랑스 대선, 영국 브렉시트(Brexit) 국민투표, 스페인 카탈루냐 독립투표, 2018년 이탈리아 총선과 그 이후 거의 모든 선거는 가짜뉴스의 영향으로 큰 혼란을 경험했다. 러시아와 이란 등 서방과 외교 갈등 관계에 있는 권위주의 국가들이 이들 국가의 선거 결과가 자신들에게 유리하게끔 서구권 여론을 호도하는 가짜뉴스를 확산시켰던 것이다.

그런데, 후쿠야마(Francis Fukuyama)가 냉전 종식을 '자유주의의 영구 승리', '역사의 종언'으로 선언하기까지 냉전기 이념대결의 승자였던 민주주의 진영이 정작 현대 권위주의 국가의 디지털 프로파간다에 취약한 이유는 무엇일까? 그 이유는 허위정보와 가짜뉴스가 민주주의 제도에 의해 보장되는 '표현의 자유'가 활발히 표출되는 개방된 온라인 공론장(public sphere)을 통해 확산되기 때문이다.

시민들의 정치적 의사결정에 직접적인 영향을 주는 정보는 주로 인터넷과 소셜미디어를 통해서 생산, 공유, 확산되고, 오늘날 여론은 대체로 온라인 공론장에서 형성되기 때문에 선거와 같은 민주주의 제도의 핵심 기능이 가짜뉴스에 의해 심각하게 훼손될 수 있게 된 것이다.

그러면, 서구 민주주의 진영이 탈냉전기로 진입하면서 거의 관심을 두지 않은 국가 중심의 프로파간다 활동을 왜 러시아와 같은 권위주의 레짐은 인공지능(artificial intelligence, AI) 알고리즘(algorithm) 기술을 동원하면서까지 전개했을까? 이렇게 군사력과 같은 하드 파워 영역이 아닌 정보통신 및 커뮤니케이션 기술이나 가짜뉴스와 같은 정보를 통해 경쟁국이나 적대국 대중의 여론에 부정적인 영향을 끼치려는 국가 활동은 공공외교가 발휘하려는 소프트 파워와는 반대의 영향력을 추구한다. 그렇다면 이러한 종류의 국가 영향력은 어떤 개념으로 설명할 수 있을까?

최근 서구권 학자들은 서구 사회에 대해 러시아가 끼치려는 국가 영향력과 중국이 경제, 개발, 미디어, 문화, 교육, 학술 및 각종 인적 교류의 전 영역에서 추구하는 영향력의 성격을 '샤프 파워(sharp power)'의 개념을 통해 설명하고 있다. '샤프 파워' 용어는 미국의 민주주의재단(National Endowment for Democracy, NED)이 2017년에 발간한 보고서『샤프 파워: 부상하는 권위주의 레짐의 영향력(*Sharp Power: Rising Authoritarian Influence*)』에서 처음 등장했다. 이 보고서는 서구의 소프트 파워가 세계청중의 '마음과 뜻을 얻기 위해(winning hearts and minds)' '매력공세(charm offensive)'를 펼치는 데 반해 주로 권위주의 레짐이 추구하는 샤프 파워는 '마음과 뜻을 얻

샤프 파워(sharp power)란?

샤프 파워는 목표청중(target audience)을 혼란스럽게 만들고 여론을 왜곡시켜서라도 국익을 도모하는 권력으로서 개인의 자유 위에 군림하는 국가 권력을 우선시하고 열린 토론과 독립적 사고에 대해 적대적이다. 따라서 샤프 파워는 대중을 설득하며 대중의 마음과 생각을 얻으려 노력하기보다 오히려 국가의 '검열'과 '조작'을 통해 대중을 기만하는 데 초점이 맞춰져 있다. 샤프 파워는 영향력을 끼치고자 하는 대상으로 삼은 타국 사회의 여론을 교란하고 사회적 갈등을 촉발하려는 악의적인 목표를 추구하며 민주주의 국가가 아닌 권위주의 국가들이 주로 추구하는 권력의 형태이다. 소프트 파워(soft power)가 민주주의 제도와 가치, 문화의 매력으로 호소하며 목표청중을 설득하는 권력이라는 점에서 샤프 파워는 소프트 파워와 대척점에 있는 권력이다.

는 것에는 관심이 없는(forget hearts and minds)' 완전히 다른 종류의 영향력에 초점을 둔다고 주장했다.

샤프 파워는 개인의 자유 위에 군림하는 국가 권력을 우선시하고 열린 토론과 독립적 사고를 배척하며 대중을 설득하기보다 국가의 '검열'과 '조작(manipulation)'을 옹호한다. 민주주의 제도와 가치, 문화의 매력으로 목표청중에 대해 호소하는 소프트 파워와 달리 샤프 파워는 목표청중을 혼란스럽게 만들고 정보에 대한 분별력을 교란시키며 타국 여론을 왜곡시켜서라도 자국의 이익을 도모한다. 이러한 종류의 영향력은 대상으로 삼은 사회와 커뮤니케이션 환경을 뚫고(pierce), 침투하고(penetrate), 관통하는(perforate) 활동을 거리낌 없이 전개하므로 '샤프 파워'라는 개념으로 묘사되고 있다 (Walker & Ludwig 2017).

서구권에 샤프 파워의 개념을 등장시킨 러시아가 이러한 종류의 영향력을 추구하게 된 배경에는 탈냉전기 유일한 패권인 미국과 힘의 격차를 따라잡기 어려웠던 러시아가 대안적인 영향력을 추구한 것으로 볼 수 있다. 러시아뿐 아니라 많은 권위주의 레짐의 공공외교가 소프트 파워를 발휘하는 데에 전반적으로 실패하는 것은 소프트 파워 자체가 '인권', '평등', '자유', '인류의 고귀함'과 같이 주로 서구 민주주의가 중시하는 가치에 뿌리를 두고 있기 때문이다. 이러한 가치보다 국가 주권과 권위 및 공동체의 이익과 개인의 희생을 우위에 두는 권위주의 레짐의 공공외교 메시지는 세계청중에게 매력적으로 보이기보다 반발심을 불러일으킨 것이다.

그러한 증거는 러시아와 중국 모두 그동안 거대 국가 예산을 들여 지구적으로 활발하게 전개해온 공공외교 활동에도 불구하고 퓨리서치센터(Pew Research Center)나 갤럽(Gallup) 등이 매년 수행하는 세계여론조사에서 이들 국가에 대한 해외여론이 국가 호감도(favorability) 등에서 압도적으로 부정적이라는 점이다. 거의 매년 수행되는 이러한 세계여론조사에서 러시아에 대한 호감도나 러시아 대통령에 대한 신임도는 서유럽, 남미, 아시아, 중동, 아프리카 등 거의 모든 지역에서 시간이 흐를수록 계속 하락하는 추세이다. 〈그림 2-3〉이 보여주는 바와 같이 러시아에 대한 세계청중의 호감도는 2007년부터 2020년 사이 미국, 영국, 캐나다에서는 20%가 넘게 하락했고, 한국과 스웨덴에서는 15% 하락했다.

세계 전 지역에서 정력적으로 공공외교를 추진하고 있는 중국과 '강한 러시아 건설'에 몰두하고 있는 푸틴의 러시아가 샤프 파워를 추구하는 방식은 서로 다르지만 대상으로 삼는 국가의 정치사회

Views of Russia have fallen sharply in the last decade in many countries

*% who have a **favorable** view of Russia*

■ Most favorable   ■ Least favorable

	'07 %	'09 %	'10 %	'11 %	'12 %	'13 %	'14 %	'15 %	'17 %	'18 %	'19 %	'20 %	'07-'20 change
U.S.	44	43	49	49	37	37	19	22	29	21	18	19	▼25
UK	47	45	46	50	38	38	25	18	26	22	26	24	▼23
Canada	52	51	-	-	-	42	-	26	27	27	30	30	▼22
South Korea	54	50	40	-	-	53	43	46	36	53	42	39	▼15
Sweden	31	-	-	-	-	-	-	-	18	17	12	16	▼15
Japan	22	23	30	28	22	27	23	21	26	26	25	18	-4
Germany	34	42	50	47	33	32	19	27	27	35	35	30	-4
Spain	35	36	40	46	36	38	18	25	27	24	29	31	-4
France	35	43	51	53	36	36	26	30	36	30	33	35	+0
Italy	37	-	-	-	23	31	20	27	35	37	43	48	▲11
Netherlands	-	-	-	-	-	-	-	-	15	15	23	22	-
Australia	-	-	-	-	-	42	-	24	37	29	26	27	-
Belgium	-	-	-	-	-	-	-	-	-	-	-	31	-
Denmark	-	-	-	-	-	-	-	-	-	-	-	19	-

Note: Statistically significant differences in **bold**.
Source: Summer 2020 Global Attitudes Survey. Q8c.

PEW RESEARCH CENTER

| 그림 2-3 | 2007–2020년 사이 러시아에 대한 세계여론의 호감도(%)

출처: Pew Research Center(2020)

시스템에 끼치려는 영향력의 성격은 비슷하다. 중국은 아프리카, 남미, 중동의 개발도상국에 대한 경제협력과 투자, 개발원조에 집중하면서 개발도상국이 자국과 서로 비슷한 경제개발과 근대화 경험을 갖는 것에 공감하는 모습을 보이고 이들 국가에 대해 일종의 '수용적 권력(accommodating power)'의 이미지로 접근하고 있다. 중국과 비교할 때 자금력과 인적 자원이 한정된 러시아는 자국의 매력으로 호소하기보다 서구 민주주의 제도의 허점을 공격하여 서구 민주주의 체제와 가치가 덜 매력적으로 보이게 하는 샤프 파워 전략을 펼쳤다. 오랫동안의 공공외교에도 불구하고 세계 모든 지역에서 하락한 자국 평판과 공공외교 실패를 만회할 방법으로서 러시아는 서구의 선진 민주주의 사회도 엘리트의 부패와 경제난 등 러시아가 갖는 문제를 동일하게 갖고 있다는 메시지를 통해 민주주의 제도의 정당성과 우월함을 부인하는 설득전략을 펼친 것이다.

특히 2008년 조지아 침공에 이어 2014년 크림반도 합병과 2022년 우크라이나 침공 등 동유럽에서 공격적인 군사행동을 감행한 러시아는 이후 국제사회로부터 제재를 받게 되자 동유럽과 서유럽 여론이 미국과 EU, NATO에 대해 회의적이도록 좌절감과 반감을 유발하는 심리전을 적극적으로 전개했다. 러시아는 조지아와 우크라이나에 대해서도 이들 국가의 민주주의 혁명인 2003년 장미혁명과 2004년 오렌지혁명을 비판하고 자유주의 세계질서의 거버넌스 모델도 함께 비판하는 여론전을 펼쳤다. 따라서 러시아의 소셜미디어에서의 허위조작정보 유포를 통해 수행하는 사이버 심리전은 서구 사회에 혼란과 불안을 유발하고 사회적 갈등을 촉발시키며 국가 기관, 정치제도, 정치인들에 대한 불신을 조장하는 것을 목표로 삼고 있다.

현재 우파와 포퓰리즘의 득세, 여론 양극화 문제가 심각한 서구 민주주의 국가의 극우세력과 러시아가 서로 비슷한 성격의 가짜뉴스를 확산시키기 때문에 정보의 진위와 출처를 구분하는 것은 매우 힘들다. 따라서 현대의 디지털 시대에 허위조작정보를 유포하는 일은 민주주의 사회를 교란시키고 대상으로 삼은 국가를 약화시킬 수 있는 효과적인 샤프 파워의 수단이다. 샤프 파워를 통해 영향력을 끼치고자 목표로 삼는 대상 대부분이 민주주의 사회라는 사실은 표현의 자유와 정보의 자유로운 이동을 제도로써 보장하는 민주주의 사회의 온라인 공론장이 열린 네트워크로서 샤프 파워 공격에 구조적으로 취약할 수밖에 없음을 말해준다.

2. 진영 간 가치·체제경쟁과 공공외교

현재 전방위로 확장되고 있는 미·중 패권경쟁과 소위 '신냉전'으로 불리는 미국과 중국을 중심으로 하는 진영경쟁의 심화, 세계적 경제 침체, 그리고 서방의 국내 여론분열, 영국의 브렉시트(Brexit) 등 유럽의 불안정성은 러시아와 중국을 중심으로 한 진영에게 세계질서의 판도를 비정상적인 샤프 파워를 통해 변화시키고자 하는 유인과 기회를 제공하고 있다. 허위조작정보의 유포와 같은 악의적인 샤프 파워 영향력의 구사와 국가 프로파간다 활동은 오늘날의 미중 경쟁을 냉전 시기처럼 진영 간 경쟁이 정치체제 및 가치의 경쟁으로 심화시키고 있다. 국가의 프로파간다 활동은 국가 자체보다도 일반 대중을 직접적인 공격 상대로 삼으면서 평시에도 사회교란과 민주주의 제도의 약화 등 악의적인 공격을 수시로 전개할 수 있다. 러시아, 중국, 이란 등 권위주의 진영이 샤프 파워의 도구로서 빈번하게 사용하는 사이버 심리전은 서구권 온라인 공론장의 연결성(connectivity)과 개방성(openness)이 갖는 취약성을 이용하여 여론을 왜곡하고 사회분열을 극대화하며 선거 과정과 정부의 정당성을 공격하는 등 민주주의 제도의 핵심 기능과 가치를 집중적으로 훼손하는 것을 목표로 삼고 있다.

온라인 공간을 통해 권위주의 국가들이 쉽게 전개하고 있는 샤프 파워 전술에 대해 서방은 국가 주권의 차원에서 대응하고 있다. 미국과 유럽은 자국의 선거 여론이 허위조작정보의 공격만으로도 심각하게 교란되는 상황을 직접 경험하면서 이러한 허위조작정보의 공격이 단순히 여론왜곡 시도를 넘어선 서구권의 주권과 민주주의 제도에 대한 직접적인 파괴행위로서 간주하게 된 것이다.

서방의 정보기관은 다양한 조사를 통해 그러한 심리전이 인공지능(Artificial Intelligence, AI) 알고리즘(algorithm)의 정보생산과 정보확산 기술이 동원된 디지털 프로파간다 활동임을 발견했다. 즉 AI 알고리즘의 정보생산 및 커뮤니케이션 프로그램인 소셜봇(social bot)이 가짜계정을 이용하여 대규모의 정보를 확산시키는 봇부대(bot army)로서 기능할 수 있기 때문에 가짜뉴스 공격의 속도와 규모가 더욱 위협적으로 변모하고 있는 것이다(송태은 2019, 180-190). 디지털 허위조작정보를 통한 사회교란이 본질적으로는 민주주의 제도와 민주주의가 중시하는 핵심적인 가치에 대한 공격이므로 유엔(United Nations, UN)도 이러한 정보활동에 대해 경고하고 있다. 최근 유엔 안전보장이사회(UN Security Council)는 허위조작정보를 통한 선거개입을 세계평화에 대한 중대한 위협이라고 지적했다. 미국과 유럽은 NATO와 EU 차원에서 사이버 모의군사훈련을 통해 군사적으로 위기대응 체제를 구축하고 있을 정도이다.

　이렇게 진영 간 경쟁이 가치와 정치체제를 둘러싼 경쟁과 국가 프로파간다와 심리전의 활성화를 초래하고 있는 상황은 각국 공공외교 활동을 바라보는 시각에도 영향을 끼치고 있다. 즉 공공외교의 차원에서 이루어지고 있는 국가 간 다양한 교류와 협력조차도 국가 프로파간다를 은밀하게 수행하기 위한 활동으로 인식되는 일이 빈번해진 것이다. 그러한 예로, 화웨이(Huawei)와 같은 중국 IT 업체가 서구로 진출하면서 업체가 지원하는 각종 인적 교류와 학술교류가 궁극적으로는 친중 엘리트 세력을 구축하고 중국의 스파이 활동을 확대하는 목적에 이용되는 것으로 인식되는 점이다. 화웨이로부터 IT분야 연구개발 명목의 상당한 자금을 지원받는 프린스턴 대학

(Princeton University)이나 스탠포드 대학(Stanford University) 등은 트럼프 행정부의 압박으로 화웨이와의 계약을 끊거나 축소한 바 있다.

미중경쟁으로 인한 갈등의 범위와 강도가 커지면서 공공외교의 가장 효과적인 도구인 교육프로그램도 국가 프로파간다의 수단으로 간주되고 있다. 트럼프 행정부 시기 미국이 중국 정부가 운영하는 공자학원을 민간 교육기관이 아니라 외교사절단으로 지정함에 따라 공자학원이 설립되어 있는 미국 시카고 대학(University of Chicago), 미시간 대학(University of Michigan)은 최근 공자학원과 계약을 해지했다. 이러한 계약 해지는 단순히 정부의 압박에 의한 것만은 아니다. 이미 2014년 미국 대학교수연합(American Association of University Professors)은 공자학원이 중국 정부의 대변자 역할을 하며 수업의 토론이나 커리큘럼 선택, 직원 채용에서 대학의 자율권을 제한하여 대학의 학문적 자유와 독립성을 훼손한다는 비판성명을 발표한 바 있다.[2]

미중경쟁 시대에 사실상 서구권을 비롯한 대부분의 민주주의 국가들이 전개하는 공공외교 활동의 성격과 공공외교의 목적에는 근본적인 변화가 없다. 미중경쟁 시대에 공공외교 방식이 변화한 것은 샤프 파워를 추구하는 중국과 러시아 등 권위주의 국가들이고 권위주의 국가들도 경제력이나 추구하는 국가 위상에 따라 서로 다른 성격의 영향력을 추구하고 있다.

러시아는 탈냉전기 이후 유일한 패권인 초강대국 미국과의 하

---

2   American Association of University Professors. 2014. "On Partnerships with Foreign Governments: The Case of Confucius Institutes." https://www.aaup.org/report/confucius-institutes (검색일: 2016.5.2.).

드 파워 격차를 따라잡지 못하고 동유럽에서의 호전적인 군사행동으로 국제사회의 제재에 놓이면서 공공외교 활동이 무의미해졌고 국가 평판도 훼손되면서 소프트 파워마저도 발휘할 기회를 놓쳤다. 이러한 상황에서 반전을 도모할 수단으로서 러시아가 강구한 것은 앞서 논의한 바와 같이 서구 민주주의 사회의 갈등과 여론분열, 유럽의 균열과 불안을 악화시켜 서방의 사회적 통합성과 연대를 와해시키는 것이었고 2016년부터 서방에 대해 수행한 사이버 심리전 등을 통해 그러한 목적을 달성하려 하고 있다. 앞으로 서방의 정치적 분열과 경제적 어려움, 이민·난민문제가 지속적으로 악화되는 한, 러시아와 같은 권위주의 레짐에게 있어서 심리전은 더욱 더 서구에 대한 매력적인 공격수단으로 인식될 것이다.

반면 중국은 세계정치경제 무대에서 자국의 높아진 위상에 걸맞게 개발협력과 투자, 미디어와 교육 프로그램, 다양한 인적 교류를 통해 선전전을 펼치면서 제3세계에 대해 체제의 동질성을 강조하고 미국을 대신할 잠재적 패권으로서의 차별된 이미지를 내세우며 접근하고 있다. 즉 러시아와 달리 중국은 미중경쟁 시대 전 세계 청중을 대상으로 자국이 책임감 있고 신뢰할 수 있는 글로벌 리더임을 설득하며 중국이 미국을 대신할 수 있는 대안적 패권이 될 수 있음을 강조하고 있다. 중국은 일대일로 사업이 대거 진출해 있는 아프리카와 중동, 동아시아의 개발도상국이나 권위주의 국가에 대해 중국이 미국처럼 민주주의와 인권 등 특정 가치와 사상을 강요하지 않고 각국의 체제를 인정하는 포용적인 국가임을 각인시키는 체제선전에 보다 중점을 둔다. 하지만 대만과 홍콩 등 중국어권에서 중국이 전개하는 공공외교 내러티브는 러시아가 동유럽에서 확산시키는 내러티브처럼 좀 더 강압적이고 공격적인 성격을 띤다. 즉 역내에서는 중국의 패권적 입지와 '하나의 중국' 원칙을 주입시키는 등 주변 국가들에 대한 중국의 내러티브는 일종의 '길들이기'의 성격을 갖는다. 중국이 목표청중으로 삼는 대상은 외국인뿐 아니라 해외에 거주하는 중국인 및 화교를 포함하며, 필요시 이들에 대한 위협도 영향공작의 방법이 된다.

미중경쟁이 격화되는 와중에 발생한 코로나19 감염병 팬데믹은 그동안 미국과 중국 간에 주로 군사력과 경제력의 하드 파워를 중심으로 했던 패권경쟁에 가치, 이념, 체제 우월성을 노골적으로 국제사회에 선전하며 세계청중의 지지를 얻으려는 소프트 파워 경쟁을 더욱 표면화시키는 결과를 초래했다. 코로나19 감염병은 미국과 중국 간에 감염병 확산 차단의 국내 위기대처 능력을 둘러싼 서구 민주주의 진영과 중국과 러시아 등 권위주의 진영 간 체제 우월 경쟁의 내러티브 경쟁을 본격적으로 촉발시킨 것이다. 중국의 우한 봉쇄 과정에 대해 2020년 2월 15일 WHO 게브레예수스(Tedros Adhanom Ghebreyesu) 사무총장이 "중국의 조치가 세계에 대처할 시간을 벌어주었다"고 발언하고, 이어 2월 20일 파키스탄 칸 총리 및 러시아 푸틴 대통령도 중국식 대처를 우호적으로 평가하는 발언을 하는 등 권위주의 국가의 수장들은 중국의 권위주의 모델을 옹호했다.

반면 미국과 유럽은 우한 봉쇄와 같은 중국의 급진적인 조치를 권위주의 특유의 가혹한 조치라고 비판했다. 그러나 국내 감염병 확산 추세가 꺾이지 않자 이탈리아는 영토 전역을 봉쇄했고 영국도 비슷한 조치를 취했다. 코로나19 사태는 민주주의 정부에게도 권력 유지를 위한 내부 통제 및 시민 감시체제를 구축할 수 있는 기회가 되기도 했다. 더군다나 이러한 방역 과정에서 유럽의 선진 민주주의 국가들은 의료시설이 마비되고 시민들의 사재기 및 마스크 착용 거부 등 시민사회의 무질서가 나타나는 등 중국식 대처를 비판할 만한 국내 방역 정책의 우수성이나 시민사회의 성숙함을 보여주지 못했다.

앞으로도 지속될 것으로 예견되고 있는 미중 패권경쟁 시대 민주주의 진영과 권위주의 진영 간 가치와 정치체제를 둘러싼 경쟁과 국가 중심의 프로파간다 활동은 더욱 격화될 것으로 보인다. 따라서 미중경쟁 시대의 각국 공공외교는 그러한 체제 및 가치경쟁의 양상을 반영하면서 세계여론도 그러한 경쟁의 영향을 받을 수 있다. 결과적으로 미중경쟁 시대 각국 공공외교는 이전보다 더욱 각국 외교정책의 목표, 기조와 방향을 적극적으로 반영하며 전개될 것이다. 또한 격화되는 진영 간 가치 및 체제 경쟁으로 인해 각국은 더 많은 세계청중에 자국의 메시지를 효과적으로 전달하기 위해 유사입장국(like-minded countries) 간의 연대를 보여주는 공공외교 활동을 크게 증대시킬 것이다.

1 공공외교가 1960년대에 학계에서 처음으로 주목받게 된 국제정치의 시대적 배경은 무엇인가?

2 공공외교의 출현과 여론 연구는 서로 어떤 관련이 있는가? 공공외교를 전개하는 데 있어서 왜 여론이 중요한가?

3 프로파간다와 공공외교는 어떻게 다른가?

4 탈냉전기 미국의 공공외교는 어떻게 변화했는가? 왜 클린턴 행정부는 USIA를 폐지했으며 왜 부시 행정부는 9·11 테러로 인해 공공외교의 재개를 논의했는가? 미국 공공외교가 다른 국가들과 다른 가장 중요한 특징은 무엇인가?

5 미국이나 중국의 공공외교는 서로 어떻게 비슷하고 다른가? 또한 서유럽, 북유럽 국가와 중견국 공공외교의 특징은 무엇인가?

6 미·중 패권경쟁 시대의 공공외교가 이전 시기의 공공외교와 비슷한 점과 다른 점은 무엇인가?

7 샤프 파워란 무엇이며 소프트 파워와 어떻게 다른지 설명하라.

8 러시아가 샤프 파워를 추구하게 된 배경은 무엇인가? 러시아와 중국이 추구하는 샤프 파워는 서로 어떻게 다른가?

추천 문헌

- Cull, Nicholas J. 2019. *Public Diplomacy: Foundations for Global Engagement in the Digital Age*. Cambridge & Medford: Polity Press.
- National Endowment for Democracy. 2017. *Sharp Power: Rising Authoritarian Influence*. International Forum For Democratic Studies. Washington D.C.
- Welch, David. 2015. *Propaganda, Power and Persuasion: From World War I To Wikileaks*. London & New York: I.B. Tauris.
- 손열·김상배·이승주 편. 2016. 『한국의 중견국 외교: 역사, 이론, 실제』. 서울: 명인문화사.
- 송태은. 2017. "미국 공공외교의 변화와 국제평판: 미국의 세계적 어젠다와 세계여론에 대한 인식." 『국제정치논총』 제57집 4호.
- 송태은. 2018. "미국과 중국의 공공외교와 국제평판." 하영선·김상배 편. 『신흥무대의 미중 경쟁: 정보세계정치학의 시각』. 한울아카데미.
- 송태은. 2019. "사이버 심리전의 프로퍼갠더 전술과 권위주의 레짐의 샤프 파워: 러시아의 심리전과 서구 민주주의의 대응." 『국제정치논총』 제59집 2호.

참고 문헌

송태은. 2016. "중견국 외교의 딜레마와 대중의 온라인 여론동원: 동해표기 사례." 손열·김상배·이승주 편. 『한국의 중견국 외교: 역사, 이론, 실제』. 서울: 명인문화사.

송태은. 2017. "미국 공공외교의 변화와 국제평판: 미국의 세계적 어젠다와 세계여론에 대한 인식." 『국제정치논총』 제57집 4호.

송태은. 2019. "사이버 심리전의 프로퍼갠더 전술과 권위주의 레짐의 샤프 파워: 러시아의 심리전과 서구 민주주의의 대응." 『국제정치논총』 제59집 2호.

Aldrich, John H., John L. Sullivan, and Eugene Borgida. 1989. "Foreign affairs and issue voting: Do presidential candidates waltz before a blind audience?" *American Political Science Review* 83.

Cull, Nicholas J. 2009. "Public Diplomacy before Gullion: The Evolution of a Phase." Snow, Nancy and Taylor, Philip M. eds., *Routledge Handbook of Public Diplomacy*. New York & London: Routledge.

Melissen, Jan ed. 2005. *The New Public Diplomacy: Soft Power in International Relations*. New York: Palgrave Macmillan.

Pew Research Center, "Views of Russia and Putin remain negative across 14 nations." (December 16, 2020) https://www.pewresearch.org/fact-tank/2020/12/16/views-of-russia-and-putin-remain-negative-across-14-nations/

Walker, Christopher & Jessica Ludwig. 2017. "The Meaning of Sharp Power: How Authoritarian States Project Influence." *Foreign Affairs* (November 16).

미디어 공공외교와 세계여론

송태은 | 국립외교원 안보통일연구부

I. 미디어와 공공외교

II. 미디어와 여론의 관계

III. 미디어 공공외교의 역할

IV. 매스미디어 시대의 공공외교

V. 인터넷과 소셜미디어 시대의 미디어 공공외교

VI. 4차 산업혁명 시대의 미디어 공공외교

국가와 시민이 펼치는 공공외교 활동의 대상이 되는 해외여론에 가장 큰
영향을 끼치는 것은 미디어로부터의 정보이다. 따라서 현대의 디지털 시대
각국 공공외교 활동은 대부분 미디어를 통해서 이루어진다. 공공외교에서
미디어가 어떤 역할을 수행하는지 살펴보기 위해서는 미디어가 대중 여론에
어떤 방식으로 영향을 끼치는지 먼저 파악해야 한다. 공공외교의 성격이나
초점은 과거 매스미디어 시대로부터 현재의 소셜미디어 시대와 급속도로
발전하는 4차 산업혁명 시대에 이르기까지 점차 변화하고 있다. 이러한 변화는
공공외교를 통해 전달하려는 국가의 메시지와 정보가 해외청중에게 전달되는
효과에 영향을 끼친다. 해외청중과의 효과적인 커뮤니케이션이 미디어를 통한
공공외교의 핵심이므로 이러한 소통이 가로막히거나 특정 메시지가 설득력 없이
일방적으로 전달된다면 공공외교는 목표로 삼은 바를 성취할 수 없다. 따라서
21세기의 패권 경쟁을 벌이는 미국과 중국도 전 세계의 다양한 매체와 거점을
통해 치열한 미디어 공공외교를 전개하고 있을 만큼 미디어는 세계여론을
좌지우지하는 데 있어서 막강한 권력을 행사한다. 더군다나 4차 산업혁명 시대
디지털 커뮤니케이션 기술은 정보 접근성을 높이고 커뮤니케이션이 신속하게
이루어지게 할 뿐만 아니라 인공지능의 인간과의 소통도 가능하게 만들고
허위조작정보의 생산에도 이용되기 때문에 오늘날 자국의 국제평판과 이미지를
관리하는 일은 과거보다 더욱 많은 도전을 경험하고 있다.

핵심어

매스미디어mass media

미디어 효과media effects

여론public opinion

인터넷internet

소셜미디어social media

세계여론world public opinion

전략커뮤니케이션strategic
communication

디지털 커뮤니케이션digital

communication

4차 산업혁명the 4th industrial
revolution

가짜뉴스fake news

허위조작정보disinformation

로봇저널리즘robot journalism

디지털 프로파간다digital propaganda

사이버 심리전cyber psychological
warfare

I. 미디어와 공공외교

디지털 시대에 빠르게 고도화되고 있는 커뮤니케이션 기술은 정부 주체 간의 전통적인 외교와 다양한 국제정치 무대에서 각국 정부가 전개하는 외교활동에 다양한 방식으로 영향을 끼치고 있다. 각국 정부는 인터넷과 소셜미디어를 통해 자국이 추구하는 세계적 어젠다에 국제사회가 공감하고 동참할 것을 호소하거나, 군축, 환경, 인권 등 다양한 이슈 영역에서 세계적 목표를 달성하기 위해 타국 정부 및 국제기구, 민간단체, 시민사회 등과 네트워킹하며 연대를 모색할 수 있다. 국가 행위자뿐 아니라 비정부기구(Non-governmental Organization, NGO)나 시민단체와 같은 비정부 행위자도 세계적 이니셔티브를 추진하기 위해 타국 정부와 언론을 통하지 않고 인터넷과 소셜미디어를 통해 직접 세계청중을 설득하며 어젠다 성취를 위해 우호적인 여론을 조성할 수 있다. 오늘날 기존의 모든 형태의 외교와 국제적 네트워킹이 '미디어 외교', '디지털 네트워킹'으로 변모하면서 각국 정부와 비정부 행위자 모두 이전보다 더 넓은 범위의 이슈 영역에서 다양한 국제활동과 캠페인을 효과적으로 펼칠 수 있게 된 것이다.

국가 간 전통 외교보다 미디어 기술의 발전이 더 획기적인 영향을 끼친 분야는 다름 아닌 공공외교이다. 현대 각국 정부가 경쟁적으로 수행하는 공공외교 활동과 시민 차원에서의 공공외교 활동의 대부분은 미디어를 통해서 이루어진다. 심지어 개인도 페이스북(Facebook)이나 트위터(Twitter), 유튜브(YouTube)와 같은 소셜미디어 플랫폼을 통해 스스로 공공외교 콘텐츠를 생산하고 특정 국제정치 정보나 사실을 이슈화할 수 있다. 그야말로 현대 공공외교의 거의 모든 활동이 미디어를 통해서 이루어질 수 있다고 해도 과언이 아니다. 즉 21세기 디지털 시대는 공공외교가 꽃필 수 있는 모든 조건을 갖추었다고 볼 수 있다.

공공외교는 때로 '미디어 외교'와 동의어인 것처럼 여겨지기도 하고 반대로 미디어 외교가 공공외교인 것처럼 언급되기도 한다. 하지만 국가가 수행하는 일반적인 기존의 전통 외교가 미디어를 통해 수행되는 것을 '미디어 외교'라고 일컬어야 하며 미디어를 통해 전개되는 공공외교를 '미디어 공공외교'라고 부르는 것이 적합하다. 각국이 공공외교를 전개하는 데에 있어서 미디어 활동을 우선시하는 것은 공공외교의 대상인 세계청중이 자국과 관련된 사안이나 국제정치 이슈를 알게 되거나 의견을 갖게 되는 것에 미디어가 큰 영향을 끼치기 때문이다. 즉 한 국가에 대한 세계청중의 인식

(perceptions)과 태도(attitudes)에 미디어로부터의 정보와 뉴스가 결정적인 영향을 끼친다.

특히 테러나 내전이 자주 발생하는 중동이나 아프리카 지역 혹은 북한과 같이 고립된 국가의 경우 이곳으로의 해외여행이나 직접적인 인적 교류가 없을 경우 이러한 지역의 문화나 사회 분위기에 대한 정보는 오로지 미디어를 통한 간접적인 방법에 의해서만 얻어진다. 또한 그 지역의 특정 문제와 관련된 제한된 정보만이 미디어 등을 통해 알려질 가능성이 크다. 예컨대 여성에 대한 성폭력이 일상화되어 있는 인도의 여성 관련 자극적인 폭력적 사건이 국제적으로 자주 기사화되면 국제사회에 잘 알려져 있는 인도이지만 인도는 치안과 법의 지배가 상당히 후진적인 국가의 이미지를 벗어나기 힘들다. 심지어 21세기의 패권 경쟁을 벌이는 미국과 중국도 전 세계의 다양한 매체와 거점을 통해 자국이 전하고자 하는 정보와 메시지를 제대로 전하기 위해 치열한 미디어 공공외교를 전개하고 있을 만큼 미디어는 세계여론을 좌지우지하는 데 있어서 막강한 권력을 행사한다.

이러한 맥락에서 이 장에서는 미디어와 공공외교의 관계, 즉 공공외교에 있어서의 미디어의 역할과 영향력을 살펴보고자 한다. 공공외교 활동에 있어서 미디어의 영향력과 역할을 체계적으로 설명하기 위해서는 미디어가 여론에 끼치는 영향을 먼저 고찰해야 한다. II절에서는 미디어의 정보 제공이 국내외 대중의 정보분별과 국제정치 사안에 대한 판단, 즉 여론에 어떻게 영향을 끼칠 수 있는지 살펴본다. III절에서는 미국과 중국의 사례를 통해 미디어가 세계여론에 끼치는 영향과 미디어 공공외교가 어떠한 계기로 국가의 중대한 외교활동으로서 수행되기 시작했는지 살펴본다. IV절과 V절에서는 과거의 매스미디어 시대로부터 현재의 소셜미디어 시대, 그리고 현재 급속하게 진행되고 있는 4차 산업혁명 시대에 이르기까지 미디어 공공외교가 어떻게 변화해왔고 진화해나가고 있는지 살펴본다.

II. 미디어와 여론의 관계

공공외교는 세계청중이 자국을 긍정적으로 인식하게 하고 자국이 도모하는 외교정책에 동조하도록 하여 자국의 국익을 증진시키려는 외교활동이다. 개인의 '외교정책 태도(foreign policy attitudes)'가 집단적으로 형성된 '외교정책 여론'은 공공외교의 수행 주체가 궁극적으로 영향을 끼치려는 대상이다. 타국 대중이 자국에 대해 갖게 되는 감정이나 이미지가 집합적으로 긍정적인 여론으로 나타나게 되면 타국 정부는 자국과 관련된 호의적인 정책을 택할 가능성이 높아진다. 예컨대 미국의 경우 북한의 핵문제와 인권문제로 인해 국내 여론이 북한에 대해 적대적이기 때문에 미국 정부가 북한에 대해 유화적인 외교정책을 펼치기 힘들다. 이러한 의미에서 단순한 인적 교류와 타국 상품이나 문화에 대한 호감 자체가 개인의 외교정책 태도에 영향을 끼친다고 보기는 어렵다. 일본 음식이나 일본 애니메이션을 좋아하고 일본 여행을 자주 가는 한국인이라고 해서 일본과 한국의 역사문제 및 위안부 협상 등의 사안에서 일본에 대해 호의적인 입장을 취하지는 않는 것과 같은 이치이다.

개인이 어떤 한 국가에 대한 정보를 탐색하거나 그 국가의 외교

정책을 판단하는 데에 있어서 가장 중요한 변수는 개인이 주로 '어떤 통로(channel)'를 통해서 그러한 정보를 접하고 그 국가에 대해 평가하느냐이다. 개인의 특정 사안에 대한 정보분별과 정치적 태도, 그리고 대중의 집단적인 여론 형성에 가장 효과적인 영향을 끼칠 수 있는 것은 개인이나 대중이 주로 접하는 미디어(media)이다. 특히 개인이나 대중의 타국에 대한 주요 정보는 타국 시민과의 직접적인 커뮤니케이션이나 그 국가를 방문하는 식의 직접 체험을 통한 학습보다는 주로 쉽게 접할 수 있는 미디어가 제공하는 그 국가에 대한 정보의 내용과 성격에 의해 결정적인 영향을 받기 쉽다.

개인의 타국에 대한 평가나 판단은 개인의 교육 배경에 의해서도 달라질 수 있다. 지식 수준이 높은 개인일수록 미디어로부터 주어진 정보를 맹목적으로 신뢰하기보다 나름의 체계적인 정보 분석을 통해 판단할 가능성이 높다. 하지만 전통적으로 커뮤니케이션 학계는 대중의 정보분별 능력 자체보다 정보를 제공하는 미디어의 역할에 주목하고 '미디어 효과(media effects)'를 통해 개인의 정보분별

참고 3-1　　　　　　　　　미디어 효과(media effects)란?

정보를 제공하는 미디어의 독립적이고 자유로운 언론활동은 여론형성의 핵심적인 역할을 수행한다. 이러한 정보 제공자로서의 미디어의 역할은 흔히 '미디어 효과(media effects)'로 알려져 있다. 미디어는 개인의 정보분별 능력에 영향을 끼치는데, 개인의 정보분별 능력은 미디어가 제공하는 정보와 지식의 양과 질, 즉 개인이 뉴스와 같은 정보에 얼마나 노출되어 있는지의 여부와 주로 접하는 미디어의 종류에 의해 판단되기도 한다.

력을 설명해왔다. 즉, 미디어가 제공하는 정보의 양과 질, 개인의 뉴스에 대한 노출 정도, 개인이 주로 접하는 미디어의 종류를 통해 개인의 정보분별력을 간접적으로 판단한 것이다.

미디어의 정보제공 역할은 주로 '문지기(gatekeeper)'로 비유된다. 저널리스트들은 정부나 정치인들이 제공하는 정보와 메시지를 단순히 무작위적이고 중립적인 태도로 대중에게 전달하기보다 보도의 목적이나 효과, 가치 등 일정한 기준에 의해 거르고 선택적으로 추린, 뉴스로서 가치 있다고 판단되는 정보를 대중에게 제공하기 때문이다. 그러므로 특정 정책이나 이슈와 관련된 행위자의 모든 입장과 이해관계가 대중에게 모두 전달되는 것이 아니다. 미디어의 정치적 성향에 따라 특정 정보는 걸러지거나 아예 제공되지 않을 수도 있다. 그러므로 미디어는 단순히 사실만을 전하는 '보고자(reporter)'가 아니라 '해설자(interpreter)'이기도 하다. 미디어의 시각에 따라 실제 국제정치 이슈와 관련된 사실과 미디어를 통해 대중에게 전달된 정보 사이에는 일정한 간극이나 불일치가 존재할 수 있다. 결국 개인이 주로 어떤 미디어를 통해 국제정치 정보를 접하느냐에 따라서 매우 다른 성격의 정보에 노출될 수 있다.

정보의 '통로(conduit)'로서의 역할을 하는 미디어는 정보를 걸러내는 문지기 외에 '의제설정자(agenda-setter)'이기도 하다. 커뮤니케이션 학자들은 미디어가 보도하는 이슈의 순위가 대중이 중요하다고 평가하는 이슈의 순위와 서로 유사함을 밝혀냈다. 미디어가 개인이 특정 이슈를 평가하는 데에 중대한 영향을 끼치고 있음을 확인한 것이다(McCombs & Shaw 1972). 그러므로 대중의 특정 이슈에 대한 정보분별력은 미디어가 단순히 '무엇(what)'을 보도하는

- 어젠다 설정 기능(agenda setting): 미디어가 '무엇'을 다루는가는 '1단계 의제설정(first-level agenda setting)'으로, 미디어가 '어떻게' 이슈를 전달하는가는 '2단계 의제설정(second-level agenda setting)'이라고 불린다.

- 정보의 문지기 기능(gate-keeping): 미디어의 정보제공 역할로서 저널리스트들은 정부나 정치인들이 제공하는 정보와 메시지를 중립적으로 대중에게 그대로 전달하기보다 일정한 기준에 의해 걸러지고 추려진, 뉴스로서 가치가 있다고 평가하는 정보를 대중에게 제공한다.

- 프레이밍(framing): 특정 문제를 정의하거나 인과적 해석 및 도덕적 판단 혹은 특정 해결책을 제시하기 위하여 표면적으로 보이는 현실의 어떤 특정 부분만을 취하여 사안의 일부만을 선택적으로 부각하고 더 중요한 사안이 되게 하는 것을 말한다. 그러므로 프레이밍은 미디어의 어젠다 설정 기능 중 2단계 의제설정에 속한다.

- 프라이밍(priming): 미디어가 특정 이슈를 다른 이슈보다 더욱 중요하게 다룸으로써 개인의 판단에 일종의 기준을 제시하는 기능을 말한다.

가를 넘어 '어떻게(how)' 보도하는지, 즉 미디어가 이슈를 '프레이밍(framing)'하는 방식에 의해서도 영향을 받는다. 미디어의 의제설정(agenda-setting) 역할을 논할 때 주로 언급되는 '프레이밍'은 어떤 사안을 언급하면서 그 사안의 특정 문제를 정의(define)하거나 인과적 설명, 도덕적 판단 혹은 해결책을 제시할 때 겉으로 보이는 사안의 '부분'만을 취하는 것을 말한다. 즉, 전체 사안의 일부만을 선택적으로 부각시켜 그 일부가 다른 이슈보다 더 중요한 사안이 되게하는 것이다. 이렇게 어떤 이슈나 특정 대상을 보도하는 것 자체보

| 그림 3-1 | 미디어의 '프레이밍' 기능을 보여주는 일러스트레이션

다 그 이슈와 대상이 '어떻게' 묘사되는지를 설명하는 프레이밍은 미디어의 의제설정 단계 중 '무엇을 다루느냐'를 넘어 '그것을 어떻게 전달하느냐'의 단계이다.

반면 개인과 대중은 단순히 미디어의 문지기 혹은 어젠다 설정자의 역할에 의해 수동적으로 영향을 받는 것은 아니며 정보분별을 위한 다양한 '인지전략(cognitive strategy)'을 사용한다. 예를 들어, 사람들은 다수의 정책이나 어떤 문제에 대해 여러 대안을 놓고 선택해야 할 때 완벽한 대안보다도 대체로 '충분히 좋은(good enough)' 대안을 선택하며, 이때 개인에게 가용한 일련의 인지적 프레임을 사용한다. 즉, 사람은 '인지적 구두쇠(cognitive miser)'로서, 모든 정보를 분석하고 의사결정의 결과를 탐색하는 데에 필요한 자신의 지적 수고를 줄이기 위해 자신이 신뢰하는 정보, 즉 자신이 선호하는 정치인, 정당, 전문가, 언론, 단체의 메시지를 정보분별의 '단서(cue)' 혹은 '휴리스틱스(heuristics)'로 사용한다. 그리하여 개인은 완벽하지는 않지만 '제한된 정보로부터의 분별력(limited information rationality)'을 통해 합리적인 의사결정에 이를 수 있다(Sniderman, Brody & Tetlock 1991).

한 국가에 대한 세계청중의 인식과 평가는 국내외 미디어로부터의 정보, 정치인이나 관료 및 전문가의 발언 등 다양한 정보원에 영향을 받게 되므로 각국은 자국에 대한 호의적인 정보를 제공할 만한 다수의 영향력 있는 미디어를 확보하려는 노력을 펼치게 된다. 또한 국내외에서 자국의 입장을 호의적으로 대변할 해외 전문가 집단 혹은 오피니언 리더(opinion leader) 그룹을 지원하거나 그러한 정보와 지식을 전수할 교육 프로그램을 공공외교의 방편으로 운영한다. 그 중에서도 미디어 공공외교는 해외 전문가 집단을 양성하거나 거대 예산의 투입이 요구되지만 한정된 청중만이 확보되는 교육 프로그램과 비교할 때 비용 차원에서 훨씬 효과적인 수단이다.

III. 미디어 공공외교의 역할

한 국가에 대해 해외 미디어가 그 국가와 관련한 특정 정보와 이슈를 어떻게 다루며 무엇을 부각시키는지에 따라 그 국가에 대한 세계여론, 즉 그 국가의 평판과 이미지는 상당한 영향을 받는다. 만약 한 국가에 대하여 비슷한 정보가 여러 미디어를 통해 빈번하게 뉴스로서 노출되고 그러한 정보를 동일한 시각으로 일반 대중에게 전달한다면 그 국가의 평판은 그렇게 제공된 정보에 의해 고착화될 가능성이 클 것이다.

예컨대 북한에 인질로 잡혀 있다가 풀려난 미국 시민 오토 웜비어(Otto Warmbier)가 미국에 귀국하자마자 사망한 일이 미디어에 의해 조명되었을 때 북한의 독재국가로서의 인권탄압 이미지가 부각되었다. 반면 2018년 6월 싱가포르 북미정상회담 하루 전날 김정은 위원장이 싱가포르 시내에서 싱가포르 관료들과 함께 담소를 나누며 관광하는 모습이 보도되었을 때에는 김정은의 보통 사람 이미지가 국제사회에 전달되기도 했다. 더불어 싱가포르는 평화회담이자 역사상 최초인 북미정상회담의 개최지가 되면서 국제사회에 자국을 소개하고 홍보하는 공공외교를 자연스럽게 펼칠 수 있었다.

미국이나 중국과 같은 초강대국들은 미디어를 통한 공공외교, 즉 미디어 공공외교 활동에 거대 국가 예산을 들여 집중적으로 투자하고 있다. 무엇보다도 강대국들은 세계 각지에 자국의 미디어 혹은 자국에 호의적인 미디어 거점을 압도적으로 증대시켜 최대한 많은 세계청중에게 자국이 원하는 메시지가 전달되도록 국가적 지원을 아끼지 않고 있다. 미디어 공공외교에 가장 많은 예산을 지원하고 있는 미국은 미디어 공공외교를 교육프로그램을 이용한 공공외교와 더불어 미국 공공외교의 핵심을 이루는 중대한 자원으로 인식하고 있다. 미국 정부는 '미국의 소리(Voice of America)', '자유유럽라디오(Radio Free Europe)', '자유아시아라디오(Radio Free Asia)'와 같은 방송을 냉전기부터 운영해왔다.

미국은 효과적인 미디어 공공외교 활동을 펼치기 위해 자국에 대한 실제 세계여론의 구체적 내용을 파악하는 데에 많은 자원, 즉 조직과 예산을 투입하고 있다. 공공외교의 경험이 쌓여갈수록 미국의 미디어 공공외교는 일방적인 발신자(sender) 중심의 메시지 전 미국은 9·11 테러 이후 중동에 자국의 메시지를 전달하기 위해 아랍권 유력 매체인 알자지라(Al Jazeera)를 대체할 새로운 매체로서 아랍어를 사용하는 알후라(Al Hurra) 텔레비전 채널과 라디오 사와(Radio Sawa)를 출범시켰다. 하지만 미국 본토인 워싱턴 D.C.에 방송국을 둔 알후라는 미국 정부가 불편해하는 중동권의 민감한 정치사회 이슈를 다루기 힘들었다. 결국 알후라의 제약된 콘텐츠는 목표청중인 중동권 시청자를 끌어들이지 못했고 이들의 신뢰를 얻는 데에도 실패했다. 이후 미국은 '대리에 의한 공공외교(public diplomacy by proxy)' 개념을 고안해냈다. 즉 미국 정부는 중동권 대중을 대상으로 한 매체를 스스로 운영하기보다 중동권 다수 대중이 신뢰하고 시청하는 알자지라에 미국 관료가 출연하여 민감한 질문에 답하는 식으로 중동권 대중의 주목을 받는 편이 낫다고 판단한 것이다. 이렇게 타국 메신저를 통해 자국의 이미지를 개선하는 '대리 접근법(proxy approach)'은 자국 메시지의 신용(credibility)을 고양하는 데 더 효과적일 수 있다.

파가 아니라 메시지 수신자(receiver) 중심의 소통, 즉 세계청중과의 파트너십과 이들로부터의 피드백(feedback)이 가장 중요하다는 것을 자각했다. 수많은 세계적 여론조사기관이 설립되어 있는 미국은 세계의 어떤 국가보다도 자국에 대한 세계여론조사를 다수 수행하고 있고 조사결과에 대한 면밀한 분석을 통해 자국에 대한 세계여론 지형을 지속적으로 검토하고 있다. 갤럽(Gallup)의 '갤럽세계여론조사(Gallup World Poll)'와 퓨리서치센터(Pew Research Center)의 '세계청중의 태도와 경향(Global Attitudes & Trends)' 서베이 프로젝트와 같이 전문 여론조사기관들은 미국의 각 행정부에 대한 세계청중의 인식이 어떻게 변화해오고 있는지 추적해오고 있다. 9·11 사태 자국에 대한 세계여론 지표 중 가장 기본적인 자료로 각국 정부가 관심을 가질 만한 정보는 아마도 '국가 호감도(state favorability)'일 것이다. 갤럽은 '국가순위(Country Ratings)' 설문조사를 통해 1980년대 후반부터 현재까지 매년 각국에 대한 호감도 조사 결과를 지속적으로 발표해오고 있다. 국가 호감도는 자국에 대한 세계청중의 인식을 파악할 수 있는 가장 중요한 지표 중 하나로 여겨지고 있다. 퓨리서치센터도 국가 호감도 설문조사를 매년 실시하고 있다. 예컨대 세계청중의 미국에 대한 호감/비호감의 구체적인 성격이 무엇인지 알기 위한 설문조사에서는 미국인의 이미지에 대한 질문이 주어진다. 이러한 설문조사는 일련의 카테고리, 즉 '성실한(hardworking), 탐욕스러운(greedy), 관대한(tolerant), 긍정적인(optimistic), 교만한(arrogant)' 이미지 중 어떤 대표적인 모습으로 미국인이 인식되고 있는지 묻기도 한다.

와 2003년 이라크 전쟁 이후 미국 정부 차원에서 미디어 공공외교를 본격화한 데에는 이렇게 진행된 여론조사와 체계적인 여론 분석의 결과에서 미국 정부가 우려스러워할 만한 내용이 포착되고 있었던 것과 밀접한 관련이 있다.

중국도 미국처럼 막대한 국가 예산을 들여 세계적 차원에서 미디어 공공외교에 중점을 두게 된 데에는 몇 번의 중대한 계기가 있었다. 중국이 국제사회에 비춰지는 자국의 이미지를 외교정책 차원에서 심각하게 재고하기 시작한 것은 탈냉전기의 시작과 함께 일어난 1989년 6월 천안문 사태 때문이었다. 당시 중국은 서구 미디어를 통해 인권탄압의 독재국가로 비난받고 국제사회의 경제제재로 국제적으로 고립되는 위치에 놓이게 되었다. 이때 중국 정부는 자국과 관련된 정보를 중앙집권적으로 조율된 형태로 국내외 청중에게 전달해야 할 필요성을 절감했다. 중국 정부는 자국에 대한 세계여론을 관리하고자 1988년에 중단했던 국가 프로파간다 활동을 부활시키고 1991년에는 국무원의 신문판공실을 설립했다. 신문판공실은 중국의 국내외 정책과 사회경제적 발전 현황, 중국의 역사, 과학기술, 문화, 교육을 홍보하고 해외 언론의 중국 취재를 돕는 등 세계에 중국을 알리는 일을 주요 업무로 한다.

21세기에 들어서서 중국의 미디어 공공외교가 더욱 공세적이 된 데에는 2008년의 베이징 올림픽을 전후하여 일어난 일련의 사건이 계기로 작동했다. 2008년 3월에 티베트 독립운동 49주년을 기념하며 중국 정부에 대항하는 시위를 전개한 티베트 반정부 시위대에 대해 중국 공안이 무력으로 진압하는 사건이 발생했다. 이 사건은 8월의 베이징 올림픽을 앞두고 발생한데다가 1989년 천안문 사태를 회상시키는 사건으로 비춰져 국제사회의 비난을 받고 외신의 집중적인 취재 대상이 되었다. 중국 정부는 바로 이듬해인 2009년에 세계적 미디어 활동에 70억 달러를 투입할 것을 발표하고 중국의 3대 주요 미디어인 신화통신, CCTV, 인민일보에 각각 150억 위안을 투자했다. 또한 2010년에 중국 외교부는 공공외교 원년을 선포하고 2010년 7월부터 24시간 영어채널 CNC(China Xinhua News Networks Corporation) World 서비스를 시작했으며 CNC World 채널을 유튜브에서도 송출하기 시작했다.

중국 정부가 주도하는 미디어 공공외교의 특징은 국내와 국외 청중을 동시에 목표청중으로 삼는다는 것이다. 중국 정부의 입장에서 국내의 정치적 불만이나 불안 요소를 관리하는 일은 해외여론을 관리하는 것만큼 중요하다. 언론이 철저하게 통제되고 있는 비민주주의 국가인 중국은 국외 미디어를 통해 국내 대중에게 알려질 수 있는 당국에 대한 비판적인 정보의 유입을 차단하기 위해 미디어 공공외교를 적극적으로 활용하고 있다. 중국 정부가 중국에 대한 편견과 오해가 확산될 가능성이 높다는 이유로 2009년부터 중국 내 페이스북(Facebook) 접속을 차단한 것과 2010년 3월에 구글(Google)이 중국 정부의 검열 정책과의 갈등으로 중국 시장에서 철수한 것은 중국 정부가 국내 여론의 움직임에 얼마나 민감해하는지를 보여주는 대목이다.

이와 같이 미디어 공공외교는 각국 정부가 자국의 국제평판을 관리하고 자국이 추구하는 대외정책을 국내외에 알리고 설득하는 방도로 적극적으로 추진되고 있고, 정보커뮤니케이션 환경이 기술적으로 고도화될수록 그러한 역할이 더욱 중요해지고 있다.

IV. 매스미디어 시대의 공공외교

매스미디어(mass media) 시대의 공공외교를 설명하기 위해서는 매스미디어 시대의 미디어가 누렸던 권력을 먼저 이해할 필요가 있다. 텔레비전, 라디오, 신문과 같은 매스미디어의 경우 소수의 제작자들이 뉴스 내용의 제작권을 독점하기 때문에 정보 및 뉴스의 제작자와 이를 제공 받는 대중 간의 관계는 양자 간 상호 피드백이 이루어지는 관계가 아니라 제작자가 일방적으로 만들어낸 정보가 대중에게 전달되는 일방향의 관계이다. 그러므로 미디어의 문지기 역할, 즉 '게이트키핑(gate-keeping)'은 뉴스 생산 시스템에서의 권력을 의미한다. 매스미디어 시대의 미디어는 대중에게 미리 선별되고 검열된 정보와 뉴스를 제공할 수 있었으므로 국가 입장에서도 외교정책의 결정과정과 관련된 정보가 미디어를 통해 대중에게 노출되는 일을 관리하고 통제하기 쉬웠다. 따라서 각국 정부는 폐쇄적, 중앙집권적, 위계적인 외교정책 결정이 가능했던 정보커뮤니케이션 환경 속에 있었다.

흥미롭게도 탈냉전기 초기부터 인터넷의 대중화가 시작되었기 때문에 그 이전 시기인 양차대전 기간과 냉전기 시기는 매스미디어 시대와 중첩되고 탈냉전기 시기는 인터넷과 소셜미디어의 시대와 중첩된다. 매스미디어 시대에는 청중으로서의 국내외 대중은 모두 미디어로부터 주어지는 정보의 소비자(information consumer)에 불과했기 때문에 국가 중심의 프로파간다 활동도 용이했다. 매스미디어 시대의 공공외교는 국가가 전달하는 메시지에 대한 국내외 청중의 반응이나 의견을 알 수 없기 때문에 국가의 메시지 전달 방식이 일방향, 하향식(top-down), 위계적인 성격을 갖는다. 또한, 국내 정치적 사건을 국내 미디어가 보도하지 않으면 해외에서 국내에서 일어나는 일들을 알 수 없으므로 국가는 국내 미디어의 활동을 통제할 유인을 갖기 쉬웠다. 요컨대 매스미디어 시대의 미디어 공공외교 활동은 국가 중심 프로파간다 활동과 중첩되기 쉬운 구조 속에 놓여 있었다.

한편 매스미디어 시대의 미디어 공공외교는 일정 부분 군사안보 분야에서의 '전략커뮤니케이션(strategic communication)'과도 연결되기 시작했다. 인터넷이 대중화되기 이전 시기에 군사안보 분야의 커뮤니케이션 전략은 신문, 라디오, 텔레비전과 같은 매체가 국가의 군사행동과 해외에서의 전쟁 상황을 구체적으로 국내외에 보도하면서 점차 중요해졌다. 이러한 미디어의 영향력은 'CNN 효과(CNN effects)'라고 불린다. CNN 효과는 전쟁과 같은 국제정치 사건을 미디어가 24시간 생생한 이미지로 보도하는 데 따른 미디어의 여론 형성 영향력을 일컫는다.

미국과 유럽이 'CNN 효과'를 비롯하여 미디어를 이용한 '전략커뮤니케이션(strategic communication)'의 중요성을 깨닫게 된 것은 1999년 북대서양조약기구(NATO, 나토)의 코소보 공습 이후의 상황이 계기가 되었다. 1999년 인도적 개입의 명분으로 코소보를 공습한 나토는 공습 과정에서 수천 대의 전투기와 토마호크 크루즈미사일, 함정과 잠수함을 동원했다. 서방의 고도화된 군사기술은 나토군의 사상자를 최소화했고 나토는 신속하고도 쉽게 군사적 승리를 달성했다. 하지만 당시 CNN과 같은 미디어가 나토 군사기술의 우월성을 영상을 통해 구체적으로 보도하면서 나토군은 세르비아 군보다도 더 엄격한 대중의 도덕적 판단을 받았다. 당시 나토군의 오폭으로 민간인 수천 명이 희생되고 세르비아의 알바니아인에 대한 보복이 다시 시작되면서 나토는 국제사회의 비판에 직면했고 이후 이러한 여론에 대응하기 위해 미디어운영센터(Media Operations Centre)를 마련했다. 나토는 미디어가 전장(battlefield)과 관련된 부정적인 사실을 발견하고 보도하기에 앞서 문제가 될 만한 사실을 먼저 대중에게 선제적으로 알려서 이후에 부정적인 내용을 담은 미디어 보도의 가치를 상쇄시키는 전략을 택하게 된 것이다. 코소보 공습을 계기로 나토 연합군은 미디어 전쟁에서 이기는 것이 실제 전쟁에서 이기는 것보다 더 중요하다는 사실을 깨달았으며 전장의 상황

CNN 효과는 전쟁 등 국제정치 사건을 미디어가 24시간 생생한 이미지로 보도하는 데 따른 여론 형성의 영향력을 일컫는다. 1999년 북대서양조약기구(NATO)의 코소보 공습에 대한 CNN의 보도로 인해 미국과 서유럽에 대한 세계여론이 부정적으로 형성되면서 미국과 서유럽 국가들은 전략커뮤니케이션의 중요성을 인식했다. 2001년 미국에서 발생한 9·11 테러 당시 민간 비행기의 세계무역센터(World Trade Center) 공격이 CNN 등을 통해 실시간으로 보도되면서 이후 부시 행정부의 아프가니스탄과 이라크 군사 공격에 대한 호의적인 여론이 조성되기도 했다. 생생한 이미지를 통해 전달되는 매스미디어의 보도는 국내외 청중이 모두 국제정치적 사건에 주목하는 효과를 가져왔다.

과 관련된 조율되지 않은 정보가 미디어에 유출되지 않도록 관리했다. 이후 2001년 나토군의 아프가니스탄 공습과 2003년 미국의 이라크 전쟁에서 나토와 미국 정부는 당시 전장에서 직접 취재진들이 촬영하여 보도된 사진이나 영상 외에 폭탄 투하로 발생한 피해와 관련된 어떠한 이미지도 방송에 내보내지 않았다. 나토의 이러한 변화된 미디어 정책은 전쟁에 대한 투명한 정보의 공개로 인한 미디어와 대중의 판단과 비판을 회피 혹은 차단하기 위한 전략커뮤니케이션 차원의 정책이었다. 이는 미디어 공공외교가 군사안보 영역에서 전개된 사례로 볼 수 있다(송태은 2019).

미디어 공공외교의 수단으로서 매스미디어의 효과와 영향력은 인터넷과 소셜미디어가 전 세계적으로 대중화된 현대에 있어서도 여전히 중요하다. 세계 각 지역의 많은 대중은 주요한 뉴스와 정보를 여전히 텔레비전과 신문을 통해서 접하고 있다. 다만 거의 대부

전략커뮤니케이션이란?

'전략커뮤니케이션(strategic communication)'이란 '어떤 주체가 자신의 목표를 달성하기 위해 의도적으로 커뮤니케이션을 사용하는 것(the purposeful use of communication)'을 말한다(Hallahan et al. 2007). 이러한 다소 포괄적인 전략커뮤니케이션 개념은 정치학의 정치커뮤니케이션(political communication)과 여론연구, 그리고 심리학, 사회학, 경영학, 조직학 등에서 널리 적용되고 있다. 전략커뮤니케이션 개념은 매스미디어 시기 텔레비전이나 라디오, 신문이 국가의 군사행동을 구체적으로 국내외로 보도하고 각국 정부가 미디어의 세계적 영향력을 의식하게 되면서 군사안보 전략에 적극 적용되기 시작했다. 21세기 디지털 커뮤니케이션 네트워크의 지구적 확장과 디지털 커뮤니케이션 기술의 고도화로 정보커뮤니케이션 환경이 급속도로 변화함에 따라 전략커뮤니케이션 개념은 이전보다 더욱 중요하게 인식되고 있다.

분의 텔레비전과 신문 매체는 인터넷과 소셜미디어를 통해서도 동일한 정보와 뉴스를 청중에게 전달하고 있다. 특히 인터넷의 자유로운 사용과 정치적 의사 표현 및 해외정보의 유입이 엄격히 통제되고 있는 권위주의 정치체제의 국가에서 매스미디어는 여전히 국내외 청중에 대한 프로파간다와 공공외교 활동을 전개하는 데 핵심적인 매체이다. 비민주주의 체제의 국가들은 인터넷과 소셜미디어도 매스미디어와 동일하게 다룬다. 결과적으로 비민주주의 체제 혹은 권위주의 국가들은 자국의 공공외교 메시지에 대한 세계청중의 즉각적인 반응과 자유로운 비판적 의견이 반영될 때 더욱 역동적으로 전개할 수 있는 미디어 공공외교의 강점을 효과적으로 활용하지 못하고 있다.

V. 인터넷과 소셜미디어 시대의 미디어 공공외교

인터넷과 소셜미디어의 공공외교 수단으로서의 가장 큰 영향력은 온라인 네트워크를 통해 어떤 정치적 어젠다도 전 세계청중에게 직접적으로 호소할 수 있고 메시지 수신자가 메시지에 동조하고 설득되고 있는지를 확인할 수 있다는 것이다. 특히 인터넷과 소셜미디어를 통해 수평적이고 탈집중적이며 쌍방향으로 이루어지는 커뮤니케이션은 세계청중과의 소통이 핵심인 공공외교에 가장 이상적인 환경을 제공하고 있다. 정부나 비정부 행위자 모두 메시지 발신자의 입장에서 자국에 대한 세계여론이 특정 방향으로 형성되도록 영향을 끼칠 수 있는 수단을 확보한 것이며 수신자의 반응과 의견을 신속하고 정확하게, 그리고 쉽게 확인할 수 있는 방법이 생긴 것이다. 주로 온라인을 통해서 이루어지는 세계여론조사에서 설문자는 자국에 대한 세계청중의 인식을 구체적으로 파악할 수 있고 그러한 인식이 어떻게 형성된 것인지 체계적으로 확인할 수 있게 되었다.

인터넷과 소셜미디어가 대중화되면서 과거와 달리 현대의 대중은 온라인을 통해 국제적 이슈와 관련된 고급정보 및 전문지식에 대한 무제한적 접근을 비용 없이 확보할 수 있게 되었다. 그리고 이러한 정보와 지식을 학습한 대중은 그만큼 자신의 정치적 의견을 온라인 공간에서 표출하거나 문제를 쉽게 제기하며 타인과 의견을 나누고 논쟁을 벌일 수 있게 되었다. 또한 이렇게 온라인 공론장에서 정보를 학습한 시민들이 관심 있는 국제적 이슈와 관련된 활동에 참여하는 일이 쉬워졌다. 최근 시민외교관(citizen diplomat) 개념이 등장하고 미디어 공공외교 활동에 시민사회의 참여가 증가하고 있는 것도 그러한 현상으로 볼 수 있으며, 각국 정부도 시민들의 참여를 장려하는 추세이다.

인터넷과 소셜미디어의 등장 이후 공공외교 활동에 시민사회의 참여가 가능해진 이유 중 하나는 미디어의 주요 역할인 문지기(gate-keeper)와 의제설정자(agenda-setter) 역할이 개인 차원에서도 가능한 일이 되었기 때문이다. 대중은 미리 선별되고 편집된 뉴스의 제한된 정보와 특정 시간의 정보를 수동적으로 제공 받는 '정보소비자(information consumer)' 혹은 '청중'으로 머물기보다 시공간의 제약을 벗어나 모바일을 통해 국제사회의 다양한 현상을 직접 뉴스로 생산하고 세계청중에게도 전달하고 확산시키는 초국가적 영향력을 발휘할 수 있게 되었다. 더욱이 언제든지 개인의 콘텐츠를 실시간으로 게시할 수 있는 소셜미디어를 통해 개인이 택한 의제는 '속보성'까지 갖추게 되어 기성 언론매체가 개인이 생산한 정보를 이용하는 사례도 빈번하게 나타나고 있다. 이렇게 인터넷과 소셜미디어가 가져온 정보커뮤니케이션 환경의 변화는 개인과 다양한 시민단체 등 수많은 비정부 행위자들이 미디어 공공외교에 참여할 수 있는 환경을 조성한 것이다.

소셜미디어의 등장이 미디어 공공외교에 끼치는 새로운 영향은 소셜미디어의 특징인 '웹(web) 2.0'의 성격을 통해 이해할 수 있다. 웹 2.0은 매체 사용자들이 직접 참여하여 정보를 생산하는 '플랫폼(platform)'으로서 정보를 소유하고 판매하기보다 오픈소스(open source)를 '개방'하고 '공유'하면서 수많은 참여자의 집단지성(collective intelligence)을 활용한다. 이러한 측면에서 시민들이 전개하는 미디어 공공외교는 위키피디아(Wikipedia)의 운영 방식과 같이 참여 시민 스스로의 자발적인 정보 탐색과 제공, 공유, 수평적이며 개방적인 지적 협업을 통해 공통으로 중요하게 생각하는 공공외교 어젠다를 기획하고 추진할 수 있다. 즉, 소수의 전문가가 아닌 수많은 개인들이 집단지성의 형태로 지식 생산에 참여하고 쌍방향의 수평적 커뮤니케이션을 통해 개방적이고 유연하며 창의적인 미디어 공공외교 활동을 수행할 수 있는 것이다.

미디어 공공외교는 일반 시민의 참여와 기여가 가장 활발하게 이루어질 수 있는 영역으로서 아래로부터의 피드백과 반응 없이는 사실상 의미가 없다. 오늘날 시민들은 민간단체 및 정부가 운영하는 국민참여형 공공외교 프로그램을 통해서 혹은 개인적으로 자국의 역사나 문화, 자국이 펼치는 외교정책이나 세계적 어젠다를 다양한 미디어 매체를 통해 알리면서 미디어 공공외교 활동에 직접 참여하고 있다. 특히 시민들은 온라인 공간에서 자국과 관련된 부정확하거나 왜곡된 정보, 자국의 평판을 훼손하는 정보를 발견할 경우에 오류 시정을 위한 개인 혹은 집단 차원에서의 국제적 운동을 쉽게 전개할 수 있다.

시민들은 다양한 온라인 미디어를 통해 때로 자국과 관련된 국제정치적으로 민감한 이슈에 대해서는 일종의 초국가적 운동을 진행할 수 있다. 이러한 시민운동은 정작 해당 국가의 외교정책 기조와 일치하지 않을 수도 있다. 특히 타국과의 민감한 외교 갈등에서 사실상 정부가 전면에 나서기보다 시민들이 국제적으로 문제를 제기하고 초국가적으로 문제를 해결하려는 시도가 펼쳐지기도 한다. 시민들이 미디어 공공외교 활동을 통해 다루고자 하는 국제적 이슈는 문화와 예술, 인권, 역사, 환경과 같은 국제정치의 '하위정치(low

한국 네티즌의 지식운동으로서의 미디어 공공외교

인터넷이 대중화된 이후 수많은 한국 네티즌들은 온라인 운동을 통해 다양한 공공외교 활동에 참여하고 있다. 한국 네티즌들은 전 세계 온라인 공간에서의 한국 영토의 표기 방식과 주권의 귀속 여부에 대해 문제를 제기하고 영토 명칭의 오류를 시정하는 다양한 운동을 전개해왔다. 네티즌들은 일본 정부가 홍보용으로 제작한 동해와 독도, 일본과 한국의 역사에 관한 왜곡된 정보와 자료들이 스마트폰 어플리케이션, 동영상, 드라마, 영화 등을 통해 급속도로 전 세계로 확산되는 현상을 저지하고자 노력한 것이다. 이들은 세계 정보·지식 공간에 한국의 역사, 영토, 문화에 관한 올바른 자료 자체가 부족하다는 사실을 경고하면서 이 부분에 대한 바른 정보를 제공하는 활동이 시민 차원에서 펼칠 수 있는 의미 있는 지식운동이자 공공외교 활동임을 인지하고 있다. 이러한 초국가적 온라인 운동은 사실상 미디어 공공외교의 전투적인 형태이면서도 온라인 집단지성의 발현으로도 볼 수 있다. 이러한 운동에 참여하고 있는 한국 네티즌들은 세계청중, 곧 국제사회에 대하여 동해·독도의 올바른 표기 방식과 한국의 독도 주권을 알리는, 정보와 지식 차원에서의 미디어 공공외교 활동을 전개하고 있는 것이다(송태은 2015).

politics)' 영역으로부터 군축 문제와 같은 군사·안보의 '상위정치(high politics)' 영역에 이르기까지 다양한 범위를 아우를 수 있다.

인터넷과 소셜미디어 시대의 미디어 공공외교에서 또 다른 흥미로운 현상은 오늘날 세계 각국 대부분의 수장들이 그 어떤 외교 주체보다도 가장 강력하고 활발한 1인 미디어로 활동하고 있다는 것이다. 이들은 트위터(Twitter), 페이스북(Facebook), 인스타그램(Instagram), 유튜브(YouTube) 등의 소셜미디어를 통해 국내외 대중과 직접 소통하고 있는데, 유엔(United Nations, UN) 회원국 국가 수장의 대다수가 페이스북 계정을 갖고 있다. 또한 정부 고위 관료들을 비롯한 각계각층의 인사들은 서로의 계정을 팔로우하거나 리트윗함으로써 사이버상에서 가상의 외교네트워크를 형성하고 있다.

세계청중과의 소통에 있어서 각국 정치인과 관료들은 소셜미디어 계정을 통해 실시간으로 자신의 정치적 메시지를 직접 전달할 수 있기 때문에 때로 논란이 되는 언행이 소셜미디어를 통해 노출되어 국내외 대중의 반발을 일으키기도 한다. 예컨대 세계에서 가장 많은 팔로워를 거느린 바 있었던 트럼프 대통령은 정부 각료들과 논의되거나 합의되지 않은 군사안보 사안을 마치 국내 사안을 다루듯이 트위터에 빈번하게 게시하여 국내 관료집단으로부터 반발을 사거나 외교적 논란을 일으키기도 했다. 미국의 주요 매체인 CNN이나 『뉴욕 타임스』 등 주류 언론사와 관계가 좋지 않은 트럼프 대통령은 트위터에 주요 언론을 비판하는 의견을 빈번하게 표출함으로써 기존의 미디어에 직접적으로 대항하는 입장을 취하기도 했고 이후 트위터 사용이 금지되기도 했다.

한편 인터넷과 소셜미디어로 인해 외교정책에 대한 높아진 개인의 정보접근성은 곧 외교안보 이슈에 대한 시민들의 관심이 증대될 수 있음을 의미하고, 시민들의 활발한 공공외교 활동 참여는 곧 시민사회가 국가 외교정책의 지지세력이 될 수도 있음을 의미하기도 한다. 또한 정부의 대외정책 구상에 NGO와 학계, 시민사회가 다양한 창의적인 의견과 기술, 전문지식을 제공함으로써 외교정책에도 민주적 의사결정을 일정 범위에서 적용할 수 있다. 반면 시민들의 국제정치 이슈에 대한 관심과 참여가 늘 긍정적인 효과를 낳는 것은 아니다. 정부의 대외정책에 시민사회의 간섭이 늘어나면서 정부의 정책 추진이 어려워지거나 외교정책이 국내 정치논쟁에 휘말

릴 수도 있다. 또한 극우세력과 같은 극단주의 성향의 단체가 확산시키는 소셜미디어 영상이나 가짜뉴스 메시지를 일반 대중이 접하게 되면서 국가가 추진하는 외교정책에 대한 왜곡된 여론이 형성될 수도 있다.

흥미롭게도 인터넷과 소셜미디어 시대의 미디어 공공외교가 매스미디어 시대와 다른 특징 중 하나는 전 세계가 연결되어 있는 디지털 커뮤니케이션 환경에서 각국의 미디어 공공외교가 목표청중을 설정함에 있어서 국내외 청중을 구분하는 것이 더 이상 의미가 없어졌다는 것이다. 국내 정보는 온라인을 통해 세계청중에게도 쉽게 노출될 수 있기 때문에 특정 이슈에 대한 국내여론과 해외여론은 서로 비슷할 수 있고 서로 영향을 받을 수도 있다. 이러한 상황은 곧 해외여론도 국가의 국내외 정책에 영향을 끼칠 수 있는 가능성이 높아지는 것을 의미한다. 또한 그만큼 한 국가가 자국이 선호하는 외교정책을 펼치며 국익을 도모하는 데에 있어서 해외여론을 더욱 의식할 수밖에 없고, 따라서 공공외교 활동이 과거보다 더 중요해지는 정보커뮤니케이션 환경이 조성되었음을 말해주기도 한다.

디지털 시대에 활성화된 세계여론 환경이 국가에 던지는 도전은 과거 매스미디어 시대의 국가가 경험하지 못했던 종류의 것이다. 즉, 정보와 뉴스가 소셜미디어 등을 통해 전 세계에 실시간으로 국경을 초월해 급속히 확산될 수 있다는 것은 국가의 이미지와 평판의 관리가 이전보다 더 중요해지고 있음을 말해주기도 한다. 과거에 국가가 국내외 대중에게 숨길 수 있었던 자국의 외교정책이나 자국과 관련된 국제정치 사안의 고급정보가 모든 개인이 접근 가능한 인터넷을 통해 이전보다 쉽게 유출될 수 있게 된 것이다. 문제가 될 만한 민감한 정보가 대중에 노출될 경우에 그러한 정보가 빠르게 국내외로 확산될 수 있기 때문에 국가의 대응은 즉각적이어야 한다. 그만큼 국가의 외교정책에 대한 투명성(transparency)과 책임성(accountability)에 대한 요구는 매스미디어 시대 때보다 더욱 커지고 있다. 즉 국가는 자국의 이미지와 평판이 훼손되기 쉬운 정보커뮤니케이션 환경 속에 놓이게 되었다.

일찍이 2005년에 공공외교 전문가 얀 멜리센이 현재의 공공외교를 과거부터 각국이 전개해온 공공외교와 굳이 구별하여 '신공공외교(new public diplomacy)'라고 거론한 이유는 바로 이와 같이 변화된 정보커뮤니케이션 환경에서 달라지고 있는 공공외교의 성격을 간파한 것이었다(Melissen 2005). 새로운 디지털 기술을 사용하여 쌍방향으로 소통하는 다양한 외교 주체가 만들어내는 공공외교가 국가에게 과거에는 없었던 다른 기회와 도전을 만들어내고 있기 때문이다.

참고 3-8   신공공외교란?

'신공공외교(new public diplomacy)'는 21세기 공공외교를 20세기 공공외교와 구분지어 공공외교의 달라진 면을 강조하기 위해 표현된 용어이다. 즉 외교의 주체에 있어서 NGO와 기업, 개인 등 비정부 행위자의 공공외교에의 참여가 이전보다 두드러지고 있고, 동시에 디지털 기술의 발전으로 인터넷을 이용하는 등 공공외교의 수단이 다양화된 것과, 결과적으로 공공외교의 성격이 수평적이고 개방적으로 변화하고 있는 새로운 공공외교의 성격을 강조하기 위한 표현이라고 볼 수 있다(Melissen 2005).

VI. 4차 산업혁명 시대의 미디어 공공외교

21세기 소셜미디어와 사물인터넷(Internet of Things, IoT) 등 전방위적으로 초연결의 디지털 커뮤니케이션 환경이 조성되고 있는 4차 산업혁명 시대에는 정부나 비정부 행위자 모두 자국이 관련된 해외 사건이나 이슈를 쉽게 인지할 수 있고 이에 대한 대응 조치도 신속하게 취할 수 있게 되었다. 각국 정부는 자국의 이미지나 평판을 훼손할 것으로 예상되는 민감한 사건이 발생할 경우 자국이나 타국의 디지털 미디어를 통해 사안에 대한 입장을 신속하게 해명하고 문제를 해결하는 등 선제적 조치를 취할 시간을 확보할 수 있게 된 것이다. 각국 정부는 자국의 이미지와 평판을 상시적으로 관리할 수 있는 여건 가운데 있게 된 것이며 온라인 공간에서의 자국과 관련된 정보의 유통과 확산을 상시적으로 모니터링하고 대응하는 등 새로운 정부 책임성(accountability)과 투명성(transparency)을 요구받고 있다(송태은 2017).

디지털 시대에 국가는 더욱 다양한 매체를 통해 더 많은 세계청중에게 자국의 메시지를 정확하고 효율적으로 전달하는 것이 더 쉬워졌기 때문에 미디어 공공외교의 영향력은 앞으로 더욱 확대될 것이다. 즉, 현재 진행되고 있는 4차 산업혁명이 추동하는 다양한 디지털 기술은 앞으로의 공공외교가 이전보다 더욱 미디어 매체의 영향력을 크게 받을 가능성을 예고하고 있다. 하지만, 디지털 커뮤니케이션 기술의 발전은 공공외교에 있어서 기회만을 가져오지 않고 더 큰 도전과 풀기 어려운 문제도 가져왔다. 최근 전 세계적으로 중대한 문제로 부상하고 있는 소셜미디어 공간에서의 허위조작정보,

4차 산업혁명이란 1차, 2차, 3차 산업혁명에 이어 일어난 혁명적 변화로서 컴퓨터의 연산능력이 급격하게 증가하고 사물이 인터넷과 연결되어 일어나는 혁명이다. 즉 인공지능(artificial intelligence, AI), 빅데이터(big data) 등 디지털 기술로 인해 촉발되는 초연결 기반의 지능화 혁명을 4차 산업혁명으로 일컫는다.

즉 가짜뉴스(fake news)의 확산은 국가 간 사이버 공격의 한 형태로도 이루어지고 있다. 이는 곧 앞으로의 미디어 공공외교가 국가가 적극 나서는 선제적이며 전투적인 여론전, 심리전(psychological warfare)의 모습을 띨 가능성도 예고한다. 특히 러시아와 이란 등 서방과 외교갈등 관계에 놓여 있는 권위주의 국가들은 2016년 미국의 대선과 유럽의 각종 선거 및 브렉시트(Brexit) 국민투표를 시작으로 하여 이후 서구권의 거의 모든 선거철에 인터넷과 소셜미디어를 통해 대규모의 가짜뉴스, 즉 허위조작정보를 확산시키며 이들 국가의 여론을 교란시키는 심리전을 전개했다.

그런데 이와 같은 가짜뉴스의 문제는 단순히 악의적인 허위조작정보를 생산하고 유포하는 주체의 정치적 목적성의 문제에 그치지 않는다. 4차 산업혁명의 급속한 진전으로 정보커뮤니케이션 환경에 나타난 중대한 변화 중 하나는 인공지능(Artificial Intelligence, AI)의 커뮤니케이션 능력에 의해 나타나고 있다. 딥러닝(Deep Learning, DL)에 의해 발전된 알고리즘(algorithm)을 통해 인공지능이 스토리텔링(story-telling) 기술을 구비하여 정보와 뉴스도 생산하고 작성할 수 있게 되면서 '로봇저널리즘(robot-journalism)'이 등장한 것이다. 로봇저널리즘은 선거, 금융, 스포츠, 날씨 등 수학적 계산이 필요한 정확한 정보 전달에 유용하지만 허위조작정보와 가짜뉴스의 생산에도 이용되기 때문에 부정적인 현상이 동시에 발생하고 있는 것이다. 인터넷과 소셜미디어 시대의 디지털 기술은 집단지성의 발현을 쉽게 만드는 한편, 정보를 조작하고 여론을 왜곡하는 수단과 기법도 향상시키기 때문에 정확한 정보와 메시지의 전달을 가장 중시하는 공공외교 활동을 훼방하는 효과도 초래한 것이다(송태은 2020).

소셜미디어를 통한 허위조작정보의 유포 행위(disinformation campaign)가 전복적인(subversive) 정치적 목적을 가질 경우 사이버 심리전(cyber psychological warfare)으로 간주된다. 현대의 심리전은 인공지능 기술의 발전으로 더욱 지능화되고 있다. 예컨대 '정치

참고 3-10　　　　　　　　　　　　　　　　　　　　**로봇저널리즘**

세계 주요 언론사들은 기사 작성에 있어서 인공지능을 다양한 방식으로 이용하고 있다. 인공지능이 가장 일반적으로 활용되는 분야는 기상 및 재난 정보와 같은 속보, 그리고 단순한 수치와 통계를 제공하는 금융이나 경기 결과 보도 영역이다. 또한 인공지능은 온라인에서 최신 뉴스를 보여주거나 간단한 질문에 답하는 형식을 취하는 추천엔진(recommendation engines)에 의해 사용자가 관심을 가질 만한 뉴스를 제시하기도 하고 인기가 있는 기사 리스트와 독자들의 호응도를 분류하여 콘텐츠를 생산하고 있다. 이렇듯 인공지능은 언론 매체가 다양한 방식으로 서비스 제공의 효율성과 이윤을 추구하는 데 도움을 주고 있다. 이렇게 인공지능을 이용한 언론 매체의 활동을 로봇저널리즘(robot-journalism, robo-journalism)이라고 일컬으며 인공지능을 통한 기사 보도는 로봇보도(robot-reporting, robo-reporting)라고 부른다.

봇(political bot)'으로도 불리는 AI 알고리즘인 소셜봇(social bot)은 온라인 공간에서 특정 정보를 집중적으로 확산시켜 특정 이슈만이 언급되게 하여 소위 '반향실 효과(echo chamber effect)'(Jamieson & Cappella 2008, 75-78), '필터버블(filter bubble)' 효과(Pariser 2011, 2)를 비롯한 다양한 '봇 효과(bot effect)'를 부추기고 강화시킬 수 있다. 소셜봇은 인지심리학이나 커뮤니케이션학에서 발전시킨, 설득 효과가 입증된 고도의 심리적 기제가 적용된 내러티브를 사용하며, 그러한 정보를 봇부대(bot army)를 통해 실시간으로, 대규모로 확산시킬 수 있다(송태은 2020, 20-21). 최근 인공지능의 정보조작 기술 중 '딥페이크(deep fake)'는 인공지능 알고리즘을 이용해 동영상 원본에 등장하는 사람을 다른 사람의 모습으로 편집해서, 마치 영상 속 인물이 실존하는 것처럼 조작하여 진위 여부를 식별하기 가장 어려운 형태의 허위조작정보를 만들 수 있다.

최근 러시아와 이란 등 권위주의 국가들은 소셜봇을 이용하여 타국의 소셜미디어 플랫폼에 가짜뉴스를 퍼뜨리는 방식으로 타국 여론을 교란하고 국내정치에 빈번하게 개입했다. 2016년 미국 대선부터 시작하여 같은 해 영국의 브렉시트 투표, 2017년 프랑스 대선, 독일 총선, 스페인 카탈루냐 독립투표 등에 개입해왔다. 카탈루냐 독립투표의 경우에 거짓 정보를 확산시킨 가짜 계정 중 절반이 러시아에, 30%의 계정이 베네수엘라에 근거지를 둔 사실이 밝혀지기도 했다. 또한 영국의 브렉시트 국민투표 당시 러시아어 트위터 계정이 15만 개 발견되었는데, 이 계정들이 투표 당시 영어로 작성된 브렉시트 찬성 게시글을 집중적으로 올렸던 사실이 드러나기도 했다.

결과적으로 최근 각국 정부는 자국과 관련된 다양한 거짓된 정

⊙ 2016년 12월 미국 대선:

- 대선 캠페인 당시 확산된 '피자게이트(Pizza gate)'는 가짜뉴스의 영향력이 매우 파괴적으로 나타난 사례 중 하나로, 2016년 12월 4일 힐러리 클린턴 후보가 워싱턴 D.C.의 피자 가게에서 아동 성매매 조직을 운영한다는 가짜뉴스를 믿은 한 남성이 피자가게에 총격을 가하는 사건이 발생했다.

- 프란치스코 교황이 트럼프와 클린턴 후보 모두 지지한 일이 없었으나 트럼프 지지를 선언했다는 가짜뉴스가 대선일 직전 석 달간 페이스북에서 96만 건 공유되어 대선 관련 가장 많이 공유된 뉴스가 되었다. 또한 오바마 대통령이 불법체류자들에게 선거권을 부여하여 투표하게 했다거나 테러리스트들이 힐러리 클린턴 선거비용의 20%를 제공하고 있다는 가짜뉴스가 확산되기도 했다. 이 외에도 힐러리의 심각한 건강문제로 힐러리 집권 시 부유층 비선 실세가 국정을 운영할 것이라는 가짜뉴스가 확산되기도 했다.

⊙ 2017년 프랑스 4월, 5월 대선:

- 대선 캠페인 기간에 유력 대선 후보였던 마크롱에 대해 동성애자설, 해외 비밀계좌 보유설 등의 가짜뉴스가 온라인상에 유포되었다.

⊙ 2017년 6월 영국 브렉시트(Brexit) 국민투표:

- 15만 개의 러시아어 트위터 계정이 투표 전날과 당일 브렉시트와 관련된 글을 집중적으로 게시하기 시작했고, 이들 가짜 트위터 계정들은 무슬림에 대한 증오를 유발하는 사진을 유포하고 *The Sun* 지와 같은 주류 언론도 이러한 사진을 보도했다. 노동당과 테레사 메이 총리는 가짜뉴스와 관련하여 러시아에 경고하기도 했다.

⊙ 2017년 9월 독일 총선:

- 메르켈 총리가 히틀러의 딸 혹은 동독 비밀경찰 출신이라는 가짜뉴스가 확산되었고, 2017년 초 베를린에서 러시아 소녀가 시리아 난민에게 성폭행을 당하고 살해되었다는 가짜뉴스도 확산되었다. 당시 러시아 외무장관 세르게이 라브로프와 독일 외무장관 프랑크발터 슈타인마이어가 사건의 진위를 모른 채 이 사건에 대해 언쟁을 벌이기도 했다.

치적 정보가 국내외로 확산되며 국내여론과 해외여론을 왜곡시키는 상황 속에서 자국의 이미지와 평판을 관리하는 데에 큰 혼란을 경험하고 있다. 해외여론 관리를 최우선 중점 활동으로 삼으면서 자국 관련 정확한 정보와 메시지 발신에 노력을 기울이는 각국은 자국에게 피해를 주는 다양한 디지털 가짜뉴스와 프로파간다 메시지를 일일이 바로잡고 설명해야 하는 추가적인 커뮤니케이션 활동을 펼쳐야 하는 상황에 놓인 것이다.

　민주주의 제도와 시민사회에 대한 대중의 신뢰를 훼손시킬 수 있는, 저비용의 고효율 수단인 이러한 심리전은 공격대상 정부의 정치적 정당성(political legitimacy)과 법적 권위에 대한 현지 시민의 지지를 제거하기 위한 효과적인 위협 전술이다. 공공외교는 타국 대중이 자국을 호의적으로 생각하도록 노력하는 활동인 것에 비해 이러한 심리전은 그러한 목표를 전혀 갖지 않는다. 즉 심리전은 타국 대중이 그들의 정부를 불신하게 만들고, 궁극적으로는 사회갈등이 심화되어 그 국가의 민주주의 제도가 정상적으로 기능하지 못하게 하는 것을 목표로 삼기 때문이다.

　따라서, 공격대상으로 삼은 국가의 여론이 이미 다양한 이슈에 의해 양극화되어 있고 사회분열의 민감한 변수가 잠재되어 있을 경우 이러한 심리전은 특히 공격자의 입장에서 효과가 크다. 현대의 발전된 정보통신기술은 대규모의 특정 메시지를 실시간으로, 원하는 특정 기간에 유포, 확산시키는 일을 기술과 비용 측면에서 쉽게 만들었고 4차 산업혁명은 그러한 커뮤니케이션 기술을 고도화시키고 있기 때문이다. 사이버 심리전은 게릴라전처럼 수시로 급작스럽게 수행될 수 있고, 이러한 정보 공격을 받은 사회가 입은 피해의

소셜미디어 공간의 편향된 커뮤니케이션 효과와 심리전의 설득기제

반향실 효과(echo chamber effect)	봇 효과(bot effect)
유사한 관점·생각을 가진 사람끼리 반복 소통하여 편향된 사고가 고착화되어 동의하는 의견만 수용하게 되는 현상.	정치적으로 편향된 정보와 메시지를 대규모로 확산시켜 여론이 특정 방향으로 유도되게 하는 현상.
필터버블 효과(filter bubble effect)	트롤링(trolling)
인터넷 사용자에게 AI 알고리즘에 의한 맞춤형 정보만을 제공하여 사용자가 마치 거품에 가둬진 것 같은 현상. '반향실 효과'는 정보에 대한 인터넷 사용자의 주관적 선택에 의한 것이나, '필터버블'은 사용자의 선택이 덜 개입되어 더 개인화된 세계에 갇히는 효과를 만들 수 있음.	타인의 강한 감정적 반응을 유발하기 위해 적대감이나 화를 부추기거나 혹은 거짓 비난의 글을 온라인 공간에 의도적으로 게시하는 행위. 인터넷 트롤(troll)은 인터넷 사용자일 수도 있고 AI 알고리즘이 조종하는 봇(bots)일 수도 있음.
정보의 양(volume)에 의한 효과	진실착각효과(the illusory truth effect)
■ 서로 다른 정보원(source)이 제공하는 정보가 일치하거나 서로 다른 논쟁이 동일한 결론에 이를 경우 사람들은 정보의 '질(quality)'보다 동일한 결론에 이른 정보의 '양(volume)'을 더 중시함. ■ 알고리즘은 인기 있는(high ranking) 정보에 과도한 우선권을 주므로 허위정보 확산에 악용될 수 있음. ■ 정보가 풍부한 환경에서 사람들은 다수가 인정하는 정보를 전문가의 의견보다 더 신뢰하므로 소셜봇은 특정 여론 조성을 위해 팔로워 수나 '좋아요(likes)'를 생성하는 알고리즘을 사용함.	동일한 극단적인 메시지에 반복 노출될 경우, 사람들은 그러한 메시지를 신뢰하고, 처음 접한 정보를 이후에 접한 정보보다 신뢰하는 경향이 있음. 즉 사람들은 처음 접한 출처가 불분명한 정보라도 시간이 경과하면서 정보 자체만을 기억하여 사실로 착각하는 경향을 보임.
	비전통적 설득전략
	전통적인 설득전략은 메시지의 신뢰성을 높이기 위해 진실과 일관성을 강조하지만 심리전은 효과가 입증된 반대 전략을 취하기도 함. 거짓으로 밝혀진 정보를 재사용하거나 또 다른 거짓 정보를 수정된 정보로서 제공하기도 함.

출처: 송태은(2020, 21, 24).

원상복구는 불가능하다. 예컨대 선거철 급증하는 사이버 심리전으로 인해 유권자의 투표행위와 선거 결과가 이미 영향을 받은 뒤 그러한 심리전술이 밝혀져도 선거 결과에 대한 피해구제는 불가능하다. 또한 선거철과 같이 논쟁적인 정보와 의견이 풍부한 시기에 가짜뉴스에 노출된 대중에 대해 팩트체크(fact check) 정보를 재유포해도 제공된 정확한 정보가 대중에게 제대로 전달될 가능성과 대중이 이러한 정보를 더 신뢰할지의 여부는 불확실하다. 팩트체크 정보는 본질적으로 가짜뉴스 메시지가 확산된 이후 만들어지는 반응적인(reactive) 정보이므로 청중 확보에 불리하기 때문이다.

서방의 선거철마다 인공지능의 첨단 커뮤니케이션 기술을 동원하여 은밀한 방식으로 허위조작정보를 생산하고 확산시켜온 러시아와 이란 등 권위주의 국가들은 디지털 프로파간다 활동에 있어서 민간 행위자를 동원하여 공격의 책임 소재를 은폐할 수 있기 때문에 국가 간 온라인 여론 공간을 두고 발생하는 갈등과 대결은 앞으로도 지속되고 더욱 심화될 것으로 보인다. 그렇기 때문에 앞으로 각국이 전개하는 공공외교에 있어서 자국과 관련한 부정확한 정보를 걸러내어 제공하고 세계여론의 추세에서 자국의 이미지와 평판을 훼손하는 변수의 성격을 분별하고 대응하는 활동이 매우 중요해질 것이다.

디지털 프로파간다와 같은 사이버 심리전은 권위주의 국가만이 펼치는 고유한 전술이 아니다. 프로파간다 활동 자체가 과거 양차대전과 냉전기를 더 거슬러 올라가 중세시대의 가톨릭교회 등 다양한 정치세력이 사용한 대중에 대한 설득 전술이기 때문이다. 러시아의 시각에서는 소련의 붕괴와 아랍의 봄, 오렌지 혁명은 서구 민주주의

소셜봇(social bot)과 컴퓨터/디지털
프로파간다

정치적 프로파간다 활동을 위해 인공지능의 커뮤니케이션 도구와 기술을 사용하는 것을 '컴퓨터 프로파간다(computational propaganda)' 혹은 '디지털 프로파간다(digital propaganda)'라고 일컫는다. 예컨대 소셜미디어 공간에서 사람과의 쌍방향 커뮤니케이션에 사용되는 인공지능 로봇(robot)인 '소셜봇(social bot)'은 여론에 영향을 주는 다양한 방식의 컴퓨터 프로파간다 활동을 펼칠 수 있다. 정치적 커뮤니케이션에 이용되는 소셜봇은 '정치봇(political bots)'으로도 불린다. 소셜봇은 자동적으로 메시지를 생성하거나 소셜미디어 사용자와 대화가 가능한 소프트웨어 혹은 기술 기반 프로그램이다.

진영에 의한 전복적인 프로파간다 활동으로 인식되고 있다. 디지털 정보통신기술(Information & Communication Technology, ICT)의 발전과 온라인 네트워크 및 사물인터넷(IoT)에 의한 초연결 사회(hyper-connected society)의 연결성은 사이버 심리전의 수행 주체의 입장에서는 공격의 파괴력을 최대화할 수 있는 취약점으로 인식되고 있다. 시간과 장소에 구애받지 않고 언제든지 선제공격이 가능한 사이버 심리전은 공격 대상 국가와 사회를 상시적 위기에 빠뜨릴 수 있는 효과적인 수단이 되고 있는 것이다.

사이버 심리전 메시지는 국내 소셜미디어 공간에서 표면적으로는 국내 발신과 국외 발신이 구별되지 않고 어떤 개인도 목표청중(target audience)으로 삼을 수 있다. 그러한 메시지에 설득되어 특정한 정치적 의견을 갖게 된 국내청중이 시위와 같은 정치적 행위로 나타나도 그러한 행위가 심리전 메시지에 의해서만 유발된 것인지 인과관계를 밝히기는 어렵다. 개인의 정치적 의사와 대중 여론에 영향을 주는 변수는 아주 다양하고 국내에서 생산된 허위조작정보와 해외발 허위조작정보의 내용이 대개 유사한 경우가 많으며, 메시지 발신 방식도 국가 행위자를 철저히 은폐하므로 국가 간 문제로서 언급되려면 정밀한 조사가 수행되어야 하기 때문이다.

최근 중국은 러시아가 서구권과 동유럽에서 전개한 방식의 사이버 심리전 공격을 특히 동아시아 역내에서 전개하고 있고, 역내 동아시아 국가의 문화와 역사를 왜곡하고 타국의 고유한 문화자산을 중국의 것으로 둔갑시키는 등 역내 대중을 대상으로 제국주의적인 태도를 드러내고 있다. 한국도 중국이 우리의 문화와 역사에 대한 왜곡된 정보를 유포하는 방식의 간접적인 형태의 정보공격을 경험하고 있다. 특히 미중 전략경쟁으로 인해 서구권 민주주의와 중국을 중심으로 한 권위주의 진영 간 경제, 안보, 정치체제 및 가치 영역에서의 긴장과 갈등이 심화되는 현 정세를 감안하면 앞으로 허위조작정보의 공격은 진영 간 정치적 우위 확보와 경쟁 세력 간 위기 상시화의 전술적 수단으로 빈번하게 이용될 것이다.

사이버 심리전 공격을 가장 빈번하게 겪어온 미국과 유럽은 이러한 종류의 공격이 사이버전에 동반되어 수행되면서 사회교란 및 국가 시스템 마비 등 공격의 파괴력을 배가시킬 수 있다는 것을 인지하고 있다. 따라서 미국과 유럽은 NATO와 EU 간 긴밀한 공조를 통해 허위조작정보 공격이 동반되는 사이버전에 중점을 둔 대응체제를 마련하고 다양한 모의 군사훈련을 개최하고 있으며 민관 및 민군 협력을 장려하는 제도적 이니셔티브를 다양하게 추진해왔다. 미국과 유럽의 이러한 노력은 외부로부터 사이버 심리전과 사이버 공격을 받더라도 사회의 회복력을 유지하는 것을 목표로 삼고 있다(송태은 2020).

　궁극적으로 급속도로 고도화되는 4차 산업혁명의 정보커뮤니케이션 환경은 앞으로의 미디어 공공외교가 더욱더 수많은 비국가 행위자에 의해 양방향, 실시간, 탈집중적으로, 그리고 때로 전투적이고 선제적인 방식으로 수행될 것을 짐작케 한다. 동시에 스토리텔링 능력이 갖춰진 인공지능의 알고리즘이 동원된 미디어 공공외교 활동도 증대할 것이고 그만큼 공공외교는 국가 간 내러티브 경쟁을 불러일으킬 것이다. 게다가 코로나19 팬데믹에 의해 버추얼(virtual) 국제회의가 급증하고 메타버스(metaverse)도 미디어 공공외교의 수단으로 활용되기 시작한 만큼, 버추얼 공공외교(virtual public diplomacy)는 미디어 공공외교의 한 방식으로 자리 잡게 될 것이다.

　더불어, 앞서 설명한 바와 같이 온라인 네트워크를 통해 타국발 가짜뉴스의 공격이 초국가적으로 급증하는 현상을 염두에 둘 때, 앞으로 국가 행위자의 미디어 공공외교는 온라인 미디어를 통한 외부로부터의 심리전이 자국의 이미지와 평판을 훼손하는 것을 인공지능 기술을 통해 상시 모니터링하거나 자국의 민주주의 제도의 정상적 기능을 방해하는 것을 차단하고 예방하는 활동으로 확대될 것이다. 요컨대 4차 산업혁명의 디지털 기술은 국가와 시민들의 공공외교 노력을 반감시키는 여론전 및 심리전을 급증시킬 것이고, 동시에 그러한 활동에 대항하여 각국 공공외교가 더욱 경쟁적이고 전투적으로 활성화되게 하는 데에도 영향을 끼칠 것이다.

1   미디어는 개인과 대중의 정보분별에 어떠한 방식으로 영향을 끼치는가? 미디어는 한 국가에 대한 해외여론에 어떤 방식으로 영향을 끼칠 수 있는가?

2   매스미디어 시대에 군사안보 분야에서도 미디어 공공외교의 필요성이 등장한 배경을 나토의 코소보 공격 사례를 통해 설명해보아라.

3   매스미디어 시대와 비교할 때 인터넷과 소셜미디어 시대의 미디어 공공외교는 어떻게 달라졌는지, 신공공외교의 개념은 왜 등장한 것인지 설명하라.

4   인터넷과 소셜미디어를 이용한 시민 차원에서의 미디어 공공외교 사례를 들어보라.

5   실패한 미디어 공공외교의 사례를 들어보라.

6   소셜미디어 플랫폼에서 확산되는 허위조작정보는 왜 민주주의 사회에 위험한가? 민주주의 사회의 온라인 공론장은 왜 사이버 심리전에 취약한가?

7   4차 산업혁명 시대에 세계여론 환경이 어떻게 변화하고 있는지 설명하라. 공공외교의 전개에 있어서 그러한 변화는 어떠한 긍정적이거나 부정적인 현상을 초래할 수 있는가.

추천 문헌

- Seib, Philip. 2016. *The Future of Diplomacy*. Malden, MA: Polity.
- US Advisory Commission on Public Diplomacy. 2017. *Can Public Diplomacy Survive the Internet?: Bots, Echo Chambers, and Disinformation*. Washington D.C: US Department of State.
- 송태은. 2017. "4차 산업혁명과 외교의 변환." 김상배 편. 『4차 산업혁명과 한국의 미래전략』. 사회평론아카데미.
- 송태은. 2020. "디지털 허위조작정보의 확산 동향과 미국과 유럽의 대응." 『IFANS 주요국제문제분석』 2020-13, 국립외교원 외교안보연구소.

참고 문헌

송태은. 2015. "영토명칭 논쟁에 대한 대중의 집단지성 전략과 집합행동: 동해표기 오류시정운동 사례." 『세계지역연구논총』 제33집 3호.

송태은. 2019. "사이버 심리전의 프로퍼갠더 전술과 권위주의 레짐의 샤프 파워: 러시아의 심리전과 서구 민주주의의 대응." 『국제정치논총』 59(2).

Hallahan, Kirk, Derina Holtzhausen, Betteke van Ruler, Dejan Verčič & Krishnamurthy Sriramesh. 2007. "Defining Strategic Communication." *International Journal of Strategic Communication* Vol. 1, Issue 1.

McCombs, Maxwell E. and Donald L. Shaw. 1972. "The Agenda-Setting Function of Mass Media." *Public Opinion Quarterly* Vol. 36, Issue 2.

Sniderman, Paul, Richard Brody, and Philip Tetlock. 1991. *Reasoning and Choice: Explorations in Political Psychology*. New York: Cambridge University Press.

제4장

디지털 외교와 공공외교

김상배 | 서울대학교 정치외교학부

I. 정보혁명과 외교의 변화
II. 정보혁명과 4차 산업혁명의 이해
    1. 정보혁명의 개념적 이해
    2. 4차 산업혁명, 정보혁명의 현주소
III. 4차 산업혁명 시대의 외교 변환
    1. 4차 산업혁명과 외교 과정의 변환
    2. 4차 산업혁명과 외교 영역의 변환
    3. 4차 산업혁명과 외교 주체의 변환
IV. 디지털 공공외교의 부상
    1. 인터넷과 지식공공외교
    2. 빅데이터와 정책공공외교
    3. 디지털 한류와 문화공공외교
V. 맺음말

최근 들어 정보혁명 또는 4차 산업혁명으로 불리는 기술 발달이 사회 전반의
변화에 미치는 영향에 대한 관심이 높다. 외교 분야도 이러한 영향으로부터
자유롭지 못하다. 기술·미디어 환경의 변화는 단순히 새로운 외교 수단을
제공하는 차원을 넘어서 외교의 영역과 주체를 변화시키는 데까지 영향을
미치고 있다. 기술 변화로 인해서 발생하는 외교 과정의 변화는 일차적으로
외교업무 처리의 개선을 목적으로 실시되는 '외교정보화'의 형태로 나타난다.
정보의 수집과 처리 및 보고의 과정에서 효율적인 커뮤니케이션을 가능케 하는
다양한 양식들이 도입되고 있다. 인터넷과 소셜미디어를 활용한 쌍방향 소통의
공공외교 개념이 등장하고, 블록체인 기술을 활용한 외교변환도 모색된다.
빅데이터 분석을 활용하여 공공외교에 필요한 지식자원을 확보하기 위한
정책공공외교와 지식공공외교의 개념도 등장했다. 또한 정보혁명의 진전은
외교가 이루어지는 장의 성격을 다변화시키고 있다. 정부의 정책홍보 활동
이외에도 잘나가는 기업들의 첨단제품이 만들어내는 이미지나 문화를 전파하는
대중문화 스타의 매력 등이 모두 새로운 외교의 영역으로 인식된다. 더 나아가
정보혁명은 다양한 행위자들이 서로 협업하는 외교를 추진하는 네트워크 환경을
만들었다. 외교 전담 부처뿐만 아니라 다양한 실무부처와 민간기업 및 민간단체,
그리고 국민 개개인이 모두 외교의 주체로 참여하는 양상이 나타난다. 이러한
디지털 외교의 변환은 세계정치의 주요 권력자원의 소재와 그 작동방식의
변화의 연관 속에서 파악되어야 할 뿐만 아니라 최근 벌어지고 있는 세계정치
행위자들의 다양화와 국가의 변환이라는 맥락에서 이해되어야 한다.

핵심어

정보혁명information revolution

4차 산업혁명the 4th industrial
     revolution

외교 변환diplomatic transformation

디지털 외교digital diplomacy

지식공공외교knowledge public
     diplomacy

인터넷internet

소셜미디어social media

정책공공외교policy public diplomacy

빅데이터big data

문화공공외교cultural public
     diplomacy

한류the Korean Wave

I. 정보혁명과 외교의 변화

최근 들어 기술 발달에 대한 기대감이 부쩍 커지고 있다. 1990년대
부터 컴퓨터와 인터넷에서 시작해서 2000년대에 접어들어 모바일
기기와 소셜미디어에 대한 관심이 커졌다. 2010년대 이후에는 빅
데이터, 사물인터넷, 클라우드 컴퓨팅, 가상현실(VR), 증강현실(AR),
3D 프린팅, 인공지능(AI), 로봇, 자율주행차, 드론, 블록체인 등에 이
르기까지 매우 다양한 이름으로 기술 발달의 성과들이 미래 담론의
화두를 장식하고 있다. 이러한 기술 발달을 부르는 말은 시대와 나
라에 따라서 다르다. 초창기에는 컴퓨터 혁명, 디지털 혁명, IT혁명
이라는 말이 많이 사용되더니, 한때는 정보혁명, 커뮤니케이션 혁
명, 네트워크 혁명이라는 말이 유행하기도 했다. 그러던 것이 최근
에는 4차 산업혁명이라는 말이 붐을 타고 있다. 용어야 어떻든 급속

한 기술 발달은 우리 삶에서 '혁명'이라고 칭할 정도로 큰 변화를 야기하고 있다.

쉽게 말해 정보혁명 또는 4차 산업혁명은 세계정치의 저변에 존재하는 물적·지적 조건의 변환을 의미한다. 지난날의 국제정치가 산업기술을 바탕으로 한 군함과 대포, 기차와 자동차를 떠올리게 한다면, 오늘날의 세계정치는 IT를 기반으로 한 초고속 제트기와 항공모함, 우주무기와 스마트 무기를 연상케 한다. 지난날의 국제정치가 인쇄혁명이나 전기통신혁명을 바탕으로 하여 문서를 보내고 전보를 치며 전화를 거는 시대적 환경에서 펼쳐졌다면, 오늘날의 세계정치는 디지털 IT혁명을 바탕으로 하여 인터넷과 인공위성, 그리고 스마트폰을 통해서 소통하는 세상에서 이루어진다. 이러한 변화는 다름 아니라 새로운 기술 혁신과 정보처리 및 커뮤니케이션 역량의 증대, 그리고 더 나아가 이를 활용하는 인류의 능력 향상에 기인한다.

우리 삶의 물적·지적 조건이 향상된 만큼 그 위에서 이루어지는 세계정치도 크게 달라질 수밖에 없다. 전통적으로 국제정치는 국가적 삶을 다루는 군사안보 문제를 중심으로 형성되었다. 2차 세계대전 이후에는 '먹고사는 문제'를 모색하는 국제정치 영역의 중요성이 부각되었다. 앞으로도 군사안보와 정치경제의 문제는 여전히 중요하게 우리 삶에 큰 영향을 미칠 것이다. 그럼에도 21세기 세계정치에서는 '널리 전하고 많이 알게 됨으로써 서로 소통하고 공감하는 문제'가 전례 없이 중요해졌다. '힘'과 '돈'뿐만 아니라 '서로 소통하고 공감하는 문제'가 중요하다는 인식이 늘어났기 때문이다. 이러한 정보와 지식, 그리고 커뮤니케이션의 문제가 부각되는 이면에는 정보혁명 또는 4차 산업혁명으로 인해 창출된 미디어 환경이 있다. 디지털 외교와 공공외교는 이러한 정보와 지식, 그리고 커뮤니케이션의 변수가 세계정치의 과정에 영향을 미친 대표적인 분야이다.

여태까지 외교의 기축은 정무외교를 한 축으로 하고 통상외교를 다른 축으로 하여 형성되었다. 그러다 정보혁명 또는 4차 산업혁명의 진전이 디지털 외교와 공공외교라는 분야를 독자적인 외교의 영역이자 세계정치의 영역으로 정립했다. 정부의 정책홍보 활동 이외에도 잘나가는 기업들의 첨단제품이 만들어내는 이미지나 문화를 전파하는 대중문화 스타의 매력 등이 모두 새로운 외교의 영역으로 인식되고 있다. 또한 정보혁명은 다양한 행위자들이 서로 협업하는 외교를 추진하는 새로운 환경을 만들었다. 외교 전담 부처뿐만 아니라 다양한 실무부처와 민간기업 및 민간단체, 그리고 국민 개개인이 모두 외교의 주체로 참여하는 양상이 나타나고 있다. 요컨대 정보혁명 또는 4차 산업혁명으로 대변되는 외교 환경의 변화는 단순히 새로운 외교 수단을 변화시키는 차원을 넘어서 외교의 영역과 주체까지도 변화시키는 데까지 영향을 미치고 있다.

II. 정보혁명과 4차 산업혁명의 이해

1. 정보혁명의 개념적 이해

정보화(情報化)라는 용어는 1960년대 후반에 일본의 연구자들에 의해 처음 사용되었다. 정보화의 번역어인 'informatization'은 비영어권에서 고안된 말이기 때문에 영어사전에는 나오지 않는다. 영어권의 연구자들은 정보화라는 용어보다는 정보혁명

(informationrevolution)이나 정보사회(information society) 또는 정보시대(information age)라는 용어를 더 선호하는 것 같다. 정보혁명(또는 정보화)이라는 용어는 학술 개념이라기보다는 정책 슬로건이나 저널리즘의 용어로 사용되는 경향이 강해서 엄밀한 개념 정의를 바탕으로 하고 있지 않은 경우가 많다. 혁명이라고 부를 정도로 질적인 변화가 발생했느냐를 놓고도 학계의 논란이 지속되고 있다. 게다가 학자들마다 정보혁명(또는 정보화)의 각기 다른 부분을 중심으로 그 개념을 이해하는 경향이 강하기 때문에 보편적인 개념 정의를 도출하기는 더욱 어렵다.

그럼에도 정보혁명(또는 정보화)의 개념은 대략 1970년대 이래 컴퓨터와 정보통신 분야의 기술이 발달하여 정보, 지식, 커뮤니케이션 등과 관련된 활동에 적용됨에 따라 발생하는 다층적인 사회 변화를 지칭한다고 보면 크게 무리가 없을 것이다. 이 절에서는 〈그림 4-1〉에서 정보혁명을 물 위에 떠 있는 빙산에 비유한 바와 같이 정보혁명의 개념을 1) 새로운 기술의 발달, 2) 정보의 디지털화, 3) 커뮤니케이션의 획기적 증대 등의 세 가지 개념적 층위에서 이해하고자 한다.

가장 일반적으로 이해되는 정보혁명의 개념은 기술의 발달에 따라 새로운 물질적 산물이 도입되면서 발생하는 삶의 변화를 의미한다(수면 위로 나타난 빙산의 상층부). 정보혁명은 첨단 가전제품, 반도체, 컴퓨터, 소프트웨어, 유무선 인터넷, 스마트폰 등을 활용한 다양한 서비스 등이 보급되면서 편리해진 우리 삶의 모습에서 드러난다. 초고속 인터넷에 접속된 최신 컴퓨터로 인터넷 검색(구글)과 소셜 네트워킹(페이스북)을 하고 최첨단 스마트폰(아이폰)으로 지인들

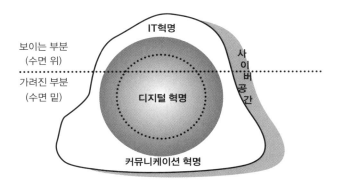

| 그림 4-1 | 정보혁명의 이해: 빙산의 비유

출처: 김상배(2012, 379).

과 커뮤니케이션(트위터)을 하는 행위 자체에서 우리는 정보혁명의 가장 구체화된 모습을 본다. 이렇게 눈에 보이는 물질적 산물의 이면에는 그 생산을 가능케 한 기술 혁신, 즉 이른바 IT 패러다임의 등장이 있다. 흔히 정보혁명을 IT혁명이라고도 부르는 것은 바로 이러한 이해를 바탕으로 한다(Castells 1996).

정보혁명 개념의 두 번째 핵심은 IT를 활용하여 정보를 디지털화하고 이를 바탕으로 기술·정보·지식의 생산이 양적으로 증대되고 질적으로 변화한다는 것이다(수면에 걸쳐 있는 빙산의 중심부). 예를 들어 구글이나 야후 또는 네이버나 다음과 같은 인터넷 검색엔진(즉, 소프트웨어)을 사용해서 사이버 공간의 정보를 찾고 이를 활용하여 과학기술의 혁신뿐만 아니라 각종 인문학과 사회과학 분야의 지식을 더 많이 생산한다. 특히 인터넷으로 대변되는 디지털 네트워크의 출현은 종전에는 소수의 전문가들만이 담당하던 지식생산의 문턱을 크게 낮추었다. 디지털 네트워크는 주로 개인적 차원에서 이루어지던 지식생산 작업을 집단적 차원으로 끌어올림으로써 지식과 지식생산 자체의 의미마저도 변화시켰다. 이러한 변화의 중심에는 디지털 혁명, 즉 디지털화를 통해서 '지식을 다루는 지식'을 뜻하는 메타지식(meta-knowledge)이 획기적으로 발달한 현상이 자리 잡고 있다.

이상에서 살펴본 IT혁명과 디지털 혁명은 상대적으로 좁은 의미에서 파악된 개념이다. 〈그림 4-1〉의 빙산에 비유할 경우 좁은 의미의 정보혁명은 수면 위에 떠 있어 쉽게 보이는 빙산의 일각에 불과하다. 정보혁명 개념의 전체 모습을 파악하기 위해서는 단순한 기술과 정보, 그리고 지식 차원의 변화를 넘어서 이러한 변화를 바탕으로 하여 발생하는 사회 전반의 변환을 살펴보아야 한다. 다시 말해 정보혁명이라는 빙산의 모습을 제대로 파악하기 위해서는 수면 아래에 숨어 있는 빙산의 바닥까지도 훑어보는, 넓은 의미의 정보혁명 개념에 대한 탐색이 필요하다.

넓은 의미의 정보혁명은 다양한 IT기기와 디지털 정보를 활용하여 발생하는 커뮤니케이션의 획기적인 발전과 밀접한 관련이 있다(수면 밑에 잠긴 빙산의 하층부). 19세기 이래 전신, 전화, 라디오, 무선통신, 방송, 인공위성 등과 같은 정보통신기술의 발달은 인류의 커뮤니케이션 능력을 지속적으로 증대시켜왔다. 그런데 최근 디지털 네트워크의 등장은 인류의 커뮤니케이션을 질적으로 다른 지평에 올려놓았다. 지구 전역에 걸쳐서 거의 실시간에 가까운 커뮤니케이션이 가능해지면서 예전에는 불가능했던 '사람들의 네트워크'와 이를 바탕으로 한 행동의 조직화가 발생하고 있다. 그야말로 커뮤니케이션 혁명은 이전에는 상상하기 어려웠던 범위와 형태의 네트워크가 부상하는 것을 가능케 했다. 예를 들어 사람들은 페이스북, 트위터, 유튜브와 같은 SNS(Social Network Service) 또는 소셜미디어에 의지해서 예전과 같은 수동적인 청중의 자리에만 머물지 않고 좀더 능동적인 참여자의 역할을 찾아서 세상으로 나서고 있다. 또한조직의 형태라는 측면에서도 IT기기와 디지털 정보를 바탕으로 한커뮤니케이션 혁명은 수직적인 위계질서의 모습을 띠는 기존의 조직과 제도들이 점차로 수평적인 네트워크를 수용하는 변환을 야기하고 있다.

이러한 개념적 논의에서 빠뜨릴 수 없는 것은 정보혁명이 현실공간과 중첩되는 새로운 공간, 즉 사이버 공간을 창출하고 있다는사실이다. 사이버 공간이라는 용어는 미국의 공상과학 소설가 윌리엄 깁슨(William Gibson)에 의해 컴퓨터를 매개로 새롭게 생겨난 매트릭스 공간이 지칭되면서 알려지기 시작했다(Gibson 1984). 이러한사이버 공간의 등장은 새로운 기술공간이 출현하는 것 이상의 의미를 가진다. 사이버 공간의 등장은 〈그림 4-1〉에서 보는 바와 같이정보혁명의 개념에 입체성을 부여하는 동시에 세계정치가 이루어지는 공간을 좀 더 복합적인 형태로 변환시키고 있다. 이것이 바로사이버 공간의 존재가 최근 세계정치 분야에서 일종의 '독립변수'로서의 지위를 서서히 획득해가고 있는 가장 큰 이유 중의 하나이다. 요컨대 이상과 같이 다양한 층위에서 파악된 정보혁명의 개념은 현실 공간과 사이버 공간에서 발생하고 있는 세계정치의 복합적인 변환을 이해하는 데 매우 유용한 잣대를 제공한다.

정보혁명은 오프라인 공간뿐만 아니라 온라인 공간에서 다층적 네트워크의 출현을 가능케 하는 물적·지적 조건을 제공했다. 이런 점에서 정보혁명의 핵심은 기술과 기술, 정보와 정보, 지식과 지식, 사람과 사람, 관념과 관념이라는 다층적 수준에서 관찰되는 복합 네트워크의 부상이다. 네트워크 층위에서 맨 아래의 기반이 되는 물리적 네트워크인 인터넷의 별명이 '네트워크들의 네트워크'(즉, 망중망)인 것처럼, 인터넷이 가능케 한 정보와 지식, 그리고 사람들의 네트워크가 취하고 있는 아키텍처와 작동 방식도 망중망으로 개념화되는 복합 네트워크이다. 이러한 점에서 인터넷으로 대변되는 정보혁명의 변수는 이 장에서 다루고 있는 네트워크 세계정치의 물적·지적 토대를 보여주는 핵심 개념이다(김상배 2010).

2. 4차 산업혁명, 정보혁명의 현주소

최근 세간의 관심을 끌고 있는 4차 산업혁명론은 2016년에 스위스 다보스에서 열린 세계경제포럼(WEF)이 던진 화두이다. 현재 논의되고 있는 4차 산업혁명의 개념은 증기기관과 기계화로 대변되는 1차 산업혁명, 전기 에너지를 이용한 대량생산으로 드러난 2차 산업혁명, 전자공학을 바탕으로 컴퓨터와 인터넷이 이끈 3차 산업혁명을 넘어서는 새로운 변화가 발생하고 있다는 인식에 바탕으로 두고 있다. 그렇지만 4차 산업혁명론은 아직까지 기존의 1·2·3차 산업혁명에 대한 논의만큼 체계적이고 명확한 학술 개념의 형태로 제시되지 못하고 있다. 사실 최근 수십 년간 새로운 기술이 등장할 때마다 이른바 '혁명'의 시기가 도래했다는 수사적 슬로건이 회자되었다. 4차 산업혁명론도 그러한 수사적 슬로건 중의 하나라는 의구심을 아직 털어내지 못하고 있다. 현재 거론되고 있는 내용을 보면, 4

차 산업혁명은 정보기술이 제조업 등의 다양한 산업들과 결합하면서 지금까지는 볼 수 없었던 새로운 형태의 제품과 서비스, 비즈니스를 만들어내는 변화이다. 인공지능, 빅데이터, 사물인터넷, 바이오 기술 등 다양한 부문의 신기술들이 융합되는 현상 및 여기서 비롯되는 사회적 파급 효과를 아우르는 개념이라고 보면 된다.

그럼에도 최근 국내외 미디어들은 4차 산업혁명이 기존의 3차 산업혁명의 연장선이 아니라 그와는 현저히 구별되는 특징이 있다고 주장하면서 세일즈하고 있는 중이다. 특히 4차 산업혁명의 차별성과 관련하여 제시되는 근거는 크게 세 가지이다. 첫째, 속도(Velocity)이다. 1·2·3차 산업혁명과 달리 4차 산업혁명은 선형적 속도가 아닌 기하급수적 속도로 전개 중이다. 이는 우리가 살고 있는 세계가 다면적이고 서로 깊게 연결되어 있으며 신기술이 그보다 더 새롭고 뛰어난 역량을 갖춘 기술을 만들어냄으로써 생긴 결과라는 것이다. 둘째, 범위와 깊이(Breadth and Depth)이다. 4차 산업혁명은 디지털 혁명을 기반으로 다양한 과학기술을 융합해 개개인뿐만 아니라 경제, 기업, 사회를 유례없는 패러다임 전환으로 유도한다는 것이다. '무엇을 어떻게' 하는 것의 문제뿐 아니라 우리가 '누구인가'에 대해서도 변화를 일으키고 있다고 한다. 끝으로, 시스템 충격(Systems Impact)이다. 4차 산업혁명은 국가 간, 기업 간, 산업 간, 그리고 사회 전체 시스템의 변화를 수반한다는 것이다(Schwab 2016).

실제로 4차 산업혁명으로 불리는 기술 발달이 우리의 삶에 다양한 변화를 가져오고 있는 것은 부인할 수 없는 엄연한 사실이다. 다보스 포럼에서 말한 4차 산업혁명론의 핵심적인 주장은 인간과 기계의 잠재력을 획기적으로 향상시키는 '사이버-물리 시스템 (Cyber-Physical System, CPS)'의 부상으로 요약할 수 있다. 사이버-물리 시스템은 실재와 가상이 초연결 환경에서 통합되어 사물도 자동적, 지능적으로 제어할 수 있는 시스템이다. 사실 4차 산업혁명을 리드할 핵심 원천기술은 대부분 이미 개발이 완료되었다. 따라서 관건은 이를 다양하게 융합하거나 제조업과 서비스업 등에 광범위하게 응용 또는 적용하는 것, 그리고 이를 가능케 하는 사회 시스템과 의식의 변화를 유도하는 것이다. 이러한 점에서 4차 산업혁명에서는 기존의 산업혁명과는 달리 '생산성의 고도화'가 더 이상 결정적인 숙제가 아니라는 주장이다. 이러한 맥락에서 4차 산업혁명론에서는 기술의 발전으로 인해 자연스럽게 진행되었던 기존의 산업혁명에 비해서 사회구조의 개편과 의식 개혁을 강조하고 있다.

그런데 여기서 생각해보아야 할 문제는 4차 산업혁명이라고 논할 경우에 그 이전의 1·2·3차 산업혁명과 얼마나 다른지, 그리고 그 변화가 '혁명(革命, revolution)'이라고 부를 정도로 대단한 것인지를 묻는 것이다. 3차 산업혁명과 질적으로 구분되는 새로운 산업혁명이 실제로 발생하고 있는 것이냐, 그리고 그러한 변화가 '4차'라고 새로운 차수를 붙일 정도로 새로운 것이냐의 문제라고 할 수 있다. 4차 산업혁명에 대한 논의를 다소 회의적으로 보는 측에서는 독일이 2011년경부터 사물인터넷, 사이버-물리 시스템, 인공지능, 센서 등의 기술을 바탕으로 생산, 관리, 물류, 서비스를 통합 관리하는 스마트 팩토리의 구현을 목표로 하는 '인더스트리4.0'의 비전을 제시한 것까지는 인정할 수 있지만 이러한 변화를 다보스 포럼에서 굳이 '산업혁명'이라는 용어로 대체해서 부르는 의도가 무엇이냐고 묻는다. 또는 '혁명'이라고 강조하는 건 좋은데 '산업혁명'이라고 하는 것이 적절하냐를 묻기도 한다. 예를 들어 OECD에서 '차세대 생산혁명(Next Production Revolution)'이라 칭한 것에 빗대어 오늘날의 변화를 '생산혁명'이라고 부를 수는 있겠지만 단순히 생산 영역을 넘어서는 사회 전반의 혁명까지도 연상케 하는 '산업혁명'이라는 말을 쓰는 것이 맞느냐는 회의론을 제기하기도 한다.

　이전에는 정보혁명이나 디지털 혁명, 네트워크 혁명 등으로 불렸던 변화를 산업혁명의 새로운 버전으로 부르는 것의 의미를 묻기도 한다. 특히 기존의 물리 시스템과 사이버 시스템의 결합을 강조하고 있는데, 이는 '산업'이 초점이 아니라 '정보'가 초점인 것 아닌가라는 의문을 제기한다. 따라서 이러한 시각에서 보면 지금 벌어지고 있는 변화는 전신(1차), 매스미디어(2차), 인터넷(3차) 등에 이은 '4차 정보혁명'이라고 부를 수도 있다는 문제제기이다. 또한 '산업혁명'의 주장에 대한 좀 더 근본적인 문제제기는 새로운 에너지 패러다임의 등장 여부와 관련된다. 기존의 1·2·3차 산업혁명을 구분하는 큰 기준 중의 하나가 에너지 패러다임의 변환이었는데 현재 4차 산업혁명에서 기존의 화석 에너지와 전기·전자 에너지를 넘어서는 새로운 대체 에너지 패러다임이 출현했느냐는 것이다. 사실 이 문제는 3차 산업혁명론에 대해서도 제기되었다. 이러한 점에서 보면 4차 산업혁명을 독립적인 혁명으로 간주하기보다는 정보기술을 바탕으로 한 3차 산업혁명의 연장선에 위치한다고 보는 것이 적절할 수도 있다(Rifkin 2013).

4차 산업혁명이라는 말은 엄밀한 사회과학적 개념이라기보다는 정치가들과 관료들이 생성하는 수사적 슬로건이나 정책적 담론의 성격이 강하다. 1·2차 산업혁명에 이은 3차 산업혁명의 도래 자체에 대해서도 학술적 검토가 제대로 이루어지지 않은 상황에서 느닷없이 4차 산업혁명이라는 말이 출현한 것 같은 느낌을 주기 때문이다. 지금 우리가 4차 산업혁명이라고 지칭하는 현실의 변화가 발생하고 있는 것은 엄연한 사실이지만 그러한 변화를 무어라 이름 붙여 부를 것이냐에 대해서는 아직까지 명확한 합의가 없다. 오히려 자신에게 유리한 담론을 생성해서 자신이 원하는 방향으로 현실을 바꾸어가려는 '담론 경쟁'의 양상마저도 나타나고 있다. 사실 한국에서 4차 산업혁명이라는 말이 이토록 유행하는 현상의 이면에는 산업화의 연속선상에서 미래의 기술 발달을 해석하고 싶은 한국의 속내가 깔려 있음도 부인할 수 없을 것 같다.

    4차 산업혁명은 단순한 기술공학적 현상이 아니라 전형적인 사회과학적 현상, 그것도 (국제)정치학적 현상이다. 주로 기술과 사람의 대결을 논하지만 사실은 기술을 내세워 사람과 사람, 집단과 집단, 국가와 국가가 다투는 사회적 이익의 갈등이 발생하고 있다. 4차 산업혁명의 시대를 맞아 기술, 정보, 지식 등과 같은 변수들이 새로운 권력자원으로 부상하고 이를 획득하기 위한 경쟁에서 살아남은 행위자들이 새로이 부상하고 있다. 그러한 가운데 새로운 변화에 적응하지 못한 기성 행위자들은 도태되며 그 결과로 권력구조와 사회질서가 재편되는 게임이 벌어지고 있다. 이러한 과정에서 특히 주목해야 할 것은 경쟁의 양식 자체도 변하고 있다는 사실이다. 4차 산업혁명 시대에는 단순히 값싼 제품과 더 좋은 기술을 만드는 경쟁의 차원을 넘어서 '게임의 규칙' 자체를 놓고 벌이는 좀 더 복합적인 경쟁이 벌어지고 있다.

사실 지금 우리가 4차 산업혁명이라고 부르는 변화의 소용돌이 속에서 이 변화의 성격이 무엇인지를 개념적으로 엄밀하게 정의한다는 것은 쉽지 않다. 관건은 거대한 변화를 이끄는 기술·산업 변화의 징후들을 제대로 읽어내고 이에 대응하거나 좀 더 앞서 나아가 이러한 변화를 주도하는 데 있다. 또한 국제정치학의 시각에서 볼 때 오히려 중요한 문제는 각 행위자들이 이러한 변화를 어떻게 인식하고 개념화하여 전파하고 있는지를 제대로 파악하는 문제일 수도 있다. 실제로 선진국들(또는 선도기업들) 간에는 4차 산업혁명 담론을 선점하기 위한 경쟁이 벌어지고 있다. 이러한 담론에 대한 국제정치학적 각성이 중요한 이유는 우리의 현실에 맞지 않는 담론의 수용으로 인해서 제한된 자원을 엉뚱한 곳에 투자하는 잘못을 피해갈 수 있을 것이기 때문이다. 이는 새로운 기술 변화를 우리의 현실에 맞게 개념화하려는 담론적 실천의 문제와도 연결된다.

III. 4차 산업혁명 시대의 외교 변환

1. 4차 산업혁명과 외교 과정의 변환

정보혁명 또는 4차 산업혁명에 따른 외교 과정의 변화는 일차적으로 외교업무 처리의 개선을 목적으로 실시되는 IT인프라의 구축과 전산시설의 확충 및 외교정보 네트워크의 개설 등과 같은 '외교정보화'의 형태로 나타난다. 정보의 수집과 처리 및 보고의 과정에서 효율적인 커뮤니케이션을 보장하는 IT를 도입한다는 것은 외교업무의 수행에 있어서 중요한 의미를 갖는다. 그렇지만 새로운 IT가 도입되면 이에 걸맞은 형태로 외교의 역할이 재조정되어야 한다는 점에서 기존의 외교관의 업무와 새로운 기술의 도입 사이에는 항상 일종의 긴장관계가 존재해왔다(김상배 2014a).

예를 들어 1850년대에 전신과 해저케이블이 설치되면서 외교 훈령과 보고에 있어 거의 실시간의 커뮤니케이션이 가능해졌고 재외공관에 주재하는 외교관의 재량권이 상당 부분 잠식되었던 것이 사실이다. 그러나 당시의 전신과 해저케이블은 비용이 많이 들었고 짧은 암호전문을 통해서만 커뮤니케이션을 해야 했기 때문에 전통적인 외교관의 역할을 근본적으로 위협했다고는 볼 수 없었다. 이에 비해 더욱 편리해진 장거리 항공여행, 직통전화의 개설, 실시간으로 제공되는 글로벌 미디어의 발달 등이 이루어지면서 IT가 외교관의 역할과 위상에 미치는 영향은 점차로 커져가고 있다. 최근에는 인터넷과 휴대폰, 그리고 소셜미디어 등과 같은 정보혁명의 산물들도 고품질의 실시간 커뮤니케이션을 가능케 함으로써 전통적인 외교 과정에 큰 변화를 가하고 있다. 특히 지구적 차원에서 실시간으로 제공되는 뉴스는 정보를 수집하고 분석하는 업무를 담당하는 외교의 기능을 바꾸어놓고 있다.

인터넷은 정보수집의 통로뿐만 아니라 외교적 홍보의 통로로도 활용된다. 자국어뿐만 아니라 다양한 외국어로 제공되는 홈페이지를 구축하여 인터넷에 접속되는 곳이라면 어디에서나 누구에게건 주요 정책을 홍보하고 여론조사나 정책포럼을 통해 의견을 수렴하는 등의 외교활동이 이루어지고 있다. 이렇게 인터넷이 강력한 외교적 홍보와 커뮤니케이션의 수단이 될 수 있었던 것은 여타 글로벌 미디어에 비해 훨씬 개방적이고 쌍방향적이며 비용이 싸게 먹힐 뿐만 아니라 내용의 풍부함에서 있어서 타의추종을 불허하기 때문이다. 국내외의 웹페이지에 떠 있는 정보에 대한 검색을 통해서 상대국의 정책 의도와 국내외 여론의 향배를 파악하는 작업은 벌써 중요한 외교업무가 되었다. 그리고 웹페이지를 통해 외교 메시지를 전달하는 사이버 외교도 필수불가결한 외교 과정의 일부로 등장하고 있다.

새로운 커뮤니케이션 기술이 도입될 때마다 거론되었지만 실제로 실현되지 않았던 해묵은 예측 중의 하나가 바로 상주 외교공관의 소멸에 대한 논의이다. 예를 들어 장거리 항공여행과 텔레타이프 등과 같은 교통·통신기술이 도입되면서 상주공관의 필요성에 대한 의문이 계속해서 제기되었지만 별다른 결론을 이끌어내지는 못했다. 그런데 인터넷과 외교에 대한 최근의 논의에서는 동일한 맥락에 서이지만 훨씬 높은 강도를 가지고 상주공관의 역할에 대한 문제를 제기하고 있다. 아직도 많은 논란거리를 안고 있지만 현 단계에서 분명하게 드러나는 것은 본국 정부의 입장에서 볼 때 상주공관은 더 이상 독점적 지위를 가지고 있는 유일한 외교창구 또는 정보원이 아니라는 사실이다. 이러한 맥락에서 디지털 정보수집을 담당함으로써 원거리 외교를 수행하는 다양한 비정부 기관들의 역할이 주목을 받고 있다.

이러한 변화를 바탕으로 하여 이른바 지식외교가 새로운 외교의 패러다임으로 등장하고 있다. 지식외교란 외교의 추진 과정에서 외교관의 경험적 지식이나 해당 분야의 전문적 지식 등이 중요한 역할을 하는 외교이다. 이러한 지식외교를 추구함에 있어서 IT인프라의 구축이나 외교정보의 디지털화 등의 작업은 중요하다. 하지만 실질적으로 외교경쟁력의 향상에 기여하는 것은 디지털화된 외교정보를 이용하여 생산된 외교지식을 실제 외교 과정에서 얼마나 활용하느냐에 달려 있다. 외교정보를 디지털화하고 집적해서 관리한다는 것은 외교 과정에서 활용할 외교지식을 생산하는 조건이 혁명적으로 개선된다는 것을 의미한다. 그러나 디지털 정보의 존재가 자동적으로 외교지식의 증대를 가져오는 것은 아니다. 따라서 지식외교의 실질적 구현을 위해서는 구축된 외교정보 관리시스템이 외교행위의 내용과 결과에 실제로 영향을 미칠 수 있도록 외교의 양식이 병행해서 바뀌어야 한다. 요컨대 지식외교는 정보를 집적하고 지식을 가공하는 양식이 IT의 도입에 의해서 양적·질적으로 변화하는 것을 의미한다.

2. 4차 산업혁명과 외교 영역의 변환

좀 더 넓은 의미에서 지식외교는 새로운 외교의 분야로, 기술, 정보, 지식, 커뮤니케이션, 문화, 이념 등(통칭하여 지식)의 분야에서 벌어지는 외교의 중요성이 커지는 맥락에서 이해해야 한다. 정보혁명의 진전이 외교에 미치는 영향은 전통적으로 외교의 대상으로 간주되어 온 안보외교(좀 더 최근에 포함된 통상외교)의 영역을 넘어서 새로운 분야로 외교의 영역이 확장되는 현상에서 발견된다. 이러한 외교 영역의 확장은 최근 세계정치의 과정에서 비물질적 자원의 중요성이 부각되면서 야기되는 권력자원의 성격 변화를 바탕으로 한다. 다시 말해 전통적인 부국강병의 목표인 군사와 경제 분야의 물질적 권력자원에 못지않게 기술, 정보, 지식, 문화 분야의 권력자원이 외교에서 차지하는 위상이 증대하는 현상이 그 이면에 있다.

사실 전통외교에서는 국가 간의 전쟁과 평화의 문제를 이른바 상위정치에 해당되는 핵심적인 외교 영역으로 간주했다. 변화하는 세계정치 환경에서도 이러한 정치적·전략적 이슈들은 여전히 중요하다. 그러나 이들 이슈가 더 이상 세계정치와 외교에서 절대적이고 유일한 지위를 차지하는 것은 아니다. 전통적인 정치군사적 관심사를 넘어서는 새로운 문제들이 급속하게 21세기 세계정치의 전면으로 부상하고 있기 때문이다. 다시 말해 정보혁명이 진전되면서 기존에는 이른바 하위정치의 영역에 속하는 것으로 간주되었던 세계정치의 영역들이 국가 간의 관계에서뿐만 아니라 비국가 행위자를 포함하는 복합적인 대외관계에서 중요한 외교 이슈로 부상하고 있다.

정보혁명의 구체적 성과와 관련된 분야만을 보더라도 몇몇 IT 분야에서 나타나는 국제적 경쟁과 협력이 정치군사적 현안에 못지않게 중요한 외교의 대상으로 떠올랐다. 예를 들어 반도체, 소프트웨어, 기술표준 분야의 기술 협력과 기술 이전, 지적재산권이나 디지털 콘텐츠와 같은 분야의 국제협상, 그리고 인터넷 거버넌스나 사이버 안보 및 전자상거래 분야의 새로운 규범 수립 등의 문제가 최근 들어 부쩍 국가 차원의 외교적 대응을 요구하는 지식외교의 대상으로 등장했다. 특히 이들 지식외교의 분야는 정보화시대 글로벌 지식질서의 새로운 '게임의 규칙'의 설정을 놓고 벌이는 첨예한 경쟁 (또는 협력을 통한 경쟁)의 한 단면을 보여준다는 점에서 그 의미가 크다. 더 나아가 정보혁명의 진전은 앞서 언급한 바와 같이 새로운 세계질서의 부상을 엿보게 하는 새로운 환경을 창출하고 있다.

이러한 맥락에서 지식 분야 국제기구의 장에서 벌어지는 외교에 적극 대응할 필요성이 제기된다. 특히 IT 분야, 좀 더 구체적으로는 인터넷 분야의 국제기구에서 활동할 전문가들을 충원하는 것이 정부 부처의 시급한 과제로 인식되고 있다. 예를 들어 인터넷 관련 기술표준이나 국제규범의 형성을 놓고 벌이는 회의에 참가할 인력이라든지 글로벌 정보격차 해소를 위한 지원사업 및 홍보사업에 종사할 인력의 양성에 대한 관심이 커지고 있다. 이러한 활동들은 국제기구의 장에서 자국의 이익을 옹호할 뿐만 아니라 국가 간 정보격차 해소사업을 통해서 개발도상국을 지원하는 동시에 자국 기업들의 해외시장 진출을 도모하려는 목적을 갖는다. 그러나 좀 더 포괄적인 의미에서 보면 이들 활동은 실리외교의 차원을 넘어서 자국의 이미지를 대외적으로 홍보하고 외교적 지위를 격상시키려는 공공외교의 목적과 연결된다.

실제로 정보화 시대를 맞이하여 부상하는 새로운 외교 영역의 대표적 사례는 공공외교이다. 공공외교는 일반적으로 상대국의 정부가 아니라 상대국의 국민을 대상으로 하여 벌이는 외교이다. 이전에도 우리가 지금 공공외교라고 부르는 현상이 없었던 것은 아니다. 그럼에도 지구화, 정보화, 민주화의 급속한 확산과 함께 공공외교에 대한 관심이 국내외에서 높아지고 있다. 미국이나 중국과 같은 강대국들이 다양한 방식으로 공공외교에 열을 올리고 있고, 한국 정부도 외교적 홍보나 국제개발협력 등의 수단을 통해서 국가브랜드 제고의 노력을 벌이고 있다. 군사안보나 정치경제와는 달리 공공외교는 비제로섬 게임의 분야로 알려져 있지만, 최근의 양상을 보면 이 분야에서도 치열한 경쟁이 벌어지고 있다.

3. 4차 산업혁명과 외교 주체의 변환

정보혁명은 디지털 외교, 지식외교, 공공외교의 부상으로 대변되는 외교 양식의 변화뿐만 아니라 외교 조직의 변환을 야기한다. 예를 들어 IT의 도입은 전통적인 외교 조직의 위계질서와 통제구조에 변화의 바람을 불어넣고 있다. 수평적 커뮤니케이션을 특징으로 하는 인터넷 환경하에서 기존의 위계적이고 공식화된 외교 조직은 일정한 정도로 새로운 발상의 관리구조를 도입할 수밖에 없게 되었다. IT가 작동하는 네트워크적인 속성을 감당하기 위해서는 조직의 거버넌스 구조도 이러한 네트워크의 형태를 닮아갈 수밖에 없기 때문이다. 결국 IT의 도입으로 인해 외교 부처의 내부조직도 각국마다 정도의 차이는 있을지언정 위계적인 피라미드형의 집중구조로부터 수평적 네트워크형의 조직으로 변하게 되리라고 예상된다. 여기서 더 나아가 조직 구성원의 의식이나 조직문화의 형태도 이러한 네트워크화의 추세를 뒷받침하는 방향으로 혁신되리라고 예견된다.

이렇게 외교 부처의 조직 자체가 네트워크의 모습을 닮아가는 것과 함께 정부조직 전체(또는 국가 전체)에 걸쳐서 외교의 주체가 다원화되는 현상에도 주목해야 한다. 다시 말해 정보화 시대의 외교 주체 변화에 있어 중요한 축의 하나는 해당 국제업무의 전담 부처들과의 관계에서 전통적인 외교 전담 부처의 위상을 재설정하는 문제이다. 정보화 시대의 외교 이슈는 직업외교관이 모두 감당하기에는 벅찰 정도로 전문화·세분화되고 있다. 더군다나 해당 외교정책에 실질적인 이해관계를 가지고 있는 정부 부처들이나 기타 해당 기관들의 숫자와 영향력이 늘어나면서 외교정책 결정의 주요 과정으로 이 당사자들의 의견을 수렴하여 정책 방향을 설정하고 차후 정책 수행에 대한 지원을 얻어내는 일이 중요하게 부각되고 있다.

이러한 상황에서 직업외교관들이 해당 국제업무와 관련된 창구로서의 독점력을 잃게 되는 것은 당연하다. 다시 말해 비전통적인 외교 이슈들이 부상하는 상황에서 직업외교관들은 정부 내의 정보

흐름을 통제함으로써 국가의 공식적 대표로서 유일한 목소리를 내는 존재일 수가 없게 된다. 실제로 재외공관에는 국방, 재정, 무역, 농업 분야의 정부 부처로부터 파견된 주재관(attache)들이 상주하고 있으면서 본국의 해당 부처와 직접적인 커뮤니케이션 라인을 개설하는 동시에 해당 국가의 카운터파트들과도 직접 협상을 벌이고 있다. 앞서 언급한 바와 같이 정보통신망과 전산시설의 도입 등과 같은 외교정보화의 성과가 이러한 복합적인 외교 채널의 구성과 운영에 긍정적인 작용을 했음은 물론이다.

이러한 맥락에서 정보화 시대 외교의 또 다른 하나의 축인 '네트워크 외교'의 등장을 이해할 수 있다. 다시 말해 지식외교에 효과적으로 대응하기 위해서는 국가 영역의 테두리를 넘어서 시민사회 영역의 사회단체, 민간기업, 학계 등의 전문가들의 네트워크를 엮어내는 외교 거버넌스의 역할이 매우 중요하다. 최근 국내에서는 외교 과정에 국민이 참여하는 이른바 '국민외교'에 대한 논의가 활발히 진행되고 있다. 경우에 따라서는 국내적 차원에서의 네트워크 구성과 운영을 넘어서 전 세계적인 차원에서 국제기구, 정부 부처, 기업, 시민사회단체 등을 모두 참여시켜서 만들어내는 '공공정책 네트워크'도 필요하다. 네트워크 외교의 등장이 비국가 행위자들에게 주는 일차적인 의미는 국가 영역에서만 이루어지던 기존의 외교 과정에 시민사회 영역의 주장과 이익이 효과적으로 반영되는 통로가 개설되었다는 것이다.

이러한 네트워크 외교의 등장에서 IT의 확산은 중요한 역할을 담당한다. 특히 다른 어떠한 IT보다도 인터넷의 활용이 민간 전문가와 비국가 행위자들의 위상을 제고시키는 데 크게 기여했다. 이들은 인터넷을 통해서 기존에는 국가만이 독점하던 고급 기술정보들에 접근하고 민간의 정보 및 전문지식 습득의 기회를 확대했을 뿐만 아니라 지역과 국가의 경계를 넘어서 초국가적 차원의 청중을 상대로 온라인상의 출판과 방송 등을 통해 자신들의 주장을 펼치는 효과적인 수단을 확보했다. 때로는 국가 영역을 우회해서 자신들만의 글로벌 네트워크를 형성할 수 있게 되었다. 이러한 글로벌 네트워크를 통해서 연결된 세계 도처의 시민사회단체들이 사이버 공간에서 정보수집의 독자적인 연결망을 구성하고 '국가지식'에 대비되는 '사회지식'을 생산·확산·공유할 수 있게 된 것이다. 최근의 양상을 보면 특정 정책을 정당화하는 정부 또는 정부 간 국제기구들의 공식적인 견해에 대항하기 위해서 시민사회그룹들이 인터넷을 통해 지식을 교환하고 반대 담론을 형성하는 일이 자주 관찰된다.

　이러한 상황에서 기존의 외교조직 또는 직업외교관의 역할과 위상 자체가 재조정될 수밖에 없다. 전문지식이라는 측면에서는 아무래도 해당 전문가들에게 의지하지 않을 수 없는 것이 현실이겠지만, 해당 부처 중심의 관심사로부터 자유로우면서 사안 자체에 대해 전체적인 조망을 하고 부처 간의 공통점을 추려내는 식의 정보 분석과 조정의 업무가 향후 외교 전담 부처의 기능에 부가가치를 부여할 것으로 예상된다. 다시 말해 앞으로 요구되는 외교의 기능은 단순한 양자관계에서 해당 국가와 이익을 조정하는 정도에 그치는 것이 아니라 본국 정부의 정책과 구상을 대내외적으로 거시적인 맥락에서 파악하고 이를 바탕으로 해당 국가와의 관계를 재해석하는 종류의 종합적인 업무일 것이다. 요컨대 외교 전담 부처는 특정한 이익만을 대변하는 부처와 기관들의 다양한 시각을 국가 전체의 보편적 이해

블록체인은 거래에 참여하는 모든 사용자들에게 데이터를 공개하여 이를 위조하는 것을 방지한 '공개 거래장부(public ledger)'이다. 블록체인은 2008년에 사토시 나카모토(中本哲史)가 고안한 것으로 알려져 있다. 2016년에 세계경제포럼이 블록체인 기반 플랫폼이 2027년까지 전 세계 GDP의 10% 이상을 차지하게 될 것이라는 예측을 제시하면서 더욱 각광을 받고 있다. 블록체인 기술은 최근에 탈중심적 가상화폐인 비트코인이나 화폐거래에만 한정되지 않는 자발적인 조직 운영방식을 구현한 이더리움 등에서 주목받았다. 블록체인은 거래의 신뢰성과 투명성을 실현시키는 기술로, 기존의 위계적 '관료조직'을 수평적 네트워크 형태의 '분산자율조직(Decentralized Autonomous Organization, DAO)'으로 대체하는 데 기여한 것으로 평가된다. 여기서 분산자율조직이란 조직의 (인간)관리자 없이 알고리즘이나 공개 거래장부에 의해 정치적 상호작용 및 의사결정이 이루어지는 것을 말한다. 블록체인 기술은 가상화폐 거래나 생산공정에 주로 적용되었지만 금융과 경제 영역을 넘어서 정치 및 사회문화 전반에서의 근본적인 변화를 이끌어낼 기술로 인식되고 있다. 정치 영역에서 블록체인 적용의 대표적인 사례는 스마트 전자투표이다. 블록체인 기술을 활용한 전자투표는 유권자가 직접 투표 과정 내역을 검증할 수 있도록 하는데, 이를 통해 누구나 검증 과정에서 조작 여부를 발견할 수 있다. 또한 블록체인은 공공 거버넌스 전반에 도입되어 현재 전 세계 정부들은 스마트 투표 이외에도 블록체인 기반 신원조회 및 개인정보 관리, 부동산 등 자산 관리, 의료기록, 교육정보 등 다양한 공공·행정 서비스 프로젝트를 진행 중이다. 외교 분야에서 블록체인 기술은 전자여권, 개발원조 관리, 난민 관리 등의 분야에 적용되고 있다. 2014년 7월에 수잔 타르코프스키 템펠호프(Susanne Tarkowski Tempelhof)에 의해 설립된 비트네이션(Bit Nation)과 같이 영토적 주권국가에 준하는 정치공동체를 블록체인 기술에 기반하여 설립하려는 기획이 실험되고 있다(정채연 2018).

관계로 걸러내서 '중심성'을 부여하는 네트워크 외교의 조정 기능을 담당해야 할 것이다.

요컨대 정보혁명은 다차원적으로 외교의 변환에 영향을 미치고 있다. 특히 인터넷과 소셜미디어의 도입도 기존의 외교 양식에 변화를 야기하고 있다. 예를 들어 외교 과정에서 다루어야 할 정보의 양이 급속히 늘어나면서 직업외교관이 전권을 가지고 국가 간의 관계를 조정하는 것이 불가능하게 되었다. 또한 미디어를 통해 외교의 내용이 대중에게 널리 알려지면서 비국가 행위자들이 외교에 미치는 영향력도 커졌다. 이러한 맥락에서 자국은 물론 타국의 국민을 상대로 하는 공공외교와 이를 추진하는 과정에서 다양한 외교 주체들이 참여하는 네트워크 외교에 대한 관심이 크게 늘어났다. 이러한 정보혁명과 외교 분야의 변환을 가장 극명하게 보여주는 사례로는 최근 새롭게 주목받고 있는 공공외교를 들 수 있다.

IV. 디지털 공공외교의 부상

1. 인터넷과 지식공공외교

최근 정보혁명 또는 4차 산업혁명의 전개로 인하여 새로이 출현한 미디어 환경을 배경으로 하여 유리한 여론 조성을 위해 상대국의 국내정치에도 개입하는 공세적 공공외교가 부상하고 있다. 단순히 상대국의 여론 동향을 파악하는 차원을 넘어서 정보를 수집하고 경우에 따라서 자국의 입장을 설득하고 동의를 구하는 적극적인 지식공공외교의 중요성이 새로이 인식되고 있다. 이러한 맥락에서 최근 한국 외교도 실질적으로 미디어 환경과 지식자원을 활용하는 본격적인 지식공공외교 구상의 실천을 모색할 필요가 있다.

무엇보다도 먼저 공공외교의 지식기반으로 다양한 채널을 통해서 생산되는 지식을 효과적으로 활용할 수 있는 인식의 전환이 절실하게 필요하다. 지식의 생산, 분배, 소비의 주체가 점차로 사회 영역으로 확산되면서 공공외교도 이러한 새로운 메커니즘에 적응하지 않고서는 살아남을 수 없다. 아울러 2016년 8월에 발효되어 시행된 〈공공외교법〉에서도 명시하고 있듯이 "상상력과 창의성에 기반을 둔 공공외교 콘텐츠 발굴에 있어 지자체, 학계, 시민단체, 경제계, 언론 등 민간과의 협업체계 구축을 통해 '국민과 함께하는 공공외교'를 추진"해야 할 것이다. 이러한 연속선상에서 사이버 공간을 통해서 제공되는 지식을 활용하여 공공외교의 지적 기반을 다져가려는 좀 더 본격적인 의미의 지식외교의 발상이 필요하다.

그럼에도 사이버 공간을 활용한 본격적인 의미의 사이버 지식외교의 발상은 아직 부족하다. 비유컨대 하루 종일 컴퓨터 앞에서 세계 주요 사이트의 정보만을 수집하고 분석함으로써 외교지식을 생산해내는 '버추얼 외교관(virtual diplomat)' 또는 '디지털 정세분석관(digital information analysts)'의 역할을 하는 직책이 필요하다. 이러한 공공외교의 보직은 산업화 시대에는 부처 내에서 가장 한직(閑職)이었을지 몰라도 정보화 시대에는 가장 바쁜 요직(要職)이라고 할 수 있다. 이러한 맥락에서 던져볼 수 있는 질문은 다음과 같다. 외교통상부의 웹브라우저에 저장된, 국내외 여론의 향배를 읽는 안테나로서의 북마크(bookmark)는 몇 개나 되는가? 더 나아가 그러한 북마크는 어떠한 체계적인 디렉터리의 구조를 가지고 짜여 있는가? 이러한 의미의 지식외교는 사이버 외교의 일환으로 이해할 수 있으며 이를 위해서는 후술하는 빅데이터 외교의 발상도 병행되어야 한다.

　인터넷은 정보수집의 통로뿐만 아니라 외교적 홍보의 통로로도 활용된다. 사실 공공외교 분야에서 디지털 미디어를 활용하려는 움직임은 오래전부터 있어왔다고 할 수 있다. 가장 대표적인 사례 중의 하나는 외교적 홍보의 통로로 인터넷 미디어를 활용하는 것인데, 현재 외교부 차원에서 독자적인 웹페이지를 구축하지 않은 나라가 없을 정도로 많이 활용되고 있다. 다시 말해 세계 거의 모든 나라들은 현재 자국어뿐만 아니라 다양한 외국어로 제공되는 홈페이지를 구축하여 인터넷에 접속되는 곳이라면 어디에서나 누구에게건 주요 정책을 홍보하고 여론조사나 정책포럼을 통해 의견을 수렴하는 등의 외교활동을 벌이고 있다. 이러한 맥락에서 국내외의 웹페이지에 떠 있는 정보에 대한 검색을 통해서 상대국의 정책 의도와 국내외 여론의 향배를 파악하는 작업은 벌써 중요한 외교업무가 되었다. 또한 웹페이지를 통해 외교 메시지를 전달하는 사이버 외교도 필수불가결한 외교 과정의 일부로 등장하고 있다.

　이러한 의미에서 오늘날의 지식외교는 디지털 외교의 일환이다. 디지털 지식외교는 최근 정책공공외교라는 이름으로 정부에서 강조하고 있다. 이는 정책지식의 소통 문제이다. 북핵 및 통일 문제 등 우리의 주요 정책에 대한 이해를 제고시키는 정책공공외교이다. 정책공공외교는 대외정책에 대한 공감대 형성에 중점을 둔다는 측면에서 일반적 공공외교와 차이가 있다. 외교의 대상도 일반 국민보다는 오피니언 리더 중심이다. 최근 트럼프 행정부 출범 이후에 대미 정책공공외교에 신경을 많이 쓰고 있다. 현지 공관을 중심으로 인적 네트워크를 형성하고 오피니언 리더들을 대상으로 한미동맹

소셜미디어와 공공외교,
그 유용성과 한계

최근 트위터나 페이스북 또는 유튜브 등과 같은 소셜미디어 또는 SNS가 외교에 미치는 영향에 대한 관심이 커졌다. 미국 트럼프 대통령의 트위터 사용은 '트위터외교(twiplomacy)'라는 말까지 만들어냈다. 속보성, 관계성, 긴밀성이라는 소셜미디어의 특징은 기성 미디어보다 빠르게 소통하면서 주변 사람들과 긴밀하게 소통하는 쌍방향 소통의 창구를 열었다. 공공외교 분야에서 이러한 변화를 주도한 나라는 미국이다. 2010년대에 들어서면서 미국의 공공외교는 방송과 인쇄물을 통한 일방적 소통으로부터 인터넷과 소셜미디어를 활용하여 정부가 대화에 참여하는 상호 소통 모델을 모색했다. 예를 들어 2010년에 미 국무부가 발간한 "Leading Through Civilian Power"라는 제목의 QDDR(Quadrennial Diplomacy and Development Review)은 시민의 힘에 대한 강조와 함께 IT를 적극적으로 활용하여 정부 간 상호작용을 넘어서는 시민들과의 네트워킹의 필요성을 강조했다. 이러한 과정에서 소셜미디어의 활용은 정보가 생산되고 배포되며 소통되는 방식에 대한 새로운 발상을 요구하고 있다. 더 나아가 소셜미디어의 활용은 공공외교를 수행하는 조직과 제도 자체가 변화하는 데까지 영향을 미친다. 그런데 외교라는 분야의 특성상 소셜미디어를 어느 정도까지 도입할 것이냐가 관건이 될 수밖에 없다. 사실 외교관 개개인이 소셜미디어를 자유롭게 사용하도록 허용하는 것은 정부의 입장에서는 부담스러운 일이 아닐 수 없다. 상대국의 정부와 대중을 상대로 하는 외교에서는 내적으로 조율된 목소리를 유지하는 것이 필요한데, 소셜미디어의 분산적 속성은 이러한 목적을 달성하는 데 방해가 될 수 있다. 이러한 점에서 아무리 적극적으로 소셜미디어를 도입하더라도 그 방식은 속보성과 긴밀성만을 강조하는 '변형된 매스미디어'에 그칠 것이라는 비판이 제기된다.

과 한미 자유무역협정(FTA) 등에 대한 우호적 여론을 형성하기 위한 물밑 작업이 이미 진행되었다. 장기적으로는 영향력 있는 차세대 지한파 육성 등이 목표이다.

정책공공외교의 관점에서 실질적으로 지식콘텐츠를 연구·개발하는 지식외교도 과제이다. 예를 들어 북한의 핵문제와 한국의 입장에 대해서 공부하고 싶은 어느 개발도상국의 학생이 한국 외교부의 사이트를 방문한다면 무엇을 얻어가게 될 것인가? 그 성공 여부는 역시 외교부의 웹사이트에 담기는 풍부한 고급정보에 있다. 그러한 콘텐츠를 담는 것이 외교부만의 인력으로 부족하다면 대학이나 민간의 연구소들과 정책연구 네트워크를 구성하는 것도 필요하다. 지식외교 또는 공공외교를 지원하는 버추얼 연구 포럼의 구성도 고려할 필요가 있다.

최근 트위터, 페이스북, 유튜브 등과 같은 소셜미디어를 공공외교의 과정에 도입하려는 노력도 진행되고 있다. 소셜미디어는 온라인상에서 다수의 사람들의 관계 맺기를 도와주는 인터넷 서비스이다. PC기반 인터넷 서비스에 더해서 최근에는 모바일 스마트 기기가 확산되면서 소셜미디어의 사용이 더욱 활발해졌다. 디지털 공공외교의 시각에서 볼 때 이러한 소셜미디어는 서비스라기보다는 미디어의 성격을 가지는 것으로 판단된다. 단순히 아는 사람들끼리 소통하는 차원을 넘어서 기성 미디어처럼 뉴스를 담아서 수용자들에게 보내는 역할을 담당하기 때문이다. 다만 소셜미디어는 기성 미디어와는 달리 사람들이 맺은 사회관계의 연결망을 타고 작동한다는 특징을 지닌다. 이런 소셜미디어가 국내적으로 정치사회적 각광을 받게 되면서 공공외교의 관점에서도 이를 적극적으로 활용해야 한다는 논의가 활발하게 제기되고 있다.

좀 더 넓은 의미에서 볼 때, 디지털 외교의 부상은 외교 과정에서 활용할 외교지식을 생산하고 다루는 양식의 변화를 수반해야 할 것이다. 왜냐하면 디지털 정보의 활용이 자동적으로 외교지식의 증대를 가져오는 것은 아니기 때문이다. 따라서 디지털 외교의 실질적 구현을 위해서는 구축된 외교정보 관리시스템이 외교행위의 내용과 결과에 실제로 영향을 미칠 수 있도록 외교의 양식이 병행해서 바뀌어야 한다. 다시 말해 이들 외교의 기능을 현재 외교부 내에서 어느 부서가 담당하고 있으며 인력, 예산, 조직이라는 측면에서 본 현주소는 어떠한지에 대한 검토가 필요하다. 기존에 수행되던 사이버 업무의 재정의와 관련 조직의 재정비가 필요한 것은 아닌지 검토할 필요가 있다.

2. 빅데이터와 정책공공외교

4차 산업혁명의 진전에 따라 규모를 가능할 수 없을 정도로 많은 데이터와 정보가 생산되면서 각 분야에 큰 변화를 야기하고 있다. 이른바 빅데이터 환경은 기존의 데이터 처리장치로는 저장할 수 없는 거대한 규모의 데이터 발생과 이를 처리하는 새로운 기술의 발달이 맞아떨어지면서 출현했다. 인터넷의 확산과 소셜미디어의 부상, 그리고 4차 산업혁명의 진전으로 인해 텍스트와 음원, 사진, 동영상뿐만 아니라 다양한 센서 네트워크를 통해 막대한 양의 비정형 데이터가 사이버 공간에서 생산되고 있다. 그리고 이를 분석하는 기술이 발달함에 따라 기존의 스몰데이터 환경에서는 사실상 불가능했던 일들이 가능해지고 있다. 최근 이루어진 빅데이터 분석기술의 발달에 힘입어 이러한 비정형 데이터들로부터 새로운 통찰을 추출하고 더 나아가 새로운 가치를 창출하려는 노력이 결실을 보고 있으며, 최근 다양한 분야에서 적용되면서 그 유용성을 인정받고 있다(쇤버거·쿠키어 2013).

비즈니스 부문에서 빅데이터의 활용은 이미 널리 확산되었으며 공공 부문에서도 빅데이터를 활용하는 사례가 늘어나고 있다. 예를 들어 공공행정, 전자정부, 재난전조 감지, 복지행정, 의료행정(신종플루, 구제역, 에볼라), 교육행정, 조세행정, 경찰행정, 교통행정, 선거 캠페인 등의 분야에서 공공 데이터, 특히 오피니언 마이닝(Opinion Mining), 다양한 웹문서 분석, 댓글 분석 등이 활용된다. 이들 분야에서 빅데이터 분석의 결과를 신속하고 급박하게 이루어져야 하는 실시간 의사결정을 보조하는 시스템으로 활용하는 유용성에 대한 인식이 확산되고 있다. 경험적 직관에 의존하던 기존의 아날로그 의사결정 시스템을 넘어서 과학적 예측과 패턴에 대한 분석을 바탕으로 한 디지털 의사결정 시스템으로 이행되는 양상이 나타난다.

　　다양한 분야에서 빅데이터를 활용하는 역량의 보유 여부가 21세기에 국력을 결정하는 새로운 변수가 될 것으로 예견된다. 이렇게 새로운 권력적 함의를 갖는 빅데이터가 세계정치에 미치는 영향은 다양하게 나타나고 있다. 가장 눈에 띄는 것은 빅데이터 역량을 갖추기 위해서 주요 국가들이 기술 개발을 지원하고 관련 정책과 제도들을 정비하는 양상의 출현이다. 그야말로 빅데이터를 둘러싼 새로운 국력 경쟁이 시작되었다. 다양한 분야에서 생성되는 빅데이터의 패턴을 읽어서 활용하는 문제가 국가 전략의 중요한 사안이 되었다. 빅데이터를 분석하고 해석하는 방법을 모르면 뒤처질 수밖에 없다. 이러한 와중에 태생적으로 초국경적으로 수집되고 활용되는 빅데이터의 자유로운 유통을 보장하기 위한 협력과 경쟁도 진행되고 있다(김상배 2015).

빅데이터라는 말은 2010년 2월에 영국의 『이코노미스트』지가 처음으로 언급한 것으로 알려져 있다. 이러한 빅데이터는 과거의 데이터 체계와 비교하기 위해서 사용되는 3Vs라는 말, 즉 방대한 양(Volume), 다양성(Variety), 속도(Velocity)에서 그 특성이 드러난다. 이러한 특성을 바탕으로 데이터의 양이 많아지면 데이터의 질적인 성격이 바뀌는 현상, 즉 규모의 변화가 상태의 변화를 야기하는 현상이 발생한다. 이는 흔히 '양질전화(量質轉化)' 현상으로 불리는데, 양이 많아져서 패턴(pattern)이 생기는 현상을 의미한다. 과거의 스몰데이터 환경에서는 거대한 양의 데이터를 분석하기 위해서 무작위 샘플링을 활용한 다양한 통계학의 기법들이 적용되었다. 그러나 이제는 새로운 기법의 도움을 받아 거대한 양의 데이터를 전수조사하여 처리하는 것이 가능해지면서 데이터를 이해하고 활용하는 방식에 획기적 변화가 발생했다. 빅데이터는 엄청난 양의 데이터에 수학을 적용해 확률을 추론하려는 노력이다. 이러한 빅데이터를 바탕으로 하면 '왜' 그런지는 잘 모르겠지만 앞으로(즉, 시차를 두고) 어떻게 될지 '예측'할 수는 있게 된다. 그런데 이러한 예측 모델은 그러한 현상이 발생한 이유에 대해서는 전혀 알려주지 못한다. 그저 결과가 무엇인지를 알려줄 뿐이다. 그럼에도 그 '결과'를 아는 것의 의미는 오히려 '원인'을 찾는 데 집착하는 것보다 클 수 있다는 데 빅데이터 분석의 매력이 있다. 이러한 시각에서 보면 빅데이터의 세상에서는 '인과역전(因果逆轉)'이 발생하고 있다(쇤버거·쿠키어 2013).

이러한 빅데이터가 국제정치와 공공외교의 시각에서 볼 때 관심을 끄는 것은 그 권력적 함의가 새롭기 때문이다. 빅데이터에서 생성되는 권력은 전통적으로 국제정치에서 원용되었던 자원권력의 개념과는 그 의미가 다르다. 빅데이터 권력은 디지털 자원을 활용하는 능력을 바탕으로 하여 작동하는 새로운 형태의 '네트워크 권력'을 바탕으로 한다. 좀 더 구체적으로 말해서 빅데이터 권력은 데이터 검색프로그램을 설계하는 능력과 검색된 정보들 간의 '보이지 않는 패턴'을 읽어내는 능력, 그리고 이들 능력을 바탕으로 감시와 훈육의 지배를 행하는 권력이다. 이러한 의미에서 빅데이터 권력은 '신흥권력(emerging power)'이다. 여기서 '신흥권력'이라 함은 그 권력의 성격이 전통적인 국제정치의 군사력과 경제력의 의미를 넘어선다는 의미 이외에도 빅데이터 권력을 행사하는 주체가 전통적인 국가 행위자가 아니라 초국적으로 활동하는 인터넷 기업과 같은 비국가 행위자들이라는 뜻도 있다(김상배 2015).

이러한 맥락에서 볼 때 빅데이터를 외교안보 분야에 적용하려는 움직임은 아직까지 여타 분야에 비해서 아직 매우 미흡한 실정이다. 그럼에도 빅데이터를 활용한 공공정책의 성공 사례들이 늘어나는 가운데 외교안보 분야에서도 빅데이터를 활용한 정책결정의 보조시스템 마련에 대한 관심이 늘어나고 있다. 예를 들어 지식외교의 수행에 빅데이터 분석을 활용하는 경우를 고려해볼 수 있다. 외교부의 경우에는 해외공관에서 대면접촉을 통해 전문을 쓰는 경우가 많은데, 완전히 대외비로 취급되는 텍스트 자료들을 프로그램을 통해 데이터로 축적하여 분석하는 것이 가능하다. 분석 대상이 되는 데이터를 한 번 필터링한 것이기 때문에 전문으로 취합된 데이터를 빅데이터 기법을 활용하여 제대로 분석한다면 오히려 그 안에서 훨씬 더 의미 있는 결과를 도출할 수 있을 것이다(김상배 2017).

빅데이터의 진정한 유용성은 외교부 조직 내의 데이터를 처리하는 것보다는 오픈 플랫폼의 형태로 바깥에 널려 있는 데이터를 분석하는 데 있다. 데이터나 정보 하나하나가 아니라 전체 구도를 봄으로써 그전에 보이지 않았던 패턴을 찾을 수 있다는 것이 빅데이터 분석의 매력이다. 결국 조직 내의 텍스트를 데이터 분석하는 것과 조직 바깥의 오픈 데이터를 분석하는 작업을 동시에 수행해야 할 것이다. 조직 내부의 데이터는 경험이 많은 외교관의 직관에 의존하여 해석할 수도 있겠지만 빅데이터 분석을 통해서 시간을 단축하면 유용한 데이터를 도출하는 효과를 얻을 수 있다. 또한 오픈 플랫폼에서 얻는 외부 데이터는 잠재적 또는 예외적 쟁점이어서 경험이 많은 외교관들이라도 쉽게 파악할 수 없는 문제들을 밝혀내는 효과가 있을 것으로 예상된다.

아직까지 한국 외교에서 빅데이터를 공공외교에 적용하려는 움직임은 다소 미진하다. 공공외교 분야에서 인터넷이나 소셜미디어에서 생성되는 빅데이터를 활용하여 국내외 여론을 파악하려는 시도에 좀 더 관심을 기울일 필요가 있다. 기업이 마케팅을 위해서 빅데이터를 활용하듯이 외교부도 공공외교를 추진하는 과정에서 상대 국민의 생각과 감정을 읽기 위해서 빅데이터를 이용할 수 있다. 또한 신흥안보 분야에서도 빅데이터를 활용한 재난전조 감지와 최적화된 재난구호의 실시 등이 논의되고 있다. 특히 보건안보는 전염병 발생 징후를 조기 감지하거나 발생 후 신속한 대응책을 마련하는데 빅데이터가 유용하게 활용될 것으로 예상되는 대표적인 분야이다(김상배 2015).

외교 분야 중에서도 정책공공외교 분야에서는 빅데이터 분석을 적용하여 의미 있는 정책적 결과를 창출할 수 있다. 과거 스몰데이터 환경에서는 외교관의 경험적 지식이나 개인적 네트워크를 활용한 정보의 수집과 분석을 바탕으로 외교안보정책이 입안되고 실행되었다. 하지만 빅데이터 환경에서는 텍스트 기반의 데이터뿐만 아니라 웹사이트나 블로그, 소셜미디어 등을 통해서 생성되는 큰 규모의 정형 및 비정형 데이터를 처리하여 새로운 통찰에 바탕을 둔 의사결정의 기초자료를 도출하는 것이 가능해졌다. 스몰데이터의 시대에는 거대한 양의 데이터를 분석하기 위해서 무작위 샘플링(random sampling)을 활용한 다양한 통계학의 기법들이 적용되었으나, 이제는 빅데이터 시대를 맞이하여 거대한 양의 데이터를 전수조사하는 방식으로 접근할 수 있게 되었다. 이를 바탕으로 아날로그적 경험에 기초한 '직관적 대응 외교'를 넘어서 디지털 시스템을 활용한 '과학적 예측 외교'에 대한 관심이 커지고 있다.

사실 빅데이터의 활용은 정책공공외교 분야에서 여러 가지 효과를 기대하게 한다. 빅데이터는 외교부 내에서 일상적으로 진행되는 정책결정과정에 대한 보조자료로 활용될 수 있다. 빅데이터 활용의 유용성 중 하나는 즉시성이다. 이는 빅데이터 분석이 일반 설문조사에 비해서 훨씬 더 빠르게 여론 동향을 읽어내고 정책적인 대응을 가능하게 한다는 기대를 낳고 있다. 기존의 방식으로 읽히지 않는 숨은 의도나 의미구조를 읽어내는 데 빅데이터 분석을 활용하는 것은 일정한 의미가 있다. 예를 들어 아직 두드러지게 부상하지는 않았지만 직간접적으로 계속 회자되고 있는 잠재적 이슈나 숨어 있는 유력인사들을 미리 파악하고 있다가 선제적으로 대응할 수 있을 것이다. 또한 빅데이터 분석을 활용하여 해당 유력인사와 친분관계를 맺고 있어 간접적으로 해당 유력인사의 의도를 파악하거나 더 나아가서는 해당 유력인사에게 영향을 줄 수 있는 주변 사람들을 찾아내는 효과를 거둘 수도 있다. 이러한 기법을 활용하여 특정 외교정책 이슈에 대한 선제적 파악과 예방적 대응 등의 조치를 취할 수 있을 것으로 기대된다.

3. 디지털 한류와 문화공공외교

공공외교 또는 문화공공외교의 대표적 사례는 한류의 성공에서 찾을 수 있다. 특히 문화산업 분야에서 한국의 드라마나 영화 또는 K-팝으로 대변되는 대중음악의 성공은 한국인과 한국이라는 나라에 대한 호감과 매력으로 연결될 가능성이 크다. 예를 들어 한류의 인기 상승은 한국 문화에 대한 관심 증가로 연결되고 이러한 과정에서 문화원의 역할이 증대된다. 이는 문화원 방문객 및 행사 참가자의 증가와 문화교류 요청 증가로 연결되고 더 나아가 한국 문화와 한국 관광에 대한 정보 요청 증가로 이어질 수 있다. 이러한 과정에서 개인이나 개별 기업은 한국이라는 정체성을 비즈니스에 활용한다. 한류 기업들은 한류라는 말이 담고 있는 '국가(nation)'의 색채를 부담스러워하면서도 실상은 음으로 양으로 이러한 국가브랜드의 덕을 본다. 이렇게 보면 한류는 국가적 차원의 공공재이다. 이러한 과정에서 문화산업 분야에서 한류의 성공은 역으로 공공외교 분야 한류의 덕을 보게 된다. 한류 분야의 공공외교가 어떻게 진행되는가에 따라서 한류 관련 업종에 종사하는 회사와 상품의 이미지가 제고되고 상품 판매도 증가한다. 또한 한류로 인해 현지 우수인력의 확보가 증가하고 현지인들과의 관계도 향상된다. 이른바 '알리는 한류'가 음악, 방송, 영화 등과 같은 문화산업의 범위를 넘어서 관광, 의류, 액세서리, 화장품, 서적, 가전, 자동차, 식음료, 성형의료 등과 같이 '팔리는 한류'와 연관된 여타 산업에 미치는 영향도 크다.

그렇다면 문화공공외교로서의 한류와 관련하여 국가가 담당할 역할은 무엇인가? 국가가 한류 기업들과 현지의 팬클럽 네트워크 사이에서 일종의 중개자로서 담당할 역할이 있을까? 한류 상품의 수용은 처음에는 특정 기업이 생산한 콘텐츠를 접하는 과정이지만 그것이 문화 콘텐츠인 이상 일개 기업의 콘텐츠를 넘어 한국 자체에 대해 관심을 갖게 한다. 현지의 수요가 이 정도에 이르면 개별 민간 기업들이 채워줄 수 없는 한국어나 한국 문화에 대한 수요가 발생한다. 사실 프랑스의 '코리안 커넥션'이나 터키의 '코리아 팬즈'와 같은 한류 팬클럽들은 한국의 대중문화 콘텐츠뿐만 아니라 한국의 역사, 전통문화, 언어, 음식, 관광 등과 같은 한국 문화 전반에 관심을 두고 있다. 그런데 민간기업 차원에서 이들 팬클럽이 갖게 되는 한국에 대한 관심을 충족시키고 체계적인 교육을 제공하기란 쉽지 않다. 실제로 한류에 대한 관심이 늘어나면서 한류 기업이 채워줄 수 없는 한국의 문화나 언어에 대한 교육을 받고자 정부 기관인 한국문화원을 찾는 한류 팬들이 많아졌다. 물론 인터넷상에서 원하는 정보의 일부를 얻을 수는 있다. 하지만 개별적인 정보습득 활동에만 맡겨놓기보다는 국가적 공공외교의 추진이라는 차원에서 이러한 수요를 충족시키기 위한 제도적 장치를 마련하는 것이 필요하다.

이러한 맥락에서 문화공공외교 차원에서 한류를 지원하는 정책의 당위성이 발생한다. '팔리는 한류'가 판매와 전파의 문제였다면, '알리는 한류'에 대해서는 교류라는 차원에서 접근해야 한다. 투입 차원에서 정부가 역할을 하는 것보다는 결과 차원에서 '국가'의 이미지를 제고시키는 방향으로 작동해야 한다. 이러한 과정에서 '알리는 한류'에 대한 지원정책은 국가의 '정체성'을 제공하는 일과 관련된다. 이러한 '알리는 한류'에도 그 발전 단계에 맞는 전략이 필요하다. 예를 들어 한류의 초기 진입 단계에서는 한류 상품의 대중적 확산을 목표로 그 자체를 알리는 전략이 필요하다. 그러나 한류의 정착 단계에서는 한류 상품의 차원을 넘어서 한국을 알리는 중장기적 문화공공외교의 전략이 필요하다. 이러한 한류의 지속 및 확산을 위한 구체적인 전략으로 최근 여러 가지가 거론되고 있다. 예를 들어 해외문화원의 강화와 코리아센터로의 재편, 현지 한국 대사관, 문화원, 기타 민간기관들의 네트워크 구축, 한국과 현지 정부의 네트워크 등을 들 수 있다. 이 밖에도 민간 영역에서 할 수 없는 한류 동호회 활동에 대한 지원, 전 세계 한류 동호회에 대한 지원, 한국 문화 홍보행사에 대한 간접 지원, 재외공관을 통한 한류 현황 파악과 책 자 발간 및 배포 지원, 한류 콘텐츠의 해외진출 지원 및 공공외교 사 업, 한국 관련 콘테스트 개최, '한류 아카데미'의 설립과 운영 등을 들 수 있다.

그러나 궁극적으로 한류에 대한 정부와 민간 부문의 대응은 중 상주의적 담론에 입각한 민족주의적 대응을 넘어서 동아시아 및 글 로벌 문화 네트워크를 지향해야 한다. 지나친 애국심에 입각하여 민 족주의적으로 접근하는 것은 오히려 한류를 망칠 수도 있다. 사실 문화는 향유자에 의해 자연스럽게 선택되어야 지속성을 확보할 수 있다. 인위성이 가미된 문화는 거부감을 유발한다. 정서적 침략으로 해석되기 때문이다. 한류가 정부 주도로 이뤄졌다는 인상은 수용국 의 반감을 살 수 있다. 동아시아를 거대한 시장으로 탈바꿈시키고 이웃을 산업적인 공략의 대상으로 간주하는 한 한류는 '아류 제국주 의'의 범주를 넘어서기 힘들 뿐만 아니라 1990년대 일본이 추구했 던 '연성 국가주의'의 전철을 겪게 될 것이다. 한류가 한국의 매력을 동아시아에 발산할 중요한 출발점이라는 것은 사실이지만 한류를 비즈니스의 호기로만 생각하고 자국의 이익 극대화를 좇는 모습은 모순일 수밖에 없다. 이러한 과정에서 한류가 일방향적 문화 침투라 는 부정적 인식을 주지 않도록 하려면 민간이 자율성을 갖고 한류 확산의 전면에 나서도록 하고 정부는 간접적인 방식으로 측면 지원 하는 것이 중요하다. 현지의 문화, 종교, 사회적 특성을 배려하면서 현지 사회에 폭넓게 한국 문화를 소개할 수 있도록 재외공관의 네트 워크를 활용하는 것도 중요하다.

이렇듯 한류가 성공하려면 자국 중심의 발상을 넘어서 동아시아 및 글로벌 문화 네트워크의 구축을 고려해야 한다. 동아시아와 세계를 엮는 코드로 한류를 활용해야 한류도 살고 동아시아도 산다. 이를 위해서는 단순히 한류와 같은 문화상품의 경쟁력을 높이는 차원을 넘어서 한류 상품에 담기는 문화 내용의 보편성과 포용력을 배양해야 할 것이다. 결국 초점은 한류에 담기는 문화적 삶의 풍요로움에 둘 수밖에 없으며, 이를 바탕으로 동시에 남에게도 권하고 싶은 한류의 내용적 확보가 이루어져야 한다. 이러한 관점에서 보면 결국 중요한 것은 동아시아의 문화 네트워크를 엮어낼 공통의 요소를 어떻게 찾아낼 것인가의 문제이다. 다시 말해 디지털 한류의 매력정치를 펼치기 위해서는 일국 차원을 넘어서 동아시아를 함께 묶어낼 공통의 문화적 '인자(因子, gene)'를 발굴해야 한다.

아울러 생각해보아야 할 점은 한류를 통해서 구축하고자 하는 동아시아 네트워크(즉, 동아시아의 매력)의 성격에 대한 것이다. 최근의 한류나 동아시아 담론을 들여다보면 이 기회를 동아시아에서 서구나 미국의 문화를 막을 수 있는 문화블록 형성의 기회로 활용하고 싶어 한다는 것을 알 수 있다. 이는 글로벌 문화공간과 경쟁하는 지역 차원의 문화공간을 하나 더 잡아야 함을 의미한다. 실제로 한류는 동아시아 문화블록 형성을 위한 좋은 계기가 될 수 있다. 한류는 그런 점에서 동아시아의 문화 사건이고 지역공동체를 마련할 절호의 기회인 셈이다. 이렇게 동아시아가 만드는 네트워크는 미국의 할리우드가 주도하는 글로벌 문화 네트워크에 대한 대항담론의 의미를 가진다. 동아시아인의 수요와 정서에 맞는 문화콘텐츠의 생산과 전파 및 소비는 미국의 대중문화에 대항하는 동아시아 지역 차원의 매력을 증대시키는 일이다.

　이렇듯 한류가 동아시아 지역공동체를 향한 계기를 마련할 수 있는 것은 사실이지만, 이러한 닫힌 동아시아 네트워크에 대한 새로운 모색이 성공하기란 쉽지 않다. 그래서 궁극적으로 동아시아 네트워크는 글로벌 문화 네트워크와 호환이 되는 열린 네트워크를 지향할 수밖에 없다. 이를 극복하는 길은 동아시아를 엮는 '밖의 네트워킹 전략'을 추구하는 것밖에 없다. 한국 문화를 세계적으로 진출시키는 여정에 우리 혼자만 나서서는 특별한 실효를 거두기 어렵다. 동아시아 국가들과의 연대를 통해서 지역 차원의 네트워크 정체성을 활용하고 이를 바탕으로 문화 분야에서 '동아시아 스탠더드'를 수립하여 전파시킴으로써 '글로벌 스탠더드'와 어깨를 맞대고 경쟁하는 지역 차원의 네트워크 구축 전략이 마련되어야 한다. 이러한 맥락에서 할리우드가 주도하여 글로벌하게 짜고 있는 문화산업의 글로벌 네트워크에서 한국의 역량에 걸맞은 역할을 찾는 것이 중요하다. 한류에 대한 논의가 이렇게 동아시아와 글로벌 차원에서 형성되는 네트워크에 대한 논의에 이르게 되면 이는 앞서 언급했듯이 단순히 소프트 파워나 매력 증진의 문제에만 그치는 것이 아니라 네트워크 외교의 문제가 된다.

V. 맺음말

정보혁명 또는 4차 산업혁명이 세계정치에 미치는 영향은 군사, 정치, 경제, 문화 등의 여러 분야에 걸쳐서 나타난다. 그중에서도 외교 분야는 대표적인 사례 중의 하나이다. 전통적인 의미에서 이해한 외교의 기축은 정무외교(또는 안보외교)이고 외교 행위의 주인공은 국민국가의 정부이다. 그런데 정보혁명의 진전은 외교가 이루어지는 장의 성격을 다변화시키고 있다. 정부의 정책홍보 활동 이외에도 잘 나가는 기업들의 첨단제품이 만들어내는 이미지나 문화를 전파하는 대중문화 스타의 매력 등이 모두 새로운 외교의 영역으로 인식된다. 또한 정보혁명은 다양한 행위자들이 서로 협업하는 외교를 추진하는 새로운 환경을 만들었다. 외교 전담 부처뿐만 아니라 다양한 실무부처와 민간기업 및 민간단체, 그리고 국민 개개인이 모두 외교의 주체로 참여하는 양상이 나타난다.

정보혁명으로 대변되는 기술 변화로 인해서 발생하는 외교 과정의 변화는 일차적으로 외교업무 처리의 개선을 목적으로 실시되는 ICT 인프라의 구축과 전산시설의 확충 및 외교정보 네트워크의 개설 등과 같은 '외교정보화'의 형태로 나타난다. 정보의 수집과 처리 및 보고의 과정에서 효율적인 커뮤니케이션을 보장하는 ICT를 도입한다는 것은 외교업무의 수행에 있어서 중요한 의미를 가진다. 2016년 8월에 새로이 발효된 〈공공외교법〉에서 명기하고 있는 '공공외교 종합정보시스템'의 구축 및 운영 차원에서 외교정보화, 외교 암묵지의 디지털화 등과 같은 디지털 외교의 추진이 필요하다. 실질적으로 공공외교에 필요한 지식자원을 활용하는 차원에서 디지털 정책공공외교, 빅데이터 외교 등과 같이 사이버 공간을 적극 활용하여 외교 관련 정보와 지식을 취합하는 조직 시스템에 대한 고민이 필요하다.

19세기 이래 정무외교를 근간으로 형성되고 20세기 중·후반에 접어들어 통상외교의 분야로 확장된 근현대 외교가 최근 21세기로 넘어서는 길목에서 이른바 공공외교로 대변되는 '제3의 외교'를 펼쳐 보이고 있다. 공공외교의 경우에 커뮤니케이션과 소프트 파워를 내용으로 하는 특성상 기술 변화(특히 미디어 기술)의 영향을 받을 수밖에 없다. 그런 의미에서 〈공공외교법〉이 발효되어 시행됨으로써 한국은 기존에 추진해온 디지털 공공외교를 업그레이드할 기회를 맞이했다. 〈공공외교법〉의 시행은 공공외교란 무엇인가에 대한 논의를 정리하고 이를 기반으로 새로운 정책을 추구해나갈 여건을 마련한다는 의미가 있다. 정보혁명으로 대변되는 외교 환경의 변화는 단순히 새로운 외교 수단을 변화시키는 차원을 넘어서 외교의 영역과 주체를 변화시키는 데까지 영향을 미치고 있다. 외교의 변환은 세계정치의 주요 권력자원의 소재와 그 작동방식의 변화의 연관 속에서 파악되어야 할 뿐만 아니라 최근 벌어지고 있는 세계정치 행위자들의 다양화와 국가의 변환이라는 맥락에서 이해되어야 한다.

1   정보혁명 또는 4차 산업혁명이란 무엇인가? 국제정치학의 시각에서 보았을
    때 최근의 기술 발달은 어떠한 의미가 있는가? 그리고 이러한 연속선상에서
    정보혁명 또는 4차 산업혁명이 외교의 변환에 미치는 의미는 무엇인가?

2   디지털 외교의 활성화는 기존의 데이터·정보·지식을 다루는 외교 과정을 어
    떻게 변화시키고 있는가? 이러한 의미에서 본 지식공공외교나 정책공공외교
    의 개념을 어떻게 이해할 것인가? 그리고 이러한 외교 과정 변환의 사례로는
    무엇이 있는가?

3   4차 산업혁명 시대를 맞이하여 급속히 도입되고 있는 블록체인이나 소셜미디
    어, 빅데이터 등의 기술이 외교의 변화에 미치는 영향을 무엇인가? 이들 기술
    은 현대 외교의 질적 변화를 야기하고 있는가? 구체적인 사례를 들어 생각해
    보라.

4   이른바 디지털 공공외교의 부상은 현대 외교를 추진하는 주체의 변화를 어느
    정도까지 야기하는가? 민간기업이나 시민사회 또는 개인 등의 비국가 행위자
    들이 공공외교의 전면에 나서는 현상의 사례를 생각해보라.

5   오늘날 외교의 변환 과정에서 기존의 국가 행위자 또는 외교 전담 부처의 역할은 무엇인가? 외교관이라는 직업과 상주공관은 없어질 것인가, 아니면 새롭게 변화할 것인가? 공익을 목적으로 외교가 궁극적으로 담당할 역할은 무엇인가?

6   정보혁명 또는 4차 산업혁명 시대의 새로운 역할을 부여받는 외교관으로서 이른바 '디지털 외교관(digital diplomat)'을 상정할 수 있다면, 그는 무슨 역할을 담당해야 할 것인가? 이전의 '아날로그 외교관'과 차별화되는 역할은 무엇인가?

추천 문헌

- 김상배 편. 2017. 『4차 산업혁명과 한국의 미래전략』. 사회평론아카데미.
- 김상배. 2014. 『아라크네의 국제정치학: 네트워크 세계정치이론의 도전』. 한울.
- Castells, Manuel. 1996. *The Rise of the Network Society*. Malden, MA: Blackwell.
- Schwab, Klaus. 2016. *The Fourth Industrial Revolution*. World Economic Forum.

참고 문헌

김상배. 2010. 『정보혁명과 권력변환: 네트워크 정치학의 시각』. 한울.

김상배. 2012. "정보세계정치의 변환과 한국의 전략." 하영선·남궁곤 편. 『변환의 세계정치』 제2판. 을유문화사. pp.375-404.

김상배. 2014. 『아라크네의 국제정치학: 네트워크 세계정치이론의 도전』. 한울.

김상배. 2014a. "외교변환과 디지털 공공외교." 『아라크네의 국제정치학: 네트워크 세계정치이론의 도전』. 한울. pp.437-478.

김상배. 2014b. "글로벌 문화 산업과 디지털 한류." 『아라크네의 국제정치학: 네트워크 세계정치이론의 도전』. 한울. pp.523-561.

김상배. 2015. "빅데이터의 국가전략: 21세기 신흥권력 경쟁의 개념적 성찰." 『국가전략』 21(3): 5-35.

김상배. 2017. "외교안보 분야 빅데이터 분석: 어떻게 수행할 것인가?." 서울대학교 국제문제연구소 워킹페이퍼 No.25(2017. 12. 11).

김상배 편. 2017. 『4차 산업혁명과 한국의 미래전략』. 사회평론아카데미.

빅토르 마이어 쇤버거·케네스 쿠키어. 2013. 『빅데이터가 만드는 세상』. 21세기북스.

정채연. 2018. "가상국가(Virtual Nation) 담론에서 탈중심적 거버넌스의 가능성에 대한 연구." 『중앙법학』 20(3): 413-460.

Castells, Manuel. 1996. *The Rise of the Network Society*. Malden, MA: Blackwell.

Gibson, William. 1984. *Neuromancer*. New York: Ace Books.

Rifkin, Jeremy. 2013. *The Third Industrial Revolution: How Lateral Power Is Transforming Energy, the Economy, and the World*. St. Martin's Griffin.

Schwab, Klaus. 2016. *The Fourth Industrial Revolution*. World Economic Forum.

제5장

문화외교와 공공외교

안태현 | 서울대학교 국제문제연구소

I. 들어가며

II. 문화 개념과 사례로 보는 문화외교와 공공외교

1. 문화 개념의 발전과 의미

2. 프랑스 문명의 투사

3. 문화와 교육의 관계

4. 영국의 국제문화관계

5. 미국: 문화와 전쟁

6. 대중문화외교와 공공외교의 발전

7. 한국 대중문화의 성장과 소프트 파워: '상냥하고 부드러운' 한류의 힘

III. 맺음말

공공외교 논의에서 문화외교는 흔히 공공외교의 한 방식으로 이해되지만 공공외교와 구분되는 별개의 활동으로 간주되기도 한다. 문화외교의 본질과 성격에 대한 다양한 시각은 문화외교의 정의가 국익을 추구하는 정부 주도의 활동부터 국가 간 이해와 상호 이익을 위한 정부나 민간의 교류까지 포괄한다는 점으로도 드러난다. 문화외교의 핵심이라고 할 수 있는 '문화'의 다양하고도 중첩된 의미 또한 문화외교의 여러 양상과 유형을 설명하는 요인이다. 문화 개념이 형성되고 발전한 과정은 국가의 대외적인 문화 활동이 이루어지고 변화한 역사적 흐름과 연계되어 전개되었다. 프랑스의 문명화 사명, 영국의 국제문화관계 도모, 미국의 문화냉전 등은 문화외교 발전의 주요한 국면이자, 공공외교의 요소와 태동을 발견할 수 있는 사례이기도 하다. 이러한 역사적 맥락 속에서 볼 때 한국의 문화외교에서 두드러지는 부분은 역시 한류를 중심으로 한 대중문화의 영향력이다. 본 장은 한국의 대중문화가 가진 힘과 특성을 소프트 파워(soft power)와 스위트 파워(sweet power) 개념을 통해서 살펴본다.

핵심어

문화외교cultural diplomacy

(국제)문화관계(international) cultural
    relations

공공외교public diplomacy

문화culture

문명civilization

교육education

문화냉전Cultural Cold War

대중문화외교popular cultural
    diplomacy

소프트 파워soft power

스위트 파워sweet power

한류the Korean wave

I. 들어가며

체계적인 공공외교 활동을 위해 외교부가 수립한 제1차 대한민국
공공외교 기본계획(2017-2021)에 따르면, 문화외교는 공공외교의 3
대 추진전략 중 하나로 채택되어 있다. 문화외교를 공공외교의 한
방식으로 간주하는 시각은 문화외교(cultural diplomacy)와 함께 청
취(listening), 주창(advocacy), 교류 외교(exchange diplomacy), 국제
방송(international broadcasting)을 공공외교의 다섯 가지 활동으로
분류하는 니콜라스 컬(Cull 2008)의 개념 체계로도 뒷받침된다. 하지
만 모두가 이러한 관점을 가진 것은 아니다. 문화외교와 공공외교를
별개의 활동 또는 접점을 가진 대등한 활동으로 보는 학자들도 있다
(Zhang 2018, 298; Villanueva 2007, 47-49).

　　문화외교와 유사하거나 연관된 문화관계(cultural relations), 문

화교류(cultural exchange), 문화투사(cultural projection) 등의 여러 용어가 정치인, 외교관, 학자들에 의해 혼용되고 이들 사이의 관계와 각각의 의미에 대한 합의가 이루어지지 않은 점도 문화외교를 규정하고 이해하기 어렵게 만드는 요인 중 하나다. 특히 문화관계 또는 국제문화관계는 영국, 캐나다, 호주 등 여러 나라에서 문화를 매개로 한 외교를 가리키는 주된 용어로 쓰이는 한편(Wyszomirski, Burgess, and Peila 2003, 3-9), 국가 간 이해와 협력의 증진을 위한 중립적이고 포괄적인 활동이나 여러 국가의 다양한 문화적 요소가 국경을 넘나들며 자연스럽게 형성된 관계로 정의되면서 국익을 도모하기 위해 문화를 활용하는 대외정책으로 규정되는 문화외교와 대조되기도 한다(Mitchell 1986, 2-7; Arndt 2005, xviii).

게다가 문화외교라는 용어에 한정하여 살펴보아도 여러 다른 정의가 등장한다. 위에서 언급했듯이, 문화외교는 정부에 속한 외교관들이 국익을 위해 문화의 국제적 흐름을 조성하고 움직이거나 대외정책 전반의 목표를 달성하고자 자국 문화를 활용하는 활동으로 설명되기도 하지만(Mark 2010, 66), 차이를 넘어 상호 이해를 강화하는 것이 문화외교의 가장 주된 목적이자 특징이라고 이해되기도 한다(Goff 2013, 421). 이와 관련해서 주목할 만한 대목은 문화외교의 정의로 흔히 인용되는 커밍스의 서술에서 해당 개념의 불분명함이 드러난다는 점이다.

"문화외교" 개념은 상호 이해를 형성하기 위한 국가나 그 국민 간의 사상, 정보, 예술을 비롯한 문화의 다른 요소의 교류를 가리킨다. 하지만 한 국가가 국어를 장려하거나 국가의 정책과 관점을 설명하거나 세계를 향해 "자신의 사정을 밝히는 것"에 노력을 집중할 때의 "문화외교"는 양방향 교류보다는 일방통행로와 같다고 할 수 있다. (Cummings 2003, 1)

문화외교의 불확실하면서도 광범위한 의미는 문화외교 행위자의 독특함과 연관된다. 전통적으로 외교는 국가 또는 정부의 영역으로 여겨지지만, 정부의 힘만으로 문화외교의 자산인 문화를 형성하고 통제할 수는 없다. 그리고 음악인, 화가, 문인, 운동선수, 배우가 외교에 참여하게 될 때, 그들 각자가 가진 목적, 생각, 욕망도 그 과정에 개입하게 되며 그들의 활동을 정부 정책과 목표만으로 설명하기 어렵게 된다(Gienow-Hecht 2010, 10). 가령 드라마 〈이태원 클라쓰〉가 일본에서 큰 인기를 얻으며 한국에 대한 일본인들의 관심과 호감을 높였다 해도, 드라마 제작진과 배우들이 한국의 긍정적인 대외 이미지를 쌓기 위해 활동했다고 볼 수는 없을 것이다. 다시 말해, 문화외교의 폭넓은 행위자는 문화외교의 목적과 성격을 다양하게 만들어 개념 정의를 복잡하게 하는 변수로 작용한다.

문화외교에 관여하는 주체가 정부에 국한되지 않는다는 점은 얀 멜리센의 신공공외교 개념을 연상시킨다. 멜리센은 공공외교의 양상이 정부 주도에서 민간 행위자의 적극적인 참여로 변화함을 포착하면서 이를 기존의 공공외교와 구분되는 '신공공외교(new public diplomacy)'의 등장으로 설명한다(Melissen 2005). 즉, 문화외교와 신공공외교는 정부와 함께 민간 행위자가 그 주체로 활약한다는 공통점을 가진다. 게다가 문화적 행위와 작품의 특성상 문화외교의 대상이 타국의 정치인과 외교관에 한정되기보다 대중까지 아우르는 경우가 많다는 점도 고려한다면, 문화외교는 본질적으로 새롭게 확장된 공공외교와 궤를 같이한다고 할 수 있다. 그러므로 문화외교가 의미하는 바가 불확실하다 해도, 문화외교를 공공외교의 주된 전략 중 하나로 삼는 배경을 이해할 수 있게 된다. 그리고 신공공외교의 포괄적인 성격에 비추어 볼 때, 문화외교 역시 정부 주도의 국익추구, 민간 인사가 참여하는 교류, 둘 사이의 연계를 모두 망라하는 활동이라고 생각할 수 있다. 따라서 문화외교가 다면적이고 복합적인 활동이라는 인식 위에, 이 장에서는 문화외교로 여겨지는 다양한 행위와 사례를 비교하고 문화의 의미를 검토함으로써 문화외교의 특징과 유형을 파악하고자 한다.

II. 문화 개념과 사례로 보는 문화외교와 공공외교

1. 문화 개념의 발전과 의미

'문화'라는 말이 다양하고도 중첩된 의미로 쓰인다는 사실은 문화외교를 정의하기 어렵게 만드는 또 다른 요인으로, 유럽에서 문화 개념이 형성되고 발전했던 과정에서 그 의미의 복잡함을 확인할 수 있다.[1]

영어 및 프랑스어의 culture와 독일어의 Kultur의 어원은 '거

....

1   한국어의 '문화'는 중국 고전에서 가져와 사용된 전통적인 의미를 여전히 가지는 한편 영어 culture의 번역어로서의 성격을 지닌다(김현주 2019, 15-34). 따라서 유럽어에서 문화 개념이 변화한 흐름과 그 의미를 파악하는 작업을 통해 한국어의 '문화' 개념 역시 이해할 수 있으리라고 기대한다.

주하다', '경배하다', '경작하다 또는 기른다'라는 뜻을 가진 라틴어 colere로 지목된다. Colere의 세 가지 주요한 의미는 각기 다른 단어로 분화되는데, 식물이나 동물을 기른다는 세 번째 뜻은 또 다른 라틴어 cultura의 주된 의미가 된다. 중세 후기 즈음부터 cultura가 프랑스어, 이탈리아어, 영어 등으로 수용된 기록이 발견되며, 그 흔적 중 하나인 프랑스어와 영어의 culture는 cultura와 마찬가지로 경작 또는 재배의 의미로 쓰였다(피쉬 2010, 48-50). 요컨대 유럽에서 culture는 전통적으로 '자연적 성장의 돌봄'을 뜻하였다(Williams 2015, 49).

근대와 현대를 거치며 culture와 kultur는 의미상의 복잡한 변화를 거친다. 특히 현대의 문화 및 문화외교 개념과 관련해서 살펴보면 대략 두 가지 흐름을 포착하게 된다. 우선 첫 번째 변화는 기르고 돌보는 대상이 식물이나 동물만이 아니라 인간을 포괄하게 된 것이다(Williams 2015, 49-50; 피쉬 2010, 68-77). Cultura가 '인간 정신의 돌봄'이라는 비유적 표현에서 사용된 예는 키케로에서부터 발견되나,[2] 근대에 와서는 이러한 용법이 정착되기 시작하고 그에 따라 culture는 교육을 핵심적 의미로 갖게 된다.[3] 세부적으로는 인간 정신의 돌봄, 교양, 능력과 미덕의 육성 및 개발 등의 의미가 이러한 변화를 통해서 형성되었고, 이는 19세기 영국의 비평가 아놀드(Matthew Arnold)의 '문화란 인간의 총체적 완성의 추구'라는 정의

....

2 "철학은 마음을 갈고 기르는 것(cultura animi)이다"(『최선과 최악에 관하여』).
3 대표적으로 베이컨(Francis Bacon)의 "the culture and manurance of minds in youth"(*The Advancement of Learning*, bk 2 [1605])나 홉스(Thomas Hobbes)의 "the education of children [is called] a culture of their minds"(*Leviathan*, chap. 31 [1651]) 등의 사례를 들 수 있다.

에 반영되었다고 할 수 있다. 인간 정신의 계발과 고양을 지칭한다는 점에서 아놀드가 논하는 문화(culture)는 인문학적 개념이라고 할 수 있으며 의미상으로 교양으로도 이해된다(Reeves 2004, 1-3). 달리 표현하자면 인문학적 개념의 문화는 우리가 이루어낸 최고의 성취로서, 탁월한 그림, 소설, 음악, 연극, 이론과 학문 등이 이에 속한다. 우리가 문화외교로 분류하는 활동 가운데 정부나 민간단체의 후원으로 이루어지는 오케스트라, 발레단, 극단의 해외 공연과 전시회, 그리고 타국 예술가들을 자국으로 초청하여 진행하는 교류 행사 등 요컨대 '예술 외교(arts diplomacy)'의 바탕에는 이러한 개념의 문화가 자리한다. 2015년 광복 70주년 기념으로 외교부가 기획했던 유라시아 친선특급 사업에 참여한 음악인들이 유라시아 대륙을 횡단하며 펼친 공연이나, 모네의 대표작 〈인상, 해돋이〉를 비롯한 프랑스 마르모탕 모네 미술관의 인상파 작품들을 선보이며 작년까지 진행된 상하이 전시회는 예술 외교의 최근 사례다.

첫 번째 변화로부터 이어 발생한 두 번째 의미 변화는 개인의 능력, 소질, 미덕의 육성과 발전이라는 뜻을 가진 culture와 Kultur가 공동체 또는 집단의 발전과 그 결과물이라는 의미를 획득한 것이다(Williams 2015, 51-52; 피쉬 2010, 83-102). 이러한 흐름 속에서 주목할 만한 대목은 개별 민족이 이룬 정신적, 지적, 미적 성취를 그 민족의 문화(Cultur/Kultur)로 지칭한 18세기 독일의 철학자 헤르더(Johann Gottfried Herder)의 서술과 집단이 가진 본질적 특색의 총체로 문화를 규정한 19세기 영국의 인류학자 타일러(Edward B. Tylor)의 설명이다(피쉬 2010, 87-93). 타일러의 정의는 일반적으로 문화의 인류학적 개념을 정립한 것으로 여겨지는데, 이 개념은 인간의 이

■ 문화의 인문학적 개념: 문화는 "우리의 총체적 완성을 지향하는 추구로서, 그 수단은 인간이 가장 관심을 가진 모든 일들에 관해 이 세계에서 사유되고 표현된 것 중 최고를 알아가는 것과 이 앎을 통해 새롭고 자유로운 사상을 가져와 우리가 굳건하게 하지만 기계적으로 따르는 그리고 그런 굳건한 추종의 미덕이 기계적 수용의 해를 만회해줄 것이라고 헛되게 믿으며 따르는 상투적인 관념과 습관에 부어주는 것이다." (Culture is "a pursuit of our total perfection by means of getting to know, on all the matters which most concern us, the best of which has been thought and said in the world, and, through this knowledge, turning a stream of fresh and free thought upon our stock notions and habits, which we now follow staunchly but mechanically, vainly imagining that there is a virtue in following them staunchly which makes up for the mischief of following them mechanically." [Arnold 1869, 5])

■ 문화의 인류학적 개념: "문화 또는 문명은…지식, 신념, 예술, 도덕, 법률, 관습, 그리고 사회 구성원으로서 인간이 습득하게 되는 다른 모든 능력과 습관의 복합적 총체다." ("Culture or Civilization…is that complex whole which includes knowledge, belief, art, morals, law, custom, and any other capabilities and habits acquired by man as a member of society." [Tylor 1871, 1])

■ 문화의 현대 인류학적 개념: "인류가 생존의 원재료로부터 스스로 창조해낸, 서로 더불어 존재하고 대등하게 정당한 삶의 패턴." ("the coexisting and equally valid patterns of life which mankind has created for itself from the raw materials of existence." [Benedict 1935, 240])

상적인 모습과 뛰어난 성과만이 아니라 인간 공동체의 다양한 특성을 모두 포괄한다는 점에서 인문학적 개념과 구분된다. 다만 타일러는 보편적인 문화를 상정하면서 여러 집단의 다른 문화를 동일 선상에서 평가되는 각기 다른 수준의 발전으로 여겼기에, 그의 인류학적 개념은 오늘날 사람들이 한국의 문화나 유럽의 문화와 같은 표현을 사용할 때 의미하는 바와 다를 수 있다(피쉬 2010, 177-81; Reeves 2004, 64-65). 보편적 문화에 대한 믿음은 국제적 활동과 제도로도 드러났다. 국제연맹이 1922년에 설립한 '지적 협력을 위한 국제위원회(International Committee for Intellectual Cooperation, ICIC)'를 뒷받침했던 것은 인류 공통의 문화가 있으며 이를 토대로 이루어진 지적, 문화적 교류를 통해서 국제 협력을 도모할 수 있다고 믿었던 학자들의 노력이었다.[4]

반면 보아스(Franz Boas)를 비롯한 20세기 미국의 인류학자들에 의해 정립된 현대 인류학적 문화 개념은 개별 집단이 각각 독특한 문화를 형성하며 이는 하나의 잣대로 평가될 수 없는 고유한 삶의 방식이라는 인식을 담고 있다. 이들이 주장한 다원적이고 상대적인 문화 개념은 학계를 넘어 정계와 사회 전반에 걸쳐 널리 수용되었지만, 그들이 의도한 그대로는 아니었다. 각 민족이나 공동체, 나라가 고유의 문화를 가진다는 점은 공감을 얻었으나, 모든 문화

....

4   문화적 교류를 통한 국제적 이해와 협력을 기대하고 활동했던 학자들 가운데 하나인 고전학자 길버트 머레이(Gilbert Murray)는 자신의 저서 *From the League to U.N.*(1948, 4)에서 위원회(ICIC)의 기저에 놓인 사상을 "모든 교양 있는 국가가 공통으로 가진 예술적, 과학적, 문학적 관심을 국제연맹의 목적인 선의와 협력을 달성하기 위한 수단으로 활용하는 것(making use of the artistic, scientific, and literary interests which are actually common to all cultivated nations as an instrument for achieving that goodwill and co-operation which was the aim of the League)"이라고 설명한다. 높은 수준의 문화를 이룬 국가들 사이에는 공동의 문화적 관심사가 있을 것이라는 가정에서 보편적 문화에 대한 믿음을 엿볼 수 있다. 위원회에 참가했던 잘 알려진 학자 중에는 아인슈타인, 퀴리 부인 등이 있다.

가 동등한 가치를 지닌다는 생각은 인정받지 못하였다. 당시가 국가들 사이의 대립과 갈등이 점차 격해지던 1920-30년대임을 감안하면 당연한 일일 것이다. 침략 전쟁을 일으키고 국제조약을 무시하는 국가의 문화를 대등하게 공존할 만한 것으로 받아들이기는 어려운 법이며, 점령하려는 국가의 문화를 동등하게 존중하는 예도 드물다 (Reeves 2004, 65-70). 각국은 정치, 군사, 경제적으로 부딪히는 한편 문화적으로도 경쟁하기 시작하였고, 이러한 경향은 현재까지도 이어지고 있다. 자국 문화의 개성과 뛰어남에 대한 인식을 바탕에 둔 문화외교의 많은 사례 중 하나는 맥도날드, 스타벅스, 애플 등으로 대표되는 제품과 할리우드로 상징되는 대중문화를 전파함으로써 고유의 생활양식을 알리고자 하는 미국의 활동이다. 미군의 이동과 함께 코카콜라가 세계로 퍼져나간 것은 잘 알려진 사실이다.

개념의 이러한 발전과 변화는 현재 우리가 사용하는 '문화'의 의미에서 확인할 수 있다. 영어와 프랑스어의 'culture' 또는 한국어 '문화'의 사전적 의미 중 '지적 활동을 통한 마음의 고양', '지식을 통한 인간의 발전', '예술적, 지적으로 탁월한 집단적 성취', '집단 고유의 총체적인 성취' 등은 인문학적 개념, 인류학적 개념, 현대 인류학적 개념의 반영이나 흔적이라고 할 수 있다. 문화 개념의 여러 유형과 용어의 다양한 의미를 생각하면, 문화외교라고 여겨지거나 불리는 행위가 내용적 측면은 물론 시간적 측면에서도 광범위하여 이를 하나로 묶어 규정하는 데에 어려움을 겪는 것은 당연한 듯하다. 사절로 활동하면서 파견국의 행사를 기념하는 공연을 제작했던 시모니데스, 핀다로스, 고르기아스와 같은 고대 그리스 시인들, 술레이만 대제에게 호화로운 융단을 선물하였던 페르시아 황제,

"예술적 이상의 보편성에서 국제 연대의 요소"를 찾겠다는 신념을 가지고 1929년 국제음악회연맹의 설립을 이끌었던 산 마르티노 백작, 르네상스 이래로 자국의 언어와 생활방식을 세계 곳곳에 심고자 했던 프랑스인들의 간극은 분명 상당히 넓어 보인다(Arndt 2005, 559n9; Reeves 2005, 42; Iriye 1997, 67). 하지만 그런 한편 문화 개념의 유형과 다양한 의미는 문화외교의 양상을 문화의 종류에 따라 나누어 체계적으로 이해할 수 있게 해준다. 교양으로서의 문화와 인문학적 개념으로부터 예술 외교, 학술 외교, 교육 외교를, 집단의 정체성으로의 문화와 현대 인류학적 개념으로부터 언어 외교, 음식 외교, 대중문화 외교, 관광 외교 등을 가려내는 식으로 말이다.[5] 이러한 세부 유형을 염두에 두고 다양한 국가의 문화외교를 공공외교의 맥락에서 살펴보자.

2. 프랑스 문명의 투사

위의 예에서 볼 수 있듯이 문화를 매개로 한 대외 활동과 국제 교류의 역사는 고대에서부터 이어진다. 하지만 국가가 문화에 관한 지

....

5   물론 이러한 분류는 일차적인 작업에 불과하다. 문화외교의 세부적인 유형을 살펴보면, 각 유형을 한 가지 문화 개념에 한정시킬 수 없거나 유형 간에 중첩되는 영역이 발견되는 때도 있다. 가령 아래의 프랑스 사례에서 볼 수 있듯이, 언어 외교는 민족과 국가의 자산을 확산한다는 점에서 문화의 인류학적 개념을 토대로 하지만 동시에 언어가 담고 있는 지식과 사상 그리고 언어로 만들어진 작품을 전파한다는 점에서 인문학적 개념을 내포한 예술 외교와 학술 외교의 성격도 지닌다. 게다가 문화를 예술과 학문은 물론 기술, 법률, 관습, 제도를 포괄하는 집단의 총체적 성취로 간주하는 (현대) 인류학적 개념을 그대로 적용하면, 일반적으로 문화외교로 분류되지 않는 활동, 가령 과학기술외교, 개별협력외교, 규범외교 등도 문화외교의 범주에 속하게 되며, 심지어 선교와 같은 종교적 활동도 문화외교로 고려할 여지가 생긴다. 개발외교와 문화외교의 연관성에 대해서는 아래 영국의 사례에서 살펴본다.

속적인 관심을 가지고 이를 적극적으로 활용하여 조직적인 대외정책을 실행한 경우를 본다면, 프랑스는 역사적으로 가장 앞선 사례로 곧잘 꼽힌다. 1535년 프랑수아 1세(재위: 1515-1547)는 오스만 제국에 거주하는 프랑스인들을 보호하는 치외법권협정을 술레이만 대제와 체결하는데, 이 합의는 당시 그 처지가 우려되던 제국 내 기독교인들을 프랑스가 앞장서 보호하는 효과를 낳으면서 이후 프랑스가 중동 지역에서 언어 및 문화적 영향력을 펼칠 수 있는 발판이 되었다(Lane 2016, 15). 프랑스어와 문화의 대외적인 확장은 언어를 통일하고 문화를 진흥하는 노력으로 뒷받침되었다. 1539년 프랑수아 1세가 선포한 '빌레르-코트레 칙령(L'ordonnance de Villers-Cotterêts)'은 흔히 언어 정책의 전환점으로 꼽히는 대목으로, 법률 문서와 공문에 라틴어 대신 프랑스어를 사용하도록 강제하는 이 조치를 통해 사법 및 행정 절차가 프랑스어로 진행되게 된다. 또한 프랑수아 1세는 르네상스 예술에 심취하여 여러 이탈리아 예술가들을 초청하거나 그들의 작품을 수집하였다. 레오나르도 다 빈치는 그의 각별한 애정과 후원을 받은 인물인데, 〈모나리자〉는 프랑수아 1세의 초청을 받은 다 빈치가 작업 중인 상태로 프랑스로 가져가 프랑수아 1세가 마련한 저택에서 머물며 완성한 것으로 알려져 있다. 이를 비롯한 루브르 박물관의 탁월한 소장품은 바로 프랑수아 1세 시기부터 만들어지기 시작하였다(Mulcahy 2017, 38-39).

프랑스어와 프랑스 문화의 확산은 연계되어 이루어졌다. 언어권의 확장은 해당 언어로 쓰인 작품과 그 결실의 확산을 동반하게 마련이고, 프랑스어의 경우 이는 곧 몽테뉴, 데카르트, 몰리에르, 파스칼, 볼테르, 루소, 스탕달, 위고, 보들레르, 랭보, 프루스트의 글과

| 그림 5-1 | 프리드리히 2세의 상수시 원탁회의

독일의 사실주의 화가 아돌프 멘첼의 그림 속에서 프리드리히 2세는 등을 문 쪽으로 한 채 탁자 가운데에 자리하고 있으며 그의 오른쪽으로 두 번째 자리에 앉은 볼테르와 얼굴을 마주하여 이야기를 나누고 있다.

사상이 프랑스 바깥으로 전파되고 공유되는 결과를 의미했다. 프랑스가 지적, 예술적 영향력을 강화하는 데에는 해외 대사관과 궁정에서 활약한 저명한 철학자와 문인들의 기여도 있었다. 스웨덴과 네덜란드로 파견된 데카르트, 프로이센의 프리드리히 대제와 교류한 볼

테르, 비서관으로 베네치아 대사관에서 근무한 루소, 예카테리나 대제의 초청으로 러시아에 머물며 정책에 관한 조언을 한 디드로는 유럽 전역에서 활동하였던 프랑스 학자, 예술가, 건축가, 기술자들 가운데 잘 알려진 일부 사례일 뿐이다(Faucher 2016, 374n4; Lane 2016, 16-17). 바로 이러한 배경을 토대로 18세기 후반 즈음 프랑스어는 유럽 궁정의 언어, 외교관들과 지식인들의 언어로 자리매김하게 된다.

프랑스어와 함께 프랑스의 학문과 예술적 성취, 그리고 루이 14세 시대에 정교하게 발전한 예법, 요리와 의복, 생활양식을 대외적으로 투사하고자 했던 프랑스의 목표와 정책은 19세기에 이르러 '문명화 사명(mission civilisatrice)'이라는 이름을 얻었다. 집단의 발전과 진보 또는 발전한 집단이라는 의미로의 '문명(civilisation)'은 미라보 후작의 1756년 연구에 등장하며, 그는 자신의 1786년 원고에서 세련되고 순화된 풍습과 예의범절의 확립을 문명의 특징으로 제시한다.[6] 주목할 점은 미라보가 야만에서 벗어나 문명으로 향하는 선두 주자로서 프랑스를 지목하고 있다는 것이다. 지식의 발전과 함께 이루어지는 집단적 진보로 특징지어지는 문명 개념과 프랑스의 성취가 문명의 기준으로 볼 때 가장 앞서 있다는 인식은 점차 프

....

6 '문화'와 함께 '문명' 또한 집단적 진보와 발전을 뜻하는 개념으로 수립되었음을 문화와 문명을 구분하지 않는 타일러의 정의에서 짐작할 수 있다(참고 5-1). 두 개념의 관계에 대해서는 크게 상반되는 두 주장이 있다. 노르베르트 엘리아스(1996, 105-48)는 프랑스와 영국의 선구적 발전을 함축하는 문명(civilisation/civilization)에 독일 민족과 국가의 성취인 문화(Cultur/Kultur)가 대항하는 구도를 포착하는 반면, 외르크 피셔(2010, 150-82)는 두 개념 모두 유럽의 발전과 정체성을 드러낸다는 점에서 유사함을 주장한다.

랑스 지식인들과 사회에 수용되었고, 1798년 이집트 원정에 나서면서 "문명과 세계의 교류"에 이바지할 것이라는 나폴레옹의 말에서도 드러난다(피쉬 2010, 104-108). 그의 원정은 분명 대규모로 이루어진 대외 문화 활동이었다. 연구자, 공학자, 예술가 등으로 구성된 167명의 학자들(savants)이 원정에 참여하여 이집트에 계몽주의를 전파하는 한편 여러 방면으로 이집트를 탐구하였으며, 그 결과 유럽에서 이집트 문화에 관한 연구와 관심이 일어나게 되었다. 물론 루브르 박물관을 비롯한 프랑스 박물관 곳곳에 소장된 이집트 유물 역시 학자들과 원정대의 활동에서 파생된 결과 중 하나인데, 이는 문명화 사명이 실상 '문화제국주의(cultural imperialism)'라고 비판받는 이유이기도 하다(Mulcahy 2017, 45).[7]

프랑스의 대외 문화 활동은 그 과정에서 예술인들과 지식인들이 적극적으로 활용되었다는 점에서 문화의 인문학적 개념과 연관된 예술 외교와 학술 외교의 성격을 가지는 한편, 언어를 비롯한 총체적인 삶의 방식, 즉 프랑스 민족과 국가의 성취 전반을 가장 앞선 문명으로 전파한다는 점에서 인류학적 개념도 내포한다. 하지만 프랑스 문명을 향한 낙관적 신념은 1871년 프로이센과의 전쟁에서 패함으로써 흔들리게 된다. 문명에 대한 위기와 프랑스의 문화적 영향력을 강화할 필요성을 절실하게 느끼게 된 이들은 방안을 모색하는데, 그 결과 중 하나가 알리앙스 프랑세즈(Alliance française)다. 튀니지 총독이었던 폴 캉봉과 역사가이자 지리학자인 피에르 퐁생의

---

7   문화제국주의 비판은 프랑스에 뒤이어 '문명화 사명'이나 유사한 목표를 내건 영국, 독일 등 제국주의 국가에 모두 적용된다.

| 그림 5-2 | 이집트 원정대 학자들의 기록

원정에 참여한 고대 이집트 연구의 결실 중 하나인 *Description de l'Egypte*(이집트 서술, 1809~22)에 실린 삽화 중 하나의 일부인 위의 그림은 필레섬 트라이아누스의 정자를 그리고 있는 화가들의 모습을 담고 있다.

주도와 쥘 베른, 파스퇴르 등 학자들의 지원으로 1883년에 설립된 알리앙스 프랑세즈는 식민지인들과 현지에서 자라는 자국민 자녀들에게 프랑스어 교육을 제공함으로써 그들을 프랑스 문명의 일원으로 확보하고 성장시키려는 목적으로 출발하였다. 언어를 통해 문명을 지키려는 생각 속에는 프랑스어를 익히는 사람들이 프랑스 관습과 양식을 받아들이고 그에 따라 프랑스 상품을 구매하고 즐기게 되리라는 기대가 깔려 있었다(Kessler 2020, 231).

알리앙스 프랑세즈를 비롯하여 비슷한 목적을 가지고 19세기에서 20세기에 걸쳐 프랑스에서 만들어진 문화·교육 기관은 여러 경우 해외의 대중을 대상으로 활동할 뿐만 아니라 학자나 대학의 주도로 만들어지고 운영되었던 민간단체의 성격을 가졌다. 즉 국가 주도로 이루어진 프랑스 문화외교의 긴 역사와 문명화 사명 추진의 흐름 속에서 공공외교의 싹도 자라난 셈이다. 하지만 설립 및 운영 과정에서 정치권 인사의 협조를 얻거나 정부 지원을 받는 등 이들의 활동이 오롯이 민간 영역에 속한다고 보기 어려운 측면도 존재한다. 1902년에 창설된 '프랑스 비종교 위원회(Mission laïque française)'는 1906년부터 정부 보조금을 받았고, 의원들과 학자들이 1910년에 설립한 '프랑스대학·학교국립사무소(Office national des universités et écoles françaises)'의 경우 국가로부터 예산을 지원 받는 협회로 운영되었으나 점차 권한을 공공 기관에 이양하고 결국 1980년에 해산한다. 알리앙스 프랑세즈의 취지가 "국가의 노력을 강화하고, 북돋고, 지지하고, 마무리하는 것이지 대체하는 것이 아니"라고 설명한 퐁생의 말에서 볼 수 있듯이, 문명 수호에 나선 민간단체는 정부와의 관계를 상호 보완적으로 인식했던 듯하다(Mulcahy 2017, 46; Roselli 1996, 87).

프랑스 정부는 곧이어 관련 조직을 출범시키며, 식민지와 타국에서의 교육·문화 활동을 강화하고 국가 중심 문화외교의 흐름을 이어 나간다. '해외프랑스학교·자선단체국(bureau des Écoles et des Œuvres francaises à l'étranger)'은 1909년 외교부 내에 설립된 부서로서, 그 등장은 프랑스 문화와 언어를 확산시키려는 개인의 노력을 대학과 교육부가 지원하는 종래의 방식이 변화하여 외교부가 해당 활동을 조율하고 적극적으로 추진하게 되었음을 의미한다(Mulcahy 2017, 46-47). 19세기 말부터 시작된 이 같은 일련의 과정을 두고 쇼베는 프랑스가 현대적 문화외교 모델을 창안하였다고 평가하는데, 그에 따르면 이 모델은 두 가지 특징을 지닌다. 하나는 서적을 보급하고 강사를 파견할 뿐만 아니라 영화를 상영하고 극단 공연을 선보이는 등 다양한 수단을 활용한 점이며, 다른 하나는 학교를 비롯한 교육 기관과 문화 단체의 네트워크가 점진적으로 형성되었다는 점이다(Chaubet 2013, 95). 다만 문화 정책과 활동을 국가가 주도한다는 전통과 특징은 문화외교 분야의 선구자로 여겨지는 프랑스가 공공외교정책이나 담론에서는 타국의 변화를 뒤따르고 수용하고 있는 현 상황에 일부 영향을 미친 것으로 보인다(Charillon 2020).

그럼에도 불구하고 오랜 문화외교의 역사 덕분에 프랑스는 공공외교를 위한 풍부한 문화적 자산을 보유하고 있으며, 프랑스어권의 존재는 문명화 사명의 대표적인 유산이다. 비록 과학, 기술, 교육, 문화, 경제, 정치 등 거의 모든 분야에서 현재 영어가 압도적 위상을 차지하고 있지만, 프랑스어는 영어에 이어 두 번째로 많이 사용되는 인터넷상 언어이자 다수의 국가와 국제기구에서 공용어로 채택한 언어이며, 문화 분야에서의 그 영향력은 영문학에 이어 두 번째로 많은 노벨상이 불문학에 수여되었다는 점에서 가늠할 수 있다(Cicchelli and Octobre 2021, 114). 프랑스어권과 문화 네트워크의 존속, 그리고 여기에서 비롯되는 프랑스의 평판과 영향력이 그 물질적 쇠퇴를 상쇄하는 점을 가리켜 1960년대의 어느 독일 외교관은 '이등석 표를 가지고 일등석으로 여행한다'고 표현하기도 하였다(Chaubet 2013, 95). 파리와 그르노블에서의 교환학생 경험을 통해 프랑스 문화에 심취하고 불문학을 전공했던 재클린 케네디가 프랑스와의 문화 교류를 강화하는 노력의 일환으로 추진했던 1962년 〈모나리자〉의 미국 전시회에 쏟아진 예술계의 찬사와 대중의 열광은 문화에 대한 프랑스의 오랜 관심과 지원이 몇백 년의 시간을 넘어 여전히 거두고 있는 결실과 문화공공외교 분야에서 프랑스가 지닌 저력을 보여주는 한 장면이다(Mulcahy 2017, 50-51).

3. 문화와 교육의 관계

알리앙스 프랑세즈의 설립과 활동은 문화와 교육이 밀접히 연관되어 있음을 짐작하게 한다. 프랑스의 대외 문화 활동에 비추어 보면, 두 가지 이유로 이 연관성을 설명할 수 있다. 첫 번째 이유는 문화의 인문학적 개념에서 비롯된다. 문화란 인간의 총체적 완성을 향한 추구라는 인식은 노력, 훈련, 단련, 연구, 공부 등이 완전함을 달성하기 위해 필수적인 요소이며 따라서 교육이 문화의 중요한 발판임을 함축한다. 그리고 위에서 언급했듯이 언어는 단순한 의사소통 수단 이상의 의미가 있다. 언어를 확산하는 과정은 그 언어로 쓰인 소설, 시, 고전, 학술서의 전파와 상호 보완적으로 진행될 수 있으며, 그렇기에 이러한 학문적·예술적 성과를 탐구하기 위한 교육이 필요하다. 두 번째 이유는 프랑스가 적극적으로 추진한 문명화 사명에서 찾을 수 있다. 문명을 확장하고 수호한다는 사명은 식민지로 확보한 영토를 경제·군사·정치적으로 지배하는 것만이 아니라 이주민들과 현지인들을 사회·문화적으로 통합하기 위한 교육의 시행을 요구한다. 언어 교육의 필요성은 이러한 관점에서도 발견된다. 집단의 본질과 성취를 문명 또는 문화로 간주한다면, 언어는 해당 집단 구성원들이 사고하고 행동하는 방식을 함축하는 문화적 요소라고 할 수 있기 때문이다. 즉, 프랑스의 문화외교는 문화를 인간의 이상적이고 탁월한 모습으로 보는 인문학적 개념과 문화를 집단의 정체성으로 보는 인류학적 개념을 연결한 토대에서 이루어지며, 이 연계는 대중을 교육하고 교화한다는 목표에 응축되어 있다.

문화와 교육의 연관성을 설명하는 두 번째 이유에서 추론할 수 있듯이, 다른 제국주의 국가들 역시 알리앙스 프랑세즈와 같은 교육

기관이 절실한 상황에 놓여 있었다. 19세기부터 진행된 식민지로의 대규모 이주는 그곳에서 자라는 아이들이 모국어의 전통 속에서 모국에 대한 애착을 갖게끔 교육할 필요성을 제기하였다. 그리고 식민지인들을 문명에 편입시키기 위한 자국어와 문화 교육도 제공되어야 했다. 독일의 경우, '국외 게르만주의 보존을 위한 독일학교협회(Allgemeine Deutsche Schulverein zur Erhaltung des Deutschtums im Auslande)'와 같은 민간단체가 1881년에 설립되어 독일 학교의 해외 설립과 운영을 지원하였고, 종교 단체들이 학교와 병원을 운영하였으며, 고고학을 비롯한 여러 분야의 학술 기관들은 식민지 연구를 지원하였다(Mitchell 1986, 23-24).

4. 영국의 국제문화관계

반면, 영국은 식민지를 비롯한 해외에 자국의 문화를 전파하거나 이를 위한 교육 기관을 설립하는 일에 상대적으로 뒤처진 편이었다. 1차 세계대전 전까지 문화외교를 담당한 정부 부서가 만들어지지도, 대외 문화 활동을 위한 예산이 배정되지도 않았으며, 수단의 고든 칼리지와 알렉산드리아의 빅토리아 대학 외에는 식민지 교육 기관을 설립하려는 노력의 뚜렷한 성과를 찾아보기도 어렵다(Mitchell 1986, 26). 물론 영국이 제국 내 영어 보급에 힘쓴 것은 사실이나, 이는 식민지 통치의 편의를 위한 기능적 목적에 초점을 두었을 뿐 문화와 문명의 전파라는 관점에서 이루어진 일은 아니라고 지적받는다. 이러한 맥락에서, 냉전 시기의 영국 외교관 파슨스(Sir Anthony Parsons)는 1898년 옴두르만 전투를 승리로 이끈 후 수단 총독으로 임명된 키치너(Lord Kitchener)가 현지에 고든 칼리지를 설립하고도

1930년대 카이로 아메리칸 대학교 미국인 교수의 눈으로 본 영국과 프랑스의 식민지 교육

"이집트에서 영국은 군대를 가졌고, 프랑스는 사상을 가졌다. 영국은 교육을 통제하며, 프랑스는 뚜렷한 교육 철학을 가졌다. 프랑스인들은 그토록 체계적인 철학을 가졌고 영국인들은 그렇지 않았기에, 프랑스의 펜은 영국의 검보다 강함이 입증되었다." (Parsons 1984, 8)

이를 하급 공무원을 길러내는 기관 정도로만 생각하여 별 관심을 가지지 않았던 사례를 소개한다(Parsons 1984, 4).

영국이 자국의 지적·예술적 자산을 고유문화나 선진문명으로 포괄하여 전파하는 정책에 소극적이었던 이유에 대해 파슨스는 흥미로운 설명을 제시한다. 그는 18세기 초 무렵 영국에서는 자부심을 가질 만한 바람직한 자질로 여겨졌던 '교양 있고 세련됨(being cultured)'이 지나치면 안 되는 특성으로 점차 낮게 평가받게 된 변화에 주목한다. 이러한 변화는 빅토리아 여왕 재위 중기부터 2차 세계대전이 발발하기까지의 약 70-80년의 기간 동안 일어났는데, 이는 산업화 혁명이 진전되고 대영 제국이 확장하던 시기이기도 하다. 그리고 바로 이즈음 부상하여 제국 곳곳에서 활약했던 사업가, 금융인, 군인을 비롯한 중산층들의 가치관과 태도가 식민지와 타국인을 바라보는 관점으로 자리 잡았다고 파슨스는 추론한다. 이들의 가치관을 파슨스는 '지성주의보다는 실용주의, 이론보다는 실제, 예술보다는 기능'으로 표현하는데, 이와 같은 기준으로 볼 때 대외 문화 활동이란 쓸데없이 돈만 드는 일이었을 것이다(Parsons 1984, 1-3).

하지만 1차 세계대전 이후 영국인들은 자국어와 문화를 대외적으로 전파할 필요성과 가치를 인식하게 된다. 당시 제국으로서의 위상이 하락하기 시작한 영국은 미국, 일본 등과의 경쟁 속에서 해외에 기반한 이권을 지켜내야 했고, 그러한 상황에서 자국의 문화적 자산은 식민지를 유지하고 대외적인 영향력을 강화하기 위한 전방위적 노력에 동원할 만한 수단으로 여겨졌을 것이다. 그런 한편 정치적 이념을 민족문화로 포장하여 선전하던 독일과 이탈리아 전체주의 정권의 활동은 문화와 사상의 중요성을 부각하는 결과를 가져왔다. 가령 1935년 에티오피아를 침공하며 이탈리아가 펼친 선전 활동으로 인해 영국에 대한 현지인들의 적대감이 높아졌던 일은 영국이 전략적, 정치적, 상업적 이해를 지키는 방편으로 문화에 주목하게 되는 계기 중 하나였다(Mitchell 1986, 26-27; Parsons 1984, 4-5).

위기에 처한 영국이 문화에 주목하고 기댔다는 사실은 전쟁에서의 패배 이후 설립된 알리앙스 프랑세즈의 사례를 연상시키지만, 영국의 대외 문화 활동은 프랑스의 문명화 사명과는 다소 다른 성격을 보인다. 1934년 문화 교류와 교육 활동을 위해 설립된 영국문화원(British Council)의 주요 활동은 문화를 매개로 국제관계를 형성하고 상호 이익을 도모하는 것으로 소개된다. 온라인으로 영국과 세계 곳곳의 학교를 연결하여 교사와 학생들이 수업과 연수 등의 형식으로 교류하고 학습할 수 있도록 지원하는 '원격수업교류(Connecting Classrooms)', 영국과 해외 단체들의 공동 예술 프로젝트를 후원하는 '국제공동작업보조금(International Collaboration Grants)', 장기적으로 교류 방문과 교육적 협력을 도모하기 위해 북한과 체결한 문화 및 교육 교환에 관한 양해각서 등의 구체적 활동 내역과 성과는 대등한 관계에서 이루어지는 양방향의 문화 교류를 지향하는 영국

| 그림 5-3 | 리스본의 영국문화원

영국문화원이 1938년 처음으로 해외에 개설한 네 사무소 중 하나인 리스본의 영국문화원은 1942년 위쪽 사진 속의 장소로 이전한 이래 가장 오래 한곳에 자리한 사무소로 활동하고 있다. 아래쪽 사진은 리스본 영국문화원이 1961년 개최한 카니발 무도회의 모습이다.

문화원의 특성을 보여준다. 대외적 문화 활동에 있어서 양방향의 소통과 상호 이익을 강조하는 영국의 태도는 문화외교 대신 국제문화관계라는 표현을 선호하는 데에도 반영된 것이라 짐작된다(Fisher 2020, 246-47).

문화 활동의 목표를 국익으로 제한하지 않고 상호 이익을 지향하거나 언어와 문화의 일방적인 전파보다 쌍방향의 교류를 도모한다는 점에서 영국의 국제문화관계는 신공공외교에 가까워 보인다. 물론 표면적인 목표와 실제의 목표가 다르고 영국의 문화 활동이 실상 자국의 이익을 추구하기 위한 수단으로서 교류와 상호 이익을 내세운 것이라고 지적할 수도 있지만, 이는 영국의 경우에만 적용되는 이야기는 아니다. 신공공외교의 기조를 내건 모든 국가에 대해서 실질적으로 그들의 활동이 폭넓은 행위자가 참여하여 상호 이해와 이익을 도모하는 교류인지 아니면 대외정책 및 전략의 틀에서 국익을 좇는 정부 주도의 행위인지 의문이 제기될 수 있다. 이는 개념상의 구분과 별개로 기존의 공공외교와 신공공외교를 현실에서 구분하기 어렵다는 문제로 요약된다. 또한 국제문화관계의 일환으로 영국 문화원에서 운영하는 교환프로그램은 컬의 공공외교 분류체계에서 문화외교와 구분되는 교류외교에 속한다는 점에서 문화외교는 물론 공공외교의 여러 유형의 범주를 규정하는 문제도 생각하게 된다.

이러한 맥락에서 영국의 국제문화관계에서 주목할 만한 또 다른 특징은 다수의 개발프로그램이 추진된다는 것인데, 영국의 고등교육기관과 개발도상국 고등교육기관의 협업을 통해서 개발도상국의 사회적 현안을 탐구하고 현지 기관의 연구 능력을 강화하는 '고등교육연계(Higher Education Links)' 프로그램이나 창의성과 지속가능성을 목표로 예술가, 기업가, 정책결정자, 연구자, 투자자들의 연계를 지원하는 '포괄적이고 창의적인 경제 개발(Developing Inclusive and Creative Economies)' 프로그램 등이 그 예다. 냉전 시기에 37년간 영국문화원에서 근무했던 미첼(J. M. Mitchell)은 문화와 개발의 관계를 설명하며, 국제구호와 개발협력사업이 일방적으로 진행되기 어려우며 대상 국가의 관습과 문화에 대한 고려를 요구한다고 지적한다. 그가 제안하는 방식 중 하나는 교환학생 프로그램을 통해 사업참여국 간의 이해를 증진하는 것으로, 그의 주장은 공공외교의 세부 분야에 속하는 문화, 교육, 개발의 밀접한 관계를 시사한다(Fisher 2020, 246-48; Mitchell 1986, 88-95).

5. 미국: 문화와 전쟁

영국문화원의 등장 배경은 문화가 국가 간 경쟁의 도구로 인식되고 적극적으로 활용되던 전간기의 시대적 상황에 주목하게 한다. 문화 개념이 특히 정치화된 국가 중 하나는 독일이며, 이러한 변화 속에서 활동한 이들 중 두드러지는 인물은 역시 괴벨스다. 나치당이 총선에서 승리한 1933년에 히틀러의 주도로 설립된 대중계몽선전국가부(Reichsministerium für Volksaufklärung und Propaganda)의 장관으로 임명된 그는 문화에 대한 국가의 통제권을 손에 넣고 문학, 영화, 음악, 연극, 방송 등의 분야에서 '게르만적'이지 않은 요소를 모두 배제하였다. 유대인이었던 멘델스존과 말러의 음악은 금지된 반면 바흐와 바그너의 음악은 게르만 민족의 음악으로 인정받았고, 인종이론과 나치의 반유대주의에 반대한 독일의 역사철학자 슈펭글러는 배척되었지만 백인의 우월함을 주장했던 미국의 우생학자 그랜트의 저서는 예외적으로 출판이 허용되었다. 한편 유럽 문명의 대등한 일원으로 인정받지 못한 일본은 대신 자국이 이끄는 동아시아 문명을 건설하여 서구에 대항하겠다는 명분을 내세우며 침략 행위를 정당화하였다. 이러한 맥락에서 중일전쟁은 "인류의 정의로운 진보를 가져올 우월한 문화를 보호, 발전, 창조"하기 위한 "성전"

으로 명명되었고, 전쟁 중 자행된 도서관, 박물관 등의 파괴와 수십만 권의 서적 약탈은 '문화 보존 행위'로 포장되었다(Iriye 1997, 117-126).

문화를 곧 민족, 국가와 동일시하고 국가 정책의 도구로 삼던 이러한 국가들에 비해 미국은 상대적으로 늦게 문화의 정치·외교적 역할에 주목한 편이다. 변화의 주요한 계기는 전쟁이었다. 1차 대전에 뛰어든 윌슨 행정부가 1917년에 설립한 '공보위원회(Committee on Public Information)'는 미국의 참전과 전쟁 활동에 대한 국내외의 지지를 얻기 위한 선전의 일환으로 영화, 포스터, 광고, 공연 등을 활용하였으며, 1942년 루스벨트 대통령의 행정명령으로 신설된 '전쟁정보국(Office of War Information)'은 전쟁에 대한 올바른 정보를 국내외 민간인들에게 전달한다는 목적을 가지고 영화, 사진, 잡지, 전단지, 광고, 신문, 라디오 방송 등의 매체를 이용한 활동을 펼쳤다. 2차 세계대전의 공보전에서 미국이 가졌던 중요한 자산이자 동지는 할리우드다. 1차 세계대전 이후 강력한 경쟁자들이 거의 무너진 유럽 시장에서 미국의 영화 산업은 대공황에도 불구하고 큰 성공을 거두었고 독일 업계만이 거의 유일한 적수로 남은 상태였다. 하지만 나치 독일이 유럽 대부분을 장악함에 따라 할리우드는 유럽 시장에서 밀려날 수밖에 없었으며 정부와의 협력은 잃어버린 시장을 되찾기 위한 당연한 선택이었다. 그런 한편 국내외 대중을 대상으로 한 효과적인 선전이 절실했던 미국 정부의 입장에서는 이미 많은 이들이 즐기고 열광하는 할리우드 영화와 배우들은 자국을 알리는 매력적인 수단으로 여겨졌다(Wagnleitner 1992).

할리우드로 대표되는 미국 대중문화가 유럽 대중들에게 미친

| 그림 5-4 | 할리우드와 2차 세계대전

2차 세계대전 중 할리우드는 선전 영화 제작, 배우들의 참전, 군인들을 위한 공연 등 다양한 방식으로 전시 활동을 펼쳤다. 위쪽 사진은 공군으로 복무했던 클라크 게이블(앞줄 가장 오른쪽)이 1943년 5월 첫 공습 임무를 마치고 동료들과 나란히 선 모습을 담았다(출처: https://catalog.archives.gov/id/204855153). 베티 데이비스를 비롯한 할리우드 인사들은 '할리우드 캔틴(Hollywood Canteen)'을 설립하여 군인들이 무료로 음식과 오락을 즐길 수 있는 공간으로 운영하였는데, 많은 배우들이 이곳을 찾아 봉사하였다. 아래쪽 사진 속에서 마를레네 디트리히와 리타 헤이워스는 음식을 제공하며 군인들을 응대하고 있다(출처: https://www.loc.gov/item/95504098/).

영향력과 대조적으로 예술과 고급문화의 영역에서 유럽 내 미국의 이미지는 그리 높지 않았다. 오히려 대중문화의 성공은 유럽의 지식인과 예술인들에게 미국의 문화가 "기껏해야 미키마우스와 카우

보이 영화"라는 인식을 심어주었다. 2차 세계대전이 끝나면서 소련 공산주의와의 이념적, 정치적 대결이 격화되던 1950년대 초반에 특히 유럽 좌파 지식인들의 마음을 사는 것은 중요한 문제였고, 미국 정부는 자국이 신대륙에서 유럽 문화를 지키는 기수이자 유럽과 대등한 문화적 주체임을 보여줌으로써 이들을 미국 주도의 세계로 통합시키고자 노력하였다. 종전 이후 폐지된 전쟁정보국의 일부 기능을 흡수한 '국제정보문화국(Office of International Information and Cultural Affairs)'이 국무부 내에 설립된 것은 이러한 배경에서 비롯되었으며, 국무부는 중앙정보국(CIA), 미국공보국(USIA)과 같은 관계 기관들과 협력하여 유럽 지식인들을 대상으로 미국의 지적·문화적 이미지를 개선하기 위한 학술회의 개최, 서적과 예술 작품 보급, 오케스트라와 발레단 공연 후원 등의 활동을 펼쳤다. 또한 미국 정부는 전시 활동으로 공을 세운 할리우드를 위해 유럽 정부를 압박하여 그들이 각기 자국 영화에 할당한 상영 비율이나 해외영화에 부과하는 관세를 낮추도록 하였고, 전후 미국의 지원이 절실했던 그들의 타협으로 인해 할리우드 영화를 통한 미국적 가치의 확산은 더욱 가속되었다(Wagnleitner 1992; Barnhisel 2007).[8]

미국의 외교정책 내에서 문화라는 요소가 자리 잡는 과정에는 문화에 대한 서로 다른 인식 간의 경쟁이 발생하였다. 역사학자 닌코비치에 따르면, 2차 세계대전 말 무렵 미국의 학계와 정계는 문화

....

8   가령 1946년 미국과의 '블룸-번스 협정(Blum-Byrnes agreements)'에서 프랑스는 채무를 탕감받는 대신 미국 영화의 수입 제한 조치와 자국 영화에 대한 보호 조치를 완화하였고, 그 결과 프랑스 영화의 상영 비율은 50%에서 31%로 줄어들었다(Cicchelli and Octobre 2021, 116).

와 관련해서 두 가지 입장으로 나뉘어 있었다. 한쪽은 문화 정책과 교류에 있어서 정부의 제한적 역할을 주장하며 문화란 정부에 맡겨질 수 없으며 전문가를 비롯한 민간의 폭넓은 참여를 요구하는 영역이라고 간주하는 반면, 다른 한쪽은 문화를 국가적 사안으로 규정하며 정부가 문화 정책의 구심점 역할을 맡아야 한다고 강조하면서 맞섰다. 베를린 봉쇄, 소련의 원자폭탄 실험 성공, 중국의 공산정부 수립과 같은 사건을 거치며 냉전 구도가 선명해진 1940년대 후반의 상황 속에서 결국 후자의 관점과 입장이 힘을 얻고 이를 견지한 집단이 외교정책의 수립과 시행을 주도하게 되었으며, 그 결과 위에서 살펴본 국무부, CIA, USIA 등의 활동이 이어진다. 즉, 냉전은 정치, 경제, 군사적 대결일 뿐만 아니라 '문화냉전(Cultural Cold War)'이기도 했다(Ninkovich 1981). 이를 앞서 논의한 문화 개념에 비추어 다소 개략적으로 표현하면, 인문학적 개념과 현대 인류학적 개념의 경쟁에서 후자가 승리하면서 문화를 집단의 정체성이자 집단 간 대립의 한 측면으로 간주하는 다소 변형된 현대 인류학적 개념이 정립되었다고도 할 수 있을 것이다.

물론 미국과 유럽을 비롯한 타국 사이에 이루어진 학술적, 예술적 교류 뒤에는 민간단체와 개인의 적극적인 노력도 있었다. 하지만 냉전 당시 활발한 문화 교류 활동을 펼쳤던 '문화자유회의(Congress for Cultural Freedom)'가 CIA의 주도로 설립되고 운영된 단체라는 사실은 분명 인상적이다. 문화자유회의는 문학지 *Encounter*를 비롯한 예술, 과학, 정치 분야의 각종 잡지를 전 세계적으로 발행하고 발레와 뮤지컬 공연, 전시회 등을 후원하며, 재즈 음악가들을 유럽, 남미, 아프리카 등지로 보내 공연을 선보이게 했다. 루이 암스트롱

| 그림 5-5 | 냉전 도구로서의 미국적 예술 : 추상표현주의

문화자유회의는 잭슨 폴락을 비롯한 추상표현주의 화가들을 적극적으로 후원하였다. 이들의 화풍은 유럽과 구분되는 미국적인 성격을 가지면서도 현대적인 세련됨과 자유로움을 드러낸다는 점에서 CIA의 주목을 받았다. 위의 사진은 1953년 파리의 국립현대미술관에서 열린 '12명의 현대 미국 화가와 조각가(Twelve Modern American Painters and Sculptors)' 전시회의 언론시사회 모습이다.

출처: Alex J. Taylor(2018), "Cold War Diplomacy", *The Unknown Political Prisoner (Defiant and Triumphant) 1952 by Theodore Roszak*, Tate Research Publication, https://www.tate.org.uk/research/in-focus/unknown-political-prisoner/cold-war-diplomacy (검색일: 2022.03.04.).

과 그의 밴드 올스타의 1965년 동유럽 공연은 철의 장막 너머의 무대에 미국인이 선 역사적 사례로 꼽힌다.

현대적 의미의 '공공외교' 용어는 바로 이 냉전을 배경으로 등장하였다. 그 주역은 2차 세계대전 즈음부터 냉전 초중반까지 외교관으로 활동하였고 터프츠 대학 플레처 스쿨 학장으로 재직하고 있던 걸리온(Edmund A. Gullion)이다. 걸리온은 전 USIA 국장이자 종군기자로 명성을 날린 에드워드 머로의 이름을 딴 공공외교센터(Edward R. Murrow Center of Public Diplomacy)를 설립하였는데, 이는 문화 교류를 비롯해 선전이나 공보로 불리던 활동에 공공외교라는 새로운 이름과 지위를 부여하는 계기가 되었다.

소련의 해체로 냉전이 막을 내리고 이제 국제정치 권력 구도의 정점에 선 미국은 그동안의 기조에서 선회하여 공공외교는 물론 대외 활동 전반을 축소해갔다. 국제연합(UN)과 같은 국제기구에 대한 분담금 지급을 중단하고, 외교 예산을 줄이며, 그 결과 국무부 인력 축소를 초래하였다. 국무부가 운영하는 문화·교육 교류 프로그램 예산도 예외가 아니었고, 아울러 USIA 역시 1960년대의 약 절반 수준으로 직원이 감소하는 등 외교 분야에 불어닥친 감축의 바람을 피하지 못하였다(Kurlantzick 2007, 178-179).

이러한 흐름을 바꾸어 공공외교의 의의와 역할이 재조명되도록 하는 사건이 2001년에 발생했다. 바로 9.11 테러였다. 세계무역센터에 가해진 충격적인 테러와 세계 일부의 환호로 인해 미국인들은 자신들에게 강한 증오를 품고 있을 뿐만 아니라 이를 대규모 자살 테러를 자행하면서까지 표현할 사람들과 그들을 지지하는 사람들이 적지 않다는 당혹스러운 사실을 깨닫게 된다. 국제 여론에 영향을 미치고 세계청중의 마음을 사는 문제는 다시금 그 중요성을 인정받았고, 정부 및 연구 기관에서 관련 보고서가 쏟아져 나오는 한편 다수의 대책 위원회가 만들어졌다. 앞서 살펴본 프랑스와 영국의 사례는 국가의 정치·경제·군사력이 하락하거나 국가가 강력하고 위협적인 경쟁자에 직면할 때 문화가 가진 힘이 주목받는 공통점을 보여주었다. 어려운 때일수록 사용할 수 있는 모든 수단을 동원하는 것이 타당한 대응이라고 가정한다면, 이는 당연할 일일지도 모른다. 그런데 미국의 사례는 미국 정부가 문화나 문화를 활용하는 외교에 주목하게 되는 어려운 시기란 전시 또는 전시와 다름없는 상황이라는 특징을 보인다. 그리고 문화와 전쟁의 언뜻 역설적인 관계는 문화외교의 본질에 대한 의문, 다시 말해 대외 문화 활동이란 국익 도모를 위한 정부 정책의 일환인지 아니면 공동의 이익을 위한 국가 간 교류인지 하는 문제를 다시 한번 제기한다.

6. 대중문화외교와 공공외교의 발전

할리우드의 성공과 이를 뒷받침한 미국 정부와의 협력 사례가 보여주듯이, 미국의 문화적 영향력이 확장하고 대외 문화 정책이 본격적으로 추진되기 시작하였을 때는 대중문화 산업이 성장한 시기이기도 하다. 이 변화를 문화외교의 맥락에서 관찰하면, 문화적 영향력의 축이 유럽에서 미국으로 이동함과 함께 예술과 고급문화를 중심으로 이루어지던 문화 교류와 활동에서 대중문화가 차지하는 비중이 커졌음을 발견할 수 있다.

예술외교의 상대적 하향과 대중문화외교의 부상은 문화외교의 방식상 변화로도 이해할 수 있다. 문화적 활동은 매개의 유형과 대상의 범위에 따라서 두 가지 방식으로 나눌 수 있는데, 하나는 한정된 대상을 겨냥한 느린 매개에 기반을 둔 활동이고, 다른 하나는 빠른 속도로 많은 사람에게 내용을 전달하는 매개를 통한 활동이다. 전자의 주된 형태는 서적, 사상, 가치를 나누는 사람과 사람 사이의 교류로서, 지식인과 교육 받고 교양 있는 대중을 대상으로 한 학술회의, 언어 프로그램, 초청 공연 및 전시회를 비롯한 문화 행사 등을 통해 이루어지며, 반면 후자는 라디오와 텔레비전 방송, 일간 신문, 영화, 인터넷 등 광범위한 대중이 빠르게 정보를 접할 수 있는 매개를 토대로 한 활동이다(Chaubet and Martin 2011). 둘의 또 다른 차이는 전자가 주로 문자 정보를 담고 있는 것과 달리 후자는 그림과 영상의 전달이라는 점이다. 그림과 영상은 직관적으로 이해될 수 있으며, 그렇기에 다수의 대중에게 접근하기 위해 활용할 수 있는 효과적인 수단이라고 할 수 있다. 즉, 대중문화외교는 대상, 매개, 정보의 형식 면에서 다수를 상대하기에 적합하거나 이를 목표로 하는 활동으로, 예술외교에 이어 대중문화외교가 주요한 문화외교 방식으로 부상한 흐름은 문화외교가 가지는 공공외교의 성격이 강해지는 변화를 함축했다고 보인다. 현대적 의미의 공공외교 개념이 정립되고 공공외교센터가 설립되는 등 공공외교 연구의 선구적 움직임이 다름 아닌 미국에서 일어난 데에는 아마도 공공외교의 필요성이 절실했던 냉전 상황뿐만 아니라 대중문화 산업이 융성하고 이를 바탕으로 한 외교 방식이 발달한 미국의 여건이 작용하였을 것이다.

7. 한국 대중문화의 성장과 소프트 파워: '상냥하고 부드러운' 한류의 힘

할리우드 영화의 전 세계적인 공세 앞에서 한국 시장도 예외가 아니었다. 1980년대 초중반 한국의 대미무역흑자를 근거로 미국 영화계는 자국 정부를 움직여 한국 영화시장을 개방하도록 압박하였고, 1985년 한미영화협상을 통해 외국영화사의 한국 내 영업이 허용되면서 한국영화사만이 해외영화를 수입하고 배급할 수 있었던 영화시장에 큰 변동이 일어나기 시작하였다. 이어 1988년의 협상에서 미국은 한국 내에서의 원활한 영업을 위해 여러 수입 제한 조치를 완화하거나 철폐할 것을 요구하였고 관철하였다. 대표적인 결정

중 하나는 영화 프린트 벌수 제한을 점진적으로 완화한 후 철폐하기로 한 것으로, 이는 특정 영화가 여러 상영관을 확보하고 나아가 상영관을 독과점할 수 있는 길을 열어주었다. 1989년에 12편으로 제한되었던 프린트 벌수는 1994년에 그 제한이 완전히 풀렸고, 해당 기간 중 해외영화의 시장 점유율은 80%를 넘어서기도 하였다. 다수의 국내 영화 수입업체들은 문을 닫았고, 1991년에 121편이 제작되었던 한국 영화는 1992년에는 96편, 1993년에는 63편만이 제작되었다(Cicchelli and Octobre 2021, 125). 이런 상황에도 불구하고 많은 영화인이 노력하여 〈서편제〉, 〈은행나무 침대〉, 〈넘버 3〉 등의 성과를 내고 한국 영화의 명맥을 이어가던 중, 할리우드 영화의 위력을 다시 한번 실감하게 하는 사건이 있었는데 바로 1998년 2월에 개봉한 〈타이타닉〉의 흥행이었다. 1997년 말 IMF로부터 구제금융을 받아야 했던 경제위기 속에서 〈타이타닉〉이 이룬 흥행 신기록은 한국 영화와 할리우드 영화, 특히 블록버스터 사이에 쉽게 넘을 수 없는 격차가 있음을 보여주는 것 같았다.

놀랍게도 〈타이타닉〉의 기록은 1년 뒤 개봉한 〈쉬리〉에 의해서 깨어진다. 〈쉬리〉는 역대 최고의 관객 수를 기록했을 뿐만 아니라 한국도 막대한 예산을 투입하여 액션 대작을 만들 수 있음을 보여줬다는 점에서 한국 영화계에 자신감과 활기를 불어넣었다. 이후 〈친구(2001)〉, 〈실미도(2003)〉, 〈태극기 휘날리며(2004)〉, 〈왕의 남자(2005)〉, 〈괴물(2006)〉 등을 통해 한국 영화는 꾸준히 새로운 흥행 기록을 세워나갔고, 칸 영화제 심사위원 대상을 받은 〈올드보이〉의 박찬욱 감독과 칸 영화제 여우주연상을 받은 〈밀양〉의 배우 전도연 등 해외 영화제에서 호평받는 영화인들의 활동도 두드러졌다.

이와 같은 반전의 흐름은 일본 대중문화 개방의 사례에서도 발견할 수 있다. 1998년 김대중 대통령의 지시로 시작된 일본 만화, 영화, 드라마, 가요, 애니메이션, 게임 등에 대한 단계적 개방 조치는 당시 일본 문화가 국내 시장을 잠식할 것이라는 일부의 우려 속에서 진행되었고, 1999년 국내에 개봉한 이와이 슌지 감독의 〈러브레터〉에 대한 호응은 이러한 시각을 뒷받침해주는 듯하였다. 하지만 한국 방영 1년 후인 2003년에 일본에서 방영된 〈겨울연가〉가 폭발적인 인기를 얻으면서 일본 내에 한류 열풍이 본격적으로 불기 시작한다.

한류(韓流)라는 용어는 1990년대 후반 중화권에서 한국 드라마와 아이돌 가수들이 인기를 끌면서 만들어진 것으로, 2000년대에는 〈겨울연가〉 외에도 〈대장금〉과 동방신기 등으로 대표되는 한국 대중문화가 아시아권을 중심으로 확산되면서 한류의 영역이 넓어졌다. 2022년 현재까지 이루어낸 굵직한 성공 사례만 떠올려 보아도, 한류 예능의 대표 격인 〈런닝맨〉, 사회적 현상으로 분석될 정도의 인기몰이를 한 〈별에서 온 그대〉, 싸이의 〈강남스타일〉, 칸 황금종려상과 아카데미 작품상에 빛나는 〈기생충〉, BTS의 빌보드와 아메리칸뮤직어워드 수상 및 빌보드 1위 기록, K-좀비로 화제를 모은 〈킹덤〉, 넷플릭스 사상 최장기간의 전 세계 시청 1위를 기록한 〈오징어 게임〉 등 모두 열거하기 어려울 정도다.

한국 대중문화의 화려한 성공에도 불구하고 이러한 문화의 매력을 토대로 한국이 얻은 평판과 영향력은 상대적으로 낮은 것으로 보인다. '매력을 통해 상대의 행동을 바꾸는 능력', 즉 소프트 파워(soft power)를 가늠할 수 있는 잣대 중 하나인 포틀랜드(Portland)사의 평가에 따르면 2010년대 중후반 한국의 소프트 파워는 전 세계에서 20위 정도의 수준에 지나지 않는다(Nye 2004).[9] 세부 지표를 살펴보면, 소프트 파워를 측정하는 7가지 부문 중 하나인 '문화(culture)'에서의 평가는 '디지털(digital)'이나 '산업(enterprise)'에서의 성과에 비해 뒤처지는 편이고, 해외에서의 평판을 보여주는 '설문조사(poll)'에서는 특히 낮은 순위를 기록하고 있다.

다만 고무적인 점은 최근 한국의 소프트 파워가 상승하는 추세를 보인다는 것인데, 포틀랜드 사는 그 요인으로 IT산업의 발전과 기술혁신, 2018년 평창 동계 올림픽의 성공적 개최와 아울러 BTS로 대표되는 한류의 세계화를 지목한다. 그렇다면 한국 대중문화가 가지는 매력의 본질은 무엇이고, 이를 통해 발휘되는 소프트 파워

| 표 5-1 | 포틀랜드의 The Soft Power 30, 2015–2019: 한국의 종합 및 세부 지표 순위

	종합	Digital	Enterprise	Education	Culture	Engagement	Government	Polling
2015	20	6	6	9	13	19	18	28
2016	22	18	3	21	16	23	26	28
2017	21	5	3	7	13	17	21	28
2018	20	5	8	15	11	14	20	26
2019	19	5	9	12	12	16	19	23

출처: https://softpower30.com/country/south-korea/

....

9   한국 외교부는 공공외교를 "외국 국민들과의 직접적인 소통을 통해 우리나라의 역사, 전통, 문화, 예술, 가치, 정책, 비전 등에 대한 공감대를 확산하고 신뢰를 확보함으로써 외교관계를 증진시키고, 우리의 국가이미지와 국가브랜드를 높여 국제사회에서 우리나라의 영향력을 높이는 외교활동"이라고 정의한다(https://www.mofa.go.kr/www/wpge/m_22713/contents.do). 공공외교에 의해서 높여지는 영향력이 소프트 파워를 포함한다고 이해하면, 소프트 파워는 문화적 자산을 토대로 이루어지는 공공외교의 목적이라고 할 수 있다.

는 어떤 모습일까? 흥미롭게도 사회학자 치첼리와 옥토브르는 한국이 독특한 소프트 파워를 가지고 있다고 주장하면서 이를 '스위트 파워(sweet power)'라고 명명한다. 한국 드라마의 로맨스나 아이돌이 짓는 눈웃음의 달콤함을 연상시키는 이 용어에 대해서, 치첼리와 옥토브르는 제국주의적 야심으로 벌어진 폭력과 가해의 역사로부터 자유로운 점에 근거하여 한국을 "상냥하고 위협적이지 않은 국가(a sweet and non-threatening nation)"로 그리는 한류의 전략이 그 성공의 주된 비결이자 한국을 다른 대중문화 강국(특히 일본)과 구분하는 지점이라고 설명한다(Cicchelli and Octobre 2021, 133-34). 다시 말해, 타국을 침략하고 억압하기는커녕 타국의 지배를 딛고 독립을 쟁취한 역사적 경험에서 비롯되는 도덕적 지위에 대중문화가 부각하는 긍정적인 국가 이미지가 더해지면서 문화 자체의 매력이 높아지고 한국은 '소프트'하면서 '스위트'한 영향력, 즉 부드럽고 상냥한 성격의 힘을 획득했다는 것이다. 이는 김구 선생께서 소망한 "높은 문화의 힘"을 가지고 평화에 이바지하는 국가를 연상시키는 평가이기도 하다.

위협적이지 않은 상냥한 한국의 이미지를 형성하는 과정에서 한류 콘텐츠가 제시한 한국의 정체성은 회복력(resilience), 현대성(modernity), 조화(harmony)의 세 가지로 요약된다. 사극은 한국의 오랜 역사와 그 속에서 이어져 오는 회복과 반동의 힘을 잘 보여주는 장르로 꼽히는데, 치첼리와 옥토브르는 그 대표적인 예로 〈각시탈〉과 〈미스터 션샤인〉을 들어 살펴본다. 이와 유사한 작품으로 볼 수 있는 〈경성 스캔들〉, 〈녹두꽃〉 등도 억압에 저항하고 자신의 공동체를 지키는 사람들의 모습을 담고 있으며, 이는 한류 콘텐츠가

김구 선생의 "내가 원하는 나라"

"나는 우리나라가 세계에서 가장 아름다운 나라가 되기를 원한다. 가장 부강한 나라가 되기를 원하는 것은 아니다. 내가 남의 침략에 가슴이 아팠으니 내 나라가 남을 침략하는 것을 원치 않는다. 우리의 경제력은 우리의 생활을 풍족히 할 만하고, 우리의 국방력은 남의 침략을 막을 만하면 족하다. 오직 우리가 한없이 가지고 싶은 것은 높은 문화의 힘이다. 문화의 힘은 우리 자신을 행복하게 하고 나아가서 남에게 행복을 주겠기 때문이다.

지금 인류에게 부족한 것은 무력도 아니요, 경제력도 아니다.…인류가 현재에 불행한 근본 이유는 인의가 부족하고 자비가 부족하고 사랑이 부족한 때문이다. 이 인의의 마음만 가지게 되면 현재의 물질력만으로도 20억 인류가 다 편안히 살아갈 수 있을 것이다. 인류의 이 정신을 배양하는 것은 오직 문화뿐이다.

나는 우리나라가 남의 것을 모방하는 나라가 되지 말고, 높고 새로운 문화의 근원이 되고 목표가 되고 모범이 되기를 원한다. 그래서 진정한 세계의 평화가 우리나라에서, 우리나라로 말미암아서 세계에 실현되기를 원한다." (김구, 『백범일지』, "나의 소원" 중에서)

구성하는 한국 정체성의 또 다른 요소인 조화와 연결된다. 즉, 한국 작품 속의 개인은 서구 작품이 곧잘 묘사하듯 집단과 유리되거나 집단보다 우선하는 존재가 아니라, 가족을 존중하고 공동체와 조화로운 관계를 유지하고자 노력하는 존재다. 심지어 치첼리와 옥토브르의 지적처럼 서로 대립하였던 〈미스터 션샤인〉의 주요 남자 인물들이 결국 조선을 구하는 목적을 위해 협력하게 되듯이, 적이었던 이들이 조화를 이루는 예도 종종 발견된다. 치첼리와 옥토브르는 드라마 외에서도 조화의 메시지를 찾아낸다. 아이돌 그룹이나 팬클럽의 이름이 많은 경우 애정과 화합을 함축하고 있으며, 그룹 멤버들 간의 화목하고 가족 같은 관계는 홍보를 통해 강조되는 요소다. K-드라마와 K-pop에서 발견되는 또 다른 공통적인 시각은 기술적 발전과 현대성을 향한 긍정적 태도다. 기술혁신이 초래하는 재난과 디스토피아를 즐겨 다루는 미국의 영상물과 달리 한국 드라마 속 발전된 기술은 인간을 이롭게 하는 때가 많다. 주인공들의 상처를 위로하는 친구로 AI가 등장하는 〈나 홀로 그대〉와 잘못된 연애 상대를 가려내 주는 AI를 소재로 삼은 〈제발 그 남자 만나지 마요〉와 같은 작품이 그 예다. 최신 모바일 기기를 사용하며 현대화된 거리를 누비는 모습을 일상과 공간의 전형으로 묘사하는 방식 또한 기술에 대한 낙관적 시각을 은연중에 드러내는 한국 드라마의 특징이며, 이는 K-pop 뮤직비디오에서도 곧잘 발견된다. 그리고 가수들이 노래를 만들고 공연을 펼치며 팬들과 교류할 때 디지털 기술을 적극적으로 활용하는 점도 인간과 기술의 긍정적인 관계와 한국의 앞선 기술 수준을 엿보게 하는 대목이다(Cicchelli and Octobre 2021, 127-33).

치첼리와 옥토브르가 한류 콘텐츠에서 발견한 한국의 이미지를 요약하면 '긍정적 태도'라고 할 수 있다. 그들의 주장은 여러 사례로 뒷받침되며, 이제는 한류 성공의 대표 주자로 자리 잡은 BTS의 여러 활동과 특징도 설명한다. 음악, 글, UN 연설 등을 통해 꾸준히 전달한 '나를 사랑하자'는 메시지, SNS를 비롯한 디지털 플랫폼을 통해 팬들과 지속적으로 소통하면서 표현하는 애정과 감사, 코로나 시국에 힘겨워하는 사람들을 위로하는 노래, 그리고 희망과 연대로 위기를 극복할 것을 제안한 UN 연설 등은 한국의 긍정적 태도뿐만 아니라 '상냥하고 부드러운' 이미지를 형성할 만한 활동으로 판단된다.

하지만 '긍정적 태도'라는 특징은 최근 한류 성공의 일부 사례를 설명하기에는 충분치 않은 듯하다. 가령 〈기생충〉은 빈부격차의 현실을 재치 있는 방식으로 묘사하면서 (다소 해석이 갈릴 수는 있으나) 희망을 품기 힘든 결말을 보여주었고, 〈오징어 게임〉의 경우 비록 주인공이 가족과 동료를 아끼는 인물이긴 하나 극 내내 그려지는 잔인하고 절망적인 상황의 무게를 무시하기는 어려우며 그러한 상황이 단순한 극적 장치가 아니라 〈기생충〉과 마찬가지로 빈부격차의 엄연한 현실에 뿌리를 두고 있다는 점에서 더욱 그러하다.

이 두 작품을 살펴보면 한류 콘텐츠의 장점을 한 가지 더 발견할 수 있는데, 바로 섬세한 묘사를 통해 공감과 이입을 끌어내는 힘이다. 〈기생충〉이나 〈오징어 게임〉이 적나라하게 드러낸 빈부격차의 모습은 현재 여러 국가가 공통적으로 안고 있는 문제이며, 그렇기에 두 작품이 많은 사람의 공감을 얻고 세계적인 성공을 거두었다고 분석하는 이들이 많다. 하지만 빈부격차의 문제를 다룬 영상물은 그 외에도 많으며, 그 작품들이 모두 같은 반향을 일으킨 것은 아니다. 두 작품의 뛰어난 점은 많은 이들이 공감할 수 있는 문제를 다루면서 동시에 그들이 극 중 인물이나 상황에 이입하고 몰입할 수 있도록 세심하게 이야기를 구성해낸 솜씨라고 할 수 있다. 한 가족이 다른 가족의 영역에 들어감에 따라 전개되는 사건의 과정에 비록 기만, 위선, 허영, 어리석음이 얽혀 있다 해도 그 결함에 비해 너무 과도한 파국을 맞은 인물들을 보면서, 우리는 어느 한편에 쉽게 서지 못하고 정교하게 짜인 비극의 연쇄를 거듭 곱씹어 보게 된다. 그리고 '파스텔 빛깔의 공간에서 총을 들고 있는 복면인들의 감시를 받으며 아이들이 즐겨 하던 옛 놀이로 생사를 결정한다'라는 역설로 가득 찬 세계를 마주하고도 우리는 그렇게 기막힌 처지로 굴러떨어진 주인공의 한 걸음 한 걸음을 따라가는 동안 어느새 우산 모양 달고나에 식은땀을 흘리거나 줄어드는 구슬에 등골이 오싹하고 얼마 남지 않은 게임 시간에 초조해한다.

등장인물들에 대한 세심한 심리 묘사는 다른 한국 작품에서도 두드러지는 강점이며, 특히 한류 초기 한국 드라마가 명성을 얻은 로맨스 장르에서 이를 확인할 수 있다. 한국의 로맨스 드라마는 엇비슷한 설정으로 늘 같은 이야기를 한다고 비판하는 사람도 있지만, 여러 로맨스 드라마에 대한 반응이 한결같지 않다는 사실은 똑같이 보이는 사랑 이야기를 풀어내는 역량에도 차이가 있음을 시사한다. 게다가 많은 로맨스 드라마가 만들어진 만큼 아마도 시청자의 눈은 더욱 까다로워지고 창작자의 솜씨는 늘어났을 것이며, 그에 따라 만남과 여러 사건을 거치며 두 사람의 감정이 요동하고 관계가 얽혀들어가는 새로울 것 없는 이야기의 만듦새도 더욱 세밀하고 정교해진 듯하다. 〈드라마월드〉의 여주인공이 K-드라마 속 사랑 이야기의 전개에 몰입한 모습이나, 미국 드라마 첫 회에 등장하는 정사 장면에는 덤덤한 시청자가 마지막 회에 이르러서 한국 드라마 남녀주인공이 나누는 '진실한 사랑의 키스'에는 흠뻑 빠진다는 해외의 유머 영상 등은 차곡차곡 이야기를 쌓아 올려 시청자를 끌어들이는 것이 한국 드라마의 장점임을 시사한다. 섬세한 표현을 바탕으로 공감과 이입을 끌어내는 능력은 자기 경험과 생각을 노래하는 멤버들이 비슷한 고민을 안고 있는 젊은이들과 공명함으로써 그들의 사랑을 받게 된 BTS의 성공을 설명할 수 있는 특징이기도 하다. 그리고 공공외교의 핵심이 상대에게 닿아 그 마음을 얻고 움직이는 것이라고 한다면, 우리의 대중문화가 가진 공감과 이입을 유도하는 역량은 공공외교에서 활용할 수 있는 귀중한 자산일 것이다.

III. 맺음말

김구 선생께서는 부강함보다 높은 문화의 힘을 소망하셨으나, 오늘날 우리는 우리의 물질적 힘에 비해 낮은 문화의 힘을 가진 듯하다. 단편적인 지표이긴 하나 GDP나 국방비 규모가 나타내는 한국의 경제력과 군사력은 대략 세계 10위권의 수준에 이른 반면, 주요한 자산의 하나로서 문화가 뒷받침하는 소프트 파워의 수준은 아직 그에 미치지 못한다. 이러한 괴리는 우리가 문화의 힘, 한류의 영향력, 소프트 파워 등을 이야기할 때 품고 있는 전제를 생각하면 흥미로운 대목이다. 즉, 우리는 주변 강대국에 비해 우리가 가진 물질적 힘이 미흡하고 이를 보완하기 위해서 문화외교를 펼치고 소프트 파워를 발휘할 수 있기를 기대하지만, 실상 우리가 더욱 보강해야 하는 것은 소프트 파워와 그 기반 같기 때문이다. 앞서 살펴본 프랑스와 영국의 사례가 보여주듯이 경제력과 군사력의 상대적 하락이나 부실함에 대처하는 방안으로 문화에 기대는 것은 새삼스러운 일이 아니다. 하지만 프랑스의 사례에서 우리는 문화의 강력한 힘이란 오랜 시간에 걸친 투자와 정책적 노력에서 나온다는 사실도 볼 수 있었다. 그러므로 문화외교와 공공외교의 *渤*전을 도모하는 우리의 인식과 자세에도 변화가 필요하다. 문화는 우리의 경제력과 군사력을 보완할 방편으로 손쉽게 가져다 쓸 수 있는 수단이 아니라, 먼저 우리가 가진 힘과 자원을 동원하여 적극적으로 발전하고 건설해야 할 목표다. 이 목표가 달성될 때 우리는 "높고 새로운 문화"를 토대로 우리의 위상을 높이고 영향력을 발휘할 수 있을 것이다.

1 문화외교와 공공외교의 관계는 무엇일까? 문화외교는 공공외교의 한 유형일까, 아니면 공공외교에 속하지 않은 영역을 가진 별개의 외교 유형일까?

2 프랑스, 영국, 미국 등 제국을 확장하고 유지하는 과정에서 대외 문화 활동을 펼친 국가에 대해서 그들의 문화외교가 문화제국주의의 행태였다는 비판이 있다. 문화외교와 문화제국주의를 구분할 수 있을까? 그렇다면 그 기준은 무엇일까 생각해 보자. 그리고 이 기준으로 보면 한류의 영향력은 어떻게 평가할 수 있을까?

3 대외 문화 활동에 있어서 정책의 일환으로 국익을 추구하는 활동과 상호 이해와 이익을 위한 교류를 각각 문화외교와 문화관계로 구분하는 방식은 유효한가? 현실의 대외 문화 활동 사례에 비추어 두 가지 활동을 가려낼 수 있는지 생각해 보자.

4 프랑스와 영국이 대외 문화 활동에 본격적으로 나서게 된 데에는 국가 위상의 상대적인 약화가 작용하였다. 이러한 경우 문화외교는 국력의 하락을 보완할 수 있는 효과적인 수단일까? 또한 국가의 범위를 넓혀서 국력과 문화외교의 관계를 검토해 보자. 즉, 중견국이나 약소국이 문화적 힘을 강화하여 물리력의 부족함을 메꿀 수 있을까?

5 미국과 소련 간의 냉전에는 문화냉전의 측면도 있었다고 주장하는 이들이 있다. 그렇다면 두 국가 간의 문화적 대결과 각각의 문화외교는 냉전의 전개와 결과에 어떤 영향을 미쳤을까? 소련의 해체와 미국의 승리에는 미국의 문화외교가 이바지한 바가 있을까?

추천 문헌

- 김은기·조진구·김두진·이군호·이웅현. 2020. 『한류와 역류: 문화외교의 가능성과 한계』. 한국학중앙연구원출판부.
- 한준·손열 편. 2020. 『BTS의 글로벌 매력 이야기』. 동아시아연구원.
- Cull, Nicholas J. 2019. "Culture: The Friendly Persuader." *Foundations for Global Engagement in the Digital Age*. Cambridge: Polity.

참고 문헌

김구. 2020. 김상철 편. 『백범일지』. 스타북스.

김현주. 2019. 『문화』. 한국개념사총서 13. 소화.

대한민국 외교부. 2017. 『제1차 대한민국 공공외교 기본계획(2017–2021)』. 외교부.

엘리아스, 노르베르트. 1996. 박미애 역. 『문명화과정 I』. 한길사.

피쉬, 외르크. 2010. 안삼환 역. 『코젤렉의 개념사 사전 1: 문명과 문화』. 푸른역사.

Arndt, Richard T. 2005. *The First Resort of Kings: American Cultural Diplomacy in the Twentieth Century*. Washington, D.C.: Potomac Books.

Arnold, Matthew. 1869. *Culture and Anarchy*. Reprinted with an introduction and notes by Jane Garnett. Oxford: Oxford University Press, 2006.

Bacon, Francis. 1605. *The Advancement of Learning*. book II.

Barnisel, Greg. 2007. "Perspectives USA and the Cultural Cold War: Modernism in Service of the State." *Modernism/modernity* 14(4): 729–754.

Benedict, Ruth. 1934. *Patterns of Culture*. Boston: Houghton Mifflin.

Charillon, Frederic. 2020. "Public Diplomacy à la française." Nancy Snow and Nicholas J. Cull, eds. *Routledge Handbook of Public Diplomacy*. 2nd ed. New York: Routledge.

Chaubet, François. 2013. "Rôle et enjeux de l'influence culturelle dans les relations internationales." *Revue internationale et stratégique* 89(1): 93–101.

Chaubet, François and Laurent Martin. 2011. *Histoire des relations culturelles dans le monde contemporain*. Paris: Armand Colin.

Cicchelli, Vincenzo and Sylvie Octobre. 2021. *The Sociology of Hallyu Pop Culture: Surfing the Korean Wave*. Palgrave Macmillan.

Cicero. 2001. Julia Annas, ed. Raphael Woolf, trans. *On Moral Ends*.

Cull, Nicholas J. 2008. "Public Diplomacy: Taxonomies and Histories." *Annals of the American Academy of Political and Social Science* 616: 31–54.

Cull, Nicholas J. 2020. "Public Diplomacy before Gullion: The Evolution of a Phrase." Snow and Cull, eds. *Routledge Handbook of Public Diplomacy*.

Cummings, Milton C. 2003. *Cultural Diplomacy and the United States Government: A Survey*. Washington, D.C.: Center for Arts and Culture.

Faucher, Charlotte. 2016. "Cultural Diplomacy and International Cultural Relations in Twentieth–Century Europe." *Contemporary European History* 25(2): 373–85.

Fisher, Ali. 2020. "Four Seasons in One Day: The Crowded House of Public Diplomacy in the United Kingdom." Snow and Cull, eds. *Routledge Handbook of Public Diplomacy*.

Gienow–Hecht, Jessica C. E. 2010. "What Are We Searching For? Culture, Diplomacy, Agents and the State." Jessica C. E. Gienow–Hecht and Mark C. Donfried, eds., *Searching for a Cultural Diplomacy*. New York: Berghahn Books.

Goff, Patricia M. 2013. "Cultural Diplomacy." Andrew F. Cooper, Jorge Heine, and Ramesh Thakur, eds. *The Oxford Handbook of Modern Diplomacy*. Oxford University Press.

Hobbes, Thomas. 1651. *Leviathan*. Edited by Richard Tuck, Cambridge:

Cambridge University Press, 1996.

Iriye, Akira. 1997. *Cultural Internationalism and World Order*. Baltimore: Johns Hopkins University Press.

Kessler, Marie-Christine. 2020. "Cultural Diplomacy." Thierry Balzacq, Frédéric Charillon, Frédéric Ramel. eds. William Snow, trans. *Global Diplomacy: An Introduction to Theory and Practice*. Palgrave Macmillan.

Kurlantzick, Joshua. 2007. *Charm Offensive: How China's Soft Power Is Transforming the World*. New Haven: Yale University Press.

Lane, Philippe. 2016. *Présence française dans le monde: L'action culturelle et scientifique*. 2ème éd. La Documentation française.

Mark, Simon L. 2010. "Rethinking Cultural Diplomacy: The Cultural Diplomacy of New Zealand, the Canadian Federation and Quebec." *Political Science* 62(1): 62–83.

Melissen, Jan, ed. 2005. *The New Public Diplomacy: Soft Power in International Relations*. London: Palgrave Macmillan.

Mitchell, J. M. 1986. *International Cultural Relations*. London: Allen and Unwin.

Mulcahy, Kevin V. 2017. *Public Culture, Cultural Identity, Cultural Policy: Comparative Perspectives*. Palgrave Macmillan.

Murray, Gilbert. 1948. *From the League to U.N.* New York: Oxford University Press.

Nincovich, Frank A. 1981. *The Diplomacy of Ideas: U.S. Foreign Policy and Cultural Relations, 1938-1950*. Cambridge: Cambridge University Press.

Nye, Joseph S. 2004. *Soft Power: The Means to Success in World Politics*. New York: Public Affairs.

Parsons, Anthony. 1984. "'Vultures and Philistine': British Attitudes to Culture and Cultural Diplomacy." *International Affairs* 61(1): 1–8.

Reeves, Julie. 2004. *Culture and International Relations: Narratives, Natives and Tourists*. London: Routledge.

Roselli, Mariangela. 1996. "Le projet politique de la langue française: Le rôle de l'Alliance française." *Politix* 9(36): 73–94.

Tylor, Edward B. 1871. *Primitive Culture: Researches into the Development of Mythology, Philosophy, Religion, Art, and Custom.* London: John Murray.

Villanueva Rivas, César. 2007. *Representing Cultural Diplomacy: Soft Power, Cosmopolitan Constructivism and Nation Branding in Sweden and Mexico.* Växjö University Press.

Wagnleitner, Reinhold. 1992. "American Cultural Diplomacy, the Cinema, and the Cold War in Central Europe." Center for Austrian Studies. Retrieved from the University of Minnesota Digital Conservancy, https://hdl.handle.net/11299/5697

Williams, Raymond. 2015. *Keywords: A Vocabulary of Culture and Society.* new ed., Oxford: Oxford University Press.

Wyszomirski, Margaret J., Christopher Burgess, and Catherine Peila. 2003. *International Cultural Relations: A Multi-Country Comparison.* Cultural Diplomacy Research Series. Columbus: Ohio State University.

Zhang, Qingmin. 2018. "China's Contemporary Diplomacy." Pauline Kerr and Geoffrey Wiseman, eds. *Diplomacy in a Globalizing World: Theories and Practices.* 2nd ed. New York: Oxford University Press.

제6장

개발협력과 경제공공외교

박종희 | 서울대학교 정치외교학부

I. 경제적 교류와 공공외교

II. 경제공공외교의 딜레마

    1. 국가브랜드 관리의 딜레마

    2. 공적개발원조의 딜레마

III. 경제공공외교와 국가의 역할

    1. 국가브랜드 관리자로서의 국가

    2. 원조딜레마 관리자로서의 국가

IV. 맺음말

21세기 국가 간 경제교류의 두 가지 큰 축은 무역과 투자활동으로 대표되는
상업적 민간활동과 공적개발원조(Official Development Assistance,
ODA)이다. 세계 시민을 상대로 국가브랜드에 대한 신뢰를 높이고자 하는
공공외교의 관점에서 볼 때 상업적 민간활동과 공적개발원조는 국가브랜드의
형성과 변화에 중요한 영향을 미친다. 그러나 상업적 민간활동과 공적개발원조
모두 공공외교의 측면에서 중요한 딜레마를 내포하고 있다. 먼저 상업적
민간활동의 경우 개별 행위주체들은 국가브랜드를 직접 관리하기 어려운
집단행위의 문제에 직면한다. 공적개발원조의 경우 국가가 주체가 되는 경우가
대부분이기 때문에 국가브랜드 관리의 문제는 대두되지 않지만 수원국과
공여국 사이에서 발생하는 원조의 딜레마라는 근본적 문제가 존재한다. 이 장은
경제공공외교에서 국가의 역할은 국가브랜드 관리의 딜레마와 원조의 딜레마를
해결하는 것이라고 주장한다.

핵심어

공공외교public diplomacy

개발협력development and
   cooperation

집단행위 딜레마collective action
   dilemma

원조의 딜레마foreign aid dilemma

경제외교economic diplomacy

공공재public goods

국가브랜드nation brand

I. 경제적 교류와 공공외교

국가 간의 교류가 증가하면서 전통적 외교의 중요성이 축소되고 비정부·비국가 행위자들에 의해 수행되는 활동이 국가 간 관계에 미치는 영향이 증가하고 있다. 비정부·비국가 행위자들은 민간기업인, 시민, 시민단체, 국제기구 등을 모두 포괄한다. 경제 영역은 특히 이러한 비정부·비국가 행위자들에 의한 국제적 활동과 영향력이 매우 큰 분야이다. 20세기 말부터 경제의 세계화와 정보기술의 비약적 발전으로 국가 간 경제적 교류와 협력이 폭발적으로 증가하면서 비정부·비국가 행위자들의 연결망과 활동이 국가 간 관계에서 차지하는 중요성이 급속하게 증가하고 있다.

    공공외교의 관점에서 볼 때, 경제적 교류와 협력의 증가는 국가 중심의 전통적 외교를 뛰어넘는 외교활동의 지평 확대라고 볼 수 있다. 경제외교(economic diplomacy) 또는 개발협력외교(development and cooperation diplomacy)라는 표현이 바로 이러한 인식을 대변한다(Gardner 1980; Lee & Hocking 2010). 그러나 세계화로 흔히 표현되는 국가 간 교류와 협력의 확대를 단순히 공공외교의 지평 확대로만 이해하는 것은 심각한 문제점을 낳을 수 있음에 유의해야 한다. 자칫 비정부·비국가 행위자들의 연결망과 활동을 공공외교의 수단으로 간주하는 도구주의적 편향을 보일 수 있기 때문이다.

이러한 경고가 중요한 이유는 공공외교의 관성 때문이다. 공공외교는 전쟁 또는 평화 시에 비군사적 수단으로 외국 국민의 지지와 호의를 얻고자 했던 20세기 초 강대국의 대외정책에서 기인한다. 공공외교가 가장 광범위하게 진행된 것은 냉전 시 미국과 소련의 체제경쟁 과정에서였다(Nye 2008). 실제로 공공외교의 목적이 무엇인지에 대한 학자들의 논쟁은 공공외교의 도구주의적 편향에 집중되어 있다. 예를 들어 베리지(Berridge 2010)는 공공외교가 전쟁 시에 수행되는 프로파간다의 보다 정교한 버전에 불과하다고 주장한다. 여기서 프로파간다란 정치적 목적을 위해 여론을 의도적으로 조작(manipulation)하는 것을 말한다(Berridge 2010, 179). 미국 외교관 리처드 홀브룩(Richard Holbrooke) 역시 공공외교에 대한 칼럼에서 공공외교를 "공공외교, 공공업무, 심리전, 혹은 만약 당신이 정말 솔직하게 말하고 싶다면 프로파간다"[1]라고 뒤바꿔 부르면서 공공외교가 냉전 당시에 진행된 프로파간다와 크게 다르지 않음을 암시한다. 그

---

1   "Get the Message Out", *Washington Post*, October 28, 2001 https://www.washingtonpost.com/archive/opinions/2001/10/28/get-the-message-out/b298b3c9-45b8-45e2-9ec7-20503dd38802/

반대편에 조셉 나이(Joseph S. Nye)가 있다. 나이는 매우 분명하게 다음과 같이 말한다: "프로파간다로 퇴행한 공공외교는 상대국 국민들을 설득할 수 없을 뿐만 아니라 되려 그 국가의 소프트 파워를 약화시킨다"(Nye 2008, 108).

법적 질서가 취약하고 국익을 우선으로 하는 국가 간 경쟁이 상시적인 국제정치의 현실을 고려하면 공공외교를 둘러싼 도구주의적 논의는 어쩌면 불가피한 측면이 있다. 그러나 이러한 논쟁에서 간과하기 쉬운 중요한 사실은 공공외교의 성공과 실패를 결정하는 것은 국가 간 경쟁이 아니라 시민들의 평가라는 점이다. 상대국의 국민들이 우리나라를 보다 긍정적으로 바라보고 정부 혹은 비정부 주체의 약속을 믿을 만하다고 신뢰하는 것이 공공외교의 목적이라면 그 성패를 가르는 최종적인 주체는 국가가 아니라 상대국 국민들이다. 이런 측면에서 볼 때, 공공외교의 성패는 도구주의적 혹은 전략적 행위의 합리성에 의해 결정되기보다는 서로를 이해하고 소통하는 소통적 행위의 합리성에 의해 결정될 가능성이 더 크다. 특히 인터넷이나 SNS의 발달과 같이 정보기술의 발전으로 인한 개인들의 정보접근성 향상은 국가에 의한 일방적 여론조작이 성공하기 어려운 환경을 만들었다.

프로파간다와 도구적 합리성이라는 특징을 가진 20세기 공공외교의 낡은 틀로부터 소프트 파워와 소통적 합리성을 추구하는 21세기 공공외교로 전환하는 것이 오늘날 공공외교가 직면한 중요한 도전이다. 이 도전에 대응하기 위해서 경제공공외교는 어떻게 이루어져야 하며 이 과정에서 국가의 역할은 무엇인지를 논구하는 것이 이 장의 목적이다. 이 과정에서 주목할 점은 경제공공외교를 구성하는 상업적 민간활동과 공적개발원조 모두 공공외교의 측면에서 중요한 딜레마를 내포하고 있다는 점이다. 먼저 상업적 민간활동의 경우 개별 행위주체들은 국가브랜드를 직접 관리하기 어려운 집단 행위의 문제에 직면한다. 공적개발원조의 경우 국가가 주체가 되는 경우가 대부분이기 때문에 국가브랜드 관리의 문제는 대두되지 않지만 수원국과 공여국 사이에서 발생하는 원조의 딜레마라는 근본적 문제가 존재한다. 이 장은 경제공공외교에서 국가의 역할은 국가브랜드 관리의 딜레마와 원조의 딜레마를 해결하는 것이라고 주장한다.

II. 경제공공외교의 딜레마

1. 국가브랜드 관리의 딜레마

하나의 공통 브랜드를 공유한 민간 경제주체들(예를 들어 프랜차이즈 자회사)은 공유하는 브랜드 이미지를 통해 이익을 볼 수도 있고 손해를 볼 수도 있다. 이들이 공유하는 브랜드를 둘러싸고 겪는 딜레마를 통해 민간 행위주체들과 국가, 그리고 공공외교의 관계를 간단히 이해할 수 있다.

전국적으로 흩어져 있는 지점들이 하나의 브랜드를 공유한다고 가정해보자. 브랜드를 관리하는 특별한 주체(예를 들어 프랜차이즈 본사)가 없다면 이 브랜드는 머지않아 심각한 브랜드 이미지의 추락을 경험할 가능성이 크다. 왜냐하면 공유 브랜드란 공공재(public goods)와 같아서 다른 누군가가 브랜드 가치를 훼손하게 되면 모두가 피해를 입게 되기 때문이다. 예를 들어 햄버거 체인점에서 질이 낮은 고기를 사용하는 경우에 단기적으로는 매출이 증가하지만 브랜드 전체의 가치는 크게 하락하게 될 것이다. 그런데 문제는 브랜드 가치를 훼손하는 것은 개별 지점에 의해 충분히 가능하지만 브랜드 이미지를 개선하는 것은 개별적인 노력으로는 매우 어렵다는 것이다. 좋은 품질의 고기를 구해서 항상 깨끗하게 손질하여 제공하는 지점의 성실한 노력은 같은 브랜드를 공유한 부도덕한 지점의 잘못된 행동에 의해 물거품이 되어 버릴 수 있다. 부도덕한 지점에 의한 브랜드 이미지의 훼손은, 그것이 한두 경우에 한정된다 하더라도 다른 지점들의 개선 노력에 찬물을 끼얹는 효과를 가져오게 되고 결국 멀지 않은 시점에 어떤 지점도 브랜드 이미지를 개선하려는 노력을 하지 않는 최악의 결과로 치달을 수 있다. 결국 다수의 행위자들이 모여서 하나의 브랜드를 공유하는 상황에서 브랜드 이미지를 개선하고 좋은 상태로 유지하는 것은 개별 행위자들의 합리성에 맡겨 둘 수 없는 집단행위의 문제(collective action problem)인 것이다(참고 6-1).

국가라는 브랜드도 이와 마찬가지이다. 해외에서 활동하는 한국 기업들은 한국이라는 브랜드를 공유한다. 한국의 국가 이미지가 개선되면 'Made in Korea'가 품격 있는 인증마크가 되어 제품에 대한 신뢰도를 높이게 될 것이다. 반면 한국의 국가 이미지가 추락하면 'Made in Korea'를 표시하고 있는 제품의 이미지 또한 하락하게 될 것이다. 글로벌 시장에서 활동하고 한국 기업들은 한국의 국가 이미지와 자신의 기업 이미지가 유관하다는 점을 잘 알고 있다. 그러나 개별 기업들은 잘 만들어진 한국이라는 국가브랜드를 소집단행동 딜레마는 개인의 합리성과 집단의 합리성이 서로 충돌하는 경우의 하나이다. 맨커 올슨(Mancur Olson)은 공동행동을 통해 다수의 개인이 더 나은 결과를 얻을 수 있는 상황을 설정하고 그 안에서 개인이 공동행동의 비용을 회피하려는 유인이 있기 때문에 공동행동이 발생하지 못하는 상황을 집단행위의 문제 혹은 집단행위의 딜레마라고 설명했다 (Olson 1971).

예를 들어 아파트 주민들이 모두 같이 사용하는 놀이터가 있을 때 모든 주민들은 깨끗하고 잘 관리된 놀이터를 유지하기 위한 공동이익을 가지고 있지만 잡초를 뽑고 벗겨진 페인트를 칠하고 부서진 놀이터 시설을 고치는 것과 같은 비용을 지불하는 것은 꺼린다. 잡초를 뽑고 벗겨진 페인트를 칠하고 부서진 놀이터 시설을 고치는 비용이 놀이터를 내가 이용하는 것으로부터 오는 개인적인 이익보다 너무 크기 때문이다. 여기에 다른 심리적인 이유(예: 혹시 내가 아닌 다른 사람이 그 비용을 지불하는 것이 더 낫다고 생각한다거나 내가 고친 시설을 남이 무임승차하는 것을 보는 것이 화가 난다거나 하는)까지 곁들여지면 개인들이 공동이익을 위한 행동을 하게 될 가능성이 낮아진다. 올슨은 이러한 공공재 과소공급의 속성은 공동체의 크기가 클수록 더 강해진다는 점을 밝히면서 오늘날 이익집단과 같은 특수이익이 소비자나 일반 대중과 같은 다수의 이익보다 더 잘 조직화될 수 있는 이유를 집단행동에서의 "다수의 저주(the curse of a large number)"에서 찾았다.

비하려는 유인은 강하지만 국가브랜드를 관리하고 개선하기 위해 비용을 지불할 의사는 약할 것이다. 더 나아가 특정 기업이 한국이라는 국가브랜드를 남용하고 훼손할 경우, 이를 통제할 수 있는 수단을 가지고 있지 못하다.

바로 이런 관점에서 민간 주도의 공공외교에서도 국가의 역할은 여전히 중요하다. 마치 공유 브랜드를 관리하는 프랜차이즈 본사와 같이 국가는 민간 행위주체들의 활동이 국가브랜드라는 공유 가치를 심각하게 훼손하지 않도록 감독하고 조정하는 역할을 담당해야 한다. 또한 민간 행위주체들의 활동이 국가브랜드의 제고에 도움이 될 수 있도록 유도하고 독려하는 역할도 담당해야 한다. 국가브랜드에 심각한 영향을 줄 수 있는 사안이 등장했을 때에는 신속하게 사안의 해결을 위한 노력과 지원을 경주해야 한다.

2. 공적개발원조의 딜레마

정부가 아니라 국민을 대상으로 하여 벌이는 공공외교의 관점에서 볼 때 개발협력은 공공외교의 가능성이 가장 큰 분야이다. 개발협력이란 한 국가의 국민이 자신들의 경제적 자원을 다른 국가의 경제발전을 위해 지원하는 활동을 총칭한다. 이러한 활동은 과거 냉전시대에 '해외원조(foreign aid)'라고 불렸다. 해외원조라는 개념에는 지원을 받는 국가들(수원국)보다는 지원 주체(공여국이나 공여기관)를 더 중심에 두는 공여국 중심의 시각이 내재해 있었다. 이런 이유로 최근에는 해외원조라는 표현보다는 수원국의 발전에 초점을 두는 '개발협력(development and cooperation)'이라는 개념이 해외 원조라는 표현을 대체하고 있다.

근대 국제관계에 등장한 국가 간 원조의 기원은 식민지의 경제발전 혹은 빈국의 자립 지원이라는 목적을 띠고 있었지만 실은 공여국의 다른 목적을 위한 '도구'에 지나지 않았다. 예를 들어 근대 원조의 기원으로 평가되는 1929년 영국 식민지발전법의 경우에 영국 내의 실업을 줄이고 산업을 활성화하려는 경제적 이익을 더 우선시했다. 미국 트루먼 행정부의 포포인트 프로그램(The Point Four Program)도 공산주의의 확산을 막고자 하는 전략적 이익을 더 우선시했다고 평가할 수 있다. 결국 인도주의라는 원래의 목적에도 불구하고 중상주의와 현실주의라는 도구적 인식이 개발협력 분야를 오랫동안 지배해왔다고 볼 수 있다(참고 6-2).

타국의 국민을 대상으로 하여 벌이는 공공외교의 관점에서 보면 개발협력을 통한 공공외교는 크게 두 가지 경로가 있을 수 있다. 첫 번째 경로는 양자적·직접적 효과를 목표로 하는 개발협력외교이다. 도움을 받는 수원국의 국민에게 개발협력을 통해 다른 국가가 아닌 "우리가 당신들을 돕고 있다"라는 메시지를 분명하게 주는 것을 목표로 하는 것이다. 이를 통해 해당 수원국의 국민이 공여국에 대해 가지고 있는 인식을 효과적으로 바꿀 수 있다. 미국이 중동 국가들에서 진행하는 개발협력사업이나 중국이 아프리카에서 진행하는 개발협력사업이 이러한 경우에 해당된다.

그러나 양자적 접근의 경우, 직접 도움을 받는 수원국을 제외한 다른 나라의 국민에게는 효과가 없거나 오히려 반감을 살 수 있다. 예를 들어, 한국이 베트남에 지원하는 대규모 개발사업은 베트남 국민으로부터 지지를 받을 수 있으나 유사한 지위에서 도움을 받지 못하는 다른 수원국의 국민들로부터는 불만을 야기할 수 있다. 또한 양자원조는 그 안에 내제한 정치적·경제적 딜레마로 인해 사업의 성공이 어렵고 수원국이 공여국의 원조에 더욱 의존하게 되는 문제점을 초래할 수 있다. 공여국의 입장에서 양자원조는 수원국의 경제 발전보다는 외교적 관계의 개선과 같은 다른 정치적 목적으로 사용될 가능성이 매우 높고, 사업의 진행 과정에서 공여국의 기업을 사업주체로 선정하거나 다른 부문에서 공여국에 어떤 정치적 혹은 경제적 대가를 지불해야 한다는 정치적 부담을 만들어 낼 수 있다.

개발협력의 국제레짐을 지배하는 세 가지 시각
(박종희 2016)

	중상주의 (Mercantilism)	현실주의 (Realism)	인도주의 (Idealism)
동기	공여국의 경제적 이익	공여국의 전략적 이익	공여국의 의무
기원	식민지 경쟁(1929년 영국의 식민지발전법)	냉전 체제 경쟁(마셜플랜, 포포인트 프로그램)	자본주의의 발전이 낳은 격차
목적	공여국의 경제발전	공여국의 전략적 이익 구현	수원국의 (공여국과 같은 방식의) 경제적, 사회적 발전
주요 원조 방식	양자원조, 구속성 원조	양자원조, 다자원조	다자원조, 비구속성 원조
딜레마	수원국 경제의 공여국에 대한 종속적 발전, 이중화경제의 등장	전략적 목적(현상 유지)과 경제적 목적(개발) 사이의 갈등	사마리아인의 딜레마(수원국의 도덕적 해이)

양자원조의 문제점을 개선한다는 측면에서 주목받고 있는 개발협력외교의 두 번째 경로는 다자적·포괄적 목표를 추구하는 개발협력외교이다. 1960년대 이후의 국제원조레짐에서 국제기구와 비정부기구와 같은 비국가 행위자의 영향력이 증대된 것은 냉전 초창기에 진행된 양자원조가 가진 문제점을 국가들과 원조주체들이 분명히 인식했기 때문이다. UN과 그 산하기관(FAO, UNDP, UNICEF, ILO 등), 세계은행과 지역개발은행, 그리고 OECD DAC 등이 중심이 되어 원조 자원을 국제기구나 비정부기구를 통해 한데 모으고 원조의 집행과 감독을 국가가 아닌 국제기구나 비정부기구가 담당하는 방식으로 변화시키는 개혁이 1970년대와 1980년대를 거치면서

지속적으로 이루어졌다.[2]

이러한 변화의 과정에서 유럽의 국가(덴마크, 룩셈부르크, 네덜란드, 노르웨이, 스웨덴, 영국)들이 '모범 공여국'으로 부상했다(손혁상·안도경·박종희 2013). 이들이 획득한 모범 공여국의 지위는 비단 직접적인 도움을 받는 수원국의 국민뿐만 아니라 다른 공여국의 국민, 그리고 해당 국가의 지원을 받지 않는 수원국의 국민 모두에게 고루 영향을 미친다는 측면에서 공공외교가 표상하는 목표와 매우 근접하다고 볼 수 있다.

그렇다면 무엇이 이들을 '모범 공여국'으로 인정받게끔 했는가? 크게 세 가지 요인을 들 수 있다. 먼저 가장 중요한 요인은 이들이 1970년에 유엔 총회에서 결의된 국민총소득 0.7% 이상의 공적개발원조 목표를 확실히 이행했다는 점이다. 대부분의 OECD DAC 회원국들이 국민총소득 0.3% 수준의 지원에 머물 때 이들 모범 공여국들은 그 두 배에 해당되는 국민총소득을 개발협력에 사용했다.

그러나 이러한 양적 목표의 달성보다 더 중요한 요인이 있다. 그것은 바로 원조의 질이다. 많은 양의 원조를 제공하더라도 그것이 수원국의 경제발전보다는 공여국 자신의 정치적·경제적 이익을 위한 것이라면 '모범 공여국'이라는 인정을 얻는 것이 쉽지 않을 것이

----
2   가장 대표적인 예로 1969년에 로버트 맥나라마(Robert McNamara) 세계은행 총재에 의해 구성된 피어슨 위원회의 보고서 "개발의 파트너(Partners in Development)", 1980년과 1983년에 독일 전 총리 빌리 브란트(Willy Brandt)가 구성한 국제개발 이슈에 대한 국제위원회(International Commission on International Development Issues)에 의해 발간된 두 권의 브란트 보고서(North-South: A Programme for Survival, Common Crisis), 2000년에 세계은행이 발간한 "Attacking Poverty", 1996년에 OECD DAC가 발간한 "Shaping the 21st Century: The Contribution of Development Co-operation"을 들 수 있다.

다. 예를 들어, 원조의 질을 높이기 위해 모범 공여국들은 원조시행 과정에서 상품, 서비스, 계약 내용을 공여국이 사전적으로 제약하는 구속성 원조(tied aid)보다는 비구속성 원조를 추구했다. 또한 양자 원조의 비중을 점차 낮추고 국제기구를 통한 다자원조의 비중을 증가시켰다. 그리고 수원국의 부채 증가를 야기할 수 있는 유상원조보다는 무상원조를 대폭 증가시켜 왔다.

세 번째 요인은 바로 개발협력이라는 분야에서 개혁적 의제를 선도했다는 점이다. 이들 모범 공여국들은 섹터 중심 접근(Sector Wide Approaches, SWAps), 원조 이행조건(aid conditionality), 새천년 개발목표(Millennium Development Goals), 인권 중심의 원조(rights-based approach to aid)와 같은 개혁적 의제를 먼저 제시하거나 솔선수범하고 이를 관철하기 위한 양자적·다자적 노력을 지속적으로 진행해 왔다.

III. 경제공공외교와 국가의 역할

한국은 많은 글로벌 기업을 배출하고 있으며 'Made in Korea'가 찍힌 제품이 전 세계를 누비고 있다. 공공외교의 관점에서 경제행위자들을 참여시켜 외교의 지평을 확대하는 경제외교는 앞으로 매우 중요한 외교 영역으로 부상할 것이다. 그러나 국가가 경제행위자들을 '동원'하여 외교의 지평을 넓히는 방식은 공공외교의 관점에서 볼 때 지극히 근시안적인 접근이자 부작용이 크다는 점을 유의해야 한다.

예를 들어 특정 국가에 대규모 공장을 지은 국내 기업이 현지 여론에서 좋은 반응을 얻고 있다는 이유만으로 각종 외교 행사에 초청하고 외교 현안 논의에서 해당 기업을 앞장세우는 것은 해당 기업의 현지 활동에 해가 될 뿐만 아니라 국가 이미지에도 부정적인 영향을 줄 수 있다. 해외에 진출한 기업이 현지보다는 본국의 이익을 더 중요하게 생각한다는 인상을 심어줄 수 있으며 해당 기업과 모국의 정부가 한몸이라는 인식을 가지게 되어 기업의 현지화에 장애가 될 수 있다. 정부관련성(government involvement)이라는 인식은 민간 활동에 득보다는 실로 작동하는 경우가 훨씬 많다.

중국의 공자학당(Confucius Institutes)이 그 좋은 예이다. 공자학당 미국센터(Confucius Institute U.S. Center)는 "공자학당 미국센터는 워싱턴DC에 있는 비영리 교육기관으로, 교육과 전문성 개발, 예술문화, 학문과 연구, 공공의 봉사활동을 통해 글로벌 교육과 문화 이해를 증진시키는 것을 사명으로 한다"(https://www.ciuscenter.org)고 명시하고 있다. 하지만 공자학당의 활동과 커리큘럼에 중국 정부가 직접 개입하고 있다는 것이 알려지면서 중국의 대외 프로파간다 기관이라는 비난을 받고 있다(Brady 2009; Barr 2012; Hartig 2012; Lo and Pan 2016). 따라서 민간 경제주체를 이용한 외교 지평의 확대라는 목표는 대단히 신중하고 섬세하게, 그리고 장기적인 안목에서 진행되어야 한다. 만약 이렇게 신중하고 섬세하며 장기적인 전략이 없다면 민간 경제주체를 활용하지 않는 것이 공공외교의 측면에서 더 바람직한 결과를 낳을 것이다.

그렇다면 국가는 경제공공외교의 영역에서 어떤 역할을 수행해야 하는가? 이 장에서 우리는 경제공공외교의 영역에서 국가의 역

할을 국가브랜드 딜레마와 원조의 딜레마라는 맥락에서 정의하고
자 한다.

1. 국가브랜드 관리자로서의 국가

한 국가의 개별 경제행위 주체들은 모두 그 국가의 국가브랜드를 공
유하고 있다. 즉 긍정적 국가 이미지를 통해 모두가 이익을 볼 수도
있고 부정적 국가 이미지로 인해 모두가 손해를 볼 수도 있다. 국가
이미지가 기업활동에서 갖는 중요성으로 인해 그 국가의 기업들은
모두 국가 이미지 개선을 위해 서로 협력할 충분한 유인을 가지고
있다. 또 국가 이미지를 훼손하는 행위자를 처벌해야 한다는 점에
대해서도 공감하지만 스스로 처벌을 집행할 수는 없다. 바로 여기에
국가의 역할이 존재한다.

　　국가가 국가 이미지를 위해 개별 기업들의 활동을 조정하고 감
독해야 하는 이유는 폭스바겐의 배출가스 위조사건에 의해 쉽게 이
해될 수 있다. 폭스바겐 그룹은 오랫동안 클린디젤(clean diesel)이
라는 모토 아래 친환경적 자동차를 생산하는 기업으로 인식되어 왔
다. 이러한 폭스바겐 그룹의 이미지는 강력한 녹색당이 존재하고 국
제적인 환경문제 개선에 앞장서 온 독일의 국가 이미지에 의해 영향
을 받기도 하고 또 독일의 긍정적 국가 이미지에 좋은 영향을 주기
도 했다. 그런데 2015년 폭스바겐 그룹이 회사 차원에서 배출가스
를 조작해 왔다는 것이 폭로되었다(참고 6-3). 사건의 내용만으로도
독일의 국가 이미지와 폭스바겐 그룹의 이미지에 충분히 부정적이
었지만 그 폭로가 전개된 과정 자체는 독일 사회와 폭스바겐 그룹의
조직 문화에 대한 더욱 치명적인 타격을 입혔다. 배기가스 조작은

독일 폭스바겐 그룹 본사에서 결정했지만 이 사건은 독일 내에서 밝혀지지 못했고, 폭로는 오히려 미국 지사의 직원에 의해서 이루어졌기 때문이다. 이 사건으로 인해 신뢰와 효율, 완벽성을 추구하는 독일산 제품의 이미지와 독일의 국가 이미지가 모두 심각하게 훼손되었고 폐쇄적인 독일기업의 조직문화가 이러한 부정이 발생하게 된 원인 중의 하나로 언급되었다.

이와 같은 사건이야말로 한 국가의 국가브랜드에 치명적인 악영향을 줄 수 있다는 점에 대한 사회적 합의가 있다면, 국가는 어떤 노력을 해야 할까? 먼저 국가는 내부고발자(whistle blowers)가 등장하기 힘든 기업 조직의 폐쇄성이 기업에게는 단기적인 이익을 줄지는 모르지만 장기적으로 국가 이미지를 실추시켜 심각한 국가브랜드 하락을 가져올 수 있다는 점을 주지해야 한다. 따라서 내부고발자를 바라보는 기업의 자세, 사회의 시각, 그리고 내부고발자를 보호하는 법제도적 환경을 체계적으로 점검하고 필요하면 이를 개선하는 것에 집중해야 한다. 이러한 노력을 기업 자율에 맡겨 놓거나 개인의 용기에 의존하는 것은 대단히 비합리적인 결정이다. 개별 기업은 자신의 단기적 이윤과 국가브랜드의 훼손을 언제든지 맞바꿀 수 있는 유인이 있고 개인은 내부고발이 가져올 치명적 비용(예: 해고와 동료들의 비난, 사회적 고립) 때문에 국가브랜드의 하락이 예상되어도 선뜻 내부고발에 나서기 어려울 것이다. 내부고발자가 법제도적으로 보호받지 못하고 배신자로 낙인 찍혀 조직과 기업으로부터 배제당하는 문화가 팽배하다면 국가가 폭스바겐 배출가스 위조사건과 같은 글로벌 기업의 부도덕한 행위를 사전에 막는 것은 매우 어려울 것이다.

폭스바겐의 배출가스 위조사건

'Made in Germany' 브랜드는 지금까지 세계 어디에서나 가장 신뢰받는 공산품 이미지를 대표해왔다. 이러한 이미지는 특히 자동차 산업에서 더욱 두드러졌다. '독일 엔지니어링'이라는 말이 상징하듯이 자동차 산업에서 독일 기업의 이미지는 신뢰, 효율, 그리고 완벽성을 상징해왔다. 그중에서 폭스바겐 그룹은 그 이름이 상징하듯이 독일의 대표적 자동차 생산업체로 국제적인 명성을 누려왔다. 그런데 2015년 9월에 폭스바겐 그룹에 의해 생산되는 디젤차 회사가 프로그램을 조작하여 기준치의 40배나 되는 배출가스가 배출되는 것을 속여왔다는 것이 밝혀졌다. 이러한 내용은 독일 본사가 아니라 미국 지사 직원의 내부고발로 알려지게 되었다. 폭스바겐 그룹은 그동안 배출가스를 의도적으로 조작해오면서도 'clean diesel'이라는 이미지를 대외적으로 홍보하며 자신들의 제품을 홍보해왔다. 이와 같은 비도덕적인 행위가 알려지면서 폭스바겐 그룹뿐만 아니라 독일에 대한 국가 이미지가 심각하게 훼손되었다. 이 사건으로 인해 독일 제품과 독일 기업에 대한 세계인들의 인식도 과거와 달라지게 되었다.

참고: "VW scandal threatens 'Made in Germany' image", *Reuter* 09/23/2015.

내부고발자와 같은 공익제보를 적극적으로 보호하고 장려하는 것은 단기적으로 기업활동에 어려움을 줄지 모르지만 장기적으로 한국 기업이 생산하는 제품의 품질과 안전에 대한 소비자들의 신뢰를 제고할 수 있는 가장 효과적인 방법이다. 최근 한국에서도 폭스바겐 사건과 유사한 사건이 발생한 바 있다. 현대자동차에서 근무했던 한 엔지니어가 현대·기아차 엔진 세타 2의 결함을 밝혀 미국 도로교통안전국으로부터 2430만 달러의 포상금을 받은 사건이다.[3]

....

3   "현대차 엔진결함 내부고발자, 美정부서 285억원 포상금," 조선일보 2021.11.10.

그가 한국에서 현대자동차의 엔진 결함을 정부에 알렸을 때에 회사는 그를 영업비밀 유출 혐의로 해임하고 업무상 배임 혐의로 검찰에 고소했다. 하지만 미국에서는 현대·기아차 엔진에 대한 리콜을 가능하게 하여 소비자들의 생명과 재산을 보호한 공로를 인정받아 이에 합당한 포상금을 지급함과 동시에 엔진 결함을 숨긴 점에 대해 현대·기아차에게는 과징금 8100만 달러를 부과하였다.

오늘날 한국은 다수의 글로벌 기업을 보유하고 있다. 글로벌 기업이란 자본조달, 생산, 제조, 판매의 모든 면에서 기업활동의 범위가 전 세계에 걸친 기업을 말한다. 글로벌 기업을 제외한 많은 국내 기업들도 한국이 가입한 세계무역기구(WTO)와 자유무역협정(free trade agreement) 덕택에 전 세계적인 가치사슬 네트워크 안에 편입되어 있다. 이들이 생산하는 제품은 전 세계 소비자와 중간생산자에게 해당 기업의 브랜드와 한국의 국가브랜드가 결합된 상태로 전달된다. 이들 기업이 한국의 국가브랜드에 미치는 영향은 지대하다. 한국을 대표하는 우수한 기업과 제품이 오랫동안 세계인들의 기억 속에 남게 되면 이들은 한국을 대표하는 '국가브랜드' 상품이 된다. 미국의 첨단 정보통신 기업, 프랑스의 패션명품 브랜드, 스위스의 시계 브랜드, 독일과 일본의 자동차 브랜드, 이탈리아의 고급 스포츠카 브랜드와 같이 우수한 기업의 제품 이미지가 해당 국가의 국가브랜드에 긍정적 영향을 주는 경우는 매우 많다.

그러나 동시에 잊지 말아야 할 점은 이렇게 품질이 우수한 기업

....

(https://www.chosun.com/international/us/2021/11/10/QZFT7NTJGRDT5 FNUMELYHFQDPQ/ 최종접속 2022년 2월 2일).

이 글로벌 기업으로 성장할 수 있도록 토양을 만든 국가의 역할이다. 우수하지 않은 기업이 부당한 시장지배력으로 혁신을 저해하거나 우수한 기업의 진출을 가로막는 경우 등을 방지한 결과라고 볼 수 있다. 혁신은 기업의 몫이지만 혁신이 보상받는 환경을 조성하는 것은 국가의 중요한 역할이다.

2. 원조딜레마 관리자로서의 국가

한국 정부는 오랫동안 개발협력레짐에 공여국으로 진입하기 위해 지속적인 노력을 해왔다. 한국은 마침내 2009년에 OECD DAC에 가입하고 2010년에 국제개발협력기본법을 통과시키면서 '수원국에서 공여국으로' 등장한 첫 번째 국가임을 대내외적으로 천명했다 (참고 6-4). 이를 위해 노무현 정부는 이미 2005년 11월에 국무회의

참고 6-4　　　　　　　　　　　OECD 개발원조위원회(DAC)

OECD DAC는 1961년 7월 23일에 OECD 각료급 결의에 따라 구성된 주요 공여국들의 국제적인 포럼이자 자체 사무국을 가진 OECD의 주요 산하기구이다. 현재 한국을 비롯한 30개 회원국이 참여하고 있으며 전 세계 공적개발원조의 약 90%를 담당하고 있다. DAC는 원조의 투명성 제고, 구속성 원조의 감소, 원조 목표 달성 촉구, 공여국 원조 추진체계에 대한 가이드라인 제시, 인권, 성평등, 환경친화적 원조 촉구 등의 목표를 추구하고 있다. 특히 동료평가보고서를 통해 공여국의 원조 추진 상황을 지속적으로 리뷰하고 모니터하는 국제적 감시자 역할을 수행하고 있다.

참고: Fuhrer(1996); OECD DAC 웹페이지(http://www.oecd.org/dac/, 2019년 3월 3일 접속)

에서 2015년까지 ODA/GNI 비율을 0.25%로 확대하겠다는 계획을 세워두었다. 그리고 이명박 정부는 2009년 OECD DAC 가입 당시에 이를 재확인했다. 그러나 2020년 한국의 ODA/GNI 비율은 0.14%에 머물러 OECD DAC 평균인 0.32%를 크게 밑돌고 있다.[4]

한국의 개발협력 예산에 대한 약속 이행이 늦어지고 있는 이유는 가입 시점부터 진행된 세계금융위기와 이로 인한 세계적 대불황의 영향, 그리고 코로나 확산으로 인한 재정수요의 증가로 돌릴 수도 있다. 그러나 개발협력의 지원 규모보다 더 중요한 문제점은 원조의 질이다. 2020년 현재 한국 ODA에서 양자원조는 78.4%인 반면 다자원조는 21.6%에 머물고 있다. 양자원조를 줄여가는 선진 공여국들과는 달리 한국은 수원국에 대해 양자적·직접적 접근을 더 선호하고 있는 것이다. 또한 양자원조 내에서도 수원국의 채무로 간주되는 유상원조의 비율이 66%(2020년)로 매우 높게 나타나고 있다. 사업에 대한 입찰자격을 해당 공여국 또는 일부 국가에만 부여하거나 물자 및 서비스 등의 조달처를 제한하는 구속성 원조의 비율도 한국은 2018년 기준 55.4%로 OECD DAC 회원국 평균 16.1%(2018년)의 3.4배에 이른다(국무조정실 2020, 16). 쉽게 말하면, 한국은 다른 OECD DAC 국가들에 비해 적게 주면서도 주는 방식이 참 까다롭다고 볼 수 있다.

원조의 질보다 더 큰 문제는 개발협력 분야의 개혁을 선도할 수 있는 개혁의제를 제시하지 못하고 있다는 점이다. 그동안 정부는

....
4   외교부 보도자료, "'20년 우리나라 ODA는 22.5억불, OECD 개발원조위원회 (DAC) 29개 국가 중 16위." (https://www.mofa.go.kr/www/brd/m_4080/view.do?seq=371089, 2022년 2월 1일 최종접속)

"수원국에서 공여국으로 발돋움한 최초의 국가"라는 한국의 독특한 개발협력레짐에서의 지위를 대외홍보에 대대적으로 활용해 왔다. 그럼에도 불구하고 "수원국에서 공여국으로 발돋움한 최초의 국가"라는 타이틀에 걸맞는 한국적 ODA 전략이나 비전을 전 세계에 뚜렷하게 제시하지 못하고 있다. 한국적 ODA전략에 대한 고민 끝에 나온 대표적인 사업이 바로 경제발전공유사업(Knowledge Sharing Program, KSP)이다. 경제발전공유사업은 2004년부터 시행되고 있어서 아직 사업에 대한 체계적인 평가는 다소 이르지만 한국의 경제발전 경험을 공유한다는 사업의 취지 자체가 공여국의 경험을 수원국에 일방적으로 전달하는 방향으로 사업이 흐를 수 있다는 점에서 상당 부분 공여국 중심성 편향을 노정하고 있다고 볼 수 있다. 수원국의 정부나 국민들이 경제발전공유사업에서 어떤 주체적 역할을 수행하고 참여할 수 있는지, 또 국가 이외의 비정부 행위자들은 어떻게 기여할 수 있는지에 대한 구체적 상이 없다면 경제발전공유사업은 또 하나의 사마리아인의 선물(참고 6-5)에 지나지 않을 것이다. 또한 지식을 공유한다는 것이 교육활동이나 지식전수 관련 용역사업을 의미하여, 상당수의 사업비용이 다시 공여국으로 환수되는 사실상의 구속성 원조가 될 가능성도 높다.

한국의 경제성장이 개발협력의 수원국에게 줄 수 있는 가장 중요한 교훈은 한국이 미국과 선진국의 대규모 원조에도 불구하고 원조의 딜레마(참고 6-5)에 빠지지 않고 주체적인 경제발전에 대한 의지를 지속적으로 유지해 왔다는 점이다. 기업이나 노동자, 가계와 같은 미시적인 행위자들뿐만 아니라 정부와 중앙은행과 같은 거시적인 경제관리자들 모두 원조를 이용하되 원조에 의존하지 않는 자

사마리아인의 딜레마(Buchanan 1977, 170)

		수원국	
		노력 수준 높음	노력 수준 낮음
공여국	도움 없음	2, 2	1, 1
	도움	4, 3	3, 4

착한 사마리아인의 이야기는 신약성서에 나오는 이야기로, 유대인이 강도를 만나 위기에 처해 있을 때, 유대인과 적대관계에 있던 사마리아인이 유대인을 도와주었 다는 내용에서 기원한다. 착한 사마리아인은 어려운 처지에 놓인 사람을 지나치지 않고 도와주는 인간의 도덕적 본성에 대한 이야기이다.

이런 이유로 공적개발원조는 흔히 수원국의 어려운 상황을 도외시하지 않고 돕고자 하는 사마리아인의 행위로 설명된다. 그러나 이렇게 도덕적으로 순수한 의 도가 반드시 좋은 결과를 낳지만은 않는다는 점을 사마리아인의 딜레마를 통해 이 해할 수 있다.

수원국과 공여국, 두 국가가 있다고 가정하자. 사마리아인인 공여국은 수원국 이 노력하든 하지 않든 수원국을 도와줌으로써 도덕적인 만족을 얻는다. 반면 수원 국은 노력 여하에 따라 자신들의 효용이 달라진다. 표에서 앞의 숫자는 공여국의 효용을 나타내고 뒤의 숫자는 수원국의 효용을 나타낸다.

공여국은 자신의 도움으로 수원국이 노력하면 (4, 3)이라는 최상의 결과를 가 져올 수 있다고 믿는다. 그러나 공여국이 사마리아인인 것을 알고 있는 이상, '도움 없음'에 대한 선택지를 고민할 필요가 없다. 수원국은 공여국이 어떤 경우에도 도움 을 준다는 점을 고려하고 노력 여부를 결정한다. 공여국이 무조건적인 도움을 줄 것 으로 믿기에 수원국은 낮은 수준의 노력을 선택하는 것이 합리적이라고 판단한다.

결국 공여국이 목표한 (4, 3)에 도달하지 못하고 (3, 4)가 내쉬균형(Nash equilibrium)이 된다. 여기서 수원국이 받게 되는 '4'라는 효용은 수원국 전체의 효용 증가가 아니라 원조의 직접 수혜층 혹은 원조 배분의 권한을 독점한 수원국 내 지 배계층의 배타적 효용으로 이해할 수 있다. 원조 수혜에서 배제된 수원국 전체 국 민의 효용은 도움이 없던 상태의 그것과 별로 달라지지 않거나 더 악화될 수 있다.

립적인 국가경제의 건설에 대한 강력한 의지를 가지고 있었고 이에 대한 총의를 국가는 효과적으로 도모할 수 있었다. 그리고 이 과정에서 산업화와 민주화라는 두 마리의 토끼를 모두 잡을 수 있었다. 바로 이러한 과정을 통해 한국은 원조의 딜레마에 빠지지 않고 지속적인 성장을 해올 수 있었다.

한국이 원조의 딜레마를 극복할 수 있었던 역사적 과정에서 다양한 요인들(예: 분단, 한국전쟁, 단일민족, 북한으로부터의 위협 등)이 중요한 영향을 끼쳤으며 그들 중 상당수는 쉽게 일반화하기 어렵다는 점은 주지의 사실이다. 그러나 한국이 원조의 딜레마를 극복하고 지속적인 경제성장과 위기극복, 경제구조의 선진화를 이루는 과정에서 국가와 시민사회가 중요한 역할을 각각 담당했다는 점에 대해서는 이론의 여지가 없다.

개발협력 분야가 공공외교에서 차지하는 중대한 위상을 고려하면, 한국이 자신의 경험을 일반화하여 수원국이 수용할 수 있는 하나의 전략으로 제시하는 것은 매우 중요한 작업이라고 볼 수 있다. 또 개발협력 분야의 많은 한국전문가들이 실제 개발협력 현장에 투입되어 문제해결 과정에서 한국의 경험을 활용하는 것 역시 매우 중요한 작업이다. 국가는 개발협력 분야에서 한국의 경험이 효과적으로 전달되고 실행될 수 있는 지식적, 인적, 물적 차원의 환경을 구축하는 노력을 경주해야 할 것이다.

IV. 맺음말

경제공공외교는 국가브랜드라는 공공재를 공유하는 행위자들 간의 집단행위의 문제로 볼 수 있다. 우수한 국가브랜드는 좋은 환경과 사회간접시설과 같이 민간 주체들의 대외경제활동을 돕는 보이지 않는 중요한 투입요소이다. 동시에 민간 주체들의 개별적인 대외경제활동은 국가브랜드에 중대한 외부성(externality)을 갖는다. 좋은 제품을 만들어 전 세계로 수출하는 기업은 국가브랜드의 개선이라는 긍정적 외부성을, 현지의 지탄을 받는 활동을 벌이는 기업은 국가브랜드의 실추라는 부정적 외부성을 만들어낸다. 경제활동의 민간 행위자들은 국가브랜드를 향유하지만 이를 개선하고 관리하기 위한 비용을 부담할 유인은 없다. 따라서 국가브랜드를 관리하고 개선하기 위해 끊임없이 노력하는 공동체 내의 행위자가 반드시 필요하며 이러한 노력이 소홀해지면 국가브랜드라는 공공재는 쉽게 훼손된다.

개발협력의 공공외교에서 국가는 가장 중요한 행위주체로서 국제기구나 비정부기구와 함께 수원국에 대한 다양한 사업을 직접 계획하고 집행한다. 이 과정에서 국가는 개발협력 사업을 공공외교를 위한 수단으로 활용하고자 하는 유혹을 끊임없이 받게 된다. 오랜 기간 동안 원조는 공여국의 경제적 목적이나 전략적 목적을 위한 수단으로 간주되어 외교정책의 하나로 간주되어 왔다(Morgenthau 1962). 외교정책의 수단으로 전락한 원조는 원조의 딜레마를 통해 원조의 증가에도 저발전이 개선되지 못하는 원조의 덫을 만들어 내었다.

본 논문은 경제공공외교에서 국가의 역할을 국가브랜드의 딜레마와 원조의 딜레마를 개선하는 것으로 제시하였다. 구체적으로 국가는 국가브랜드의 관리자이자 민간 주체 대외활동의 지휘자로서 경제활동의 과정에서 발생할 수 있는 집단행위의 딜레마를 최소화하는 역할을 수행해야 한다. 개별 민간 주체들의 대외활동에 의해 국가브랜드가 훼손될 가능성이 큰 경우에 신속하게 개입하여 국가브랜드 훼손을 최소화하고 명확한 가이드라인을 제시해야 한다. 예를 들어 한국 기업이 개발도상국의 노동집약적 산업 부문에 진출한 경우에 그 기업이 현지의 노동법을 철저하게 준수하고 있는지, 뇌물 증여와 같은 부정한 활동에 가담하고 있지는 않은지 감독해야 한다. 또한 민간 주체들의 개별 활동이 국가브랜드에 긍정적 외부성을 미칠 수 있도록 조정하는 조정자 역할을 수행해야 한다.

공적개발원조에서 국가는 보다 적극적인 역할을 통해 국가브랜드 개선에 나서야 한다. 수원국과의 관계에서 발생할 수 있는 원조의 딜레마를 극복하기 위한 구체적인 방법을 계획하고 집행하여 빈곤퇴치와 사회인프라 구축, 수원국 삶의 질 개선이라는 목표에 다가갈 수 있어야 한다. 이 과정에서 공여국 중심성을 최대한 배제하고 수원국의 경제 및 사회발전이라는 개발협력 본연의 목표에 충실하면서도 개발협력 의제설정과 전문인력의 배출 등의 영역에서 국가브랜드 향상을 위한 노력을 지속적으로 경주해야 한다.

지금까지 한국 정부의 국가브랜드에 대한 인식은 관광객 유치를 위한 슬로건이나 선진국 도약에 대한 홍보 수준에 머물러왔다. 이런 이유로 새로운 정부가 들어설 때마다 'Dynamic Korea', 'Korea, Sparkling', 'Soul of Asia'와 같은 광고문구의 선정이 한국의 국가브랜드에 대한 정부 활동을 대표해 왔다(이인복 외 2021). 국가브랜드는 세계인의 집합적 인지에 의해서 결정되는 한 국가에 대한 총체적 인상이라고 볼 수 있다. 따라서 과거 냉전 시기에 진행된 일방적 커뮤니케이션 전략은 쌍방향 정보통신기술이 발전한 21세기에 더 이상 어울리지 않는다. 변화된 정보환경에 걸맞는 국가브랜드 제고 및 관리 전략을 고민하고 이를 실행에 옮기는 것이 21세기 국가의 중요한 역할이라고 볼 수 있다.

1   국가브랜드에 긍정적인 영향을 준 기업활동의 사례나 공적개발원조사업의 사례가 무엇이 있는지 토론해 봅시다. 해당 사례에서 일반화가 가능한 요인이 있다면 무엇일지 생각해 봅시다.

2   반대로, 국가브랜드에 부정적인 영향을 준 사례는 무엇입니까? 이와 같은 사례를 사전에 줄일 수 있는 방법은 무엇입니까? 이러한 사건이 발생했을 때 정부의 바람직한 역할은 무엇입니까?

3   민주화와 부정부패의 척결과 같은 국내 정치적 현상이 한국의 국가브랜드에 미치는 영향은 무엇입니까?

4   개발협력에서 이루어지고 있는 한국의 구체적인 활동 사례를 살펴보고 문제점과 의의를 토론해 봅시다.

5   개인 차원에서 국가브랜드에 큰 긍정적 혹은 부정적 영향을 준 사례가 무엇이 있는지 살펴보고 그 영향을 국가가 어떻게 관리할 수 있을지 고민해 봅시다.

추천 문헌

• 김상배·이승주·배영자 편. 2013. 『중견국의 공공외교』. 사회평론.
• 박종희 편. 2016. 『개발협력의 세계정치』. 사회평론아카데미.
• 윤영관. 2015. 『외교의 시대: 한반도의 길을 묻다』. 미지북스.

참고 문헌

국무조정실. 2020. 『2020 대한민국 ODA 백서』. 대한민국정부.

김상배·이승주·배영자 편. 2013. 『중견국의 공공외교』. 사회평론.

김상배. 2013. "중견국 공공외교의 이론." 김상배·이승주·배영자 편. 『중견국의 공공외교』. 사회평론.

박종희. 2013. "무역과 공공외교: 비(非)전략적 전략." 김상배·이승주·배영자 편. 『중견국의 공공외교』. 사회평론.

박종희. 2016. "국제개발협력의 기원과 구조적 변화: 연속성과 불연속성." 박종희 편. 『개발협력의 세계정치』. 사회평론아카데미.

박종희 편. 2016. 『개발협력의 세계정치』. 사회평론아카데미.

손혁상·안도경·박종희. 2013. 『주요국의 다자원조 추진전략과 정책적 시사점』. 대외경제정책연구원·경제인문사회연구회.

이인복 외. 2021. 『공공외교 및 공공원조를 통해 보는 한국의 소프트 파워 발전 전략: 설문 및 설문 실험을 중심으로』. 한국개발연구원 국제정책대학원대학교.

Barr, Doctor Michael. 2012. *Who's afraid of China?: the challenge of Chinese soft power*. Zed Books Ltd.

Berridge, G.R. 2010. "Public Diplomacy" In *Diplomacy: Theory and Practice*. Palgrave Macmillan. https://doi.org/10.1057/9780230379275_12

Brady, Anne-Marie. 2009. *Marketing dictatorship: Propaganda and thought work in contemporary China*. Rowman & Littlefield Publishers.

Fuhrer, Helmut. 1996. The Story of Official Development Assistance. Paris: OECD.

Hartig, Falk. 2012. "Confucius Institutes and the rise of China." *Journal of Chinese Political Science* 17(1): 53–76.

Lee, Donna and Brian Hocking. 2010. "Economic Diplomacy." *Oxford Research Encyclopedia of International Studies* No. 1(March), 213–223.

Lo, Joe Tin-yau and Suyan Pan. 2016. "Confucius Institutes and China's soft power: practices and paradoxes." *Compare: A Journal of Comparative and International Education* 46(4): 512–532.

Morgenthau, Hans. 1962. "A Political Theory of Foreign Aid." *American Political Science Review* 56(2): 301–309.

Nye, Joseph S. 2004. *Soft Power: The Means to Success in World Politics*. New York: Public Affairs.

Nye, Joseph S. 2008. "Public Diplomacy and Soft Power." *The Annals of the American Academy of Political and Social Science* 616: 94–109.

Olson Jr., Mancur. 1971(1965). *The Logic of Collective Action: Public Goods and the Theory of Groups*. Harvard University Press.

제7장

과학기술외교와 공공외교

배영자 | 건국대학교 정치외교학과

I. 들어가며

II. 과학기술외교의 부상

III. 주요국 과학기술외교

    1. 미국 과학기술외교: 경쟁력 강화와 소프트 파워 증진

    2. 영국 과학기술외교: 경쟁력 강화와 소프트 파워 증진

    3. 일본 과학기술외교: 경제 회복과 대개도국 협력 강화

IV. 한국 과학기술외교와 공공외교

V. 맺음말

과학기술외교는 세 가지 영역으로 나누어 이해할 수 있다. 과학기술외교 I 영역은 국경을 넘는 자본, 인력, 기술 교류가 보다 빈번해지면서 증대되고 있는 국제공동연구, 인력 교류 등 다양한 양상의 과학기술 국제협력이다. 아울러 국가 간 치열한 과학기술 경쟁 역시 과학기술외교의 한 측면으로 볼 수 있다. 과학기술외교 II 영역은 기후변화, 전염병 확산, 핵비확산, 저개발국 빈곤 등 21세기 세계 사회의 당면 문제에 대한 해결책을 모색하는 과정에서 과학기술의 역할이 강조되면서 환경, 보건, 우주, 원자력 등 다양한 과학기술 부문의 공식·비공식 국제기구를 중심으로 진행되는 과학기술자들의 활동이다. 최근에는 보편성과 객관성이라는 과학기술이 추구하는 가치가 일종의 소프트 파워로 인식되면서 자국의 과학기술력을 공공외교의 기반으로 활용하여 상대국 국민을 직접적인 대상으로 하는 다양한 프로그램들을 운영하고 자국의 대외적 위상 및 이미지를 제고하고자 하는 과학기술 공공외교가 증가하고 있는데, 이것이 과학기술외교 III 영역이다.

현재 미국, 영국, 일본 등 각 국가별로 과학기술외교의 중요성에 대한 인식이 다르고 구체적인 내용에도 차이가 있다. 하지만 과학기술 혁신역량 강화, 다양한 국가와의 과학기술협력, 공동의 가치나 정체성 형성에 기여하면서 자국 소프트 파워 증대에 과학기술을 활용하는 것이 과학기술외교의 핵심 내용이라는 인식이 확대되고 있다. 우리나라에서도 2000년대 후반 이후 과학기술외교에 관한 논의가 진행되어왔다. 한국의 과학기술외교도 큰 방향에 있어서는 타국과의 과학기술 경쟁과 협력, 그리고 과학기술을 통한 빈곤, 기후변화 등 인류 당면 문제의 해결에 대한 기여라는 흐름을 타고 있다. 하지만 공공외교의 관점에서 과학기술을 활용하는 부분이 상대적으로 취약하고 향후 과학기술 국제기구 활동, 과학기술 공공외교 등으로 과학기술외교의 반경을 넓혀가야 하는 상황이다. 아울러 미중 기술패권 경쟁시대에 세계 각 국가의 첨단기술혁신 전략이 시장 요인을 넘어선 지정학적 고려와 선택 속에서 진행될 수밖에 없는 환경으로 바뀌고 있고, 과학기술이 한국의 세계정치경제 위상을 구성하는 가장 중요한 외교적 자산이 됨을 인식하여 기술혁신과 외교가 상호 침투하여 결합된 과학기술외교 전략이 모색되어야 한다.

핵심어

과학기술외교 science diplomacy   영국 UK

공공외교 public diplomacy   일본 Japan

미국 USA   한국 Korea

I. 들어가며

전통적으로 외교는 외부 침략, 영토 갈등 등 국가의 생존과 밀접하게 관련된 사안에 대해 최고 통치자가 자국의 이익을 극대화하기 위해 상대국을 대상으로 벌이는 협상 행위였다. 그러나 지난 수십 년 동안 국가의 활동 범위가 확대되면서 외교의 영역, 수행 주체, 대상이 변모되어 왔다. 외교의 영역이 무역, 투자, 환경, 인권, 과학기술, 문화 등으로 확산되었고 외교의 수행자가 정치가나 직업외교관 이외에 공무원, 기업가, 시민운동가 등으로 다양해졌다. 또한 외교의 수행 대상도 상대국의 엘리트뿐만 아니라 일반 시민까지 포함하게 되었다.

근대 외교는 15세기 유럽에서 기독교에 기반을 둔 동질적인 정치단위체가 다수의 근대 주권국가로 분화되는 과정에서 새로운 정치단위체들 간의 의사소통을 위한 제도로 등장한다. 유럽 국가들에 의해 발전된 근대 외교가 서구의 팽창으로 근대 국가체제와 함께 세계로 확산되면서 현대 외교의 기본 틀이 형성되었다. 1차 세계대전 이후 소수 엘리트 중심의 비밀외교를 특징으로 하는 전통적인 외교의 주체와 수행방식이 변화하기 시작하였다. 외교에 대한 여론의 영향력 증대와 비밀외교 비판, 국제기구 등을 통한 다자외교의 활성화 등을 주요 내용으로 하는 신외교가 등장하였다. 20세기 후반에 가속화된 세계화와 정보화의 흐름 속에서 외교는 다시 한 번 주체, 영역, 수행방식 등에서 변모하고 있다. 새로운 외교의 특징은 디지털 외교, 버추얼 외교, 탈근대 외교, 공공외교, 지식외교, 네트워크 외교 등 다양한 이름으로 규정된다.

외교혁명(Revolution in Diplomatic Affairs, RDA)으로 일컬어지는 최근의 외교 변화에서 특히 주목되는 점은 외교의 영역이 군사나 경제 이외에 환경, 과학기술, 문화 등으로 확산되고 있다는 것이다. 또한 외교가 정부 간의 관계를 넘어서 시민사회나 일반 국민을 대상으로 이루어지고 특정 사안에 대한 교섭이나 협상 이외에 타국 정부와 시민들에게 자국의 위상을 높이고 정책을 널리 알리는 의사소통 과정이 외교의 주요 내용 가운데 하나로 부상하고 있다. 한편으로는 환경외교, 과학기술외교, 문화외교 등 보다 전문적인 영역에서 외교가 활발하게 진행되고 있으며, 다른 한편으로는 군사력이나 경제력 등 소위 하드 파워를 근간으로 하는 외교의 한계가 노정되면서 보다 적극적으로 소프트 파워를 외교에 활용하는 공공외교가 부상하고 있다(Snow & Tayor 2009).

이 장에서는 특히 과학기술외교가 공공외교로 부상하고 있는 배경을 살펴보고 미국, 영국, 일본의 과학기술 공공외교 현황을 살펴보면서 한국 과학기술외교의 발전 방향을 생각해보고자 한다.

II. 과학기술외교의 부상

최근 외교 변화 가운데 과학기술외교와 관련해서 주목되는 점은 첫째, 공공외교가 부상하고 있다는 것, 둘째, 외교가 다양한 영역, 특히 과학기술 영역과 융합되어 만나는 지점이 증대하고 있다는 것이다 (배영자 2011).

　　세계화와 정보혁명 이후 진행되고 있는 다양한 외교 변화 가운데 특히 인터넷상에서 이루어지는 사이버 외교 부상, 일반 대중을 대상으로 하는 공공외교 강화 등이 주목된다. 세계화와 정보화는 사이버 공간이라는 새로운 외교 공간을 창출했다. 인터넷은 외교 관련 정보를 수집하는 주요한 장이 되었으며 인터넷을 새로운 의사소통 수단으로 적극 활용하는 사이버 외교, 버추얼 외교, 디지털 외교 등이 외교의 새로운 영역으로 등장했다. 아울러 인터넷이 정보와 지식 생산 및 확산의 주요한 수단으로 활용되면서 외교의 대상이 전통적인 의미의 여론주도층보다 넓은 일반 대중에게까지 확대되는 변화가 진행되어 왔다. 다양한 매체를 통해 외교협상 과정이 여과 없이 보도되면서 협상 이슈에 관해 전문가들의 분석 및 평가와 일반 국민의 반응이 실시간으로 인터넷에 올라오고 있다. 비정부 기구들이나 시민사회가 외교에 미치는 영향력이 확대되고 때로는 이들이 외교 수행 과정에 직접 참여하기 시작하면서 과거처럼 직업 외교관이 독자적으로 외교협상을 주도하는 것이 불가능하게 되었다.

　이러한 과정에서 군사력이나 경제력을 토대로 이루어져왔던 강압외교나 달러외교의 효력이 상대적으로 감소되고 상대방의 마음과 이성에 호소하는 소프트 파워를 활용하는 공공외교의 중요성이 부상하게 되었다(Snow & Tayor 2009). 공공외교는 1960년대에 미국에서 처음 시작되었는데, 당시 공공외교는 외교정책의 형성과 집행에 있어 타국 정부와 국민의 견해와 태도에 미치는 영향력을 다루는 것으로 이해되었다. 냉전기에 미국의 공공외교는 대외공보처를 중심으로 공산 진영에 대항하는 자유민주주의의 우월성을 널리 홍보하는 방식으로 수행되었다.

　냉전기 체제의 선전용으로 이해되었던 공공외교가 소프트 파워 개념과 함께 다시 부상한다. 미국의 국제정치학자 조지프 나이는 부시 행정부의 대외정책이 지나치게 하드 파워 중심으로 수행되어 왔고 소프트 파워를 소홀히 함으로써 결과적으로 미국이 가진 수많은 장점과 매력에도 불구하고 전 세계적으로 미국에 대한 여론이 악화될 수밖에 없었다고 진단했다(Nye 2004). 그는 미국이 가진 소프트 파워, 미국의 매력과 장점을 널리 알리는 보다 적극적인 공공외교가 필요하다고 역설했다.

　냉전을 전후로 수행된 정부정책에 대한 홍보성 공공외교와 현재 부상하고 있는 소프트 파워에 기반을 둔 공공외교는 몇 가지 점에서 차이가 있다(Snow & Tayor 2009). 전자가 주로 정부 대 정부 차원에서 이루어진 반면, 후자는 정부뿐만이 아니라 시민단체나 일반 국민을 대상으로 하며 이들이 실제로 공공외교의 수행에 참여한다. 아울러 전자가 상대국 국민에게 정보를 일방적으로 전달하는 비대

칭적 의사소통 과정임에 반해 후자는 의견 형성에 적극적으로 함께 참여하는 일반 국민과 대화하는 쌍방향적 의사소통 과정이다. 요컨대 전자가 일방적으로 자신의 이야기를 전달하는 것임에 반해 후자는 가치, 희망, 존경을 공유하는 것이다.[1]

소프트 파워를 활용하는 공공외교가 부상하고 일방적으로 자국의 이해를 추구하고 홍보하기보다는 국가들 간의 공동의 가치와 정체성을 형성하는 데 기여함으로써 자국의 대외적 이미지와 위상을 증대하는 노력의 중요성이 인식되기 시작하면서 과학기술의 역할이 새롭게 주목받고 있다. 과학기술외교는 과학기술을 규범과 정체성 형성의 매개로 활용하고 일방적 강요나 강압보다는 설득과 동의, 협력을 중요시하는 특성을 보인다. 과학기술외교의 이해에는 정체성과 규범의 중요성 인식 및 과학기술을 소프트 파워 자산으로 보는 관점이 내재되어 있다. 이러한 시각은 소통, 설득, 공유에 기반한 소프트 파워 강화라는 공공외교의 존립 기반과 공통점을 가진다.

과학기술은 군사력, 경제력의 물적 기반이 되는 하드 파워이다. 동시에 이성에 토대하여 합리적이고 체계적인 방식으로 문제에 접근하고 탐구하며 해결책을 찾아가는 보편적 가치로서 매력과 영향력을 발휘하는 소프트 파워이기도 하다. 과학기술이 외교를 위한 소프트 파워 자원으로 인식되기 시작하면서 자연스럽게 과학기술 공공외교가 주목받고 있다.

전통적인 의미의 과학기술외교는 주로 상대국의 선진 과학기술

....

1   "shift from telling America's story to the world to sharing values, hopes, dreams, and common respect with the world"(Snow & Tayor 2009).

지식을 염탐하거나 습득하는 것을 목적으로 이루어졌다. 예컨대 영국은 2차 세계대전 전후인 1942년에서 1946년 동안 찰스 갈톤 다윈(Charles Galton Darwin, 찰스 다윈의 손자)을 미국에 파견하여 워싱턴에 중앙과학사무국(Central Scientific Office)을 설립하고 미국 과학자들과 과학기술 정보를 교환하고 협력하는 임무를 부여했다(Royal Society 2010). 조지프 니덤(Joseph Needham) 역시 과학파견관(British Scientific Mission)으로 중국에 체류하면서 그 기간 동안 얻은 지식을 토대로『중국의 과학과 문명』을 집필한 것으로 알려져 있다.

외국과의 과학기술 경쟁 및 상대국의 첨단 과학기술에 대한 정보를 수집하는 것은 현재까지도 과학기술외교의 중요한 부분이다. 예컨대 최근 미국과 중국 간에 반도체, 인공지능, 양자컴퓨터 등 첨단기술을 둘러싼 갈등이 고조되고 있다. 그러나 국경을 넘는 자본, 인력, 기술의 교류가 보다 빈번해지면서 국가 간의 과학기술 경쟁을 넘어 과학기술협력의 필요성이 증대되었다. 아울러 기후변화, 핵비확산, 저개발국 빈곤 등 21세기 세계 사회의 당면 문제에 대한 해결책을 모색하는 과정에서 과학기술의 역할이 강조되고 있다. 보다 최근에는 보편성과 객관성이라는 과학기술이 추구하는 가치가 일종의 소프트 파워로 인식되면서 자국의 과학기술력을 공공외교의 기반으로 활용하여 상대국 국민을 직접적인 대상으로 하는 다양한 프로그램을 운영하고 자국의 대외적 위상 및 이미지를 제고하고자 하는 노력이 진행되고 있다.

과학기술외교는 과학기술 경쟁 및 국제협력을 포함한 다양한 외교적 활동을 지칭하므로 과학기술외교를 과학기술 국제협력보다 상위의 개념으로 이해하는 것이 적절하다. 전통적인 과학기술외교는 국가 간의 과학기술 정보를 둘러싼 첩보활동으로 주로 인식되었으나 21세기에 들어서 과학기술외교는 말 그대로 새로운 영역으로 확장되는 양상을 보이고 있다. 한편 과학기술계(Science and Technology Community)에서는 과학기술을 중심에 놓고 이루어지는 다양한 국제협력활동을 과학기술외교로 인식했다. 특히 양자간 혹은 다자간 국제공동연구 활동을 과학기술외교의 중심 내용으로 이해했다. 과학기술외교는 이러한 과학기술 경쟁 및 국제협력 이외 과학기술을 문제인식과 해결을 위한 토대나 소프트 파워로 활용하는 다양한 외교적 활동을 포함한다.

기후변화 대응, 사스, 에볼라, 메르스 등 전염병의 확산 저지, 식량 및 에너지 문제 해결 등을 위해 글로벌 수준의 협력 요청이 증대되고 있다. 국제사회가 당면한 문제를 해결하기 위한 과학기술의 중요한 역할이 인식되면서 국제기구를 통해 과학기술과 외교가 융합되어 만나는 기회도 증대되고 있다. 지구적 수준에서 잦은 이상기후 현상, 사스에 이어 조류독감, 에볼라, 메르스 같은 전염병의 확산 등 현재 인류가 당면한 문제들에 대한 해결책을 모색하는 과정에서 많은 국가들의 협력이 반드시 필요하다. 또한 해당 분야의 전문 과학기술지식이 중요해지고 있다. 2차 세계대전 이후에 명실상부한 패권국으로서 수많은 국제기구들을 설립하거나 주도하면서 의제 설정과 문제해결 과정을 이끌어왔던 미국의 경제가 상대적으로 쇠퇴한 대신 급속한 경제성장과 함께 '중국몽(中國夢)'을 내세우면서 강대국으로 굴기 중인 중국의 국제적 위상이 증대되면서 다자간 국제기구에서 의제 형성과 논의 과정이 눈에 띄게 변모하고 있다. 과학기술 관련 이슈에서도 제기된 의제나 해결책에 내포된 정치적인 함의와 뚜렷한 권력배분 양상이 보다 명시적으로 대립각을 이루거나 쟁점화되고 있다. 미국과 중국을 위시한 많은 국가들은 다자간 국제기구에서의 의제 형성과 해결책이 자국의 이익에 유리하도록 논의에 적극 참여해 치열한 외교 경쟁을 벌이고 있다.

다양한 형태로 진행되는 과학기술외교는 다음과 같은 세 가지 영역으로 구분해서 이해할 수 있다(Royal Society 2010).

과학기술외교 I 영역은 주로 국가 간 과학기술을 둘러싼 치열한 경쟁과 협력을 의미한다. 이는 자국의 과학기술력 강화를 위해 상대국을 견제하고 경쟁하는 한편, 선진기술을 습득하고 인력을 교류하며 정보를 교환하는 내용으로 구성된다. 현재 정부 및 산하기관, 민간기업, 대학이 수행하는 각종 공동연구 및 교류 활동이 이에 속한다. 여기서 과학기술은 기본적으로 국가 경제성장의 원천이라는 경제적 관점에서 이해된다.

과학기술외교 II 영역은 환경, 에너지, 통신, 보건 등 다양한 영역에서 제기되는 문제의 해결 방법을 모색하기 위해 글로벌한 수준에서, 특히 다자간 국제기구의 틀 안에서 이루어지는 활동을 지칭한다. 기후변화에 대처하기 위해 활동하는 정부 간 패널(Intergovernmental Panel on Climate Change, IPCC)이 대표적 사례이다. 이 영역에서 과학기술은 당면 문제를 정확히 진단하고 해결하는 데 필요한 전문지식의 성격으로 인식된다.

과학기술외교 III 영역은 국가가 당면한 외교적 교착 상태를 해결하거나 외교관계를 확장시키는 돌파구로 과학기술을 활용하는 활동이다. 미국의 오바마 행정부가 2009년 카이로 선언 이후에 중동 국가와의 관계 개선과 상호 이해 증진을 위해 중동 국가들과의

과학기술 인력 교류와 공동연구 개발 활동에 대대적으로 투자한 것
이 대표적 사례이다. 이 영역에서 과학기술은 이성과 합리성의 대표
주자로, 체제나 이념의 차이를 넘어서 보편적으로 추구되고 교류되
는 가치로 이해된다.

과학기술외교와 공공외교의 외연은 일치하지 않는다. 공공외

참고 7-1   과학기술외교 개념

과학기술외교의 중요성을 환기시키는 데 중요한 역할을 한 영국 왕립학회(Royal
Society)가 2010년에 발행한 문건 "과학기술외교의 새로운 도전(New Frontiers in
Science Diplomacy)"의 구분을 토대로 과학기술외교를 아래와 같이 세 영역으로 구
분하고 각 영역의 내용, 목적, 과학기술의 성격, 사례를 정리했다.

	Diplomacy for Science (과학기술외교 I 영역)	Science in Diplomacy (과학기술외교 II 영역)	Science for Diplomacy (과학기술외교 III 영역)
내용	과학기술 국제협력과 경쟁, 국제공동연구 (양자/다자, 정부/기업/대학)	과학기술 국제기구활동 (과학기술전문기구, 일반국제기구 등등)	외교문제 해결 위해 과학기술 활용 과학기술 공공외교
목적	과학기술역량 강화(선진기술습득, 과학기술인력 훈련, 정보교환 등)를 통한 경제성장	환경, 에너지, 보건 영역 등에서 발생하는 문제해결 위해 전문지식 제공 국제기구 아젠다 형성에 참여	외교적 긴장 및 교착상태나 어려움 해결을 돌파구로 과학기술 활용 국제사회에서 자국 위상 강화
과학기술성격	국가경쟁력 및 대외적 위상의 원천	당면 문제 진단 및 해결에 필요한 전문지식	탈이념적, 합리적, 보편적 관계의 가교 역할
사례	국가 간 첨단 과학기술경쟁 양자간 공동연구, 인력교류 다자간 국제공동연구	지구온난화와 IPCC 활동 IAEA 핵시설 사찰관 활동 기타 심해, 우주 관련 국제기구 활동 OECD, UN 등 과학기술 자문	미국, 영국 등 서방국가와 이슬람국가들과의 과학기술협력, 한국과 북한 과학기술협력 과학기술 ODA

교는 과학기술 이외에 문화, 교육 등 다양한 수단을 활용한다. 과학기술외교는 공동의 규범이나 가치 형성을 목적으로 하지 않는 다양한 과학기술 경쟁과 협력을 모두 포함한다. 하지만 정체성과 가치, 소프트 파워를 공동 기반으로 양자가 만나면서 일종의 시너지 효과가 나타나고 있다. 적대국과의 과학기술협력 강화, 과학기술 공적개발원조(ODA) 증대 등 과학기술이 공공외교 프로그램과 결합되면서 공동의 가치와 정체성을 만들어가고자 하는 공공외교가 공허한 구호가 아닌 실질적인 사업과 성과를 이끌어내는 모습으로 발전할 수 있게 된다. 이 과정에서 경쟁적이고 갈등을 빚거나 협력을 지향하는 과학기술외교보다는 집합적 정체성과 가치의 공유, 설득과 소통을 중시하는 과학기술외교의 입지가 확대하고 강화된다. 공공외교의 관점으로 인해 하드 파워인 동시에 소프트 파워인 과학기술의 복합적인 속성이 보다 전략적이고 명시적으로 외교에 통합되는 계기가 마련되고 있다. 즉, 공공외교와 과학기술외교의 만남을 통해 소프트 파워 강화 및 정체성과 가치의 중시라는 양자의 목적이 결합되고 과학기술이 수단으로 활용되면서 국익의 추구와 세계 당면 문제 해결을 위한 노력이 조화될 수 있는 공공외교로서의 과학기술외교가 본격적으로 출현하고 있다.

III. 주요국 과학기술외교

1. 미국 과학기술외교: 경쟁력 강화와 소프트 파워 증진

미국은 건국 초기부터 활발한 과학기술외교를 수행했다. 미국 건국 시조들 가운데 특히 토머스 제퍼슨(Thomas Jefferson)과 벤저민 프랭클린(Benjamin Franklin)은 과학에 관심이 많았다. 독립선언서와 미국 헌법 작성에 참여했으며 독립전쟁 때 프랑스의 경제 및 군사적 원조를 얻어내는 데 중추적 역할을 했던 프랭클린은 유럽 과학자들과 활발하게 교류했으며 피뢰침, 다초점 렌즈 등을 만든 발명가이기도 했다. 미국 건국 시조들은 초기부터 과학기술이 국정 운영에 중요하다고 인식하고 있었고 실제로 지도 작성, 세관, 보건 등의 영역에서 과학기술을 적극 활용하였다.

그러나 미국에서 과학기술이 크게 발전하기 시작한 것은 남북전쟁 이후 급속한 산업화 과정을 겪으면서부터였다. 2차 세계대전 이후 명실상부한 패권국이자 과학기술 선두주자로 부상하면서 본격적인 과학기술외교를 수행하게 된다. 이전의 과학기술외교가 선진기술을 습득하기 위한 노력이나 자국의 이익을 지켜내려는 현실주의 과학기술외교에 초점을 두었음에 반해 2차 세계대전 이후 과학기술외교는 보다 다양한 내용으로 진행된다. 소련을 위시한 공산주의 세력에 대항하여 자유민주주의 진영의 영향력 강화를 위해 서유럽 국가 및 아시아, 아프리카, 남미 등의 신생국가들을 대상으로 과학기술을 외교에 활용하는 한편 적대국이었던 소련, 중국 과학자 공동체들 간의 상호 교류를 유지하였다. 아울러 1970년대 중반 이후 자본과 기술의 국경을 넘는 이동이 가속화되는 과정 속에서 자유주의 과학기술외교의 내용을 담은 과학기술 국제협력이 범위와 규모 면에서 크게 증대되었다. 1980년대 이후에는 과학기술 국제협력 예산이 크게 증대되었고 외국과 맺은 과학기술협정이 수백여 개를 넘은 것으로 보고되고 있다. 과학기술협력을 통해 미국 과학기술의 경쟁력을 유지하거나 강화하려는 노력은 현재까지 지속되고 있다. 예컨대 2008년 국가과학위원회(National Science Board)는 국제 과학기술협력 보고서(International Science and Engineering Partnerships: A Priority for U.S. Foreign Policy and Our Nation's Innovation Enterprise)를 통해 미국의 과학기술력 증대가 미 외교정책의 우선적인 내용이 되어야 함을 역설했다. 오바마 행정부 역시 미국 경제의 지속적인 성장을 위해 과학기술력이 중요하다고 인식하고 2009년 미국 혁신전략(A Strategy for American Innovation) 보고서를 통해 국제협력의 지속과 확충 지원을 밝힌 바 있다.

근래 미국 과학기술외교에서 가장 주목할 만한 변화는 과학기술외교가 공공외교로 적극 활용되고 있다는 점이다. 미 국무부의 2025 변환외교 보고서에서는 과학기술을 미국의 주요 소프트 파워 자산으로 인식하면서 공공외교 자원으로 적극 활용할 것을 제안했다. 2000년에 국무부 내에 과학기술자문관실(The Office of the Science and Technology Adviser to the Secretary)이 설치되었다. 자문관실은 미국 외교정책 수립 시 포괄적이고 정확하며 최신의 과학기술 전문지식을 장관에게 제공하는 것을 주요 임무로 하며 현재 미국 소프트 파워 증진을 위한 과학기술외교 프로그램을 만들어 운영하고 있다. 아프리카개발(Geospatial Sciences for Sustainable Development in Africa)을 위한 과학기술, 이라크 과학기술멘토링(Science, Technology and Engineering Mentorship Initiative in Iraq), 번영하며 안전한 사회를 위한 과학기술(Science and Technology for Secure and Prosperous Societies) 등의 프로그램은 과학기술외교가 공공외교로 추진되고 있는 대표적인 사례로 볼 수 있다.[2]

백악관의 과학기술정책국(Office of Science and Technology Policy, OSTP)은 다양한 관련 기구들 간의 연계를 담당하면서 과학기술외교 업무를 수행한다. OSTP가 주도한 오바마 행정부의 과학기술외교 가운데 가장 주목받고 있는 내용이 2009년 6월 카이로 연설에서 선언된 중동 지역과의 과학기술협력 프로그램이었다. 9·11 테러 이후 걷잡을 수 없이 악화된 미국과 중동 지역 국가들 간의 공동 이해와 가치를 형성하기 위한 기반으로 중동 국가들에 대한 과학기술 지원 및 협력을 대폭 강화하는 다양한 프로그램들이 마련되어 진행되고 있다.[3] 이러한 프로그램은 정부뿐만 아니라 양국의 대학, 기업, 시민단체 등 민간 부문도 적극 참여하며 실질적인 과학기술 성과와 함께 가치와 이해 공유에 초점을 두고 있어 과학기술외교와 공공외교가 결합된 구체적 사례로 볼 수 있다. 21세기에 접어들어 미국 과학기술외교는 공공외교의 일환으로 미국의 우수한 과학기술력을 활용해 대외 소프트 파워를 증대한다는 목적을 추구하는 면이 두드러지게 나타난다. 과학기술이 미국 사회에서 가장 존중받는 부분이며 과학기술이야말로 미국의 소프트 파워를 강화시키고 과학기술협력을 기반으로 가치와 정체성 공유를 향해 나아가는 과정에서 국제적 존경과 신임을 얻어내고 평화와 발전에 기여할 수 있다는 인식을 반영한 것이다.

미국은 과거의 과학기술외교를 지속하고 확대하는 가운데 공공

....

2   미 국무부 과학기술자문관실 http://www.state.gov/g/stas/130872.htm (검색일 2022년 1월).
3   미국 중동 과학기술협력 문서 http://www.whitehouse.gov/sites/default/files/ microsites/ostp/cairo-fact-sheet.pdf (검색일 2022년 1월).

미국 과학기술 공공외교 사례:
오바마 행정부 카이로 선언

"미국은 무슬림 국가의 과학기술 발전을 지원하는 펀드를 조성할 것이다. 또한 아프리카, 중동, 남아시아 등에 우수과학센터(centers of scientific excellence)를 설립하고 에너지, 환경, 물, 농작물 등과 관련된 새로운 연구 협력 프로젝트를 논의하기 위해 과학기술 특사를 파견할 것이다. 미국은 이슬람협력기구(Organization of the Islamic Conference)와 함께 홍역을 근절하기 위한 노력을 시작할 것이고 유아와 모성 건강을 증진시키기 위한 협력을 확대해 나갈 것이다."

출처: 카이로 선언 중 일부 발췌(http://www.msnbc.msn.com/id/31102929/ 검색일 2022년 1월)

외교와 결합된 과학기술외교를 보다 강화하는 양상을 보이고 있다. 미국의 과학기술 경쟁력과 리더십을 강화하기 위해 기존의 과학기술 경쟁 및 협력을 지속하고 확대하는 한편 미국 소프트 파워를 증진시키기 위한 과학기술외교 프로그램들을 개발하고 수행 중이다. 특히 중동, 아프리카 등 미국의 영향력이 취약한 곳이나 개발이 긴급한 분야에 과학기술외교를 적극 활용하면서 미국의 소프트 파워를 강화하고 이것이 평화나 번영을 위한 공동의 노력으로 확산될 수 있도록 노력하고 있다.

트럼프 행정부 이후 과학기술 공공외교가 소강상태에 접어들고 대신 중국의 과학기술 도전을 견제하는 수출 제한, 투자규제 등이 과학기술외교의 주요한 내용이 되었다. 트럼프 대통령 취임 이후 무역대표부(USTR)의 301조 조사가 개시되었고 중국의 불공정 무역 관행 및 첨단기술 분야 지원에 대한 우려가 확산되었다. 트럼프 행정부는 자국 기업에 대한 공격적인 인수합병이나 불법적 기술 유출

참고 7-3

바이든 행정부 시기
미중 과학기술외교 경쟁 사례들

미중 기술패권 경쟁: 반도체, 5G/6G, 인공지능, 양자컴퓨터, 우주

코로나 백신, 치료제 개발 경쟁

지적재산권 침해 분쟁

인터넷 거버넌스, 사이버 안보 규범 갈등

데이터 주권 갈등

인공지능 킬러로봇 규범 갈등

을 통해 중국 기술혁신이 이루어지고 있으며 이는 자국 첨단산업에 위협적이고 경제적 침략인 동시에 중국 첨단기술 발전이 첨단 무기 개발과 밀접하게 관련되어 군사적 위협이 되고 있다는 인식을 드러냈다.[4] 2019년 미 상무부가 두 차례에 걸쳐 중국 기업 화웨이 관련 총 114개사에 대한 거래 제한을 발표한 것도 이러한 맥락에서였다. 바이든 행정부 취임 이후 대중 첨단기술 견제에 대해 어떤 입장을 취할지 관심이 모아진 가운데 일련의 조치들이 발표되면서, 대중 첨단기술 견제가 지속되고 강화될 것임을 알렸다.

....

4   USTR(Office of the U.S. Trade Representative), 2018, "Findings of the Investigation into China's Acts, Policies, and Practices Related to Technology Transfer, Intellectual Property, and Innovation under Section 301 of the Trade Act of 1974." https://ustr.gov/sites/default/files/Section%20301%20 FINAL.PDF (검색일 2022년 1월).

2. 영국 과학기술외교: 경쟁력 강화와 소프트 파워 증진

영국은 제국적 팽창이 진행되던 17세기 이후 외교에서 과학기술의 중요성을 인식하기 시작하였다. 1885년에 수에즈 운하 굴착을 위해 영국, 프랑스, 러시아, 합스부르크, 네덜란드, 스페인 등의 해군, 민간 기술공학 전문가 등이 참여하면서 과학기술협력을 주요 내용으로 하는 외교의 경험을 발전시키기도 했다. 냉전 이후 유럽통합의 틀 내에서 과학기술협력이 가속화되었고 영국은 이를 주도하면서 적극 참여해왔다. 1954년에 설립된 유럽 원자력 연구기구인 CERN은 유럽 과학기술외교의 중요한 이정표가 되었다. 21세기 들어 영국 고든 브라운(Gordon Brown) 수상은 오늘날 인류가 직면한 도전과제, 기후변화, 질병, 빈곤 감축, 비핵화, 사이버전쟁 등의 문제를 초국경적으로 과학기술협력을 통해 해결할 수 있다고 주장하면서 외교에 있어 과학기술의 새로운 역할을 강조했다. 이를 배경으로 2010년 영국 왕립학회(Royal Society)는 현대에 있어 과학기술외교의 의미를 제시하고 이의 중요성을 주장하는 보고서 "과학기술외교의 새로운 도전(New frontiers for in science diplomacy)"을 발간하여 과학기술외교 부상에 불을 지폈다(Royal Society 2010).

실제로 영국은 과학기술을 외교에 다양한 방식으로 활용하는 프로그램들을 꾸준히 도입해왔다. 영국의 과학기술 혁신 역량 강화를 지원하는 해외 네트워크를 구성하고, 영국 과학자들이 보건과 질병 해소, 기후변화 등 국제사회가 당면한 문제들의 해결에 적극 참여할 수 있도록 지원하며, 특히 영국의 소프트 파워를 강화하기 위해 영국이 가진 과학기술 역량을 활용하는 개발협력 사업들을 적극적으로 발굴해왔다. 예컨대 과학기술외교 수행 시 빈번하게 직면하는 장애요인으로 과학자들의 국제협력을 위해 필요한 입국비자의 제한이나 국제사회 제재 등이 있다. 영국의 과학자들이 백두산 화산 활동에 대해 북한 과학자들과 공동연구를 진행하면서 국제사회의 대북제재가 문제가 될 때 영국 정부가 적극적으로 나서서 필요한 과학기술 장비의 국제적 이동을 지원하였다. 아울러 과학기술자와 외교관, 학자 등으로 구성된 과학기술외교 공동체를 육성하고 실제로 이를 통해 과학기술 외교관 양성과 외교정책 수행 과정에서 과학기술자들의 적극적인 참여를 독려하였다. 영국 과학기술외교 프로그램 가운데 가장 두드러진 것은 영국 과학혁신네트워크(The UK Science and Innovation Network, SIN) 구축과 뉴턴 펀드(Newton Fund)를 통한 개발협력 사업이다.[5]

영국은 해외 혁신자원을 영국 과학기술혁신 역량 강화와 효과적으로 연결시키기 위해 현재 28개국에 사무소를 설치하여 과학혁신네트워크(SIN)를 운영하고 있다. SIN은 2001년 외무성(Foreign and Commonwealth Office, FCO) 산하에 창설되었고 자국에 유익할 수 있도록 과학 및 혁신 관련 정책과 산업계, 학계에 영향력을 발휘할 것을 목표로 설정하였다. SIN은 기술 파트너십과 투자를 도모하여 영국 기술혁신 능력을 향상시키는 데 활용하는 것을 명확한 목표로 삼고 있다. 현재 전 세계 28개국 47개 도시에 총 93명으로 구성된 SIN은 각국 대사관 혹은 영사관 내에 사무실을 두고 있으며 기업혁신기술부와 외무부로부터 예산을 지원받아 운영된다. 현재 호

---

5   UK SIN 홈페이지 https://www.gov.uk/world/organisations/uk-science-and-innovation-network
뉴턴 펀드 홈페이지 https://www.newtonfund.ac.uk/ (2022년 1월 검색).

주, 브라질, 캐나다, 칠레, 체코, 덴마크, 프랑스, 독일, 인도, 이스라엘, 이탈리아, 일본, 말레이시아, 네덜란드, 뉴질랜드, 나이지리아, 폴란드, 카타르, 러시아, 싱가포르, 남아프리카공화국, 대한민국, 스페인, 스웨덴, 스위스, 대만, 터키, 미국 등 28개국 공관에 사무실을 두고 있다. 이들은 본국에서 임명된 책임자(Director)와 현지 채용 3~4명의 인원으로 구성된다. 한국에 주재하고 있는 영국 SIN 책임자와의 인터뷰에 따르면 주한 영국 대사관 내에 사무실을 두고 있는 한국 SIN은 영국 대사의 지휘를 받고 예산의 절반은 외무부에서 지원받고 있지만 기업혁신기술부로부터도 절반의 예산을 지원받으면서 보고의 의무도 지닌다. 기업혁신기술부와 외무부에 각각 구성된 SIN 본부에 보고를 하게 되는데 본국에 있는 본부는 대부분 해외 SIN 거점을 행정적으로 지원하는 업무를 담당한다. 전략적 조정은 각 부처의 윗선에서 이루어지며 해외 SIN 거점은 이들의 지시를 받게 된다. 대사관 내에 함께 있는 기업지원부서와 협력하여 영국 대학 및 기업들의 한국 내 진출을 지원하고 있지만 SIN은 공동연구 및 기술 탐색의 범위에 초점을 둔다. 기업 진출 지원은 일정한 단계에서 기업지원부서로 이관한다. 대부분 본국의 대학 및 기업들의 과학기술협력 요청에 따라 정보 수집, 네트워크 구축, 공동연구 사업 개발 등의 역할을 하지만 한국으로부터의 요청에도 적극 대응하고 있어 쌍방향 협력 촉진을 도모하고 있다. 연례행사로 전체 SIN 회의가 다양한 지역에서 개최되고 있으며 지역 SIN 회의도 주기적으로 (통상 2년 주기) 개최되어 다양한 정보 교환을 하고 있다. 이러한 회의에서 전체 SIN의 방향이나 지역별 전략 등이 논의되고 다양한 경험이 공유된다.

영국은 2차 세계대전 이후에 탄생한 많은 신생 독립국들을 지원하기 위해 1958년에 해외개발지원 대상국을 식민지 국가들이 아닌 국가들로 확대할 것임을 선언했고 현금과 기술 지원을 같이 제공하기 시작했다. 1970년 1·2차 석유파동으로 영국 경제가 어려움에 처하자 ODA를 자국의 상업적 이익을 증진시키는 방법으로 사용하기 시작했다. 1980년에 제정된 '개발협력법(International Development Act)'은 영국산 물품과 서비스를 제공하는 형식으로 ODA를 실행한다는 조건을 명시했다. 그러나 1997년 토니 블레어(Tony Blair) 노동당 정부가 집권하면서 『국제개발에 관한 백서(*White Paper on International Development*)』를 발간했다. 이 백서에서는 ODA의 목적이 세계 빈곤 퇴치임을 분명히 밝혔다. 노동당 정부의 집권 이후 총 네 차례의 개발백서가 공표되었는데, 모든 백서에서 파트너십과 공동행동의 중요성을 강조하고 있다. 2002년에는 '국제개발법(International Development Act)'을 제정하고 ODA의 목적을 "개도국의 지속적 발전과 복리 증진"으로 명시했다. 이 법은 ODA가 영국의 전략적 목표보다는 상대국의 빈곤 감축에 초점을 맞추어야 한다는 것을 법적으로 보장했다. 예컨대 양자원조와 자국의 조달 계약을 연결시키는 구속성 원조 등과 같이 다른 조건들과 함께 개발협력을 활용하려는 시도를 법적으로 금했다. 특히 영국은 과학기술 ODA를 보다 전략적으로 추진하기 위해 뉴턴 펀드를 운영해왔다. 뉴턴 펀드는 특히 개도국의 경제발전과 복지 향상을 위해 상대국의 과학기술 역량을 강화하려는 목적하에 운영되고 있다.

영국 과학기술 공공외교 사례:
뉴턴 펀드

⊙ 뉴턴 펀드는 영국의 산업혁신부(Department for Business, Innovation and Skills)가 운영하는 영국 ODA의 주요 사업이다. 펀드의 목적은 세 가지이다. 상대국의 과학자나 기관의 혁신 역량 강화, 발전과 관련된 주제에 관한 연구 협력, 발전의 도전을 해결하는 공동 협력 방안 창안 및 혁신체제 강화이다.

⊙ 현재 뉴턴 펀드의 파트너 국가는 브라질, 칠레, 이집트, 태국 등 15개국이다

⊙ 현재 뉴턴 펀드에 의해 지원 중인 프로젝트 사례: 세계 식량안보를 위한 영국 필리핀 농업 협력 프로그램, 영국 생명공학 및 생물과학연구위원회(BBSRC), 영국 자연환경연구위원회, 필리핀의 과학기술위원회, 필리핀 농업 수생자연자원 연구 및 개발, 필리핀 쌀 연구소 등이 쌀의 지속가능한 생산을 위해 공동 연구를 진행하고 있다.

⊙ 뉴턴 펀드는 영국이 세계적으로 자랑하는 과학자인 뉴턴의 이름으로 펀드를 조성하여 개도국 개발협력사업 중 특히 상대국의 과학기술 혁신역량의 증대를 지원함으로써 과학과 개발협력 분야에서 영국의 소프트 파워를 강화하는 데 성공하고 있는 대표적인 과학기술 공공외교 사업의 사례로 볼 수 있다.

3. 일본 과학기술외교: 경제 회복과 대개도국 협력 강화

2차 세계대전 이후 급속한 경제발전을 이룬 일본은 1980년대에 반도체, 자동차 등 첨단기술 부문에서 미국을 추격하면서 미국을 이어받을 차세대 패권국가로 세계의 주목을 받았다. 일본의 경제성장에는 일찍부터 서구 국가들과의 접촉을 통해 습득한 과학기술 발전이 중요한 토대가 되었다. 산업화 후발국인 일본은 오랫동안 자국 과학기술력 강화를 목표로 선진국과의 경쟁을 염두에 두고 자국에 필요한 과학기술을 다양한 통로로 습득하는 과학기술외교에 초점을 맞

추어왔다. 일본은 산업화 초기에는 선진국의 성숙기 기술을 도입하여 국내 산업 발전을 위해 활용했고 과학기술 수준이 점차 향상되면서 1980년대 이후부터 본격적으로 선진국과 경쟁적인 과학기술외교를 수행했다.

1990년대 초부터 시작된 일본 경제의 장기불황에 직면하여 과학기술력 향상을 통한 경제성장을 모색하기 위해 일본 정부는 2001년 과학기술 관련 행정조직을 대폭 개편한 바 있다. 기존의 과학기술청과 문부성이 문부과학성으로 통합되고 국가 연구개발사업을 총괄하는 종합과학기술회의(CSTP)가 설치된 것이 개편의 주요 내용이었다. 이후 일본 정부는 과학기술력 증진을 위한 다양한 노력을 하는 가운데 과학기술 국제협력을 강조해왔다. 해외기술에 대한 접근을 극대화하고 해외기술을 국내로 들여와서 새로 개발한다는 것이었다. 이에 따라 일본 과학기술 국제협력은 주로 선진국들을 중심으로 이루어져왔다. 일본은 국제핵융합 프로젝트(ITER), 국제선형가속기(ILC) 등 소위 거대과학 국제 공동연구사업에 주도적으로 참여해왔다. 아울러 일본의 과학기술력을 제고하기 위해 해외 기술과 인력 교류 및 협력을 대폭 확대하는 내용의 과학기술외교가 1990년대 이후에 적극 추진되었다.

21세기에 들어서 일본은 과학기술을 소프트 파워 자원으로 인식하면서 아시아 및 개도국에서 일본의 영향력을 증대시키려는 목적으로 공공외교와 결합하여 보다 적극적인 과학기술외교를 수행하고 있다. 제3기 과학기술기본계획(2006~2010)은 특히 과학기술외교와 관련하여 세 가지 목표를 설정하고 있다.[6] 첫째, 세계 공동과제의 해결과 타국으로부터의 국제적 요청 및 기대에 부응하며 일본의 신뢰도를 증대시키는 것, 둘째, 과학기술에 관련된 국제표준과 규범 형성에 공헌하는 것, 셋째, 일본 연구자를 세계 수준의 인재로 육성하고 동시에 우수한 외국인 연구자의 수용을 통해 일본의 과학기술력을 강화하는 것이다. 이 계획은 이전의 일본 과학기술 국제협력과 다소 차이가 나는 내용을 담고 있다. 먼저 과학기술외교라는 용어가 빈번하게 사용되고 있다. 2008년에 일본에서 개최된 G8 정상회의는 일본 과학기술외교를 활성화시키는 주요한 계기가 되었다. 2008년 30여 개국이 참여한 과학기술 장관회의, 일본-아프리카 과학기술 장관회의 등이 연속적으로 개최되면서 일본은 과학기술외교라는 용어를 본격적으로 사용하기 시작했다. 아울러 과학기술을 소프트 파워로 적극 활용하면서 세계 공동과제 해결에의 참여나 과학기술 국제규범 형성에 적극 기여한다는 목적을 강조하고 있다. 일본이 과학기술외교와 결합된 공공외교를 염두에 두기 시작했다고 볼 수 있는 부분이다. 이 계획에서는 특히 기존의 선진국 일변도의 국제협력에서 벗어나 특히 아시아 국가와의 협력을 강조하고 있다. 정부 간 대화나 연구자를 통한 교류를 바탕으로 아시아 각국과의 고위급 정책대화인 '아시아 지역 과학기술각료회의'를 실시하고 이와 병행해 아시아 각국과의 연구자 교류를 촉진하며 아시아 공동과제에의 참여를 통해 과학기술 공동체 간의 네트워킹을 강화했다.

2010년 종합과학기술회의는 이제까지 마련되었던 과학기술외교 전략 가운데 가장 포괄적인 내용을 담고 있는 2010 과학기술외

....

6   일본 제3기 과학기술기본계획 전문 http://www.mext.go.jp/a_menu/kagaku/kihon/06032816/001.htm (검색일 2022년 1월).

교전략 보고서를 발표했다.[7] 보고서는 향후 과학기술 국제협력의 기본 방침으로 일본과 상대국 간의 상호 호혜관계 구축, 일본의 과학기술력을 활용하여 아시아 국가들의 문제 해결, 정부의 외교 과제인 동아시아 공동체의 구축에 과학기술 분야가 선두에 서서 실현할 것 등을 제시하고 있다. 특히 일본은 과학기술과 공적개발원조(ODA)의 전략적 연대를 강화할 것을 강조하고 있다. 일본은 세계 제2의 원조공여국으로 자국의 경제적 이해에 기반한 실리형 공적개발원조를 발전시켜왔다. 그러나 탈냉전 이후 점차로 세계 평화와 안정에 기여하려는 목적의 공적개발원조에 대한 관심이 증대되어왔고 최근 공공외교의 관점과 결합되면서 개도국 정보격차 해소 지원 프로그램, 기술 원조 프로그램 등 과학기술을 활용하는 프로그램들이 증가하고 있다.[8] 이 계획은 이전에 비해 과학기술외교를 공공외교로 활용하고자 하는 일본 정부의 의지를 한층 더 강하게 드러내고 있다.

2000년대 중반 이후 과학기술외교가 일본 과학기술정책의 주요 의제로 부상했음을 확인할 수 있다. 현재까지는 자국 과학기술력의 증대를 위한 해외자원 활용이나 대선진국 협력이 과학기술외교의 주요 내용이다. 그러나 21세기에 접어들면서 일본의 국제적 위상에 걸맞은 과학기술외교를 수행해야 한다는 취지로 환경, 에너지 등 인류 공동의 문제 해결을 위한 과학기술협력 강조, 선진국 중심의 과학기술외교에서 벗어난 개도국 과학기술외교 강화, 특히 아시

....

7 2010 과학기술외교전략 보고서 전문 http://www8.cao.go.jp/cstp/siryo/haihu
   89/siryo3-2-1.pdf (검색일 2022년 1월).
8 일본 외교부 ODA 홈페이지 참조 http://www.mofa.go.jp/policy/oda/index.
   html (검색일 2022년 1월).

아 국가들과의 과학기술협력 강조, 공적개발원조와의 연계방안 모색 등을 공공외교와 연결시켜 새롭게 추진하고 있다. 일본의 과학기술외교 역시 현실주의, 자유주의 과학기술외교를 지속적으로 확대하고 있다. 최근 들어 인류 공동의 문제 해결 및 아시아 개도국과의 공동의 가치 및 정체성 형성을 위한 과학기술협력이라는 과학기술외교를 공공외교의 주요한 내용으로 적극적으로 추진하고 있다.

IV. 한국 과학기술외교와 공공외교

해방 이후 한국 과학기술 발전은 국제협력을 통해 시작되었다고 볼수 있다. 당시 후진국 수준에 머물러 있던 과학기술력을 향상시킨 중요한 계기가 된 것이 외국으로부터의 기술 도입과 과학기술연구소 설립이었다. 1956년 원자력행정조직이 설치되고 한미원자력협정이 체결되었고 연구용 원자로(TRIGA MARK-II) 도입 및 운영을 위해 미국과의 협력이 이루어졌다. 1966년 미국과의 협력으로 종합과학기술연구소인 과학기술연구소(KIST)가 설립되어 한국 내 과학기술연구의 중심지 역할을 했다. 1970년대까지 외국으로부터 유무상 원조나 기술 도입을 확대하여 한국 과학기술력을 높이는 과학기술외교가 중심이 되었다.

한국의 경제성장이 일정 수준에 도달하면서 1980년대 들어 정부가 국제 공동연구사업에 참여하기 시작하고 기업들도 해외 연구개발 거점을 형성하기 시작했다. 이 시기 과학기술외교의 초점은 해외에 널리 퍼져 있는 과학기술 인력, 연구기관, 연구시설 등 해외 우수자원을 활용하여 연구개발의 효율성을 제고하고 국가 과학기술 역량을 강화하는 데에 맞추어졌다. 이를 위해 1985년부터 과학기술국제협력 업무를 연구사업화하여 추진하고 국제공동연구 사업을 시작하였다. 1990년대 이후 경제활동의 개방화, 자유화, 세계화와 함께 과학기술 국제협력이 선택의 문제가 아니라 생존을 위한 필수 전략으로 부상하였다. 이에 따라 정부도 보다 적극적으로 해외자원을 활용하는 과학기술외교 전략을 수립하고 추진하였다. 전략기술 분야에서 국제공동연구의 활성화 및 전략적 기술 제휴를 확대하고 선진국 수준의 연구개발 환경 조성으로 우리나라를 세계 주요 기술 혁신의 중심지로 육성하는 것이 과학기술외교의 주요 목표로 설정되었다. 자유주의 과학기술외교가 적극적으로 추진되었음을 확인할 수 있다.

1990년대 후반 이후 한국의 국제적 위상이 제고되면서 국제 사회에서 책임 있는 국가로서 세계 과학기술 발전에 기여하고 범지구적 문제해결에 동참해야 한다는 논의가 제기되기 시작한다. 2001년 과학기술기본법에 따라 마련된 제1차 과학기술기본계획(2002~2007)은 주요 내용으로 과학기술 국제화를 담고 있다. 구체적인 내용으로 해외 과학기술자원의 효율적 활용, 과학기술 국제화 촉진을 위한 기반 구축 이외 지구적 현안 문제 해결과 세계 과학기술 발전에의 기여 등을 포함하고 있다. 구성주의 과학기술외교에 대한 인식 증대와 필요성의 제기에도 불구하고 구체적으로 추진된 사업의 비중과 성과는 미미했다.

과학기술정통부 과학기술 국제협력 프로그램으로 본 한국의 과학기술외교는 현재까지도 압도적으로 과학기술력 강화를 위한 국제협력을 중점적으로 강조하고 있다. 예컨대 해외 과학기술자원의 효율적 활용을 통한 전략 분야 글로벌 협력지원 강화, 국내 인재양성 및 연구역량 제고를 위한 글로벌 자원 확보 활용체계 구축, 다자간 과학기술 공동프로그램에의 참여 확대를 통한 연구역량 강화 및 협력 네트워크 구축 지원 등의 내용이 대부분이다. 여기에 동남아, 아프리카, 한·중·일 등 권역별, 전략적 국제협력 강화 및 성장 잠재 개도국, 신흥경제국 등과의 특화된 협력활동 확대를 언급하면서 개도국 지원 증대의 필요성을 제기하고 있다.

한국에서는 북핵이나 경제성장 등 전통적이고 굵직한 외교 의제에 밀려 과학기술외교가 미국이나 일본에 비해 상대적으로 주변적인 위치에 머물고 있다. 과학기술외교 내에서도 가치와 규범에 중점을 두고 과학기술을 소프트 파워 자원으로 인식하는 과학기술 공공외교가 매우 취약한 상황이다. 과학기술외교와 공공외교가 모두 취약한 상황에서 과학기술을 하드 파워로 보는 인식이 지배적이고 과학기술을 소프트 파워로 활용하는 공공외교로서의 과학기술외교에 대한 인식은 더욱 낮은 편이다.

각 국가들은 다양한 과학기술외교를 수행하고 있다. 국가별로 과학기술외교의 중요성에 대한 인식이 다르고 구체적인 내용에도 차이가 있다. 하지만 과학기술력 강화, 다양한 국가와의 과학기술협력, 소프트 파워 증대 혹은 공동의 가치나 정체성 형성에 기여하는 과학기술 활용이 과학기술외교의 핵심 내용이라는 인식이 확대되고 있음을 볼 수 있다. 우리나라에서도 2000년대 후반 이후 과학기술외교에 관한 논의가 활발하게 진행되어 왔다. 한국의 과학기술외교도 큰 방향에 있어서는 과학기술 경쟁과 협력, 그리고 세계 사회에의 기여라는 흐름을 타고 있다. 하지만 특히 공공외교의 관점에서 과학기술외교를 활용하는 부분이 상대적으로 매우 취약하기 때문에 향후 과학기술 국제기구활동, 과학기술 공공외교 등으로 과학기술외교의 반경을 넓혀가야 하는 상황이다.

외교의 관장 범위가 확대되면서 과학기술뿐만 아니라 다양한 영역의 전문지식들이 외교와 융합되어야 할 필요성이 증대하고 있다. 과학기술 영역과 외교의 융합은 일종의 새로운 외교 실험을 앞서서 시도하는 것으로 인식될 수 있다. 한국의 과학기술외교가 보다 활발하게 수행되기 위해서는 보다 적극적인 어젠다의 발굴은 물론 외교 수행방식에서도 다양한 실험이 요구된다. 과학기술은 환경 에너지는 물론 정보통신기술, 바이오 인공지능, 농업, 우주, 해양 등 다양한 분야에 걸쳐 있고, 이를 관장하는 해당 부처들 내에서 국제협력 사업들이 추진되고 있다. 선진국에서는 과학기술과 외교 영역의 상호 이해를 증진하고 과학기술을 국가의 주요 정책 및 외교 어젠다에 보다 적극적으로 참여시킬 수 있도록 다양한 외교 실험이 진행되고 있다. 예컨대 최근 독일과 미국에서는 '외교 실험실(Diplomacy Lab)'을 융복합적인 외교 의제들을 논의하고 연구하는 장으로 활용하고 있다.[9] 과학기술외교는 전형적으로 해당 전문지식과 외교적 노하우가 함께 어우러져 수행되어야 한다. 한국 과학기술외교를 위해 '세계 외교 실험실(Global Diplomacy Lab)'을 포함한 다양하고 새로운 플랫폼들을 적극 도입할 필요가 있다. 아울러 과학기술자와 정

....

9   The Global Diplomacy Lab(GDL) www.global-diplomacy-lab.org (2022년 1월 검색).

부 관료 및 외교관의 소통 강화를 위한 다양한 프로그램도 마련되어야 한다. 일상적인 국제협력을 넘어 공공외교의 어젠다로 발전될 수 있는 이슈들을 발굴함과 동시에 이를 한국의 소프트 파워 증진이나 외교적 목적으로 활용하기 위해 이슈들을 외교적 관점에서 검토하면서 이를 융합하여 새로운 플랫폼으로 발전시킬 수 있는 구심점이 필요한 상황이다.

독일 외교부의 '세계 외교 실험실'

⊙ 세계 외교 실험실(The Global Diplomacy Lab, GDL)은 전통적인 외교 행위자와 이슈를 넘는 새롭고 보다 포괄적인 외교를 탐색하기 위한 플랫폼으로 기획되었다. GDL의 가장 핵심적인 질문은 외교의 미래와 이에 적합한 외교 역량을 개발하는 것이다. 독일 연방 외교부(Federal Foreign Office)가 BMW재단 등의 후원을 받아 2014년부터 시작하였다. 다양한 분야의 창의적인 전문가들이 모여 상호 신뢰를 바탕으로 새로운 소통을 실험하고 외교 어젠다를 재구성한다는 아이디어를 토대로 한다. 현재 GDL의 주요 활동은 1년에 두 번 정도 세계 주요 도시를 옮겨 다니며 각국의 주니어 외교관과 전문가들이 모여 세계정치 변화와 새로운 외교 어젠다를 논의하는 것이다.

⊙ GDL은 일반적인 발표와 토론이라는 회의 진행방식 이외에 다양한 실험적 회의 방식을 첨가하여 운영하고 있다. 이 가운데 눈에 띄는 것이 개방상황실(The Open Situation Room)이다. 정부가 위기관리와 적절한 조언을 얻기 위해 상황실(Situation Room)을 운영하는 것에서 착안하여 제안되었다. 긴급한 외교 사안에 관해 보다 다양한 전문가들이 모여 새로운 시각에서 창의적인 문제해결을 모색하는 워크숍 형태의 회의이다. 정책 전문가와 외교관을 포함하여 건축가, 사회사업가, 의사, 디자이너, NGO 활동가 들이 함께 모여 독일의 복잡한 외교적 문제를 해결하기 위해 약 3시간이라는 제한된 시간 동안 새로운 해결책을 찾는 워크숍 형태로 운영되고 있다. 에볼라 사태, 쿠르드족에 무기 제공, 크림반도 합병 등의 이슈를 주제로 개최되었다.

V. 맺음말

한국은 지난 수십 년 동안 소위 압축성장 과정을 통해 중진국으로 진입하였다. 현재까지 한국이 이룬 경제성장과 민주화, 과학기술 발전 등은 외교정책에서 한국의 소프트 파워 증대를 위해 활용될 수 있는 자산이다. 최근 한국에서도 공공외교 강화에 대한 논의가 이루어지고 있지만 이러한 공공외교를 활발히 전개하고 있는 선진국들에 비해서는 아직 목표와 전략 및 구체적 내용이 부족한 형편이다. 특히 소프트 파워를 증대시키는 공공외교에서 구체적인 성과를 낼 수 있는 과학기술외교가 현재까지 잘 활용되지 못하고 있다.

현재까지 이루어진 과학기술외교는 과학기술을 하드 파워의 관점에서 접근하고 한국의 과학기술력을 강화한다는 목표에 중심을 두어왔다. 특히 미중 첨단기술 경쟁이 가속화되고 있는 상황에서 세계 각 국가의 첨단기술혁신 전략이 시장 요인을 넘어선 지정학적 고려와 선택 속에서 진행될 수밖에 없는 환경으로 바뀌고 있다. 미중 기술패권 경쟁에 대한 한국 대응 전략의 핵심은 미중 가운데 누구 편에 서야 하는지를 넘어 우리가 어떤 기술을 지속적으로 세계시장에 내놓을 수 있는지, 우리는 기술에 토대하여 어떤 미래사회를 선택하고 만들어 갈 것인지의 문제로 귀착된다. 현재 한국 기술혁신 전략에 대한 논의는 그 강도와 규모에서 미국과 중국의 절박함에 한참 미치지 못하고 있다. 기술혁신과 외교전략이 서로 분리되어 논의되면서 과거에 제안된 기술혁신 전략의 틀을 벗어나지 못하고 있다. 반도체 산업의 사례에서 잘 드러나듯 기술은 한국의 세계정치경제 위상을 구성하는 가장 중요한 요소가 되었고 앞으로도 그러할 것이다. 이러한 측면에서 기술혁신은 한국 외교전략의 핵심적인 부분이 될 수밖에 없다. 인공지능을 위시한 신기술의 부상과 미중 패권경쟁 시기에 기술혁신과 외교가 상호 침투하여 결합된 국가전략이 모색되어야 한다.

동시에 과학기술을 소프트 파워 측면에서 접근하면서 이를 공공외교 자원으로 활용하고자 하는 추세를 인식하고 세계 사회의 문제에 대한 다자적인 접근과 의제설정을 주도하는 중견국가로서의 위상을 고려하여, 한국의 과학기술외교는 공공외교 측면을 강화해야 할 필요가 있다. 다양한 공공외교 전략 가운데 과학기술을 활용한 공공외교를 주목할 필요가 있다. 현재 다양한 기관들이 개도국 과학기술연수사업 등을 주관하면서 과학기술 발전국가로서의 한국의 위상을 확산시키고 있다. 다양한 행위자들의 적극적인 과학기술외교와 더불어 정부 차원에서도 현재 이루어지고 있는 과학기술 ODA를 소프트 파워 자원으로 활용하여 과학기술외교를 강화할 수 있는 방안을 모색해야 한다. 남북 과학기술협력이나 한·중·일 과학기술협력도 공공외교의 차원에서 보다 전략적이고 지속적인 정책을 마련할 필요가 있다.

한국 과학기술외교는 주요국의 과학기술외교 흐름을 고려하고 중견국가로서 한국의 위상을 고려하여 복합적인 내용으로 수행되어야 한다. 이제까지 진행해왔던 대로 국가 과학기술력 강화를 위해 선진국과의 전략적 과학기술외교를 확대해나가야 한다. 아울러 현재 저평가되어 있는 국가브랜드의 가치를 높이거나 공공외교 활성화를 위해 평화, 환경, 발전 등 지구적 차원의 문제 해결을 위한 과학기술외교에 보다 적극적으로 참여해야 한다.

영국 한림원이 제시한 과학기술외교의 세 가지 내용을 토대로 한국 과학기술외교의 향후 의제를 제시해본다. 먼저 과학기술의 전문성을 외교 이슈에 활용하는 과학기술외교(science in diplomacy)가 강화되어야 한다. 기후변화, 핵비확산, 생물 다양성 등 외교 현안에서 과학기술 관련 이슈가 증대하고 있고 이에 적합하게 대응하기 위해 과학기술 전문지식의 체계적인 도움이 필요하다. 또 현재 각 부처나 기관에서 산발적이거나 중복적으로 이루어지는 과학기술외교 관련 사업들을 조정하는 것이 필요하다. 현재 청와대에 과학기술자문관 제도가 운영되고 있으나 과학기술외교 관련 총괄적인 업무를 수행하기에는 부족하다. 과학기술에 대한 전문지식과 함께 외교적 감각을 고루 갖춘 전문가를 외교부와 행정부처에서 적극 활용할 수 있는 방안이 마련되어야 한다. 장기적 관점에서는 과학기술외교 전문가를 육성할 수 있는 프로그램이 필요하다.

둘째, 한국의 과학기술 발전을 위한 외교(diplomacy for science)도 보다 다양한 내용으로 내실 있게 추진되어야 한다. 현재 다양한 국제공동연구[글로벌연구실(GRL), 지구적 생물다양성 협력네트워크], 국제화 기반 조성(국가 및 다자간 권역별 협력사업, KOSEN 운영 지원, ERN, J-PARC, EU-FP 네트워킹 등), 글로벌 R&D 기반 구축(해외 우수연구기관 유치, 한국파스퇴르 연구소 운영 등) 사업이 수행되고 있다. 과거 국제공동연구가 개방적인 글로벌 혁신체제 내에서 수행된 반면 미중 기술경쟁 시대에 국제공동연구의 협력국과 협력 내용을 보다 더 전략적으로 선택하여 수행할 것이 요청되고 있다.

셋째, 국가의 대외정책 목표를 달성하거나 국가 간의 관계 증진에 기여하는 과학기술외교(science for diplomacy)가 보다 활성화되어야 한다. 영국 등에서 보여지듯 과학기술을 자국 소프트 파워 자산으로 활용하기 위한 과학기술외교가 주목받고 있다. 한국의 과학기술외교도 이러한 관점에서 보다 적극적으로 새로운 이슈들을 발굴해야 한다. 현재 과학기술을 우리의 소프트 파워 자원으로 활용할 수 있는 이슈 가운데 하나가 남북한 과학기술협력 발전 및 한국의 과학기술 발전 경험을 개도국과 공유하는 것이다. 개도국과의 과학기술협력은 한국 과학기술외교 전체에서 차지하는 비중이 매우 작으며 그나마 산발적으로 여기저기에서 중복되어 이루어지고 있다. 한국의 ODA 사업을 강화하고 개도국 혁신역량 강화를 지원하는

참고 7-6

한국 과학기술 공공외교:
백두산 화산 공동연구

2000년대 이후 백두산 천지 부근에서 화산 폭발 징후들이 포착되면서 백두산 화산 폭발 가능성을 예측하고 대비해야 한다는 주장이 제기되었다. 북한은 2007년, 2011년, 2015년 남한에 백두산 남북 공동연구를 제안했으나 정권 교체, 북한 핵실험 등으로 실질적인 공동연구가 이루어지지 못했다. 2011년부터 현재까지 북한은 영국과 미국의 학자들과 협력해 백두산에 6기의 광대역 지진계를 설치하고 공동연구를 진행해왔다. 국제대륙과학시추프로그램(ICDP)과 미국과학진흥협회(AAAS) 등이 백두산 화산 공동연구를 적극 지원하고 있다. 최근에는 백두산 화산 공동연구에 영국, 미국 학자들은 물론 남한과 중국, 일본의 학자들이 함께 참여할 수 있는 방안이 모색되고 있다.

백두산 화산 공동연구는 실질적인 공동연구의 필요성에서 출발하고 있으며 협력이 확대되고 지속적으로 이루어지면서 남한과 북한 과학자들 간의 신뢰가 축적되고 다른 분야로 확산될 수 있는 가능성이 높다. 백두산 화산 공동연구가 남북의 협력과 관계 개선에 기여할 수 있는 과학기술 공공외교의 사례가 될 수 있기를 기대해본다.

과학기술 ODA를 활성화시켜야 한다. 아울러 기후변화 등 세계 사회가 당면한 공동의 문제를 해결하기 위한 다자간 과학기술협력에 지속적으로 동참해야 한다. 한·중·일 과학기술협력이나 남북 과학기술협력 사업도 단기적으로 가시적 성과에 급급하기보다 공공외교와의 장기적인 관점에서 한국의 소프트 파워를 증진시킬 수 있도록 추진되어야 한다.

1 과학기술과 외교는 각각 어떤 특성을 가지고 있는가? 양자의 독특한 특성이 융합을 방해하는가, 아니면 촉진하는가?

2 과학기술외교의 최종 담당자는 누구인가? 해당 분야의 과학기술자인가, 아니면 외교관인가? 과학기술자가 외교적 협상을 배우는 것이 좋을까, 아니면 외교관이 과학기술 전문지식을 습득하는 것이 좋을까?

3 국가마다 과학기술외교의 중요성에 대한 인식의 차이가 존재하고 과학기술외교 프로그램이 서로 다른 이유는 무엇인가? 미국, 영국, 일본에서 과학기술외교가 활발하게 진행되는 원인은 무엇인가?

4 북핵 문제나 한미, 한중, 한일 관계 등이 탑 외교 어젠다인 한국에서 과학기술외교는 왜 중요한가? 한국의 과학기술외교가 한국이 당면한 주요 외교 과제와 긴밀하게 관련될 수 있는가?

5 미중 기술 경쟁시대 한국 과학기술외교 전략의 중요한 내용은 무엇일까?

추천 문헌

- 배영자. 2021. "과학기술의 세계정치연구: 현황과 전망." 『국제정치논총』 61(3).
- 배영자. 2011. "공공외교로서 과학기술외교, 이론적 이해와 현황." 『국가전략』 17(1). 세종연구소.
- The Royal Society. 2010. "New Frontiers in Science Diplomacy."
- Ruffini, Pierre-Bruno. 2017. *Science and Diplomacy: A New Dimension of International Relations*. Springer.

참고 문헌

배영자. 2011. "공공외교로서 과학기술외교, 이론적 이해와 현황." 『국가전략』 17(1). 세종연구소.

AAAS. *Science & Diplomacy*. Journal 각 호.

Flink, T. and U. Schreiterer. 2010. "Science diplomacy at the intersection of S&T policies and foreign affairs: toward a typology of national approaches." *Science and Public Policy* 37(9).

Nye, Joseph S. 2004. *Soft Power: The Means to Success in World Politics*. New York: Public Affairs.

The Royal Society. 2010. "New Frontiers in Science Diplomacy."

Ruffini, Pierre–Bruno. 2017. *Science and Diplomacy: A New Dimension of International Relations*. Springer.

Smith, B. 1990. *American Science Policy since World War II*. Brookings Institution.

Snow, Nancy and Philip M. Taylor eds. 2009. *Handbook of Public Diplomacy*. Routledge.

독일 Global Diplomacy Lab https://www.global–diplomacy–lab.org/

미국 국무부 Diplomacy Lab https://www.state.gov/s/partnerships/ppp/diplab/

미국 AAAS https://www.aaas.org/programs/center–science–diplomacy

제8장

군사외교와 군사공공외교

전재성 | 서울대학교 정치외교학부

I. 국가 안보전략의 일환으로서 군사외교와 군사공공외교

II. 군사외교의 개념과 내용

　1. 군사외교의 개념과 역할

　2. 군사외교의 내용

III. 한국의 군사외교

　1. 한국 군사외교의 목적

　2. 한미동맹을 축으로 한 한국의 군사외교

　3. 한국의 다각적 군사외교

IV. 군사공공외교의 개념과 내용

　1. 군사공공외교의 개념 및 역할

　2. 군사공공외교의 내용

V. 국제연합(UN)의 평화활동과 군사공공외교

　1. 평화유지(PKO) 활동

　2. 한국의 PKO 활동과 군사공공외교

　3. UN의 평화구축 활동과 한국의 군사공공외교

VI. 다자기구 참여를 통한 한국의 군사공공외교

VII. 맺음말

21세기의 안보상황은 전통적 군사안보뿐 아니라 비전통적 신흥안보에 의해서도 규정된다. 지구적 테러리즘, 환경, 보건, 마약, 인권, 해적 등 인간들의 안전을 해치는 요소는 매우 많으며 이를 해결하기 위한 국가들의 노력은 실제 개개인의 삶에 많은 영향을 미치게 된다.

국가안보를 확고히 하는 가장 중요한 수단은 군사력이지만 이를 활용한 군사외교 역시 중요하다. 자국의 힘만으로 억지와 방어를 할 수 없을 때 군사동맹을 체결하기도 하고, 다른 국가들과 갈등을 해소하기 위해 타협과 교섭 등 외교적 수단에 의존하기도 한다. 안보를 확고히 하기 위한 대외적, 외교적 활동을 외교안보라 한다면, 군사적 수단을 직접 사용하는 것이 아니라 군사력을 바탕으로 외교적 방법으로 국익을 도모하는 것이 군사외교이다.

국가들은 상대 국가의 대중들과 긴밀하고 친밀한 관계를 맺어 타국 정부의 정책에 영향을 미치는 경로를 확보하고 자국에 대한 국제사회의 인식을 제고하는 다양한 형태의 공공외교를 추진하고 있다. 현재와 같이 지구적 정치커뮤니케이션이 발달한 외교환경에서 국가들의 공공외교, 소프트 파워 증진 전략의 중요성은 매우 크다. 군사와 안보 부문에서도 군사공공외교는 중요한 분야로 떠오르고 있다.

한국은 분단국가이자, 동북아 강대국들에 둘러싸인 중견국으로서 한편으로는 한반도의 평화와 안정을 도모하며 다른 한편으로는 지역의 안정과 번영을 위해 노력해야 하는 목적을 가지고 있다. 한미동맹을 축으로 전개된 군사안보는 이제 주변국 및 국제사회를 향해 더욱 다변화되고 있으며, UN을 중심으로 한 여러 다자기구에 적극 참여함으로써 군사공공외교의 효과를 거두고 있다. 공공외교의 저변을 넓히고 효과를 극대화하기 위해 한국의 군사적 수단에 대한 다각적 검토와 노력이 필요하다고 할 수 있다.

핵심어

국가안보national security

군사외교military diplomacy

군사공공외교military public
　　　diplomacy

평화외교peace diplomacy

평화유지peace keeping

평화구축peace building

I. 국가 안보전략의 일환으로서 군사외교와 군사공공외교

주권국가들로 이루어진 근대 국제정치에서 모든 국가들은 군사력을 소유하고 있고 자국의 안전을 지키고 이익과 국력을 향상시키기 위해 전쟁이라는 수단을 여전히 사용하고 있다. 전쟁에 관한 국제법이 있지만 국내법과는 달리 전쟁을 완전히 방지하고 국가들 간의 갈등을 평화적으로 조정하는 데 여전히 한계를 가진다. 국제법으로 전쟁을 불법화하고 군사력의 사용을 금지해도 이를 강제할 수 있는 세계정부는 존재하지 않는다. 국가들이 생존하고 자국의 이익을 확보하기 위해서는 군사력이 대단히 중요하며 자국의 군사력에 기초하여 침략을 억지하고 국가를 방어하는 것은 국가전략의 가장 핵심적인 목적이다. 소위 자력구제(self-help)의 원칙이며 군사력 증진은 국가의 가장 중요한 과제가 된다.

국가 안보를 확고히 하는 가장 중요한 수단은 군사력이지만 직접적인 군사력 사용에 못지않게 외교안보전략은 중요하다. 자국의 힘만으로 억지와 방어를 할 수 없을 때 군사동맹을 체결하기도 하고, 다른 국가들과 갈등을 해소하기 위해 타협과 교섭 등 외교적 수단에 의존하기도 한다. 안보를 확고히 하기 위한 대외적, 외교적 활동을 외교안보라 한다면 보다 좁은 의미에서 군사력을 기반으로 대외전략을 추진하는 것을 군사외교라 할 수 있다. 군사적 수단을 직접 사용하는 것이 아니라 군사력을 바탕으로 외교적 방법으로 국익을 도모하는 것이다.

21세기의 외교안보 환경은 매우 복잡해져 가고 있다. 강대국들은 강고한 군사력으로 지정학적 경쟁을 지속하고 있고, 약소국들도 전략 무기를 획득하여 자국의 이익을 실현하고, 비국가 행위자들, 특히 테러집단들 역시 고성능의 무기를 바탕으로 자신의 정치적 이익을 실현하고자 한다. 단순히 군사안보뿐 아니라 비군사안보, 혹은 신흥안보 영역도 중요해지고 있다. 환경, 보건, 인권, 마약, 대량살상무기 비확산 등 개인의 안전에 결정적인 영향을 미치는 위협이 날로 증가하고 있기 때문이다. 국가는 안보를 확보하기 위한 외교활동으로 군사안보뿐 아니라 국제사회와 다면적 협력을 추진해나가고 있다. 국제연합(UN)의 평화활동이 대표적으로 국가들은 유엔의 평화유지, 평화구축 활동에 적극 참여하고, 무기의 확산을 막기 위한 다자군축레짐에 협조하는 등 군사외교를 강화해나가고 있다.

전통적 의미에서 외교는 국가들 간의 대화와 타협의 행위이지만 점차 공공외교가 중요해지고 있다. 국가들은 상대 국가의 대중들과 긴밀하고 친밀한 관계를 맺어 타국 정부의 정책에 영향을 미치는 경로를 확보하고 자국에 대한 국제사회의 인식을 제고하는 다양한 형태의 공공외교를 추진하고 있다. 현재와 같이 지구적 정치커뮤니케이션이 발달한 외교환경에서 국가들의 공공외교, 소프트 파워 증진 전략의 중요성은 매우 크다.

　　군사와 안보 부문에서도 군사공공외교는 중요한 분야로 떠오르고 있다. 안보 및 군사 관련 인력이 직접적 군사력을 활용하지는 않지만 소프트 파워를 활용하여 상대국, 혹은 국제사회에 영향력을 확보하는 일이 가능하기 때문이다. 일례로 이라크로 파병된 한국의 자이툰 부대를 들 수 있다. 자이툰 부대는 북부 아르빌에 파병되어 박해받고 궁핍했던 소수민족 쿠르드족 자치정부 지역을 매우 부유한 지역으로 탈바꿈하는 데 큰 역할을 했다. 자이툰 부대는 전투 목적이 아닌 재건 목적으로 파병되었고 인턴십, 기술 자격증 등 현지의 어린이 교육, 도서관 건립, 보건소 및 병원 설치 및 치료 등 재건에 필요한 많은 일을 했다. 그 결과 아르빌 지역은 생활수준이 놀랍게 향상되었을 뿐 아니라 민심이 안정되어 이 지역에 대한 이라크 저항세력들의 공격도 억제할 수 있었다.

　　한국뿐 아니라 많은 국가들이 다양한 형태로 상대국 및 국제사회에 영향력을 미치려고 노력하고 있으며, 이는 국익 증진에 중요한 수단이 된다. 이 장에서는 국가의 안보전략, 군사전략의 일환으로 군사외교가 어떠한 내용을 가지고 진행되고 있는지 살펴보고, 군사 분야 공공외교의 현황 및 필요성을 알아보기로 한다. 한국이 추구하는 군사외교 및 군사공공외교의 목적 및 현황도 살펴보도록 한다.

II. 군사외교의 개념과 내용

1. 군사외교의 개념과 역할

군사외교(military diplomacy)는 여러 측면에서 정의될 수 있다. 우선 군사외교란 "국가목표를 달성하기 위한 외교정책과 국방정책을 실현하기 위한 군사부문의 대외적 군사교류협력 활동"으로 폭넓게 정의할 수 있다(배진수 1992, 292). 보다 구체적으로는 "타국과의 군사적인 유대강화 및 교류협력을 통하여 국가외교에 기여하고, 군사적 역량을 증진시키며 유사시 외국의 군사적 지원을 획득하기 위해 수행되는 제반 활동"이라고 할 수 있다(강범두 2002, 393). 군사외교는 주로 국방부와 군이 중심이 되어 행하는 다양한 활동에 부응할 수 있는 힘을 제공하고, 신뢰를 구축 및 유지하며, 민주적으로 책임 있는 군대의 발전을 지원함으로써 갈등 예방과 해결에 상당한 기여를 한다.

군사외교는 국가의 모든 비폭력 외교정책 활동 및 프로그램의 집합으로, 무장 충돌이나 전후 질서 및 전쟁 예방 문제를 해결하기 위한 대외안보 외교활동의 확보 측면에서 중요한 외교활동이라고 할 수 있다.

군사외교의 구성을 살펴보면 다음과 같다. 군사외교의 행위자는 주로 국방부의 군 및 예비군 소속이지만, 때로는 국가의 대외안보정책 집행 분야에서 권한을 갖는 기타 공공기관이 되기도 한다. 군사외교의 목표는 대외안보 및 국가방위, 군사 분야의 국제협력 등과 직결되는 대외정책목표 및 정책목표를 추진하는 것이라고 할 수 있다. 또한 군사력, 혹은 무장력 사용이 아닌 외교적, 비폭력적 수단과 방법에 기반한 활동의 성격이라고 할 수 있다.

　군사외교는 군의 대외 활동 전반을 지칭하는 것으로 다양한 개념들과 혼용되어 사용되어 왔다. 국방외교(defense diplomacy), 군사협력(military cooperation), 군사교류(military exchange) 등의 용어들과 명확한 구분은 모호하다(최영일 2017, 55). 또한 군사외교는 오랜 역사를 가지고 있다. 무관이 군인으로서 외교관 신분을 가지고 해외에 파견되어 정보수집과 외교활동을 해왔고 타국의 군과 교류 및 협력을 지속해왔기 때문이다(최영종 2009, 140; 김영욱 2017). 국가들 간에 빈번히 발생하는 전쟁의 위협을 감소하기 위해 상호 소통과 검증, 신뢰는 매우 중요한 요소이다. 전쟁이 발발하는 데에는 다양한 원인이 있지만 서로 공격적인 의도를 가지고 있지 않더라도 상대방의 의도를 명확히 알지 못하는 데에서 발생하는 전쟁이 있다. 소위 안보딜레마(security dilemma) 현상으로 상대방의 의도 및 무기체계의 목적을 알지 못하기 때문에 발생한다. 군사외교는 상호 간에 군비태세 및 전략 의도를 확인하고 지속적으로 투명하게 상대방의 군사적 태세를 검증하는 데 유효하다.

2. 군사외교의 내용

군사외교 활동의 내용은 매우 다양하다. 상호 방문 및 교류 차원에서 국방무관 파견, 고위급 인사 교류, 학술 교류, 교육생 파견, 군 유학생 교류 등을 들 수 있고, 군사 기술 및 전략과 관련해서는 기술협력 및 무기 판매, 부대 주둔, 교육 훈련, 실무회의, 외국 정부 및 군을 대상으로 한 훈련과 원조 활동, 자문단 회의, 공동군사훈련 등을 들 수 있다. 주로 UN을 통해 이루어지는 평화유지 및 평화구축 활동도 다자주의 차원의 군사외교라고 할 수 있다. 다른 지역과 다른 국가의 평화유지와 평화구축 활동에 참가함으로써 다양한 국가 이익을 추구할 수 있기 때문이다. 이러한 활동은 동시에 군사공공외교의 성격도 가지는데 군사 관련 파견 인력이 상대국의 대중과 다양한 접촉을 하면서 대민 활동도 동시에 전개하기 때문이다.

미국의 경우 강대국으로서 군사외교의 활동을 다음과 같이 설명하고 있는데 일반적인 교류 내용과 크게 차이가 나지는 않는다. 즉, 군 및 민방위 고위관계자들 간 양자 및 다자 접촉, 방위산업 수행자 선정, 국가들 간 방위협력 협정 체결, 외국군 및 민방위대원 양성 활동, 군사, 국방관리, 군사기술 분야의 민주적 통제 문제에 대한 전문지식 및 자문 제공, 군 장병 교류, 군사 물자 및 장비 군사적 지원 및 지원 등으로 나누어 생각해 볼 수 있다. 이러한 활동이 이루어지는 경로는 교육과정 및 교육프로그램, 민간 및 군사고문관 파견을 통한 인력양성, 선박, 항공기 및 기타 군부대 방문, 각급 장관 및 군·민간 인사 방문, 상호 이해 증진을 위한 토론회, 회의 및 세미나, 인력 교류 및 합동훈련 등이라고 할 수 있다.

III. 한국의 군사외교

1. 한국 군사외교의 목적

한국의 경우 1960년대부터 국방외교라는 용어가 쓰이기 시작하고 1988년 국방백서에서 국방외교라는 말이 처음 등장하였다. 이후에는 군사외교라는 용어와 병행해서 쓰였다. 군사외교의 목적과 활동은 국방부가 발행하는 국방백서 및 외교부가 발행하는 외교백서에 가장 정확하게 나타나고 있다. 한국 정부는 그동안 군사외교 혹은 국방외교의 개념으로 한국이 안보 이익을 위해 어떠한 군사 관련 외교를 해왔는지 명시해왔다.

한국의 군사외교의 목표를 구체적으로 살펴본다면, 한반도에서 전쟁을 억제하고 우방국들과의 상호 신뢰구축을 통해 한반도의 평화와 안정뿐 아니라 지역안정과 국제평화에 기여하는 데 있다고 할 수 있다. 이를 위해 우리는 한·미동맹을 기본 축으로 주변국과의 군사관계를 균형 있게 발전시켜 나가면서 지역 내 다자간 군사 협력을 발전시켜 나가는 것을 목표로 삼고 있는 것이다. 또한 이러한 노력이 궁극적으로 정부가 추진하고 있는 평화와 번영이 보장되는 동북아, 그리고 한반도의 평화체제 정착에 기여하는 것을 목표로 하고 있다.

한국의 군사외교는 전반적인 외교안보 목표와 궤를 같이하고 있다. 시기별로 구분해 보면, 단기적으로는 북한 핵문제 해결, 중기적으로는 한반도 평화체제 구축, 장기적으로는 동북아 다자간 안보체제 구축이라고 할 수 있다. 단기적으로는 북한의 위협과 이를 해결하기 위한 다자간 노력이 두드지며, 이 과정에서 한·미 군사동맹관계의 공고화는 군사외교의 기본축으로 설정된다. 아울러 일본, 중국, 러시아 등 주변국과의 군사교류협력 관계를 발전시킴으로써 북한이 제기하는 안보위협을 제거하고, 평화통일의 여건을 조성하며, 궁극적으로 다자간 안보협력의 기틀을 구축하는 것이 목적이 된다.

이렇게 군사외교의 목적은 비단 자국의 국방을 강화하기 위한 노력뿐 아니라, 중장기적으로 타국과 신뢰를 구축하고 전쟁의 발발

가능성을 낮추는 것이다. 더 나아가 국가들 간의 제도화된 안보협력을 추구하고 군사안보를 넘어선 비군사 부분의 안보, 즉 테러, 환경, 보건, 마약, 인권 등의 영역에서도 협력하는 제도적 틀을 마련하는 것이라고 할 수 있다.

2. 한미동맹을 축으로 한 한국의 군사외교

한국 군사외교의 핵심은 역시 동맹외교라고 할 수 있다. 한국전쟁 이후 1953년 10월에 미국과 한미상호방위조약을 체결한 한국은 냉전기 북한의 군사 위협에 대처하기 위한 방위노력을 기울여왔다. 평화체제가 성립되지 못하고 정전체제가 존속하는 한반도에서 북한의 위협에 대한 억지와 방어는 사활적 이익에 해당되는 것이다. 한미동맹 체결 당시 미국은 평시에 다른 국가와 동맹을 맺는 것을 주저하였고 한국의 대북 공세적 정책을 우려하였기 때문에 동맹 체결에 소극적이었다. 한국은 냉전기 자유진영의 방위를 위해 동맹의 필요성을 강조하였고 이후에도 미국과의 군사외교를 통해 동맹을 통한 한미 연합군사력의 유지, 한국에 대한 미국의 공약 유지, 핵무기에 대한 확장억지 제공 등의 노력을 기울여왔다(엄태암 2007).

　2020 국방백서에 따르면 한미동맹은 "한반도 및 역내 평화·번영의 핵심축으로 기능하며, 공동의 가치와 상호 신뢰를 기반으로 포괄적 전략동맹으로 지속 발전해 나가고 있다." 또한 "한미는 남북 간 군사적 긴장완화 및 신뢰구축을 추진하는 과정에서도 한반도의 완전한 비핵화와 항구적인 평화정착을 위해 확고한 연합방위태세를 유지할 뿐만 아니라, 동맹협력의 범위와 수준을 지속 심화·확대하고 있다." 한미 간 군사외교는 여러 제도적 기반을 확충해왔는데

한미안보협의회의(SCM), 한미군사위원회회의(MCM), 한미통합국방협의체(KIDD) 등 다양한 고위급 안보협의체를 통해 주요 정책을 논의하고 한미동맹 현안들을 관리하며, 한미동맹의 발전 방안을 논의해 나가고 있다(국방부 2020, 162).

참고 8-1

한미동맹의 다층적 협의체제

한미 양국은 동맹체제를 발전시켜 나가면서 여러 협의체를 운영해오고 있다. 그중 가장 중요한 것은 한미안보협의회의(Security Consultative Meeting, SCM)로서 이는 한미 국방장관과 국방·외교 고위관리가 참여하는 양국 간 최고 안보협의체이다.

　그 다음으로 양국 합참에서 연례적으로 개최하는 한미군사위원회(Military Committee Meeting, MCM)는 한미 군사당국 간 최고위급 협의체이다. 또한 다양한 한미 국방협의체들을 통합하여 한미통합국방협의체(Korea–U.S. Integrated Defense Dialogue, KIDD)를 운영함으로써 효율성과 효과성을 높일 목적으로 2012년부터 유지해오고 있다.

　한미 간의 군사외교는 비단 국방 분야에 한정되지 않고 양국의 외교안보정책 전반, 그리고 경제와 기술 영역으로까지 확장되고 있다. 미국과 중국 간에 전략적 경쟁이 심화되고 러시아의 우크라이나 침공 등 강대국 정치가 강화되는 국제정치 상황 속에서 비단 군사뿐 아니라 경제와 기술 영역의 현안들이 안보적 중요성을 띠게 되었기 때문이다. 한미 양국은 2020년 5월 워싱턴에서 정상회담을 개최하고 향후 한미동맹의 주요 안건들을 논의했다. 여기서 양국은 "국내외에서 민주적 규범, 인권과 법치의 원칙이 지배하는 지역에 대한 비전을 공유"하고 있다고 전제하고 "양국 국민들에게 평화와 번

영이 지속되도록 하는 파트너십을 추구"할 것을 결의하였다. 정상 회담에서는 "한미상호방위조약에 따른 한국 방어와 한미 연합 방위 태세에 대한 상호 공약을 재확인"하고 "새로운 위협에 대한 효과적인 공동 대응을 확보하기 위해 사이버, 우주 등 여타 영역에서 협력을 심화"하기로 하였다. 또한 "한반도의 완전한 비핵화에 대한 공동의 약속과 북한의 핵탄도미사일 프로그램을 다루어나가고자 하는 양측의 의지를 강조"하는 한편, "포용적이고 자유롭고 개방적인 인도·태평양 지역을 유지"하는 등 양국 안보 문제를 넘어선 지역 안보 차원의 논의도 하였다. 그밖에도 "기후, 글로벌 보건, 5G 및 6G 기술과 반도체를 포함한 신흥기술, 공급망 회복력, 이주 및 개발, 인적교류" 등 다양한 분야에서 협력을 약속하였다.

3. 한국의 다각적 군사외교

한국의 군사외교가 미국을 중심으로 진행되는 것은 사실이지만 다른 여러 국가들과 국제기구 역시 군사기구의 주된 파트너이다(유영철 2007). 한국 정부는 주변 4국과의 협력을 강화하면서 아세안, 유럽, 중동, 아프리카 등으로 협력의 외연을 확장하는 균형 있는 협력외교를 추진하는 것을 목적으로 삼고 있다. 이러한 노력은 전통적인 군사 분야를 넘어 대규모 자연재난, 감염병, 마약, 난민 문제 등 초국가적 위협에 대해 국제사회와 공동대응하고, 공공외교, 국제경제, 기후변화, 개발협력 등의 분야에서도 우리의 국력에 상응하는 국제 협력과 기여외교를 적극적으로 추진하는 것을 목표로 한다.

한중 간 국방교류협력도 한국 군사외교의 중요한 과제이다. 한국은 1992년 중국과 수교한 이래 비약적인 다면적 관계를 이루었고 2008년 전략적 협력동반자 관계를 설정하였다. 이후 한중 국방 당국은 2018년 12월 국방교류협력 완전 정상화에 합의하고 2019년 6월 아시아안보회의, 11월 아세안 확대 국방장관회의를 계기로 열린 두 번의 한중 국방장관회담과 2019년 10월 제5차 차관급 국방전략대화 등을 개최한 바 있다. 한국은 중국과 함께 2020년 1월 제18차 국방정책실무회의에서 양국 군고위인사 교류, 국방전략대화, 국방정책실무회의 등 정례회의, 각 군 간 부대 교류, 중국군 유해송환, 군사 연구기관 간 학술회의 및 교육기관의 위·수탁 교육, 해·공군 직통전화 양해각서 개정을 통한 직통전화 추가 개설 추진 등의 군사외교를 전개하고 있다(황재호 2007; 심현섭 2018).

일본 역시 한국 군사외교의 중요한 상대국으로 한일양국은 1994년부터 정례적으로 국방장관회담을 개최해 왔으며, 2009년 제14차 국방장관회담에서 「한일 국방교류에 관한 의향서」를 체결하여 양국 간 국방교류협력의 기반을 마련하였다. 2015년 한일 국방장관회담 이후 아시아 안보회의 등 다자회의를 계기로 장관회담이 지속 개최되었으며, 2019년 11월 아세안 확대 국방장관회의 시에도 한일 국방장관회담을 개최하여 국방교류협력을 미래지향적으로 지속 발전시켜나가고 있다. 한일 간 역사문제 및 관련 현안이 존재하지만 같은 민주주의 국가로 안정된 지역 안보질서를 유지하기 위한 안보협력의 가능성을 열어놓고 있다.

동남아시아의 국가들 역시 급변하는 국제정치 상황 속에서 중요한 안보협력 파트너로 부상하고 있다. 한국은 2018년 9월 한-아세안 대화조정국인 브루나이를 방문하여 「국방협력 양해각서」를 체결한 바 있다. 또한 2019년 5월 제18차 아시아안보회의에서 베트남 및 싱가포르 국방장관과 장관회담을 개최하여 한반도를 포함한 지역 안보정세 및 국방 협력 증진 방안에 대해 교류하였다. 2019년 11월 태국에서 개최된 아세안 확대 국방장관회의(ADMM-Plus) 참가를 계기로 베트남, 인도네시아 국방장관 및 태국 안보부총리와 양자회담을 개최하여 국방·방산협력 발전방안을 논의하기도 하였다. 한국은 아세안의 주요 국가인 인도네시아와 특별 전략적 동반자 관계를 맺고 있으며 점차 활발한 방산 협력을 추진해 나가고 있다. 「한-인니 국방협력협정」을 기반으로 국방·방산협력을 강화하는 군사외교를 추진하고 있다.

IV. 군사공공외교의 개념과 내용

1. 군사공공외교의 개념 및 역할

군사외교가 정부 대 정부 간, 혹은 군 대 군의 공식적 외교활동이라고 한다면 상대국의 대중 혹은 국제사회를 대상으로 하는 경우 공공외교의 성격을 지닌다. 한 국가의 정부 인원 중 상대국의 국민들과 직접 접촉하는 경우가 많은 주체는 군 인사인 경우가 많다. 외교관이나 파견 공무원의 경우도 상대국 국민들과 접촉하지만 파병된 군의 경우 대규모로 머물며 인근 시민들과 상시적 관계를 갖는 경우가 매우 많기 때문이다.

미국의 경우 2012년 기준 해외 파병 군사는 35만 2천 명에 달했고, 아프가니스탄이나 이라크처럼 해외작전에 직접 참여하는 인원은 17만 7천 명에 이르렀다. 이처럼 대규모의 공식 파견 인원이 상대국의 시민이나 관료 등과 관계를 가질 때 공공외교의 효과는 매우 크게 나타날 수 있다. 일례로 주한미군 역시 한국 시민과의 접촉면을 넓히고 대민 사업을 위해 노력하고 있다. 주한미군도 상호 이해 증진을 위해 다양한 프로그램을 진행하고 있다. 주한미군이 2003년부터 공식적으로 시작한 '좋은 이웃 프로그램(Good Neighbor Program)'은 부대개방 행사, 지역축제, 친선 만찬, 미군 함정 방문, 영어교실 등을 통해 지역사회와 문화를 교류하고 상호 이해를 증진하려는 목적으로 진행되고 있다. 이러한 노력을 통해 미군과 한국민 간의 소통을 활발히 하여 미국의 공공외교의 목적을 달성하고자 하는 것이다. 또한 주한미군은 태풍 피해 복구, 연탄배달 등 각종 대민 지원 및 사회복지시설 지원을 통해 지역사회의 신뢰를 구축하기 위한 노력도 기울이고 있다(국방부 2020, 168).

군사공공외교를 보다 정확하게 정의해 보면 "외교정책 목적을 달성하기 위해 외국의 대중과 군사업무 관련자들과 함께 군사적 의사소통을 하고 관계를 수립하는 업무"라고 할 수 있다. 국가 간 군사적 유대와 안보협력 제고를 통해 타국의 대중 및 외교안보정책을 수행하는 개인과 집단의 신뢰와 공감대를 확보함으로써 자국의 외교안보역량 제고 및 글로벌 평화구축 달성에 기여하는 외교활동이기도 하다. 보다 구체적으로는 "국가 간 협력을 통한 선제적 분쟁예방 및 세계적 평화구축 실현을 위해 타국의 대중과 국가안보를 책임지는 개인 및 집단의 마음을 사는 소통의 과정"이라고 할 수도 있다(두진호 2014, 51). 결국 다른 국가와의 군사적 교류협력활동을 통해 자국의 군사적 역량을 제고하고 유사시 타국의 군사적 지원을 확보하기 위해 벌이는 활동이라고 할 수 있다(김순태 2010).

2. 군사공공외교의 내용

군사공공외교의 내용 등을 주요 수단인 소프트 파워가 사용되는 방식, 그리고 투사방향에 따라 나누어볼 수 있다. 수단을 기준으로 보면 외국군 수탁 교육 프로그램 및 문화행사, 인재양성과 선진교리전수를 위한 군사고문단 파견은 소프트 파워 중심의 군사공공외교이다. 반면 평화유지활동, 인도적 지원이나 재난 구조, 순항 훈련 등은 소프트 파워와 함께 군사적 하드 파워가 함께 사용되는 사례이다. 이를 표로 나타내보면 다음과 같다.

| 표 8-1 | 군사공공외교의 구분

	선택적 수단	
구분	**소프트 파워**	**혼합형**
수렴	• 외국군(장교 및 사관생도) 수탁교육 프로그램 • 문화행사 　-학술회의, 국제 군악대회 　-동맹 및 우방국 문화체험 초청	• 연합훈련 • 훈련참관 • 탱크 바이애슬론 • 방산 전시회
발산	• 군사고문단(교환교관) ※인재양성, 선진 군사교리 전수	• PKO, MNF PO • 인도적 지원 및 재난 구조 • 순항훈련 • 군사고문단(전투부대, 전문가그룹) ※부대교육훈련 노하우 전수, 방산 및 군사기술협력

(좌측 세로축: 투사방향)

출처: 두진호(2014, 52).

　미국의 경우 군부가 공식적으로 공공외교를 맡아 수행한다고 보기는 어렵다. 기본적으로 외교의 영역에 속하는 공공외교는 국무부의 소관이기 때문이다. 2009년 미국방부는 전략적 의사소통

(Strategic Communication)에 관한 보고서에서 "미국방부는 국무부의 업무인 공공외교를 직접 수행하지 않으며, 다만 국무부의 공공외교 노력과 목적을 지원하는 업무를 담당하고, 이는 국가 이익에도 부합된다"고 논하면서 이러한 국방부 업무를 "공공외교에 대한 국방지원(Defense Support to Public Diplomacy)"이라고 정의하고 있다. 그러나 실제로 해외에 파병된 군대의 행동이 직간접적으로 해외의 대중들의 인식과 태도, 행동에 미치는 영향이 클 수 있기 때문에 공공외교의 효과를 가진다고 본다.

군사공공외교는 외교부가 수행하는 외교와 궤를 같이해야 한다. 미국의 경우 군사공공외교에 대한 비판도 존재하는데, 국방부를 공공외교에 포함시키는 것은 외교정책을 악화시키고 민간과 군부 사이의 자원배분 불균형을 악화시킨다는 비판도 나온다. 이러한 비판의 배경에는 미국의 힘이 어떻게 전 세계에 표현되고 투영되는지에 대한 광범위한 문제제기가 있다고 할 수 있다. 군사공공외교에 대한 비판론자들은 국방부의 공적개발원조 비중이 1998년 3.5%에서 2005년 약 22%로 확대되는 등 군과 민간 기관 간 자원 비대칭이 증가하고 있다고 비판한다. 이와는 대조적으로 미국 국제개발처(United States Agency for International Development, USAID)의 점유율은 같은 기간 65%에서 40%로 줄어들었다(Wallin 2015).

군사공공외교는 해외파병으로서의 국제평화활동이나 인도적 지원과 재난구조활동은 자국이 가진 하드 파워를 토대로 하되 소프트 파워를 증진시키는 유용한 외교활동이다. 이러한 기여외교는 국익 제고의 관점에서 볼 때 타국과의 군사적 유대를 공고히 하고, 다양한 민사작전으로 습득한 현장경험을 통해 직간접적으로 자국 군사력을 강화할 수도 있다. 또한 전후재건 프로그램에 자국 기업들의 참여가 유리한 환경을 조성하고, 유사시에는 역으로 국제사회의 군사적 지원을 받을 수 있다는 현실적 이점도 있다.

이러한 군사공공외교는 수시로 평화외교의 특성을 띨 수 있다. 여기서 평화외교는 "쌍방향 협상과 신뢰구축을 통해 정치적 해법을 모색하고 관계전환의 계기를 마련함으로써 분쟁재발을 방지하고 지속가능한 평화를 구축해나가는 것"이라고 할 수 있다. 즉, 무력이 아닌 관심(attention)과 설득을 통한 평화로운 문제 해결법이 될 수 있는 공공외교가 평화외교라고 할 수 있고 안보영역에서 주목받고 있다. 평화의 목적을 가지고 국제사회에 기여하는 군사공공외교 중 가장 중요한 것은 유엔의 평화활동이라고 할 수 있다.

한국의 경우 한반도의 평화는 북한의 비핵화, 남북관계 개선 및 평화체제 수립, 더 나아가 통일과 직결되는 문제이다. 한국의 군사

참고 8-2

한국의 통일공공외교

한국의 통일부는 외교부 등과 함께 평화공공외교, 통일공공외교를 추진하고 있다. 2021년 통일부의 업무보고를 보면 통일부는 남북 유엔 동시가입 및 「남북기본합의서」 체결 30주년, 남북대화 50주년 등을 계기로 「국제포럼」, 「1.5트랙 전략대화」 개최 등 적극적인 통일공공외교를 전개할 것을 목적으로 하고 있다. 또한 참여연대 등 다양한 시민단체가 참여하고 있는 「평화공공외교협의회」가 차세대 통일공공외교 노력을 강화하기 위해 평화공공외교협력단을 지원하고 있기도 하다. 「평화공공외교협력단」은 「평화공공외교협의회」가 20∼30대 청년 중심으로 구성한 민간 외교사절로 한반도 평화와 통일에 관한 다양한 국제행사, 교육과정에 참가하면서, 차세대 민간 평화통일 외교사절로서 역량을 키우려는 목적을 가지고 있다.

공공외교는 평화공공외교뿐 아니라 통일공공외교와 연결되는데, 통일의 당위성을 국제적으로 알리고, 통일 한국이 비단 한국민뿐만 아니라 동북아 지역은 물론 세계적으로도 평화를 증진시키는 목적이라는 점을 알릴 필요가 있다.

V. 국제연합(UN)의 평화활동과 군사공공외교

1. 평화유지(PKO) 활동

국가들 간의 안보가 당사자들 간, 특히 정부 차원 행위자들의 문제에 집중된다면 광범위하고 적극적인 의미에서 평화의 문제는 국가를 포함한 국제기구, 비국가 행위자 등 다양한 행위자들에 의해 결정된다. 이러한 평화활동은 유엔의 평화활동에 의해 주도되는 바가 크다. 유엔은 평화 문제에 필요한 어젠다를 만들고 정보를 제공하며 문제 해결의 틀을 제공하고 강대국들 간 의견 차이를 조정하며, 총회를 통해 국제사회의 여론을 수렴하고 규범을 제시한다. 더 나아가 평화활동에 필요한 실제적인 정책을 수립하고 필요한 예산, 인력, 정책결정과정을 제시하는 역할을 한다. 물론 강대국들 간 의견 차이가 심할 경우 중요한 문제에 대해서도 결정을 내리지 못하는 경우가 허다하지만 그럼에도 불구하고 오랜 시간을 두고 평화의 과제를 달성하기 위한 기초를 쌓아온 공헌은 평가받을 필요가 있다.

냉전기 유엔은 자유진영과 공산진영 간의 대립, 특히 안전보장이사회의 상임이사국인 미국과 소련을 중심으로 한 초강대국 대립에 의해 가장 중요한 사건들에 대해서는 합의를 보지 못한 것이 사실이다. 특히 유엔 산하의 군사력을 동원하여 갈등을 해결하고 평화를 강제하는 집단안보체제는 사실상 원활하게 진행되지 못했다. 한국전쟁과 1991년 걸프전쟁이 두 번의 사례이지만 한국전쟁의 경우 소련의 안보리 결정 불참으로 사실상 합의에 의한 평화강제 사례는 아니었다. 1991년 이라크의 쿠웨이트 침공에 대한 유엔의 활동이 거의 유일한 경우였지만 이 경우 역시 공산권 몰락의 시점이었다는 점에서 예외적인 환경이었다고 볼 수 있다.

유엔이 강대국들 간 합의에 의한 평화강제를 성공적으로 유지하지 못했다고 해서 유엔의 평화활동이 무의미했던 것은 아니다. 우선 1948년 1차 중동전쟁 직후 평화유지활동을 시작하여 현재에 이르고 있다. 유엔 헌장에 명시되어 있지는 않지만 평화유지활동(Peace Keeping Operations, PKO)은 분쟁 이후 개입하여 평화를 유지하는 데 많은 공헌을 한 것이 사실이다. 이후 평화유지의 임무는 더욱 확대되어 예방외교, 평화조성, 평화구축 등으로 계속 발전해오고 있다.

PKO란 분쟁 중인 지역이나 국가의 평화회복과 안전유지를 위해 국제사회가 벌이는 활동으로 유엔 주도의 PKO와 지역기구나 특정 국가 주도의 다국적군 평화유지활동 혹은 비유엔(non-UN) PKO로 분류한다. 두 활동 모두 안보리 결의로 승인을 받아야 하지만, 유엔 PKO는 유엔사무총장이 사령관을 임명하고 유엔이 파병 비용을 직접 부담하고 안보리 지침에 따라 작전 지휘권과 전투근무지원이 이루어지는 반면, 비유엔 다국적 평화활동은 핵심 이해당사국이 주도하여 결성되며 병력공여국들이 자체적으로 작전통제체계를 수립한다.

PKO 활동은 1948년 첫 임무인 유엔 예루살렘 정전감시단 (UNTSO)이 시작된 이래 2019년 2월 기준 현재 진행 중인 14건을 포함하여 총 71건의 활동이 수행되고 있다. 2019년 1월 기준 대규모 유엔평화유지군을 파병하는 나라는 에티오피아(8,420명), 방글라데시(7,246명), 인도(6,697명), 르완다(6,498명), 파키스탄(6,238명) 등 개도국이나 저개발국들이다.

국제안보환경의 변화에 따라 PKO 기여외교는 군사공공외교로서 더욱 주목받고 있다. 초국가적 위협에 대비하여 국가들 간 다자협력이 점점 중요해지고 있고, 이러한 협력을 제도화하는 계기나 플랫폼을 마련한다는 점에서 소프트 파워로서의 PKO의 필요성에 대한 국가들 간 공감대가 확산된 것이다. PKO 수행 과정에 있어 무력분쟁을 예방하고 지속가능한 세계평화를 달성한다는 대의에 따른 정부 차원의 국가 간 협력뿐 아니라 타국 대중과의 교감을 통해 이들의 '마음을 얻는' 소통 과정이 중요하게 된다. 선진국들이 국제사회에서의 위상과 영향력을 고려하여 국제기여 확대를 중요한 정책의 하나로 간주하듯이, 자국을 중견국 이상으로 자리매김하고자 하는 신흥공업국들도 글로벌 이슈에 대한 책임을 공유하고 자국 이미지를 고양하는 외교적 노력에 관심을 보이고 있다.

국제평화유지활동은 재난구조활동과 더불어 국가 간 정치적 이해관계가 충돌할 개연성이 적어 참여국들 간 협력공조를 통해 관계증진을 도모할 수 있고 실천적으로 정책을 개발할 수 있다는 점에서 국가들이 참여할 유인동기나 지속성이 높은 활동이라고 할 수 있다. 또한 PKO 기여외교는 국제무대에서 자국의 군위상과 외교안보역량을 증대할 뿐 아니라 자국민들이 글로벌 이슈에 참여할 기회와 공간을 마련할 수 있는 중요한 유무형의 외교안보자산이다.

주목해야 할 점은 전략적 이익과 하드 파워 중심의 PKO 전략만으로는 세계평화에 대한 기여와 현지인들에 대한 공공외교로서의 의의가 희석될 뿐 아니라 대상국의 평화유지 및 분쟁예방이라는 소기의 목적을 달성하는 것 자체도 힘들 수 있다. 유엔 PKO이든 다국적군 평화활동이든 하드 파워와 소프트 파워를 균형 있게 투사하는 전략적 선택이 중요한 것이다.

2. 한국의 PKO 활동과 군사공공외교

한국 역시 국제연합의 평화에 적극 참여하고 있다. 국제연합 평화유지활동 참여에 관한 법률을 통해서 보면, "국제연합 평화유지활동에 참여할 파견부대와 참여요원의 파견 및 철수 등에 관한 사항을 규정함으로써 대한민국이 국제연합 평화유지활동에 보다 신속하고 적극적으로 참여하여 국제평화의 유지와 조성에 기여함"을 국가 정책으로 함을 알 수 있다.

법률에 적용된 바에 의하면, 평화유지활동은 국제연합의 안전보장이사회가 채택한 결의에 따라 국제연합 사무총장이 임명하는 사령관의 지휘 하에 국제연합의 재정부담으로 특정 국가(또는 지역) 내에서 수행되는 평화협정 이행 지원, 정전 감시, 치안 및 안정 유지, 선거 지원, 인도적 구호, 복구·재건 및 개발 지원 등을 비롯한 제반 활동을 말한다. 다만, 개별 또는 집단의 국가가 국제연합의 승인을 받아 독립적으로 수행하는 평화유지 또는 그 밖의 군사적 활동은 포함하지 아니한다.

한국은 1993년 7월 상록수 부대가 소말리아에 파병된 이래

PKO 활동에 지속적으로 참여하고 있다. 2020년 12월을 기준으로 현재 582명에 달하는 병력이 해외에 파병되어 있다. 동명부대는 정찰과 감시활동을 통해 불법무기와 무장세력이 레바논 남부 작전지역으로 유입되는 것을 차단하는 활동을 하고 있다. 11만여 회에 달하는 작전지역 감시정찰, 6,400여 회에 달하는 도보, 기동 정찰 및 폭발물 처리 정찰을 수행하였다.

또한 정전 감시활동 이외에도 피스웨이브(Peace Wave)라는 다기능 민군작전과 인도적 지원활동도 수행하고 있다. 군사 관련 활동뿐 아니라 대민 활동도 활발히 전개하고 있다. 현지 주민 의료지원, 공공시설과 학교시설 개선, 태권도교실 운영 등의 인도적 지원활동을 통해 현지 주민의 생활여건을 개선하는 데 공헌하고 있다. 동명부대의 성공적인 민군작전은 레바논 남부 지역의 정세 안정에 기여하고 현지에서도 좋은 평가를 받고 있는데 군사공공외교의 성공적 사례라 할 수 있다.

한빛부대 역시 수단으로부터 독립한 남수단을 지원하기 위해 2012년 9월 국회의 동의를 받아 2013년 1월 공병부대인 남수단 재건 지원단, 즉 한빛부대를 창설하고 2013년 3월 31일 300명 규모의 병력을 남수단 현지로 파병하였다. 한빛부대는 내전으로 황폐해진 남수단 보르 지역에서 도로, 비행장, 교량 건설 및 보수, 나일강 차수벽 설치 등 재건지원 활동과 난민 보호, 식수 및 의료지원 등 인도적 지원 임무를 성공적으로 수행하고 있다. 또한 남수단 현지 주민들의 생활기반을 마련하기 위해 한빛직업학교에 농업, 목공, 토목 등 7개 교육과정을 운영하고 있다. 이러한 활동은 재건활동으로 남수단 내 기반시설 확충, 교류 촉진, 종족 간 갈등 완화에 기여하고,

주민 친화적 민군작전으로 군사공공외교의 성과를 거두고 있다.

2020년 12월에는 동명부대가 국회에서 UN레바논임무단 연장 동의를 받았고, 한빛부대 역시 UN남수단임무단에 연장 파병되도록 하였다. 2020년 12월 기준으로 UN PKO 활동 병력 현황은 아래의 표와 같다.

| 표 8-2 | 한국의 PKO 활동병력 파견현황(2020년 12월 기준 5개 임무단, 582명 파견)

유엔 평화유지 활동 병력 파견 현황

(2020년 12월 기준 5개 임무단, 582명 파견)

구분			인원
군	부대 단위	UNIFIL(유엔레바논임무단) 동명부대	275
		UNMISS(유엔남수단임무단) 한빛부대	280
	개인 단위	UNIFIL(유엔레바논임무단)	4
		UNMISS(유엔남수단임무단)	7
		UNMOGIP(유엔인도·파키스탄 정전감시단)	8
		MINURSO(유엔서부사하라 선거감시단)	3
		UNAMID(유엔수단 다르푸르임무단)	1
경찰	개인 단위	UNMISS(유엔남수단임무단)	4
소계			582

출처: 대한민국 외교부(2021, 52).

군사공공외교 활동으로서 PKO 활동은 파병뿐 아니라 UN PKO 예산 의무분담률에서도 나타난다. 한국의 분담률은 2.267% 로 상승하여 세계 10위의 재정공여국이 되었다. 한국은 또한 PKO 활동 분야 장관급 협의체인 UN 평화유지 장관회의도 개최하였다. '기술 및 의료 역량 강화'를 주제마로 하고 ▲평화의 지속화, ▲파트 너십·훈련·역량강화, ▲임무수행능력, ▲민간인 보호 및 안전 등 의 의제로 12월 6일과 7일에 걸쳐 개최되었다. 이 회의는 PKO 분야 유일의 장관급 정례회의로 2015년 오바마 대통령과 반기문 UN 사무총장이 주최한 "평화유지 정상회의"의 후속회의로 출범하였다. 2016년에 시작되어 한국이 4차 회의를 개최하였고, 그 목표는 PKO에 대한 국제사회의 정치적 지지 확보, PKO 강화를 위한 각국의 신규 공약 발굴 및 이행 현황 점검 등이다. 한국은 역대 최대 규범의 장관급 회의를 아시아 최초로 개최하였다. 150여 개국의 국방·외교장관이 참석하여 신기술, 평화구축 등 한국이 비교우위를 지니는 분야에서 새로운 평화유지활동 국제규범과 공약을 도출함으로써 국제사회에서의 위상을 제고하고자 노력하였다.

한국은 PKO 파병요원의 교육전담기관으로서 1995년 8월 합동참모 대학 내에 PKO센터를 설립하였다. 이후 2015년 「국방대학교 설치법 시행령」에 따라 'PKO센터'를 '국제평화활동센터'로 명명하고 국방대학교로 소속을 변경하여 교육과 연구 기능을 강화하였다. 국제평화활동센터는 파병부대의 주요 간부와 개인 파병요원에 대한 파병 전 사전교육을 전담하고 있다.

3. UN의 평화구축 활동과 한국의 군사공공외교

냉전이 종식되고 유엔의 국제평화활동이 더욱 활발해지는 즈음에 부트로스 부트로스 갈리 유엔 사무총장은 1992년 "평화를 위한 의제(An Agenda for Peace)" 보고서를 통해 유엔 평화활동을 강화하는 데 큰 획을 그었다. 이전까지 유엔의 국제평화활동은 주로 평화유지군, 즉 PKO를 중심으로 이루어져왔다. 평화유지군은 분쟁당사국의 동의, 분쟁당사자 간 중립성 유지, 자위적 목적하에서만 군사행동 허용 등의 원칙에 따라 제한된 임무만을 수행하였다. 구성도 비무장소규모의 장교들로 구성되는 군사감시단과 경무장, 대규모의 장교·사병들로 구성되는 평화유지군으로 나뉘었고, 평화유지군의 경우에도 평화유지 활동을 주로 하여 무력불사용원칙을 준수하여 왔다. 이러한 평화유지 개념은 주로 정전감시, 교전단체 분리 등의 전통적 활동에 국한된 것이었다.

그러나 탈냉전기를 통해 유엔의 국제평화활동은 점차 적극적으로 변화되어 보다 적극적 평화의 조성에 맞는 방향으로 서서히 발전되어 오고 있다. 이전의 활동이 정전감시, 교전단체의 충돌 방지, 병력철수 감시 등 분쟁해결을 위한 여건조성 및 재발 방지에 중점을 두는 소극적 개념이었다면 보다 적극적인 민간인 보호, 인도적 지원, 전투병력의 무장해제 및 사회적응, 치안유지, 민주화 지원, 난민귀환, 법제도 정착, 선거 지원, 국가역량 지원 등 다차원적 임무 개념으로 확대된 것이다. 이러한 임무를 위해서 비단 군 인력뿐 아니라 경찰, 의료, 교육, 공병, 구조인력, 민간인 전문가 등 다양한 분야의 인력이 투입되었다.

1992년 부트로스 갈리 사무총장은 유엔의 평화활동을 세 차원으로 분리한 바 있다. 예방외교(preventive diplomacy), 평화조성(peacemaking) 및 평화유지(peacekeeping)이다. 예방외교는 당사자 간에 분쟁이 발생하는 것을 방지하고 기존 분쟁이 무력분쟁으로 확대되는 것을 방지하고 분쟁의 확산을 제한하기 위한 조치이다. 평화조성은 기본적으로 유엔헌장 제6장에서 예견된 것과 같은 평화로운 수단을 통해 적대국을 합의에 이르게 하는 행동을 말한다. 평화 유지는 지금까지 모든 관련 당사자의 동의를 받아 유엔 인력을 배치하는 것으로 유엔군 및 경찰, 민간인도 포함된다. 평화유지는 갈등 예방과 평화구축의 가능성을 모두 확장하는 노력으로 정의하고 있다.

이후 1995년 부트로스 갈리 총장은 "평화를 위한 의제 부록"을 통해 분쟁 후 평화구축이라는 개념의 타당성을 더욱 강조하고 있다. 비무장화, 소형 무기 통제, 제도 개혁, 경찰 및 사법 시스템 개선, 인권 모니터링, 선거 개혁, 사회 및 경제 발전 등 분쟁이 발생한 후 상처를 치유하는 것이 또다른 분쟁을 예방하는 데 중요하다고 강조하고 있다.

2000년 브라히미 보고서(Brahimi Report)는 평화구축 개념을 더욱 발전시켰다. 평화구축은 "평화의 토대를 재확립하고 그 토대 위에 전쟁 방지 이상의 것을 구축하기 위한 도구를 제공하기 위해 분쟁의 반대편에서 수행되는 활동"으로 정의했다. 이후 유엔 사무총장 정책위원회는 평화구축을 "모든 수준의 분쟁 관리 역량을 강화하여 분쟁이 재발하거나 재발할 위험을 줄이고 지속가능한 평화와 개발을 추구하는 것"으로 정의하고 있다.

결국 평화구축(peacebuilding)은 정전 감시 등 분쟁의 종식을 위한 활동을 넘어서 분쟁의 구조적 원인을 해결함으로써 항구적 평화와 지속적 개발을 구축하기 위한 활동을 의미한다. 분쟁 종식 후 평화이행 및 분쟁 재발 방지를 위한 정치, 경제, 사회적 기반 조성 활동을 포함하는 것으로 이해되나, 일반적으로 분쟁 후 평화구축 활동이 대상이다. 유엔의 평화유지군 활동과 개발기구, 인도적 지원 기구 등이 개별적으로 평화구축과 관련된 활동을 추진 중이라고 볼 수 있다. 코피 아난 사무총장은 나미비아, 모잠비크, 엘살바도르, 동티모르 등의 평화유지군을 성공적인 평화구축 활동 사례로 평가한 바 있다.

과거 "아프리카의 분쟁원인, 항구적 평화 및 지속개발 증진에 관한 실무그룹"(1998년 안보리 산하 설치) 및 "분쟁 후 아프리카 국가에 관한 ECOSOC 자문그룹"(2002년 ECOSOC 산하 설치) 논의를 통해 평화구축을 위한 통합적 접근 시도가 있었으나, 유엔 내 평화구축 시스템 또는 전략은 없었던 상황이다. 2004년 12월 유엔개혁에 관한 고위급 패널 보고서 및 2005년 3월 유엔사무총장 보고서에서는 유엔 내 분쟁 후 평화구축 과정의 국가를 효과적으로 지원하는 시스템 부재를 지적하면서 평화구축위원회 창설을 제안한 바 있다.

결국 2005년 12월 제60차 유엔 정상회의에서 평화구축위원회(PBC) 설립을 결정하고, 평화구축위원회의 임무, 조직, 운영방안 등을 규정한 결의안을 채택하였다. 이는 유엔 총회와 안보리 공동 산하기관으로서 정부 간 자문기구(intergovernmental advisory body)의 성격을 갖고 있다. 평화구축위원회의 기능은 분쟁 후 평화구축 및 재건을 위한 재원 동원 및 통합전략 수립 관련 협력을 추진하는 것으로 요약할 수 있다. 또한 평화구축 관련 유엔 내외 기관 간 조정 강화의 기능도 수행한다. 이로써 유엔 평화구축체계는 더욱 자리를 잡게 되었고, 현재에는 평화구축체계가 평화구축위원회(Peacebuilding Commission), 평화구축기금(Peacebuilding Fund), 평화구축지원실(Peacebuilding Support Office)로 구성되어 운용되고 있다.

이를 기반으로 유엔 평화구축체계 검토(Review of the UN Peacebuilding Architecture)가 진행되어, 유엔 평화구축 메커니즘과 활동에 대한 평가를 위하여 2005년부터 5년 주기로 진행되고 있다.

평화구축의 개념은 최근 더욱 발전하여 지속적 평화(sustaining

peace)의 개념으로 발전하고 있다. 유엔 전문가 자문그룹 보고서에서 가져온 지속적 평화라는 개념은 사회의 공통 비전을 구축하기 위한 목표이자 과정으로 광범위하게 이해되어야 하며, 모든 계층의 필요가 고려되어야 함을 인식하는 것을 목표로 한다. 분쟁의 발발, 확대, 지속 및 재발 방지, 근본 원인 해결, 적대 행위 종식을 위한 분쟁 당사자 지원, 국가적 화해 보장, 회복, 재건 및 개발 등 다양한 목표를 추구하는 활동이다. 정부와 다른 모든 이해당사자들이 이행해야 하고, 분쟁의 모든 단계와 모든 차원에서 유엔의 모든 활동 축이 관련된다는 것이다.[1] 이와 같이 유엔의 평화활동은 점차 소극적 평화로서의 전쟁 방지 및 갈등 해소에서 적극적 평화를 확보하기 위한 다양한 어젠다를 채택하고 보다 광범위한 개념과 정책으로 확대되어 가고 있음을 알 수 있다.

2018년 3월 출범한 구테레쉬 유엔 사무총장 주도의 이니셔티브로 평화유지구상(Action for Peacekeeping, A4P)이 발표되었다. 이는 유엔 평화유지활동(PKO)의 한계를 극복하고 및 효과성을 개선하기 위한 다양한 어젠다를 제시한 노력이다.

한국 역시 적극 참여하여 포용성 강화, 지속가능한 평화 기여, 새로운 도전 대응 등 더 나은 평화유지활동을 위한 비전을 제시하고자 노력하고 있다. UN 평화구축위원회(Peacebuilding Commission, PBC)는 평화구축 활동과 관련해 안보리, 총회 및 경제사회이사회(ECOSOC)에 자문 역할을 수행하는 기관으로 한국 역시 적극 참여하

....

1   On 27 April 2016, the General Assembly and the Security Council adopted parallel resolutions: A/RES/70/262: Review of the United Nations peacebuilding architecture.

고 있다. 2019~2020년 및 2021~2022년 위원국으로 활동하고 있다. 한국은 2017년 의장국으로, 이어 2018년에는 부의장국으로 활동하였고, 2020년 5번째 위원국을 수임해 평화구축위원회의 위상을 높이고 평화구축 이슈의 주류화에 기여한 것으로 평가받고 있다.

VI. 다자기구 참여를 통한 한국의 군사공공외교

2020년 발생한 코로나19 사태는 전통적 안보뿐 아니라 비전통 안보 위협에 대한 각성을 불러일으켰고 날로 악화되는 기후변화 및 환경 문제 역시 향후 국제협력의 중요성을 일깨우고 있다. 특히 비전통 안보의 문제가 전통 군사안보 문제와 통합되고 이를 해결하는 과정에서 군의 역할은 더욱 중요해지고 있다. 환경이 악화되면 대규모 이주민이 발생하고 이는 국가들 간 무력, 군사충돌의 가능성을 증진시킨다. 비전통 안보의 문제가 군사적 충돌로 이어지지 않도록 철저한 협력이 중요한 때이다. 이러한 협력은 비단 정부 간 공식 협력뿐 아니라 국민들의 인식 및 시민사회의 협력이 필수적인 영역이다.

국제기구의 역할도 중요해지고 있다. 많은 국가들은 UN을 중심으로 한 세계적 다자기구에 적극 참여하여 자국의 기여도를 높이고 국가의 평판을 증진시키기 위해 노력하고 있다. 적극적인 다자외교로 국가의 중요성이 향상되면 영향력 및 평판이 높아져 국가이익에도 도움이 되는 지구 거버넌스 시대가 도래하고 있다.

한국의 군사공공외교 역시 다각적인 국제기구 참여 및 기여 활동으로 구성되어 있다. 대규모 전쟁을 방지하기 위한 대량살상무기 비확산의 노력은 평화와 안정을 위해 매우 중요하다. 한국은 국제 원자력, 군비비확산 체제에 적극 참여하여 논의를 주도하고 있다. 한국은 2018~2021년 아세안지역포럼(ARF) 군축·비확산 회기간회의 공동의장국, 2019~2021년 핵군축환경조성(Creating an Environment for Nuclear Disarmament, CEND) 실무그룹 의장국, 2019~2021년 무기거래조약(Arms Trade Treaty) 효과적 조약 이행 실무그룹(Working Group on Effective Treaty Implementation, WGETI) 의장국 등을 수임하여 공공외교 활동을 추구해왔다. 대량살상무기는 흔히 핵무기와 미사일, 화학, 생물 무기 등을 지칭해왔지만 점차 기술의 발전으로 우주 무기, 자율살상무기 등이 중요해지는 시대에 접어들었다. 한국 정부는 자율살상무기 정부전문가그룹 및 외기권 군비경쟁방지 정부전문가그룹(Group of Governmental Experts, GGE) 등 특정 군축 주제에 관한 핵심 국가들로 구성된 협의체에도 적극 참여해 국 제사회의 관련 규범 형성에 기여하고 있다.

또한 바세나르체제(WA), 원자력공급국그룹(NSG), 미사일 기술통제체제(MTCR), 호주그룹(AG) 등 4대 다자 수출통제체제의 활동 역시 중요하며, 이는 민감 품목 및 기술의 국제적 확산 방지에도 기여하고 있다. 한국이 회원국으로 이러한 규범의 준수 및 발전에 힘쓰는 것은 안보, 군사 분야 공공외교의 과제라고 할 수 있다.

기존의 군사 위협과 차별화되는 국제테러 및 해적 문제 등도 중요한 군사문제로 대두하고 있다. 한국은 유엔의 대테러실(Office of Counter-Terrorism, OCT)을 중심으로 대테러 노력에 동참하고 있다. 해적 퇴치 역시 한국의 이익을 위해 중요한 분야로 한국은 소말리아 아덴만 해역의 해적을 퇴치하고 우리 선박의 안전한 활동을 지원하기 위해 2019년에 이어 2020년에도 청해부대를 파견한 바 있다. 청해부대는 연합해 군사령부(Combined Maritime Forces, CMF)와 EU 연합해군의 해적 퇴치 작전에 참여하는 등 해상 안전을 위한 국제공조 노력에 동참했다.

사이버 안보 위협 역시 급증하는 안보 위협 분야로 국가들 간의 군사협력, 국제기구를 통한 사이버 안보 증진 등이 중요한 과제로 부상하고 있다. 2019년 신설된 유엔 총회 제1위원회 산하 정보안보 개방형 워킹그룹(Open-Ended Working Group, OEWG) 회의에 참여하는 동시에 다양한 양자, 지역 차원의 사이버 안보협력을 추진하고 있다. 한국은 영국, EU, 싱가포르 등과 사이버 정책협의회를 개최하고, 미국과도 사이버 안보 역량 강화협의회를 진행하기도 하였다. 동남아 및 유럽 국가들과도 사이버 안보 연구 그룹회의 등을 추진하는 등 다방면의 노력을 기울이고 있다.

VII. 맺음말

여전히 국가의 군사력이 국제관계를 규정하는 근대국제정치체제에서 군사력을 어떻게 활용하는가는 중요한 문제이다. 궁극적으로는 타국의 침공을 억지하고 침공이 현실화되었을 때 이를 방어하는 것이 문제이지만 군사 문제를 담당하고 있는 정부와 군이 평화와 안정을 지키기 위해 노력하는 것이 더 중요하고 효과적이다. 군사외교는 한편으로는 자국의 안보를 지키기 위한 대외활동이다. 그러나 다른 한편으로는 타국과 오해 및 불신의 소지를 줄이고 상호 간 군사적 투명성을 증진하고 군사협력의 가능성을 모색하며 협력을 제도화하는 목적도 가지고 있다. 군사력이 부족한 국가의 경우 타국의 군사적 도움을 받기 위해 동맹 체결, 군사협력관계 강화와 같은 군사외교의 노력이 중요하다. 군사력이 강한 강대국의 경우 국제평화와 안정을 지키기 위해 공세적인 국가들을 억지하기 위한 협력과 연대가 중요하다. 더 나아가 다자주의적인 안보제도를 지구적, 지역적 차원에서 창출하여 평화를 유지시키는 것이 중요한 군사외교의 목적이라고 하겠다.

군사력은 군 대 군, 정부 대 정부 차원에서 주로 유용한 것으로 여겨질 수 있지만 사실은 상대국이나 국제사회의 대중, 시민들과의 접촉면도 매우 넓다. 군은 파병된 상대국이나 지역에서 다면적인 대민 업무를 수행하여 안정과 평화를 도모하는 한편, 대중들의 삶에 필요한 자원과 서비스를 제공하기도 한다. 이러한 군사공공외교는 상대국 국민들의 안정과 복지에 기여하는 측면도 물론 많지만 자국의 평판과 영향력을 증진시키는 외교적 효과도 크다. 군사력을 기반으로 한 외교적 노력이 현대에 들어와 더욱 강조되는 이유이다.

21세기의 안보상황은 전통적 군사안보뿐 아니라 비전통적 신흥안보에 의해서도 많이 규정된다. 지구적 테러리즘, 환경, 보건, 마약, 인권, 해적 등 인간들의 안전을 해치는 요소는 매우 많으며 이를 해결하기 위한 국가들의 노력은 실제 개개인의 삶에 많은 영향을 미치게 된다. 국가는 다른 국가들과의 양자 관계에서뿐 아니라 UN을 중심으로 한 다자기구에 적극 참여하여 세계인의 복지를 향상시키는 데 많은 노력을 기울일 수 있다.

한국은 분단국가이자, 동북아 강대국들에 둘러싸인 중견국으로서 한편으로는 한반도의 평화와 안정을 도모하며 다른 한편으로는 지역의 안정과 번영을 위해 노력해야 하는 목적을 가지고 있다. 한미동맹을 축으로 전개된 군사안보는 이제 주변국 및 국제사회를 향해 더욱 다변화되고 있으며, UN을 중심으로 한 여러 다자기구에 적극 참여함으로써 군사공공외교의 효과를 거두고 있다. 공공외교의 저변을 넓히고 효과를 극대화하기 위해 한국의 군사적 수단에 대한 다각적 검토와 노력이 필요하다고 할 수 있다.

1   21세기 들어 국가들의 외교환경은 어떻게 바뀌어가고 있는가? 강대국 지정학 경쟁의 강화, 테러, 환경, 보건과 같은 비전통 안보 위협의 증가 등의 안보환경 변화는 군사외교에 어떠한 새로운 과제를 안겨주고 있는가?

2   한국이 추구하는 안보전략의 목적에 비추어볼 때 한국이 추진해야 할 군사외 교의 목적은 무엇인가? 한국이 군사외교를 추진할 때 어떠한 대상 국가들에 대해, 어떠한 기준으로 우선순위를 설정해야 하는가?

3   군사력을 직접 사용하지 않고 상대방의 대중이나 국제사회의 여론에 영향을 미칠 수 있는 군사공공외교의 이슈영역과 수단은 무엇인가?

4   한국이 추구하는 안보전략의 목적을 달성하기 위해 다른 국가의 대중이나 국 제사회에 대해 어떠한 노력을 기울여야 하는가? 한국의 군사적 노력에 대한 국제적 평판을 높이고 국가 이익으로 연결될 수 있도록 어떠한 정책 수단을 가질 수 있는가?

5   분단국가로 한국이 추진해야 할 군사공공외교의 독특한 상황은 무엇인가? 한 반도의 평화, 남북관계 발전, 궁극적으로 통일로 나아가기 위해 어떠한 평화 공공외교, 통일공공외교를 실행해야 하는가?

추천 문헌

- 전재성. 2020. "한국의 중견국 외교안보전략과 한미동맹." 김상배·이승주·전재성 편. 『중견국 외교의 세계정치: 글로벌—지역—국내 삼중구조 속의 대응전략』. 서울: 사회평론아카데미.
- 대한민국 국방부. 2020. 『2020 국방백서』.
- 대한민국 외교부. 2021. 『2021 외교백서』.
- Wallin, Matthew. 2015. *Military Public Diplomacy: How the Military Influences Foreign Audiences*. Washington, D.C.: The American Security Project.

참고 문헌

강범두. 2002. "군사외교." 차영구·황병무 편저. 『국방정책의 이론과 실제』. 서울: 오름.

김순태. 2010. "한국군의 군사외교 활동에 관한 연구: 공공외교의 관점을 중심으로." 『동서연구』 22: 1–28.

김영욱. 2017. "무관운영 활성화를 통한 군사외교역량 강화 방안 연구." 『군사과학논집(구 공사논문집)』 68: 130–51.

두진호. 2014. "러시아 군사공공외교의 특징과 함의." 『국방정책연구』 104: 45–77.

배진수. 1997. "한국군사외교론: 개념체계와 실천과제." 『국제정치연구』 37(2): 289–307.

심현섭. 2018. "수교 이후 한중 군사관계에 대한 이론적 해석: 군사외교 이론과 국제관계 이론의 분석수준틀을 중심으로." 『국방정책연구』 118: 9–44.

엄태암. 2007. "한국의 대미 군사외교." 『국방정책연구』 75: 11–43.

유영철. 2007. "한국의 대러 군사외교." 『국방정책연구』 75: 95–119.

최영일. 2017. "중견국 군사외교 수단의 효과성 검증." 『중동문제연구』 16: 43–71.

최영종. 2009. "군사외교의 고도화 및 다변화 방안에 관한 연구." 『전략연구』 16:

139–165.

황재호. 2007. "한국의 대중 군사외교." 『국방정책연구』 75: 71–94.

대한민국 국방부. 2020. 『2020 국방백서』.

대한민국 외교부. 2021. 『2021 외교백서』.

Wallin, Matthew. 2015. *Military Public Diplomacy: How the Military Influences Foreign Audiences*. Washington, D.C.:The American Security Project.

가치규범의 공공외교

박성우 | 서울대학교 정치외교학부

I. 서론: 가치, 규범, 공공외교

II. 평화의 가치규범과 공공외교

III. 인권과 민주주의 가치와 공공외교

IV. 기후변화규범과 공공외교

V. 맺음말: 가치규범 공공외교와 한국

공공외교의 주요 목적 가운데 하나는 국제사회에서 모범적인 정체성을
가진 국가라는 인식을 확산하는 것이다. 외국민의 관점에서 국가정체성을
판단하는 기준은 국가가 대외적으로 지향하는 국제적 가치다. 공공외교의
관점에서 주목할 만한 국제적 가치는 전쟁과 평화의 규범, 인권과 민주주의
규범, 그리고 기후변화 규범이다. 현재 전쟁과 평화에 관한 국제규범은 평화를
이상으로 내세우며 조건부로 무력 사용을 허용한다는 점에서 정전론적
성격이 강하다. 공공외교의 관점에서 정전론적 국제규범에 동참함과 동시에
대외적으로 평화주의적 가치지향성을 표출하는 것을 고려해 봄 직하다.
인권과 민주주의 규범과 관련해서는 장기적으로 인권적 가치를 추구하는
것이 국익과도 상보적 관계에 있다는 것을 인식할 필요가 있다. 기후위기
규범과 관련해서는 현재 확산하고 있는 국제규범 형성에 적극적으로 가담하고
이를 위한 국내적 합의를 도출하는 노력을 기울일 필요가 있다. 마지막으로
가치규범 공공외교는 한국적 기반을 모색해야 하는 과제를 안고 있다. 한국적
공공외교의 핵심은 한국이 고유한 정체성을 바탕으로 보편적 가치규범을
준수한다는 것을 대내외적으로 공표하는 것이다. 따라서 한국적 공공외교는
기왕의 국제규범을 성실하게 수용하는 보편적 가치의 내재화(internalization)와
한국의 특수한 역사적 경험을 통해 국제규범 형성에 기여하는 한국적 가치의
외재화(externalization)에 힘써야 한다.

핵심어

가치 지향성Value Orientation

국가 정체성National identity

국제규범International norms

공공외교Public diplomacy

기후변화규범Climate change norms

민주주의 가치Democratic values

인권Human right

정전론Just war theory

평화주의Pacifism

한국적 공공외교Korean public
　　diplomacy

I. 서론: 가치, 규범, 공공외교

외교란 국제관계에서 국익을 위해서 시도되는 모든 소통행위를 말한다. 전통적으로 외교는 정부 간 활동을 중심으로 하므로 국가 지도자나 전문 외교관의 영역으로 간주되어 왔다. 그러나 최근 개인, 기업, 시민단체, 국제기구 등과 같은 비정부 행위자의 국제적 영향력이 높아지면서 이들을 상대로 하는 외교 활동이나 이들이 주체가 되는 외교 활동이 주목받고 있다. 국가 지도자나 정치가, 전문 외교관에 의해서 행해졌던 전통적인 외교와 구분되는, 민간인과 일반 국민이 주체가 되는, 또 그들을 상대로 하는 비전통 외교의 중요성이 부상한 것이다(Barston 2019). 이런 사정을 감안하여 현대 외교는 외국 정부의 대표뿐 아니라 외국민을 대상으로 하는 공공외교를 중시한다.

공공외교는 외국민에게 우리의 입장을 알리고 이해시키며, 궁극적으로 이들이 우리의 국익 달성에 긍정적인 영향을 줄 수 있는 환경을 조성하는 것을 목적으로 한다. 상대국이 민주국가인 경우 공공외교의 중요성은 한층 높아진다. 민주국가의 정책결정과정은 대체로 공개적이므로, 외국민이 우리의 국익과 관련된 외교정책에 영향을 미칠 가능성이 훨씬 커지기 때문이다. 이제 외교의 성패는 국가 지도자나 전문 외교관 간의 협상과 담판에 의해서뿐 아니라, 외국민에게 자국의 입장을 얼마나 효과적으로 설득하느냐에 달려 있다고 해도 과언이 아니다.

한편, 외국민에 대한 외교 활동은 정부에 의해서만 독점되지 않는다. 과거보다 민간 영역의 국제 교류가 활발하게 진행되는 가운데 내국민의 활동이 직간접적인 외교 활동으로 평가받고 있다. 최근 한류의 부상으로 인해 한국에 대한 호감도가 높아져 국제적으로 유리한 외교 환경을 조성한 것은 민간외교가 효과를 거둔 예라고 할 수 있다.[1] 민간외교가 성공하기 위해서는 내국민의 국제교류에 대한 적절한 지원이 이뤄져야 한다. 이런 맥락에서 내국민의 국제문화교류를 지원하는 것도 공공외교의 일환이다(김상배 외 2019).

요컨대, 공공외교는 국익을 달성하기 위해 내외국민을 대상으로 하는 총체적인 외교활동을 의미한다. 내외국민을 대상으로 하는 공공외교는 다양한 영역에 걸쳐 있다. 일반적으로 외국민에게 가장 큰 영향을 미치는 것은 매력적인 문화 자산이므로 공공외교는 주로

....

[1]   한류를 기반으로 하는 한국의 문화공공외교의 성과에 대해서는 이 책의 안태현 장을 참조.

문화외교의 형태로 나타난다. 그러나 공공외교는 보다 직접적으로 자국의 정책을 홍보하고 설득하는 정책공공외교의 형태로도 나타난다. 문화외교가 장기적으로 유리한 외교 환경을 조성한다는 거시적인 목적을 갖고 있다면, 정책공공외교는 특정 외교정책의 성과를 거두기 위한 보다 직접적이고, 단기적인 목표를 위해 수행되는 외교 활동이라고 할 수 있다. 세부적인 목표는 다르지만, 공공외교는 모두 국익이라는 외교의 목적을 달성하기 위해 내외국민을 대상으로 우호적인 조건을 조성한다는 공통의 목적을 갖고 있다(김상배 외 2019).

국익을 추구하는 과정에서 외국민으로부터 우호적인 평가를 받으려면 어떤 조건이 갖춰져야 하는가? 외교의 목표가 국익 추구라는 이기적인 야심의 발로임에도 불구하고 이에 대한 우호적인 평가를 받기 위해서는 현재의 정책이 자국에게만 이익을 가져다주는 배타적인 이익이 아니라, 적어도 상호이익이 된다는 것을 상대에게 설득해야 한다. 어떤 외교정책이 국제적으로 상호이익을 제공한다는 설득은 일차적으로는 상대 정부의 외교 책임자를 대상으로 이뤄져야 하지만, 외국민을 대상으로 설득의 토대를 다질 필요가 있다.

공공외교는 외국민을 대상으로 무엇을 설득해야 하는가? 무엇보다 국제사회에서 모범적인 정체성을 가진 국가라는 것을 상대 국민에게 각인시킬 필요가 있다. 전문성이 없는 일반 국민이 복잡한 국제관계 속에서 무엇이 상호이익이 되는 외교정책인가를 객관적으로 판정하기는 어렵다. 이런 상황에서 상대국에 대한 평가는 그 국가의 정체성을 얼마나 긍정적으로 평가하는가에 달려 있다. 설득의 기술을 저술한 아리스토텔레스의 수사학의 원칙에 따르면, 설득의 성패는 설득의 내용과는 별도로 청자가 발화자를 얼마나 긍정적으로 평가하느냐에 따라 결정된다고 한다. 외국민이 우리의 국가 정체성을 긍정적으로 평가하고 있다면, 공공외교는 이미 절반의 성공을 거둔 셈이다. 반대로 외국민이 우리 국가의 정체성을 부정적으로 평가한다면, 외교정책의 합리성을 아무리 설득력 있게 제시한다고 하더라도 외교정책은 효과를 거둘 수 없다.

공공외교의 성패가 국가 정체성에 대한 긍정적인 평가에 달려 있다면, 어떻게 이것을 알리고, 이해시킬 것인가가 관건이다. 국가의 정체성은 언어나 문화와 같이 그 국가만이 가진 고유한 특성, 국가가 걸어온 역사와 전통 그리고 그 국가가 지향하는 가치 등으로 구성된다. 따라서 국가의 정체성을 알리고 이해시키기 위해서는 일차적으로 국가의 언어와 문화, 역사와 전통, 그리고 국가의 가치관을 소재로 삼아야 한다. 그런데 언어, 역사, 문화는 국가마다 고유하게 주어진 것이므로 이와 관련된 공공외교는 그것을 얼마나 '매력적으로 보이게' 하느냐에 달려 있다. 언어, 역사, 문화의 매력은 때로는 그것이 지극히 특수하고 개별적이라는 사실로부터, 때로는 타 문화, 타 문명과 공유하는 보편적 요소가 있다는 호소로 획득된다. 이러한 매력은 얼마나 홍보를 잘 하느냐에 따라서 어느 정도 다른 결과가 나타나지만, 국가의 고유성을 벗어날 수는 없다는 한계를 갖는다.

언어, 역사, 문화와 달리 국가가 지향하는 가치는 고유하게 주어진 것이 아니라, 끊임없이 새롭게 형성되어지는 국가 정체성이라는 특성을 지닌다. 따라서 국가가 지향하는 가치야말로 국가의 현재적 정체성을 가장 정확하게 드러내는 요소이다. 외국민의 관점에서 상대국의 고유한 언어, 문화, 역사의 매력은 단발적인 호기심이나 흥미를 유발하지만, 가치와 관련된 매력은 보다 진지하고 지속적인 호의를 갖게 한다. 국가가 지향하는 가치와 규범에 대해서 긍정적으로 평가받는 것은 지속적으로 유리한 외교환경을 얻는 것을 의미한다. 이런 관점에서 이 장은 가치와 규범을 둘러싼 공공외교를 검토할 것이다.

현대 국가가 그 정체성을 가장 명료하게 드러내는 수단은 헌법이다. 그러나 헌법은 주로 국가의 대내적 정체성에 초점이 맞춰져 있다. 외국민에게 중요한 국가 정체성은 그 국가가 대외적으로 표출하는 국제적 가치이다. 그런데 개별 국가의 국제적 가치는 어떻게 확인할 수 있는가? 우선 각국의 국제적 평판을 떠올릴 수 있다. 그런데 국제적 평판은 무력 도발이나 핵무기 개발, 인종 청소 등과 같은 행태에 의해서 확실하게 형성되는 경우도 있지만, 대부분은 국가가 대외적으로 보여준 누적된 행태에 의해서 국제사회에서 불지불식간에 그리고 서서히 형성되는 경우가 많다. 특히 국가의 대외 정체성은 국제규범의 준수와 밀접하게 연관된다는 사실을 주목할 필요가 있다. 국제규범은 광범위한 영역에 걸쳐 있을 뿐 아니라, 구속력의 정도도 차등적이다. 따라서 국가가 얼마나 적극적으로 국제규범을 준수할 의지를 보이느냐가 대외 정체성에 결정적인 영향을 미치게 된다.

현대 국가는 다양한 영역에서 국제적 가치를 지향한다. 전쟁과 평화를 둘러싼 가치, 인권과 민주주의 가치, 기후위기 대응과 같은 글로벌 정의를 둘러싼 가치 등이 대표적이다. 국가의 가치 지향성은 일회적이고 단발적인 선언이나 행태로 나타나기도 하지만, 대체로 기왕의 국제규범을 얼마나 잘 준수하는가에 의해서 평가받는다.

여기서 어려운 점은 국제규범의 구속력에 대해서 이견이 존재한다는 것이다. 국제규범이란 국제적으로 인정된 가치판단의 총체이다. 기본적으로 가치판단의 기준은 개인이나 국가에 따라 다를 수 있다. 국제규범은 독자적인 가치판단 가운데 국제적으로 인정된 것이다. 가치판단이 개별성에 기초해 있다면, 규범은 보편성을 지향한다. 규범은 바로 이 보편성을 전제로 행동양식을 제약하고 행위에 대한 구속력을 갖는다.

문제는 주지하는 바와 같이 국제규범은 강제적 구속력이 다른 규범에 비해 약하다는 것이다. 국제규범을 어떻게 이해하고 접근할 것인가는 개별 국가의 판단에 달려 있다. 국제규범의 구속력에 대한 평가도 국가의 결정 사항이다. 국제규범에 대한 태도가 각국의 결정 사항이라는 사실은 그것이 국가 정체성을 결정하는 요소라는 것을 반증한다. 국제규범에서 다뤄지고 있는 쟁점들이 국제적으로 공통적인 관심사라는 것을 고려하면, 어떤 국가가 특정 영역의 국제규범에 대해서 어떤 태도를 취하느냐 하는 것은 국가 정체성을 대외적으로 드러내는 척도가 된다. 국가가 공공외교의 관점에서 기왕의 국제규범에 대해 세심하게 주의를 기울일 필요가 여기에 있는 것이다.

개별 국가가 어떤 국제규범에 대해서 어떤 방식으로 복무할 것인가는 공공외교정책의 중요 결정사항이다. 따라서 공공외교가 관여할 국제규범에는 어떤 것이 있으며, 이 규범에는 어떤 쟁점들이 있는지를 살펴볼 필요가 있다. 이 장에서 살펴볼 국제규범은 전쟁과 평화의 규범, 인권과 민주주의 규범, 기후위기 규범이다. 이제 각 영역의 국제규범에 어떻게 접근하는 것이 공공외교의 성공적 수행을 위해서 바람직한 것인지 차례로 검토할 것이다.

II. 평화의 가치규범과 공공외교

국가가 평화에 대해 어떤 가치를 갖고 있는가는 대외적으로 국가의 정체성이 결정되는 가장 중요한 요소이다. 현재 국제사회는 유엔헌장의 2조 4항의 규정에 따라 침략전쟁을 금한다.[2] 따라서 국가의 무력 사용은 평화에 대한 위협, 평화의 파괴 그리고 침략 행위에 대한 대항 조치로 허용된다. 즉, 국제사회에서 인정하는 무력 사용은 원칙적으로 자기방어를 위한 자위권 행사와 평화를 유지하기 위한 조치에만 국한된다. 그러나 구체적인 상황 속에서 무엇이 자기방어이며, 평화 유지를 위한 조치인가는 논란의 대상이 되는 경우가 많다. 국제적 분쟁이 발생하면, 첨예하게 대립되는 입장 가운데 어느 쪽의 무력 사용이 정당한 것인가는 자명하게 드러나지 않는다. 물론 유엔헌장 39조에 따라 안보리가 침략전쟁 여부를 판정할 권한을 갖지만, 강대국 중심의 상임이사국이 거부권을 행사할 수 있는 현 제도 하에서 안보리가 국제적 무력 행사의 정당성 여부를 판단할 수 있는 절대적인 권위를 가졌다고 보기 어렵다.[3]

이런 상황에서 무력 행사의 정당성은 당사국이 대외적으로 어떤 정체성을 갖고 있었는가에 영향을 받는다. 즉 당사국이 기왕에

....

2   유엔헌장 2조4항은 다음과 같이 규정한다. "모든 회원국은 그 국제관계에 있어서 다른 국가의 영토보전이나 정치적 독립에 대하여 또는 국제연합의 목적과 양립하지 아니하는 어떠한 기타 방식으로도 무력의 위협이나 무력 행사를 삼간다"(유엔헌장 2조4항).

3   유엔헌장 39조는 다음과 같이 규정한다. "안전보장이사회는 평화에 대한 위협, 평화의 파괴 또는 침략행위의 존재를 결정하고, 국제평화와 안전을 유지하거나 이를 회복하기 위하여 권고하거나, 또는 제41조 및 제42조에 따라 어떠한 조치를 취할 것인지를 결정한다."

얼마나 평화주의적 가치를 지향해 왔는가에 따라 국제 여론이 달라질 수 있으며, 궁극적으로 무력 사용의 정당성 획득 여부도 판가름난다는 것이다.

평화주의적 가치를 지향하는 국가의 정체성은 단순히 평화적 수사(修辭)를 사용하는 것만으로 충족되지 않는다. 기본적으로 국가의 가치 지향은 그 가치와 관련된 국제규범의 준수 여부에 의해서 확인된다. 전쟁과 평화에 관한 국제규범은 유엔헌장뿐 아니라 다자간 협약에 규정되어 있으므로 이러한 국제규범에 얼마나 적극적으로 가입하고 참여하는가에 따라서 국가의 정체성이 표출된다.

현재 전쟁과 평화에 관한 국제규범은 세계평화를 이상으로 내세우지만, 이는 무력 사용을 전적으로 거부하는 절대적 평화주의라기보다 정당한 명분과 조건하에서 무력 사용을 허용하는 정전론적 입장에 가깝다.[4] 따라서 현재, 전쟁과 평화에 관한 국제규범은 정전론적 전통을 명문화한 것이다. 정전론은 전쟁 개시의 명분과 의도의 정당성을 따지는 전쟁 개시의 정의론(*jus ad bellum*)과 전쟁 수행과정에서 정당한 수단을 사용했는가를 따지는 전쟁 수행상의 정의론(*jus in bello*)으로 나뉜다. 원칙적으로 무력 사용을 금하고, 자위권 발동의 차원에서만 무력을 허용하는 것은 전쟁 개시의 정의론에 따른 국제규범에 해당한다.[5] 또한 핵무기 사용을 통제하며, 화학무기

....

4   평화주의의 종류에 대해서는 Fiala(2018) 참조. 정전론과 평화주의를 배타적인 입장이 아니라, 정전론에서 평화주의로의 지속성과 연결성을 강조하는 조건부 평화주의(conditional pacifism)나 임시상황적 평화주의(contingent pacifism)의 개념이 주목받기도 한다(May 2015).

5   이와 관련한 국제규범은 유엔헌장 2조 4항의 무력사용 금지조항, 24조, 25조의 유엔 안보리가 국제평화와 안전 유지의 일차적 책임기관이라는 규정, 11조 2항의 유

사용을 금지하고, 대량살상무기(WMD)의 확산을 억제하는 등의 국제협약이 존재하는데, 이는 전쟁 수행상의 정의론에 따른 규범이라고 할 수 있다.[6]

전쟁과 평화에 관한 국제규범에서 특히 주목할 만한 것은 소년병 금지와 관련된 규정이다. 내전이 빈번한 지역에서는 끊임없이 소년병 문제가 불거지고 있지만, 첨예한 국제정치의 갈등 구조 속에서 소년병 문제는 제대로 주목받지 못했다. 「아동의 권리에 관한 협약」[7]이 존재하지만, 사회적으로 최약자인 아동이 전쟁에 내몰리는 현실을 막지 못하는 실정이다(김승훈 2009). 소년병이란 주로 10대의 청소년이 정규군, 비정규군 또는 기타의 무장단체에서 활동하는 18세 미만의 모든 사람을 가리키며 총을 소지하지 않고 잡역을 담당하는 아동도 포함한다.[8]

아동의 징병을 금지하는 국제조약에는 「제네바협약」 제2의정

....

엔 총회가 국제평화와 안전에 관한 어떠한 문제도 토의할 수 있다는 조항 등을 들 수 있다.

6   핵무기 확산 방지를 위한 국제규범으로 1968년 채택된 "핵무기의 비확산에 관한 조약(Treaty on the Non-Proliferation of Nuclear Weapon, NPT)"을 들 수 있고, 그 연장선에 1996년 유엔 총회에서 채택된 "포괄적 핵실험 금지협약(Comprehensive Nuclear Test Ban Treaty, CTBT)"(2021년10월 현재 미발효)이 있다. 한편, 대량살상무기 확산 금지를 위한 조치로는 PSI(Proliferation Security Initiative 확산방지구상)를 들 수 있다.

7   "아동의 권리에 관한 협약(United Nations Convention on the Rights of the Child, UNCRC)"은 1989년 유엔 총회에서 채택되고, 1990년 발효되었으며, 당사국이 총 196개국으로서 주요 인권협약 중 가장 많은 가입국을 갖고 있다.

8   국제연합아동기금이 1997년에 개최한 케이프타운 심포지엄(Cape Town Symposium)에서는 소년병을 아래와 같이 정의하였다. '이 문서에서 소년병이란 정규군, 비정규군에 속한 18세 이하의 모든 인격을 의미한다. 여기에는 이 군사 집단을 수행하는 조리, 운송, 배달의 역할을 하는 이들도 포함한다'(UNICEF et al., "Cape Town Principles and Best Practices," (1997), p. 12.)

서(1977), 「아동의 권리에 관한 협약」(1989) 제1선택 의정서(2000), 「국제형사재판소에 관한 로마규정」(1998), 「국제노동기구협약」 제182호(1999) 등이 포함된다.

「국제형사재판소에 관한 로마규정」은 중대한 범죄를 저지른 개인을 처벌하는 국제재판소의 설립을 규정한 조약인데, 제8조는 "15세 미만의 아동을 군대에 징집 또는 모병하거나 그들을 적대행위에 적극적으로 참여하도록 이용하는 행위"를 전쟁범죄로 규정하고 있다. 해당 조항은 "나. 확립된 국제법 체제 내에서 국제적 무력충돌에 적용되는 법과 관습에 대한 기타 중대한 위반"이라는 항목의 일부인데, 조약은 비국제적 무력분쟁에서도 인간의 존엄성을 유린하는 행위를 전쟁범죄로 간주함으로써 내전에서도 소년병 모집을 금지하고 있다.

「아동의 권리에 관한 협약」은 유엔이 1979년을 '세계아동의 해'로 지정한 계기로 추진되어 1989년에 유엔 총회 만장일치로 채택됐다. 이 협약의 제38조에서 무력충돌 시 아동의 보호에 관한 내용을 상세히 서술하는데, 소년병 의제를 별도의 조항을 달아 다루고 있다는 점에서 특기할 만하다. 여기서 협약은 적어도 15세 미만의 사람을 군인으로 모집하지 않아야 한다는 원칙을 세웠으며, 직접 전투에 참여하지 않는 아동에게도 분쟁이 악영향을 끼칠 수 없도록 당사국이 노력할 책임을 부과하였다.

현재 전쟁과 평화에 관한 국제규범은 평화를 이상으로 내세우며 잠정적으로 그리고 조건부로 무력 사용을 허용한다는 점에서 정전론적 성격이 강하다. 정전론적 성격의 국제규범은 소년병 금지 규범을 포함해서, 핵확산금지, 생화학무기 금지, 대량살상무기확산방지(PSI) 등을 규범으로 포함하고 있다. 전쟁과 평화를 둘러싼 국제 규범을 통해 국가의 정체성을 드러내는 방식은 국가의 가치지향성을 표출하는 것, 국제규범 형성에 동참하는 것, 구체적인 평화활동에 참여하는 것을 통해서 가능하다.

공공외교적 관점에서 가장 바람직한 것은 정전론적 국제규범에 동참함과 동시에 대외적으로 평화주의적 가치지향성을 표출하는 것이다. 평화주의를 폭력 사용의 전면적인 거부로 이해하면, 평화주의적 가치를 지향하는 것과 정전론적 규범에 참여하는 것은 일견 모순으로 비칠 수도 있다. 그러나 평화주의의 이상과 정전론의 실천을 조화로운 관계로 해석하는 것이 바람직하다. 정의로운 무력 사용이 배제되면 평화는 달성되기 어렵다. 한편, 정전론을 지나치게 강조하다보면 '정의'의 이름으로 무력 사용이 일상화되고, 결국 전쟁

참고 9-1

소년병 문제와 관련된 국제규범
「아동의 권리에 관한 협약」 제38조

1. 당사국은 아동과 관련이 있는 무력분쟁에 있어서, 당사국에 적용 가능한 국제인도법의 규칙을 존중하고 동 존중을 보장할 의무를 진다.
2. 당사국은 15세에 달하지 아니한 자가 적대행위에 직접 참여하지 아니할 것을 보장하기 위하여 실행 가능한 모든 조치를 취하여야 한다.
3. 당사국은 15세에 달하지 아니한 자의 징병을 삼가야 한다. 15세에 달하였으나 18세에 달하지 아니한 자 중에서 징병하는 경우, 당사국은 최연장자에게 우선순위를 두도록 노력하여야 한다.
4. 무력분쟁에 있어서 민간인 보호를 위한 국제인도법상의 의무에 따라서, 당사국은 무력분쟁의 영향을 받는 아동의 보호 및 배려를 확보하기 위하여 실행 가능한 모든 조치를 취하여야 한다.

주의로 전락할 위험에 빠질 수 있다. 이런 맥락에서 최근 평화주의와 정전론을 조화시키는 입장으로 '임시상황적 평화주의(contingent pacifism)'가 주목받고 있다(참고 9-2).

국가의 정체성은 정전론적 원칙에 서 있는 국제규범에 얼마나 적극적으로 동참하는가에 의해서 확인된다. 따라서 전쟁과 평화를 둘러싼 공공외교를 효과적으로 전개하기 위해서는 전쟁과 평화와 관련된 다자간조약에 적극적으로 동참할 뿐아니라, 자국의 이익과 직접적으로 연결되지 않는 국제분쟁에 대해서도 기왕에 형성된 국제규범의 적용에 대해 긍정적인 자세를 취해야 한다(박성우 2022).

참고 9-2

임시상황적 평화주의란?

임시상황적 평화주의(contigent pacifism)란 무장갈등이나 전쟁을 이론적으로 충분히 정당화될 수 있는 행위로 간주하면서도, 현재 그리고 적어도 가까운 미래의 상황에서 현실적으로 무력 행위가 정당화될 가능성이 없으며, 사실상 과거에도 정당화될 만한 전쟁은 없었다는 입장을 가진 평화주의다. 정치철학자 래리 매이에 의해서 정교화된 임시상황적 평화주의는 정전론과의 연속성 속에서 추구되는 평화주의라는 점에서 전통적인 평화주의 그리고 전통적인 정전론 양자 모두와 차별성을 갖는다(May 2015, 45-48).

임시상황적 평화주의가 전통적인 평화주의와 가장 크게 구별되는 점은 모든 전쟁을 부인하지 않는다는 점이다. 임시상황적 평화주의는 일정한 조건을 만족시키면 전쟁이라는 집단적 폭력 행사도 충분히 정당화될 수 있다고 본다. 일반적으로 정전론자는 2차 대전을 파시즘과 나치즘의 인종학살과 반인륜적 범죄를 막기 위해 치러진 정당한 전쟁으로 간주한다. 그러나 임시상황적 평화주의는 2차 대전이 정전인가에 대해서 보다 엄격하게 정전론적 잣대를 적용한다. 예컨대, 2차 대전을 종결시키는 데 기여한 드레스덴 폭격이나, 히로시마와 나가사키 원폭 투하는 민간인과 전투원의 구분이 사실상 불가능한 상태에서 이뤄진 것이므로 명백하게 전쟁 수행 중의 정의(*jus in bello*)를 위반한 것이라고 지적한다. 또한 전쟁 개시의 명분(*jus ad bellum*)에 있어서도 2차 대전이 정전론의 요건을 충족했는가에 대해서도 의심한다. 흔히 나치의 인종학살이 전쟁 개시의 가장 큰 명분이었다고 주장하지만, 연합군이 전쟁을 개시한 시점에는 아직 반인륜적 범죄가 드러나지 않았다는 것이다. 2차 대전에 대한 평가 예에서 나타나는 바와 같이 임시상황적 평화주의는 전쟁의 모든 상황, 모든 조건에서 정당성을 완벽하게 만족할 것을 요청하며, 이에 대한 판단도 매우 엄격하게 수행할 것을 요구한다.

임시상황적 평화주의는 현재 수행되고 있는 모든 전쟁이 어떤 차원에서 정당화의 조건을 구비하지 못하는지를 설명한다. 임시상황적 평화주의는 정전론의 요건 가운데, 특히 불가피성, 비례성, 차별성(민간인/전투원 구분)을 충족시키는 것이 대단히 어렵다는 것을 강조한다. 기본적으로 전쟁의 불가피성은 다분히 주관적인 판단이 반영되는 경향이 있다. 임시상황적 평화주의는 현재와 가까운 미래의 어떤 전쟁도 전쟁의 불가피성을 객관적으로 입증할 가능성은 없다고 본다. 즉 불가피성의 관점에서 현재와 미래의 전쟁이 정전이 될 가능성이 없다는 것이다.

III. 인권과 민주주의 가치와 공공외교

근대주권국가가 성립한 이래 개인의 기본권은 원칙적으로 개별 국가에 의해 보장받는다. 개인은 자신이 참여한 사회계약에 의해서 기본권을 보장받고 자신이 속한 공동체 안에서만 온전히 권리를 누릴 수 있다. 그러나 애초에 개인이 왜 이러한 기본권을 갖게 됐는가라는 질문에 대해서 정치사상은 사회계약 이전에 개인은 이미 자연권을 갖고 있었다고 답한다. 이런 점에서 개인의 권리는 개별국가와는 별도로 존재하는 보편적 인권의 성격을 띤다. 이처럼 개인의 권리는 보편적 인권으로서의 성격과 개별 국가에 의해서 보장받는 기본권으로서의 성격을 갖는데, 이러한 이중적 속성이 인권의 가치규범 형성에도 커다란 영향을 미친다.

개인의 보편적 인권에는 생명권, 자유권, 재산권 등이 포함되는데, 이러한 권리들은 국가 성립 이전부터 자연권의 형태로 개인에게 귀속된다는 점에서 보편성을 지향한다. 그러나 이러한 기본권이 실제로 보장되는 공간은 다름 아닌 개별 주권국가다. 따라서 개인이 기본권을 보장받기 위해서는 온전한 주권국가의 성립이 전제되어야 한다. 1차 대전 전후로 부상한 민족자결주의는 국가의 주권성과 개인의 기본권 보장을 긴밀하게 연결시키면서 근대 국가의 주권론을 강화하는 데 기여했다. 그러나 2차 대전을 거치면서 국가의 주권 보장이 반드시 개인의 기본권 보장으로 이어지지 않는다는 것이 커다란 문제로 부각되면서 개별 국가에 의한 기본권 보장과는 별도로 국제적 개입을 허용하는 인권(human right)이라는 개념이 부상했다(Donnelly 2017).

근대적 자연권 개념도 국가 성립 이전의 개인의 보편적 권리를 인정하지만, 자연권 개념은 사회계약으로 성립한 주권 국가를 강조하기 위함이었다면, 2차 대전 이후의 인권 개념은 주권 국가를 초월해 존재하는 보편적 권리를 강조한다는 특징을 갖는다. 즉 인권 개념은 인류의 보편적인 권리이므로 당연히 개별 국가에 의해서 보장받아야 하지만, 만일 개별 국가가 인권 보장에 실패한다면, 인권 보장에 실패한 개별 국가의 주권은 제한될 수 있다는 것을 시사한다.

인권 개념의 출현은 다분히 2차 대전 중에 발생한 홀로코스트의 경험과 직접적으로 관련이 있지만, 2차 대전 이후에도 종종 나타나는 인종청소나 대량학살 사태와도 무관하지 않다.[9] 인권 개념은 유엔헌장을 비롯한 일련의 선언과 다자간 국제규약을 통해서 국제규범으로 자리 잡았다. 우선 1945년 제정된 유엔헌장은 인권보호와 신장을 위한 주요 목표와 원칙을 제시했다. 전문은 "기본적 인권 및 인간의 존엄과 가치, 대소 국가의 남녀 사이의 평등한 권리에 대한 신념"을 확인한다. 또한 유엔헌장 1조는 그 목적으로서 "인민들의 동등한 권리와 자결권의 존중에 기초한 국가들 사이의 선린관계를 발전시키고 인종, 성, 언어, 혹은 종교에 관계없이 모두를 위한 인권과 기본적 자유에 대한 존중을 도모하고 장려함에 있어서 국제적 협력을 성취하는 것"을 명시하고 있다.

1948년 12월 10일 유엔 총회에서 만장일치로 결의된 "세계인권선언(Universal Declaration of Human Right)"은 가장 중요한 국제인권규범이다. 전문과 30개의 조항으로 구성된 이 선언은 인류의 공통적인 인권 기준이 무엇이며, 이를 보장하기 위한 유엔의 역할이 무엇인가를 명시하고 있다. 다만, 이 선언은 유엔 총회의 결의로 채택된 것으로서 법적 의무를 수반하는 국제조약이 아니다. 이후 국제사회는 법적 구속력을 갖는 국제규약을 구성하고자 노력했으나, 냉전에 따른 동서 진영의 갈등 속에서 조약 구성이 지연되다가 1966년에 두 개의 조약으로 인권규범의 확립에 이른다. 하나는 "시민적 및 정치적 권리에 관한 국제규약(International Covenant on Civil and Political Rights, ICCPR)"이고 다른 하나는 "경제적 사회적 문화적 권리에 관한 국제규약(International Covenant on Economic, Social and

....

9   1990년대 보스니아 전쟁, 코소보 전쟁에서 발생한 인종청소, 1994년 르완다 집단학살, 2016년 미얀마 로힝야족의 박해 등을 예로 들 수 있다.

Cultural Rights, ICESCR)"이다.

세계인권선언과 두 개의 인권규약을 이른바 '국제권리장전(International Bill of Rights)'으로 통칭한다. 이후 인권규범은 이 국제권리장전을 근간으로 다양한 영역에서 확대 강화되는 경향을 보여왔다. 특히 1990년대 이래 인권이 유엔의 핵심 의제로 채택되면서, 인권 의제는 전방위적으로 확산해 왔다. 인간의 존엄성 확보를 궁극적 목표로 하는 인권 의제는 유엔의 다른 핵심 의제인 평화·안보와 개발 의제와도 상호 연관되어 있어서, 여타의 모든 국제적 가치규범을 포괄하는 경향이 있다. 여기서는 포괄적 의미의 인권 의제를 다루기보다 인권 의제의 핵심 요소만을 검토하고, 이를 바탕으로 인권규범과 공공외교의 관계에 대해서 살펴보고자 한다.

인권을 둘러싼 가장 근본적인 문제는 인권 침해가 발생했을 때 권리를 구제할 주체가 누구인가 하는 점이다. 보편적 가치로서의 인권은 인류 전체가 책임을 져야 하고 유엔헌장에는 모든 회원국이 인권의 보장을 위해서 유엔과 협력해야 한다고 명시하고 있지만, 개별 국가가 인권을 보장할 법적 의무를 갖고 있으며, 어떻게 이를 이행할 것인가라는 의문이 남는다.

인권규범의 구속력과 실행을 이해하기 위해서는 인권규범에 세 개의 차원 (개념, 개념화 혹은 해석, 이행)이 존재한다는 것을 주목할 필요가 있다(Donnelly 2017).

우선, 개념 차원의 인권은 앞서 언급한 〈세계인권선언〉 3조부터 12조에서 확인할 수 있다. 여기에 열거된 인권은 생명, 자유, 안전, 법적 지위, 법 앞의 평등, 사생활, 반노예, 임의체포, 구금에 대한 반대, 망명의 자유, 비인간적인 처우에 대한 반대 등을 포함한다. 이는 모두 인간의 존엄성을 존중하는 것으로 요약된다. 개념 차원의 인권에서 잊지 말아야 할 것은 인권의 개념은 문화적 상대주의를 초월하여 보편적으로 합의를 본 사항이라는 사실이다. 예컨대, 이란의 무슬림도 종교의 자유를 보장받아야 한다. 물론 이들에게 종교의 자유는 개개인에게 개별적으로 주어지는 것이 아니라, 집단에게 주어지는 것일 수 있다.

두 번째 차원은 인권의 개념화(conceptualization)와 해석(interpretation)인데, 이는 보편적 일반 원칙으로서의 인권을 구체적으로 해석할 필요성과 관련 있다. 예컨대, 인간은 고문받지 않고, 잔인하고 비인간적으로 대우받지 않을 인권을 갖고 있는데, 이때 인권은 구체적으로 무엇을 고문으로 보는지, 무엇을 잔인한 대우로 보는지에 대한 해석이 필요하다. 이 문제는 무수한 인명을 살상할 수 있는 테러에 연루된 범인으로부터 정보를 얻고자 할 때 논란이 된 적이 있다.

인권의 마지막 차원은 이행(implementation)이다. 인권의 실질적인 보장은 개념화되고 해석된 인권규범을 구체적으로 이행할 때 가능하다. 2000년대 초 유엔의 보호책임(responsibility to protect) 개념이 규범으로 자리 잡게 된 것은 이행 차원의 인권이 강조된 예라고 할 수 있다.[10]

....

10 보호책임에 대한 논의는 2003년 9월 코피 아난 당시 유엔 사무총장에 의해 설치된 '위협, 도전 및 변화에 관한 고위급 패널(The High-Level Panel on Threats, Challenges and Change)'이 2004년 12월 '보다 안전한 세계: 우리의 공동책임(A More Secure World: Our Shared Responsibility)'을 발간함으로써 본격화되었다. 이후 2005년 3월에 유엔 사무총장 보고서 '보다 큰 자유: 모두를 위한 발전, 안보 및 인권을 향하여(In Larger Freedom: toward development, security and human

주목할 것은 이 세 차원의 인권 담론 가운데 인권의 보편성이 오롯이 견지될 수 있는 것은 개념 차원의 인권이 유일하다는 것이다. 다른 두 차원은 문화적 상대성에 의해 영향을 받을 수 있다. 해석과 실행에 있어서는 어느 정도 특수성을 인정할 수밖에 없기 때문이다. 그렇다고 보편적 인권의 토대를 무너뜨려서는 안 된다. 이런 맥락에서 〈세계인권선언〉과 같은 개념 차원의 인권은 여전히 보편적 관점에서 존중되어야 한다.

공공외교는 인권규범의 세 차원의 요소를 적절히 혼합할 때 성공할 수 있다. 가장 보편성을 강조하는 개념의 차원과 문화적 상대주의를 어느 정도 인정해야 하는 개념화와 해석의 차원, 그리고 실질적으로 실행의 부담을 안고 있는 이행의 차원을 구별해 가면서 인권규범과 관련된 공공외교의 목적을 추구해야 한다. 예컨대, 현실적인 국익을 고려할 때, 이행 차원의 인권규범을 실행하기 어려울 경우, 다른 차원의 인권규범에 성실하게 복무하는 것이 인권규범에 관한 국가의 정체성을 잃지 않으면서 국익을 추구하는 공공외교가 될 것이다.

보편성을 지향하는 인권규범은 기본적으로 개별 국가가 추구하는 국익과 일치하기 어려운 것으로 보일 수 있다. 그러나 이것은 국익을 어떻게 정의 내리느냐에 달려 있다. 국익이 교체를 거듭하는 지배 세력에 의해서 결정되는 것이 아니라, 국민 전체의 합의에 기반한 것이라면, 인간의 존엄성을 전제로 하는 인류의 보편적 인권은

....

rights for all)'와 2005년 10월 24일 유엔 총회 결의로 '2005년 세계정상회의 결과(2005 World Summit Outcome)'를 발간하였다.

오히려 국익에 부합한다. 단기적으로는 국제 인권규범의 준수가 국익과 일치하지 않는 것으로 보일지라도 장기적으로 인권을 추구하는 국가야말로 국민에게 안정과 번영을 제공할 수 있으며 국제적으로도 견고한 평판을 얻을 수 있다는 점에서 인권규범의 준수와 국익은 상보적 관계에 있다. 다만, 인권규범에는 세 개의 차원이 존재한다는 것을 상기하고, 이 세 차원을 적절히 조합함으로써 인권규범과 국익을 조화시킨 공공외교를 실행하는 것이 과제로 남아 있다.

민주주의는 인권과 더불어 국가의 가치 지향을 확인할 수 있는 또다른 요소다. 일찍이 고대 그리스의 페리클레스는 아테네가 지향하고 있는 민주적 가치가 국내적으로 레짐의 정당성을 제공할 뿐 아니라 대외적으로도 아테네를 '그리스의 학교'라고 인식시킬 정도로 매력적인 아테네 정체성을 만들었다.

미국은 민주주의 가치를 공공외교의 핵심 요소로 삼아 적극적으로 활용하고 있는 대표적인 나라다. 사실 미국은 국가 독립 이후 줄곧 민주주의의 가치를 최우선으로 추구하는 국가라는 대외적 이미지를 유지해 왔다. 따라서 공공외교의 개념이 성립하기 이전부터 미국의 민주적 가치의 추구는 미국의 국익에 봉사해 왔다. 냉전 시기 미국의 자유민주국가로서의 정체성은 권위주의와 전체주의로 상징되는 공산진영에 대항하는 서방세계의 결속을 강화하고, 동맹을 강화하는 데 큰 몫을 했다. 냉전 이후 미국이 단일 패권국으로서의 역할을 확대해 나갈 때, 민주주의 가치는 '민주주의 수출'이라는 명분을 내세우며 미국 공공외교의 중요한 축을 형성했다. 트럼프 행정부의 등장으로 미국의 민주주의 공공외교는 후퇴의 징후를 보였다. 대외적으로 '미국 우선주의'를 내세우고, 내부적으로는 포퓰리즘이 기승을 부리면서 기왕의 미국의 민주주의 외교는 상당 부분 동력을 잃었다. 2021년 출범한 바이든 행정부는 '민주주의 정상회의'를 제안하는 등, 다시 한번 민주주의 가치외교를 시도하고 있다(Biden 2020; 한승완 2021).

향후 미국의 민주주의 가치외교가 어떤 양상을 보일 것인지에 대해서는 단언하기 어렵다. 그러나 인류가 지금까지 시도해 온 여러 정체 가운데 민주주의가 가장 훌륭한 정체라는 것에 의심의 여지가 없는 한, 대외적으로 민주적 정체성을 확고히 하는 것은 분명 공공외교의 핵심축이 될 것은 분명하다.

IV. 기후변화규범과 공공외교

기후변화로 인한 위기는 오늘날 인류가 직면한 가장 심각한 위기 가운데 하나다. 지구 온난화로 인한 해수면 상승, 기상 이변으로 인한 심각한 홍수와 가뭄은 전 세계가 기후위기를 공동으로 대체해야 한다는 인식을 확산시켰다. 국제사회는 1988년 캐나다 토론토에서 '대기변화에 대한 세계회의(Toronto Conference on the Changin Atmosphere: Implications for Global Security)'를 개최한 이래 지속적으로 지구환경 개선을 위한 국제규범 마련에 노력해 왔다. 기본적으로 지구 온난화의 주범인 이산화탄소의 배출량을 줄여야 하는데 현대 산업 기술이 상당 부분 탄소연료에 의존하고 있어서 국가의 자발적인 감축 노력이 절실히 요구되는 상황이다. 국제사회는 지구 온난화를 가속하는 온실가스를 줄여야 한다는 취지에 대해서는 대체로 공감한다. 그러나 어떤 방식으로 이를 실행할 것인가에 대해서는 이견을 보이고 있다. 특히 산업화 이래, 전 세계의 누적 탄소 배출량은 서구 선진국의 비중이 높은 편인데, 이를 감안하지 않고, 현재의 탄소 배출량을 일률적으로 제한하는 것은 산업화에 뒤처진 후발 국가들에게는 불공정한 조치라는 불만과 이에 따른 저항이 있다. 따라서 국제사회는 선진국과 개도국 간에 불공정을 야기하지 않으면서, 기후위기에 대응하기 위한 실질적인 조치를 골몰해 왔다(Posner & Weisbach 2010).

기후위기에 대처하기 위한 국제사회의 첫 번째 노력으로 기후변화에 관한 정부간 패널(Intergovernmental Panel on Climate Change, IPCC)을 들 수 있다. 이 패널은 UN의 전문기관인 세계기상기구(World Meteor MO, WMO)와 그 산하 기관인 환경계획(United Nations Environment Programme, UNEP)에 의해 1988년 설립되었는데, 인간 활동에 대한 기후변화의 위험을 평가하고, 그 대응 전략에 대해 주기적으로 보고서를 발간하는 역할을 해 왔다. 또한 1992년 〈리우 정상회의〉(Rio Earth Summit)에서 154개국이 조인하여 1994년 발효된 국제연합기본협약(UN Framework Convention on Climate Change, UNFCCC)이 국제사회에서 실현 가능한 대응 전략 형성에 주축을 이루고 있다.[11] 이 기본협약은 법적 구속력을 갖추지 않았다는 근본적인 한계가 있었으나, 1997년 일본에서 개최된 〈제3차 당사국회의〉(3rd Conference of the Parties: COP-3)에서 선진국 및 동구권 국가의

....

11   IPCC는 연구수행이나 기상관측을 하는 조직은 아니다. IPCC평가보고서는 기후변화에 관한 가장 포괄적인 최신의 정보를 제공하며, 전 세계 학계, 정부 및 산업 부문에서 기후변화와 관련된 모든 사항에 대해 표준 참고자료로 평가받는다.

감축의무를 명문화한 〈교토의정서〉가 채택되고 2005년 발효됨으로써 기후변화에 대한 최초의 구속력 있는 대응 체제를 마련했다는 의의를 갖는다. 그러나 이 역시 한계를 노출했다. 중국과 인도와 같이 개발도상국들의 배출은 매우 심각하게 증가함에도 불구하고, 이들 국가에 대해서는 어떠한 규제도 가하지 못했기 때문이다. 또한 교토의정서는 미국에게는 지나치게 큰 의무를 부과하여 결국 미국이 이 협약의 가입을 거부하는 결과를 초래했다. 2008년 발리에서 열린 기후변화 회의에서는 이러한 문제들에 대한 몇 가지 진전이 이뤄졌다. 미국은 몇 개의 기후협약에 가입했고, 개도국들도 그들의 온실가스 감축에 기여해야 한다는 것을 인정하는 성과를 거두었다.

기후위기에 대처하는 일련의 국제사회의 노력을 살펴봤을 때, 기후위기 대응은 점차 국제규범으로 진화하고 있다고 할 수 있다. 다만, 탄소 배출량의 감축 방법, 규범의 준수를 모니터하는 문제, 감축 비용을 부담하는 문제 (특히 부유한 나라가 얼마나 큰 부담을 져야 하는가의 문제) 등에 대해서는 이견을 보이고 있다. 부유한 국가는 과거의 온실가스 배출에 책임을 져야 하는 것은 사실이지만, 그렇다고 현재의 온실가스 배출에 상당한 책임이 있는 개발도상국의 배출을 좌시할 수 없다. 따라서 기후위기에 효과적으로 대처하기 위해서는 기후변화규범은 형평성과 함께 당장의 실천을 통한 실용성을 동시에 고려해야 하는 과제를 안고 있었다.

2015년 제21차 당사국총회(CP21, 파리)에서는 이 문제를 어느 정도 극복할 수 있는 모멘텀을 만들었다. 2020년부터 모든 국가가 참여하는 신기후체제의 근간이 될 파리협정(Paris Agreement, 2015)을 채택했는데, 이로써 기왕에 선진국에만 감축 의무를 부과하던 교토의정서 체제를 넘어 모든 국가가 자국의 상황을 반영하여 참여하는 보편적인 체제가 마련됐다. 이런 상황에서 기후변화규범에 대한 공공외교의 역할은 더욱 크게 부각된다. 특히 개발도상국에서 출발하여 중견국으로서의 지위를 탄탄히 다지고 있는 한국으로서는 기후변화규범에 대해 선진국과 개발도상국으로 양분화된 대응을 극복하고 실질적인 대처를 하도록 하는 데 리더십을 발휘할 수 있다. 이런 맥락에서 한국이 2030년 배출전망치(Business as usual, BAU) 대비 온실가스국가감축목표(Nationally Determined Contribution, NDC)를 두 차례에 걸쳐 상향 조정한 것은 공공외교를 위해 긍정적인 조치라고 할 수 있다.[12]

2015년 1월 1일 한국은 전국단위 온실가스 배출권 거래제도(Emission Trading Scheme, ETS)를 개시했는데, 이 조치는 국내적 차원의 조치이지만, 기후위기와 관련해서 내국민을 대상으로 공감대를 형성하고, 이러한 국내적 공감대를 대외적으로 표출할 수 있다는 점에서 공공외교에 긍정적인 조치라고 할 수 있다. 그러나 이러한 감축목표 수정이 공허한 선언이 된다면 결코 공공외교의 효과를 거둘 수 없다. 감축목표 달성이 실효를 거두려면 감축에 따른 국내적 비용을 고려하고, 이에 대한 국내적 소통과 상호 이해가 전제되어야 한다. 특히 감축목표를 달성하기 위해서는 탈탄소화를 이끌 기술발전이 수반되어야 하는데, 기술 발전 유형이 일반적으로 선형이 아니

．．．．．．．．．

12　세계 주요국은 2050년 탄소중립 목표의 실현 가능성을 높이려는 차원에서 2030년 온실가스국가감축목표(NDC)를 상향했다. 2021년 한국도 2018년 대비 26.3%인 기존 목표를 40% 감축으로 상향 조정했다. 또한 2021년 8월 탄소중립기본법이 국회에서 통과되면서 탄소중립 목표를 법제화한 14번째 국가가 되었다.

| 표 9-1 | 국가별 MtCO₂

순위	나라	배출량
1	중국	9,717
2	미국	4,405
3	인도	2,191
4	러시아	1,619
5	일본	979
6	이란	619
7	독일	617
8	대한민국	570
9	인도네시아	566
10	캐나다	516
11	사우디아라비아	492

출처: https://yearbook.enerdata.co.kr/
co2/emissions-co2-data-from-fuel-
combustion.html

라 계단식 유형이라는 점을 고려하여, 감축목표에 대한 사회적 토론과 합의가 도출되어야 한다(이상준 2021).

기후위기에 대응하는 공공외교는 한편으로 국제규범 형성에 선도적 역할을 주도함과 동시에, 이는 국내적 비용과 희생이 따르는 만큼 국내적 소통 강화와 합의 도출에 주의를 기울이는 양면적 노력이 필요하다.

V. 맺음말: 가치규범 공공외교와 한국

지금까지 공공외교의 관점에서 국가가 고려해야 할 국제적 가치와 규범의 여러 영역에 대해서 살펴봤다. 기본적으로 규범공공외교가 성공하기 위해서는 각국의 고유한 정체성을 유지하면서 국제규범을 준수하는 국가 정체성을 대내외적으로 확립하는 것이 필요하다. 따라서 한국적 공공외교는 한국의 고유한 정체성을 바탕으로 보편적 가치규범을 준수한다는 것을 대내외적으로 공표하는 것이 핵심이다. 즉 한국이 보편적 국제규범을 성실하게 수용한다는 보편적 가치의 내재화(internalization)와 한국의 특수한 역사적 경험이나 가치가 국제규범에 기여할 수 있다는 한국적 가치의 외재화(externalization)가 동시에 이뤄져야 한다. 지금까지의 논의는 주로 국제규범의 보편적 가치의 내재화를 통한 공공외교에 해당한다. 이제 한국적 경험과 가치가 외재화될 수 있는 가능성을 타진하면서 공공외교의 또 다른 가능성을 짚어 보고자 한다.

현대사적 관점에서 한국은 어느 나라보다 압축적으로 전근대, 근대, 탈근대를 경험한 나라로 평가받는다. 일제의 식민 지배로부터의 독립, 동족 간의 전쟁, 급격한 산업화와 경제발전, 비서구 국가 중 가장 모범적인 민주화, 4차 산업혁명의 선도. 이 모든 역사의 소용돌이가 100년이 채 되지 않은 비교적 짧은 기간 동안 벌어진 일이다. 압축된 역사적 경험은 국제규범의 후퇴와 위기 상황에 처한 국제사회에 새로운 방향성을 제시할 수 있는 역량을 제공한다.

무엇보다 한국전쟁의 경험과 남북 대치 상황은 역설적으로 평화 국제규범의 필요성을 강하게 부여한다. 또한 한국 민주주의는 단지 권위주의 정체에서 민주 정체로의 전환에 그치지 않고, 이 과정에서 벌어진 부정의를 회복하고 치유하는 이른바 전환적 정의(transformative justice)를 실현했다는 특징을 갖는다. 전환적 정의는 과거의 억압적 정권에 의해 자행된 반인권적 잔학 행위에 대응하는 일련의 정치 과정을 일컫는다. 여기에는 과거 은폐되거나 왜곡된 사실을 바로잡아 공식 문서나 교과서에 반영하는 것, 과거의 인권 범죄에 대해 응분의 처벌을 가하는 것, 피해자에 대한 경제적, 정신적, 법적 피해를 보상하는 것 등을 포함한다(김헌준 2017; Fletcher &

Weinstein 2002). 한국은 진실·화해를 위한 과거사 정리위원회 등의 활동을 통해 비교적 성공적으로 전환적 정의를 실행한 바 있는데 이는 한국적 민주주의 공공외교의 가능성을 열었다. 국내적으로는 여전히 한국 정치에 대한 부정적인 평가가 적지 않지만, 이는 역설적으로 우리의 민주주의에 대한 기대치가 높아졌음을 반영하는 것이다. 또한 한국의 경험은 국제 인권규범과 관련해서 화해, 공존, 치유를 모델로 하는 민주주의 외교를 실행할 능력을 제고했다.

한편, 최근 한국은 보건안보의 관점에서 서구 선진국들과는 구별되는 효율적인 국가 능력을 과시했다. 적어도 코로나 감염증에 대한 초기 대응에 있어서는 세계가 주목할 만한 방역 성과를 보였다. 코로나 위기에 대한 성공적인 대응은 신속한 추적 및 검사를 가능케 한 기술과 제도 그리고 국가의 효율적인 관리체계뿐 아니라 국가의 통제를 수용하는 시민문화에 힘입었다(The Diplomat 2020; Wall Street Journal 2020; BBC 2020). 이와 대조적으로 서구 주요 선진국들은 초기 대응에서 마스크 착용 및 집합 제한 등 국가의 통제에 반발하는 시민들의 저항이 광범위하게 일어났을 뿐 아니라, 사회적 불안이 가중되어 인종차별과 외국인 혐오 범죄의 폭증을 경험했다. 서구 선진국들의 코로나 관리 실패는 위기 시 자유민주주의의 효율성에 대한 근본적인 회의를 자아냈다. 코로나 대응에 있어서 아시아적 권위주의가 효율적이라는 연구도 있으나(Brookings 2020; Carnegie 2020; Fukuyama 2020; The Washington Post 2020), 한국의 사례는 이에 부합하지 않는다. 한국은 위기 시 자유주의의 도그마에 매몰되지 않는 위기관리 능력을 가졌으며, 위기 이후에는 정상적인 자유주의로의 복원력을 가진 것으로 평가할 수 있다.

즉 한국적 국가 모델은 자유주의, 반자유주의의 이분법적 사고에서 벗어나 있다. 국민적 합의가 전제되지 않는 반자유주의적 통제는 중국과 같은 전체주의이지만, 자유주의적 가치와 국민적 합의를 전제로 국가에게 위기관리 권한을 부여하고 시민들이 그 통제에 따르는 것은 권위주의나 전체주의가 아니다. 위기관리에 능한 한국적 국가 모델은 주기적으로 찾아올 것으로 예상되는 보건 위기에 적절히 대응할 수 있는 매력적인 국가 정체성을 대외적으로 발산할 수 있다. 경제력이나 군사력 이외의 소프트 파워의 중요성이 커지는 가운데, 위기관리 능력에 바탕을 둔 한국적 국가 정체성은 공공외교의 긴요한 자산이 된다.

최근 국제규범이 다소 후퇴하는 경향을 보이고 있다. 특히 미국 패권의 약화와 더불어 미중경쟁이 심화되는 가운데, 자유민주주의 국가의 코로나 위기 대응 실패라는 좌절 속에서 국제적 신뢰와 협력을 전제로 하는 국제규범의 퇴조 현상이 나타난다. 그러나 이러한 현상에 마키아벨리적 현실주의가 역시 진리라거나 국제정의를 냉소하는 태도를 정당화할 수 없다. 부침이 있긴 하지만, 국제정의를 비롯한 국제규범은 여전히 건재하다(조동준 외 2020). 쟁점 영역별로 정도의 차이가 있겠으나, 국제규범이 보다 강력한 제재력을 가질 수 있는 날이 올 수 있다. 이런 상황에서 보편적 국제규범에 대해 포용적인 태도를 보이는 것이 공공외교가 취해야 할 방향이다. 또한 우리의 경험을 바탕으로 한 가치를 적극적으로 국제규범에 실현시키는 공공외교가 필요하다. 어찌 보면, 국제규범이 퇴조하는 현 상황은 공공외교의 관점에서는 기회의 창이 열리는 것이다. 국제규범을 준수하는 국가 정체성을 확립해 놓는 것은 엄청난 미래 투자이기 때

문이다. 한국은 국제규범의 내재화와 외재화를 바탕으로 가치와 규범에 기반한 공공외교를 지속할 필요가 있다

1   공공외교는 왜 국제적 가치와 국제규범을 중시해야 하는가? 국가의 대외적인
    정체성 형성이 가치규범 준수와 어떤 연관성이 있는가와 연결시켜 생각해 보
    시오.

2   국제적 가치규범의 영역에는 전쟁과 평화의 가치규범, 인권과 민주주의 가치
    규범, 기후위기 및 환경 가치규범 등이 있다. 이 밖에 공공외교가 주목해야 할
    가치규범에는 어떤 것들이 있는지 생각해 보시오.

3   공공외교적 관점에서 국가는 정전론과 평화주의에 대해 어떤 자세를 취해야
    하는지 검토하시오.

4   임시상황적 평화주의란 무엇인가?

5   인권 개념은 자연권이나 기본권과 어떻게 다르며, 그것이 출현하게 된 역사적
    배경은 무엇인가?

6   기후위기를 둘러싼 국제규범의 현 상태를 진단하고, 공공외교의 관점에서 어
    떤 전략을 취하는 것이 바람직한지 생각해 보시오.

7   한국의 역사적 경험과 한국적 국가 모델을 전제로 한, 한국적 공공외교의 가
    능성을 생각해 보시오.

추천 문헌

- Donnelly, Jack. 2020. *International Human Rights*. New York: Routledge. Ch.7.
- Fiala, A. 2006. "Pacifism" in Stanford Encyclopedia of Philosophy. (https://plato.stanford.edu/entries/pacifism/)
- Frowe, Helen. 2016. *The Ethics of War and Peace*. New York: Routledge. Chs. 3, 4, 5.

참고 문헌

김승훈. 2009. "아동권리협약 채택 20주년의 의미와 과제." 『인도법논총』 29.

김헌준. 2017. "전환기정의 규범의 확산과 그 효과: 한국의 사례를 중심으로." 『한국정치연구』 26(1).

박성우. 2022. "현대 평화주의 사상의 역사적 전개와 미래 전망." 김범수 편. 『평화학이란 무엇인가?: 계보와 쟁점』. 서울대 출판문화원.

조동준 외. 2020. 『규범의 국제정치』. 사회평론아카데미.

한승완. 2021(July). "바이든 행정부의 '민주주의 가치외교' 추진 동향과 한국 외교 전략에 주는 시사점." 『전략보고』. No. 126.

Barston, R. P. 2019. *Modern Diplomacy*. New York: Routledge.

BBC. 2020b. "Coronavirus in South Korea: How 'trace, test and treat' may be saving lives." (Mar. 12). https://www.bbc.com/news/world-asia-51836898 (검색일: 2022. 03. 01)

Biden, Joseph R. Biden, Jr. 2020. "Why America Must Lead Again: Rescuing U.S. Foreign Policy After Trump." *Foreign Affairs* (March/April).

Brookings. 2020. "Lessons learned from Taiwan and South Korea's tech-enabled COVID-19 communications." (Oct. 6) https://www.brookings.edu/techstream/lessons-learned-from-taiwan-and-south-koreas-tech-enabled-covid-19-communications/ (검색일:

2022. 03. 01)

Carnegie. 2020. "Do Authoritarian or Democratic Countries Handle Pandemics Better?" (Mar. 31) https://carnegieendowment. org/2020/03/31/do-authoritarian-or-democratic-countries-handle-pandemics-better-pub-81404 (검색일: 2022. 03. 01)

Donnelly, Jack. 2017. *International Human Rights*. NY: Routledge.

Fiala, Andrew. 2018. "Pacifism in the Twentieth Century and Beyond." in Andrew Fiala ed. *The Routledge Handbook of Pacifism and Nonviolence*. NY: Routledge.

Fletcher, Laurel E. and Harvey M. Weinstein. 2002. "Violence and Social Repair: Rethinking the Contribution of Justice to Reconciliation." *Human Rights Quarterly* 24, No. 3, 573-639.

Fukuyama, Francis. 2020. "The Pandemic and Political Order: It Takes a State." *Foreign Affairs* (July/August).

May, Larry. 2015. *Contingent Pacifism: Revisiting Just War Theory*. Cambridge: Cambridge University Press.

Posner, Eric A. & David Weisback. 2010. *Climate Change Justice*. Boston: Princeton University Press.

The Diplomat. 2020. "A Democratic Response to Coronavirus: Lessons From South Korea." (Mar. 30). https://thediplomat. com/2020/03/a-democratic-response-to-coronavirus-lessons-from-south-korea/ (검색일: 2022. 03. 01)

Wall Street Journal. 2020. "How South Korea Successfully Managed Coronavirus." (Sep. 25) https://www.wsj.com/articles/lessons-from-south-korea-on-how-to-manage-covid-11601044329 (검색일: 2022. 03. 01)

Washington Post. 2020. "South Korea shows that democracies can succeed against the coronavirus." (Mar. 11) https://www. washingtonpost.com/opinions/2020/03/11/south-korea-shows-that-democracies-can-succeed-against-coronavirus/ (검색일: 2022. 03. 01)

제10장

세계정치의 장(場)과
대규모 행사를 활용한 공공외교

조동준 | 서울대학교 정치외교학부

I. 머리말

II. 19세기 지구화와 세계정치의 혁신

    1. 19세기 지구화와 지구적 쟁점의 등장

    2. 19세기 세계정치의 혁신

III. 현대 세계정치의 장(場)과 공공외교

    1. 현대 세계정치의 장

    2. 공공외교의 공간으로서 세계정치의 장

IV. 대규모 행사(mega-event)와 공공외교

    1. 19세기 대규모 행사

    2. 대규모 행사를 통한 매력 발산

V. 맺음말

산업혁명 이후 지구화가 심화되면서 지구적 쟁점의 초국경성과 주권국가의
영토적 배타성 간 간극을 메우려는 인류의 노력이 시작되었다. 19세기
세계정치의 혁신은 강대국 간 협조, 다수 관련국으로 구성된 대규모 회합,
국제공공연맹, 비정부기구 간 초국경 연대 등으로 유형화할 수 있다. 이런
변화는 20세기 중엽 이후 강대국 모임의 정상회의, 국제기구, 특정 국가에
의하여 주도되는 국제회합, 국제비정부기구 간 회합으로 자리를 잡아
세계정치의 장(場)이 되었다.

　　세계정치의 장에서 공공외교가 활발하게 진행된다. 각국은 자국의 좋은
인상과 의제를 지구적 쟁점의 해결 과정에 투영하여 자국에게 유리한 외교
환경을 구축하려 한다. 특히, 강대국 모임의 정상회담, 국제기구의 총회,
그리고 대규모 국제회합과 같은 세계정치의 장을 유치하는 국가가 의제와
의전을 결정하는 데 중요한 역할을 수행하는 관행에 따라, 국제회의 유치국은
세계정치의 장을 공공외교의 공간으로 활용하려 한다. 또한, 사회세력과
비정부기구는 자신의 가치와 의제를 세계정치의 장에 투영하여 다양한 활동을
전개하기 때문에, 세계정치의 장은 세계시민외교의 공간으로 불릴 수 있다.

　　지구화로 인하여 구현된 초국경 대규모 행사(mega-event)가 공공외교의
장으로 활용된다. 교통운송의 발달로 19세기 후반 산업박람회, 체육 모임, 왕가
결혼식과 같은 행사에 국내외 인파를 모을 수 있게 되었고, 방송통신 매체의
발달로 인하여 대규모 행사를 중계할 수 있게 되었다. 대규모 행사를 통하여
국가 차원의 홍보를 할 수 있게 됨에 따라, 이를 유치하기 위한 경쟁이 진행된다.
유치에 성공한 국가는 이를 자국의 성취, 가치, 문화 등을 국내외로 알리는
기회로 활용하였다. 이로써 대규모 행사가 공공외교의 장으로 활용되게 되었다.

핵심어

지구화globalization

세계정치world politics

강대국 모임major power club

국제회합international convention

국제기구international organization

초국경 연결망transboundary network

대규모 행사mega-events

I. 머리말

인류는 지구화로 인하여 상호 의존하는 세상에 살면서 동시에 분절적 관할권을 주장하는 주권국가 안에서 살아간다. 산업혁명 이후 교통과 운송능력의 증가는 인류로 하여금 자연적 경계를 넘어 다양한 인간관계를 맺도록 하였다. 이 과정에서 국경을 가로지르는 여러 쟁점이 발생하였고, 인류는 공해의 관리, 지구표준 제정, 침략행위 대처 등과 같이 지구 전체에 영향을 미치며 공동 노력을 요구하는 여러 문제에 직면하고 있다. 반면, 인류는 영토적 배타성을 주장하는 국가로 나뉘어져 있다. 17세기 이래 주권국가로 이루어진 국제사회가 확대재생산되면서, 개별 국가가 자국 안에서 발생하는 모든 문제의 궁극적 해결자다. 인류는 지구적 쟁점의 상호 의존성과 주권국가 간 분절성 사이에 있다.

19세기 인류는 주권국가의 영토적 배타성과 상호 의존하는 초국경 활동을 동시에 만족시키는 혁신적 방법으로 강대국 간 협조, 국제공공연맹, 특정 쟁점에 관심을 가진 국가 간 회합, 비정부기구 간 초국경 연대를 고안했다. 19기 세계정치의 혁신은 20세기 중반 이후 강대국 모임의 정상회담, 국제기구를 통한 안정적 다자 협의, 특정 쟁점에 대한 회합, 비정부기구의 초국경 회합으로 정착되어 세계정치가 논의되는 주요 장(場)이 되었다. 현대 세계정치가 논의되는 장이 상호 의존성과 영토적 배타성 간 상충을 완전히 해소하지 못하지만, 세계정치의 연결성과 주권국가 간 분절성을 극복하는 데 일정 정도 기여하고 있다.

　　19세기 운송·교통능력이 증가하면서 산업박람회, 체육행사 등이 국경을 넘어 대규모 인파를 모았다. 동시에 방송매체가 발달하면서 대규모 인파를 모으는 행사를 대중에게 쉽게 전달할 수 있게 되었다. 대규모 행사가 상업적 성공은 물론 국가적 성취, 가치, 문화 등을 홍보할 수 있는 기회가 됨에 따라, 유치 경쟁이 일어났다. 20세기 이후 체육행사와 박람회를 주기적으로 순회하며 여는 관행이 정착되었다.

　　이 장은 먼저 19세기 이후 세계정치가 논의되는 장과 대규모 행사가 공공외교의 기회로 활용되는 양상을 검토한다. 이 장은 크게 네 부분으로 나뉜다. 첫째, 19세기 지구화의 양상을 기술한 후, 국제사회가 당면한 지구적 쟁점을 유형화한다. 둘째, 20세기 이후 세계정치의 장을 검토한다. 19세기 세계정치의 원형이 20세기 중반 이후 지구화와 정치상황의 변화를 반영하여 변모하였다. 셋째, 세계정치의 장이 공공외교의 공간으로 활용되는 양상을 기술한다. 세계정치의 장은 중요한 쟁점을 논의하고 해결책을 모색하기 때문에, 여론과 언론으로부터 큰 관심을 받는다. 이런 세계정치의 장이 가진 특성 때문에, 세계정치의 장은 공공외교의 공간으로 활용된다. 넷째, 대규모 행사가 19세기 이후 등장하는 양상과 대규모 행사가 공공외교의 장으로 활용되는 현상을 검토한다.

II. 19세기 지구화와 세계정치의 혁신

이 절은 19세기 지구적 쟁점을 해결하는 과정에서 등장한 강대국 간 협조체제, 국제공공연맹(international public union), 국제회합(international convention), 초국가 비정부 연결망을 검토한다. 산업혁명 중 운송능력과 이동능력이 급증하면서 인류의 활동 반경이 넓어졌고, 인류는 최초로 지구 차원의 공동문제에 직면했다. 인류는 지구적 공동문제에 대처하기 위하여 새로운 문제해결을 모색했다.

1. 19세기 지구화와 지구적 쟁점의 등장

산업혁명은 교통과 통신 기술의 발달을 수반했다. 고대문명이 등장할 무렵부터 인류는 원거리 상호 교류를 진행했지만, 공간의 제약을 쉽게 극복하기 어려웠다. 예를 들어, 14세기 중반 이븐 바투타(Ibn Battuta, 1304-1368)가 중국 광저우에서 이라크 바그다드까지 가장 빠른 뱃길과 육로로 이동하는 데 2년이 걸렸고, 16세기 초반 마젤란 함대가 세계 일주를 하는 데 3년이 걸렸다. 반면, 산업혁명은 인류로 하여금 공간의 제약을 극복하는 데 결정적 전환점이 되었다.

이븐 바투타(Ibn Battuta, 1304-1368)는 1325년 6월 모로코 탕헤르(Tangier)에서 메카 순례를 위하여 길을 떠나, 지중해 연안 북아프리카, 이집트, 근동 지역을 거쳐 1326년 메카와 메디나 순례를 마쳤다. 그는 1326년 말부터 1332년까지 아라비안 반도, 이란, 인도양 연안 동아프리카, 중앙아시아 남부, 흑해 연안, 근동 일대, 터키의 주요 도시 등을 대상단과 함께 여행하였다. 1333년부터 1344년까지 인도 델리에 기반을 두고 활동하였는데, 델리에 자리 잡은 술탄왕조(Delhi Sultanate)에서 6년간 재판관으로 근무했다. 1344년 델리 술탄왕조가 원나라에 파견하는 외교사절단에 참여하였다. 바닷길을 따라 인도양, 말라카 해협, 남중국해를 거쳐 이듬해 광저우에 도착하였고, 운하와 육로를 이용하여 북경에 도착한 후 원 혜종을 알현하였다.

이븐 바투타는 1346년 중국 광저우를 떠나 인도 델리로 귀환하던 중 인도 남서부 코지코드항에서 메카 순례 후 귀향하기로 마음을 바꾸었다. 코지코드항을 떠나 인도양과 페르시아만을 지나 이라크 바스라에 도착했고, 이후 수로와 육로로 이라크 바그다드를 거쳐 1348년 시리아 다마스쿠스에 도달했다. 그곳에서 부친의 사망 소식을 포함한 가족 소식을 접했고 마지막 성지 순례 후 귀향하기로 결심했다. 다마스쿠스를 떠나 지중해 연안 근동 지방을 거쳐 아라비아 반도로 들어와 메디나와 메카를 순례한 후, 홍해 뱃길, 동아프리카 육로, 나일강 수로, 지중해 수로를 통하여 1349년 귀향했다. 귀향 후 1351년에서 1353년 사이 사하라 이남 말리 일대를 마지막으로 여행하였다.

모로코 마리니드 왕조(Marinid dynasty)의 아부이난파리스 왕(Abu Inan Faris, 1329-1358; 재위 1348-1358)의 명령에 따라 이븐 바투타는 자신의 여행과 일생을 이븐 주자이(Ibn Juzayy)에게 구술했고, 이븐 주자이가 이를 정리하여 『이븐 바투타 여행기』를 집필하였다. 이 여행기는 당시 이슬람 문명권, 비잔틴 제국, 원나라, 인도의 생활상을 기록한 중요한 자료이다.

콜럼버스가 70일에 걸쳐 횡단했던 대서양을, 1819년 Savannah호는 29일, 1838년 Great Western호는 15일, 1881년 Servia호는 7일에 횡단하였다. 전기 통신은 인류의 상호작용을 더 빠르게 만들었

다. 1866년 대서양 횡단 전신선이 구축되면서, 유럽과 북미 대륙 간 소식이 거의 실시간으로 공유되었다.

산업혁명기 교통과 통신 기술의 발달은 초국경 인적 교류와 물류 이동의 증가로 이어졌다. 17세기 대서양을 건너는 이민자의 숫자가 겨우 37만 8천 명이었다. 반면, 1850년대 연평균 30만 명이 유럽에서 미주로 이주했고, 1882년 한 해에만 약 80만 명이 대서양을 건넜다(Weisberger 1994). 1501년부터 1775년 사이 약 660만 명의 흑인이 노예로 아프리카에서 미주로 끌려간 반면, 1776년부터 1825년 사이 약 566만 명의 흑인이 대서양을 횡단하여 미주로 끌려갔다(Emory University 2022). 1870년 영국이 금본위제를 채택한 후 30년 만에 세계무역량은 1.8배 이상 증가했다(Barbieri and Omar Keshk 2016). 19세기 인적 교류와 물류 이동이 획기적으로 증가하면서, 인류의 삶이 지리적 거리를 넘어 촘촘하게 연결되었다.

19세기 지구화의 심화로 인하여 인류가 직면한 공통 문제는 크게 셋으로 구분할 수 있다.[1] 첫째, 인류 공통의 표준 제정이다. 다자간 초국경 활동이 진행될 때, 누가 어떤 권위에 기반하여 질서를 제공하는가 여부는 단순한 표준 제정의 문제가 아니라 국가 이익과 관련되어 있다. 제국이 건설한 모든 국가는 제국 건설 초기 단계에서

....

1 국제공공재 유지 또는 창출이 지구화로 인하여 인류가 직면한 공통 문제이지만, 19세기까지는 현안으로 부각되지 않았다. 국제공공재는 일단 창출되면 특정 행위자의 사용을 막을 수 없으며, 일방의 소비가 다른 행위자의 소비에 영향을 미치지 않는 속성을 가지기 때문에, 각국은 국제공공재의 유지 또는 창출에 기여하지 않고 무임승차를 선택한다. 20세기 들어 과학기술의 발달이 심화되면서 오존층 보호와 같은 인류 공통의 문제가 현안으로 등장했고, 국제공공재의 유지와 창출이 국제사회의 현안으로 부각했다.

자국의 표준을 주변국에 강요했던 경험이 보여주듯이, 특정 표준의 선택은 패권국의 이해와 결부될 수 있다. 즉, 모든 국가가 자국에 유리한 표준의 제정을 원하고 이를 둘러싼 경쟁이 진행될 수밖에 없는데, 강대국과 패권국은 자국에게 유리하도록 표준을 제정하는 데 영향을 미칠 수 있다. 반면, 다른 국가는 강대국과 패권국에 의한 표준설정에 반대한다. 따라서 국제사회의 표준 제정을 둘러싸고 갈등이 있을 수밖에 없다.

철도의 폭을 둘러싼 경쟁이 국제표준과 이익 간 연결을 대표적으로 보여준다. 1826년 영국 리버풀과 맨체스터를 연결하는 철도의 폭이 1,435mm로 계획된 이후 총 19개 상이한 철도 폭(최소 381mm에서 최대 2,140mm)에 따라 철도가 부설되었다. 철도 폭이 철도 회사와 기관차 생산자의 이익과 밀접하게 연결되어 있기 때문에, 철도 선진국에서 국내표준을 정하기 위한 경쟁이 일어났다. 1846년 영국이 철도 폭의 표준을 1,435mm로 정했고, 1886년 미국도 1,435mm로 철도의 폭을 표준으로 채택하였다. 반면, 일부 후발국은 안보적 고려와 철도 선진국과의 경쟁을 위하여 상이한 철도의 폭을 국내표준으로 정했다(러시아 1,524mm; 일본 1,067mm). 철도 선진국과 후발국 사이 타국의 철도부설권을 둘러싼 경쟁은 철도 폭을 둘러싼 경쟁으로 이어질 수밖에 없었다. 현재 세계적으로 표준 철도의 폭이 1,435mm로 된 이면에는 영국과 미국의 패권이 있다.

둘째, 국제공유재의 관리이다. 국제공유재는 비배제성과 경합성을 가지는데, (1) 비배제성은 누구도 국제공유재의 소비로부터 배제시킬 수 없는 속성, (2) 경합성은 일방의 소비가 다른 행위자의 소비를 불가능하게 만드는 속성이다. 국제공유재의 두 가지 속성으로 인하여 국제공유재는 항상 남용과 파괴의 위험에 놓인다. 과거 인류의 과학기술이 초보적일 때 자연환경을 바꿀 수 있는 능력이 부재하였기 때문에 국제공공재처럼 보이던 자연환경이 국제공유재로 바뀌었다.

　고래가 대표적 예다. 선사시대부터 17세기까지 인류가 고래를 사냥했지만 당시 과학기술의 한계로 인하여 대부분 고래의 재생능력을 무너뜨리지 않았다. 따라서 인류의 고래사냥과 고래의 생존은 무관했었다. 하지만 산업혁명을 거치면서 인류의 과학기술이 급격히 늘어났고, 인류는 고래의 멸종을 초래할 능력을 구비하게 되었다(Epstein 2008, 46-50). 20세기 초 귀신고래와 보리고래처럼 대형 고래는 멸종 직전에 처했었다. 고래의 개체 유지가 모두에게 이익이지만, 국제공유재가 가진 속성으로 인하여 국가 간 협력은 느릴 수밖에 없다. 포경 산업의 경우에도 고래의 멸종이라는 위험이 현실화되었을 때, 국가 간 제한적 협력이 진행되었다.

　셋째, 강대국이 회합하여 세계정치의 쟁점을 규율하는 관행이다. 산업혁명기 통신과 운송 능력의 증가는 유럽의 강대국으로 하여금 자국의 국력을 원거리로 투사할 수 있는 능력으로 이어졌다. 이는 유럽 안에서 국가 간 이해충돌의 해소를 위한 전쟁의 지리적 범위 확대로 이어졌고, 유럽 밖에서는 상품 수출지와 원료 공급지로서 식민지를 확보하려는 강대국 간 식민지 획득 경쟁을 증폭시켰다. 유럽 내 강대국 관계와 식민지 획득 경쟁이 지구적 충격을 불러오니, 유럽에서는 지구적 쟁점을 규율하기 위한 관행과 원칙을 만들 필요가 발생했다.

　지구적 쟁점이 등장하면서 유럽의 강대국은 물론 다른 국가도 세계정치에 참여하게 되었다. 19세기 전반까지 중견국과 약소국은 강대국이 주도하는 세계정치의 객체였지만, 19세기 후반부에는 제한적이지만 세계정치의 주체로서 참여하였다. 강대국 간 협의가 지구적 문제해결의 큰 틀을 규정하지만, 중견국과 약소국이 강대국 간 협의 결과를 이행해야만 지구적 쟁점이 해결되기 때문이었다. 예를 들어, 영국이 주도하던 노예해방이 지구적 차원에서 구현되려면, 대서양 횡단 노예무역과 남미에서 노예노동에 관여했던 포르투갈과 스페인의 참여가 필수적이었다. 이처럼 지구적 쟁점이 해결되기 위해서는 다수 관련국이 협의에 참여하고 이를 개별 국가 차원에서 이행하는 관행이 필요했다.

2. 19세기 세계정치의 혁신

19세기 지구적 쟁점의 등장은 새로운 문제해결 방식의 출현으로 이어졌다. 첫째, 유럽협조체제(Concert of Europe)의 등장이다. 프랑스 혁명과 나폴레옹 전쟁(1803-1815)을 거치면서 영국, 러시아, 오스트리아, 프러시아(1871년 이후 독일로 변경) 간 협조체제가 먼저 만들어졌고, 이후 프랑스(1815년 참가 시작)와 이탈리아(1871년 참가 시작)가 참여하였다. 중요한 사안이 발생하면, 강대국은 사안을 제기한 국가에 대하여 대결적 태도를 취하기보다는 먼저 유럽 문제를 공동으로 책임지는 도덕적 의무에 기반하여 현상을 바꾸려는 국가에게 자제를 요청하였다. 이후 실무자급 사전 의견교환(pourparler)을 통하여 합의 가능성이 보이기 시작하면 국가 정상급 또는 대리인이 참여하는 구주회의를 열어 해결책을 공동으로 모색했다. 이로써 유럽 내 주요 쟁점은 물론 유럽 밖에서 강대국 간 이해 충돌을 강대국 간 합의에 의하여 해결하는 관행이 1914년 1차 대전 발생 전까지 있었다.

그리스 독립을 둘러싼 유럽 강대국의 개입과 협력은 유럽협조 체제의 작동방식을 대표적으로 보여준다. 오스만 제국의 통치 아래 있었던 그리스인들이 1821년부터 독립전쟁을 시작하자 유럽 내 공화주의자들이 그리스를 지원하기 시작하였다. 유럽 강대국은 그리스의 독립이 오스만 제국의 해체로 이어지고, 오스만 제국의 해체가 유럽 내 공화주의의 확산과 세력균형의 변화를 추동할 수 있다는 두려움을 느꼈다. 이에 유럽 강대국은 그리스의 독립과 오스만 제국의 유지를 동시에 이루기 위해 개입했다. 1828년 영국, 프랑스, 러시아가 포로스 회의(Conference of Poros)를 통하여 그리스의 국경을 사실상 결정하는 안을 만들었고, 이후 몇 차례 회의를 통하여 그리스의 정치체제와 왕조까지 결정하였다. 유럽 강대국이 참여하는 다자 회의는 분쟁 당사국인 그리스와 오스만 제국의 이해를 조정하면서, 그리스의 독립과 오스만 제국의 유지를 동시에 달성했다.

둘째, 국제공공연맹(international public union)의 탄생이다. 초국경 활동이 급증하지만, 17세기 국제사회에서는 영토적 배타성을 주장하는 주권국가가 중요한 역할을 수행한다. 특히 19세기 유럽권의 주권 개념이 유럽 밖으로 확장되면서 주권국가로 인정을 받는 정치 공동체가 늘어났다.[2] 초국경 활동의 증가와 주권국가의 증가가 동시에 진행되면서, 초국경 활동을 규율하기 위한 새로운 기제가 필요

....

2   1816년 주권국가의 숫자는 총 23개국이었고 이 중 유럽 국가가 21개국이었다. 당시 미국과 터키가 주권국가로 인정을 받았다. 반면 1900년 주권국가의 숫자는 42개국으로 늘어났는데, 이 중 유럽 국가의 숫자는 16개로 감소했고, 유럽 밖 국가의 숫자는 26개로 증가했다(Correlates of War 2016).

해졌다. 초국경 활동과 연결된 쟁점으로서 수로와 해로 관리, 방역, 교통, 통신, 무역 등을 공동으로 규율하기 위하여, 해당 쟁점을 관리하는 개별 국가의 담당 부처 간 협의를 안정적으로 유지하기 위하여 국제공공연맹이 만들어졌다.

1814년 "(라인강에서) 공통 규칙을 실행하고, 항해와 관련하여 라인강 유역 국가 간 의사소통의 통로 역할을 담당하기 위하여" 창설된 라인강 자유항해를 위한 중앙위원회(Central Commission for Navigation on the Rhine)를 시작으로 1865년 국제전신연합(International Telegraph Union), 1874년 만국우편연합(Universal Postal Union) 등이 순차적으로 만들어졌다. 통신, 교통, 방역 등 초국경 활동을 규율하는 각국의 기관이 정기적으로 회합하거나 특정 사안을 대처하기 위한 사후 협의로, 초국경 쟁점을 관리하는 기제가 마련되었다. 국제공공연맹은 안정적으로 협의를 진행하기 위하여 사무국을 두고, 특정 쟁점의 전문가를 활용하는 관행을 마련했다. 특정 쟁점에서 전문성을 가진 행정 관료와 민간인이 외교에 참여하게 되었다.

셋째, 초국경 비정부기구의 활동 증가와 초국경 연대의 증가이다. 인류의 초국경 활동이 증가하면서 초국경 쟁점에 관련된 사람의 숫자 또한 증가하였다. 이들은 초국경 쟁점의 해결에 특정 가치를 투영하기 위해 개별 국가 내에서 활동하지만, 타국에서 비슷한 활동을 전개하는 사회세력과 연대를 모색하였다. 초국경 쟁점을 관리하는 개별 국가의 담당 부서가 국제공공연맹을 발전시키듯이, 개별 국가 차원에서 초국경 쟁점의 해결에 관여하던 비정부기구 또한 초국경 공동 활동을 조율하게 되었다.

1840년에 열렸던 '세계반노예제회의(World Anti-Slavery Convention)'는 비정부기구 차원에서 초국경 연대의 첫 사례로 비정부기구의 초국경 활동과 연대를 대표적으로 보여준다. 1839년 영국 내 노예해방운동을 주도했던 기독사회운동가가 만든 '영국과 해외에서 노예제 철폐를 위한 모임(British and Foreign Anti-Slavery Society)'이 지구 차원의 반노예제회의를 기획했고, 다음 해 비정부 차원에서 첫 국제회의가 열렸다. 이 회의의 공식 기록에 따르면, 회의 구성원 가운데 383명이 비정부기구에서 파견된 대표였고, 26명은 참관이 허용된 방문자(admitted visitor)로 회의에 참여했다. 영국인과 영국 식민지 출신이 다수였지만, 미국인 40여 명, 프랑스인 6-7명, 스위스인 1명, 러시아인 1명, 스페인인 1명이 참여했다(Maynard 1960, 456-457). 이 회의에서 노예제가 기독교의 정의와 원칙을 위반하므로 기독교인이 노예제를 용인하는 사회세력과 거리를 두어야 한다는 결의안이 채택되었다(Wightman 1840, 374).[3]

넷째, 특정 쟁점에 관련되거나 관심을 가진 모든 국가가 회합을 통하여 국제협약(international convention)을 만드는 관행이다. 협약이 참여국과 추후 가입국의 공식 합의라는 점에서 조약(treaty)의 속성을 가지지만, 국제사회의 모든 구성원이 참여할 수 있고, 심지어 회합에 참가하지 않은 국가에게도 추후 참여할 수 있는 기회를 준다는 점에서 조약과 차이를 보인다. 지구적 쟁점에 관여된 다수 국가가 회합하고, 특정 쟁점을 논의하고, 문제해결 방식에 합의

....
3 이 회의 참여를 거부당했던 여성 대표와 방문자는 "여성의 사회적, 시민적, 종교적 상황과 권리"를 토의하기 위한 회의를 기획했고, 1848년 미국 뉴욕에서 첫 회의(Seneca Falls Convention)를 열었다.

하는 관행이 19세기에 나타났다. 이로써 회합을 뜻하는 보통명사인 "convention"이 국제사회의 구성원 간 다자 조약을 의미하는 '협약'을 뜻하게 되었다.

1899년 헤이그 만국평화회의가 다자 협약으로 이어지는 과정은 19세기 지구적 쟁점이 해결되는 새로운 기제로서 협약의 원형이다. 1898년 러시아 황제 니콜라스 2세는 전쟁을 예방하기 위한 기제를 논의하기 위한 국제회의를 열자고 제안했고, 1899년 당시 주권국가로 인정을 받던 40개 중 26개국(아시아 5개국 포함)이 참여하는 대규모 국제회의가 네덜란드 헤이그에서 열렸다. 참여국 대표는 전쟁 방지를 위한 기제는 물론 전쟁행위와 관련된 쟁점을 토의한 후, 전쟁과 관련된 세 다자 협약과 세 선언에 합의했다.[4] 초국경 전쟁에 관한 여러 국가 간 회의와 토론이 전쟁에 관한 최초 다자 조약

....

4　세 가지 협약은 '국제분쟁의 평화적 처리협약(Convention for the Pacific Settlement of International Disputes)', '1864년 8월 22일자 제네바 협약의 제 원칙을 해전에 적용하기 위한 협약(Convention for the Adaptation to Maritime Warfare of the Principles of the 1864 Geneva Convention)'과 '육전의 법 및 관습에 관한 협약(Convention with Respect to the Laws and Customs of War on Land)'이다. 세 가지 선언은 '발사체의 발포와 기구 또는 새로운 유사한 방법에 의한 폭발물 금지에 대한 선언(Declaration concerning the prohibition of the discharge of projectiles and explosives from balloons or by other new analogous methods)', '질식성 독가스를 퍼트리는 단일 물질을 이용한 발사체 사용 금지에 대한 선언(Declaration concerning the prohibition of the use of projectiles with the sole object to spread asphyxiating poisonous gases)', 그리고 '안을 완전히 덮지 않은 딱딱한 덮개를 가진 또는 톱니형을 포함하는 총탄과 같은 인체 내에서는 쉽게 확장되거나 형태를 변이시키는 탄환 사용 금지에 대한 선언(Declaration concerning the prohibition of the use of bullets which can easily expand or change their form inside the human body such as bullets with a hard covering which does not completely cover the core, or containing indentations)'이다.

이 되었다.

III. 현대 세계정치의 장(場)과 공공외교

19세기 지구적 쟁점을 해결하는 과정에서 등장한 네 가지 문제해결 방식은 20세기 들어 강대국 간 정상외교, 국제기구, 다자 회합, 초국 경연결망으로 정착되었다. 이 절은 2차 대전 이후 지구적 문제가 논의되고 해결되는 공간을 먼저 검토한 후, 공공외교가 각 문제해결의 공간에서 작동하는 양상을 검토한다.

1. 현대 세계정치의 장

(1) 강대국 간 정상회의

강대국이 세계정치를 운영하는 기제로서 유럽협조체제의 유산은 20세기 이후 세 가지 정상회의로 자리를 잡았다. 첫째, 냉전기 미국과 소련은 총 23회 정상회의를 통하여 지구적 쟁점을 협의하였다.[5] 냉전 초기 미소정상회의는 2차 대전 전후 처리, 긴장 완화를 위한 방안을 주로 다루었고, 1970년대 이후에는 군비경쟁 자제, 군비통제 등을 다루었다. 미국과 소련이 인류를 파멸로 몰아넣을 수 있는

---

5   영국과 프랑스까지 포함하여 "Big-4" 강대국 모임이 1955년 7월 18-23일 제네바에서, 1960년 5월 16-17일 파리에서 만나 양 진영 간 무역, 핵군축과 같은 지구적 쟁점을 논의한 적이 있었지만, 냉전기 미국과 소련을 제외한 국가가 세계정치에 관여하는 정도는 상대적으로 약했다.

무기를 가진 상황에서 양국은 전쟁 예방을 위한 협의를 진행하였고, 갈등의 불씨가 양국 간 극심한 이해충돌로 이어지지 않도록 관리했다. 미소 양국 간 협의는 핵무기 감축, 군비경쟁 자제, 강대국 간 분쟁 예방 등에 기여했다.

둘째, 냉전 중기 등장한 G7은 자유진영 안에서 세계경제의 주요 쟁점을 논의하는 최고 협의체이다. 1970년대 세계경제의 혼란을 극복하기 위하여 미국, 영국, 프랑스, 독일 정상은 일본을 정회원으로 수용하고, 당시 유럽각료이사회(European Council of Ministers) 의장국 이탈리아를 초빙하는 정상회의를 기획하였다. 1975년 11월 15-17일 첫 경제정상회의에서 이탈리아는 일부 회의에 참여하지 못했고, 1976년 6월 27-28일 두 번째 경제정상회의에 초빙된 캐나다도 온전하게 참여하지 못했다. 1977년 세 번째 경제정상회의에 이르러서야 이탈리아와 캐나다의 회원 자격이 확정되었다. 이로써 G7이 세계경제를 운용하는 최고 협의체가 되었다. 출범 초기 G7 정상회의는 경제위기 탈출을 위한 공동대응에 초점을 맞췄다.

1980년대 초반 세계경제의 위기가 진정되자, G7은 세계경제의 운용은 물론 세계정치의 주요 쟁점을 다루기 시작하였다. 1983년 G7 회의에서 미소 간 군축을 다룬 이후, 주요 정치적 위기, 핵군축, 테러, 민주화, 핵안전 등의 쟁점이 논의되었다. 더 나아가 1993년부터 지구화와 관련된 쟁점이 G7의 주요 의제가 되었고, 1996년과 1997년 G7 정상은 지구화가 초래하는 부정적 영향을 줄이기 위한 방안을 논의하였다. 또한, 1993년부터 러시아가 G7 정상회의의 정치 협의에 참여하고 1998년 정회원이 되면서, G8은 세계경제는 물론 세계정치의 최고 협의체가 되었다. G8은 2008년 세계경제의

1970년대 세계경제의 혼란

1970년대 세계경제의 혼란은 두 가지 충격에서 시작되었다. 첫째, 브레튼우즈 체제의 붕괴이다. 2차 대전 승전국이 출범시킨 브레튼우즈 체제는 금과 달러로 통화가치를 유지하고, 유동성 부족으로 통화가치 변경의 유혹을 느끼는 국가들에게 단기 대부를 제공하였다. 1차 대전과 2차 대전 사이 통화가치의 절하를 통하여 대공황을 극복하려는 각국의 노력이 대공황의 피해를 악화시키고, 결국 2차 대전의 배경이 되었던 전례를 피하기 위함이었다. 하지만, 1971년 미국이 달러화를 금으로 바꾸어 주지 않겠다고 선언하고, 금으로 평가된 달러화의 가치를 두 차례 평가절하하면서, 브레튼우즈 체제에 대한 신뢰가 무너졌다. 1973년에는 외환시장이 아예 문을 닫을 정도였다.

둘째, 1973년 중동 산유국이 석유 가격을 급격히 올리면서 세계경제의 혼란이 가중되었다. 1973년 말 석유수출국기구는 원유 수출가격을 배럴당 2.59달러에서 4.065달러로 인상시켰고(57% 인상), 1974년 1월 배럴당 11.65달러까지 올렸다(350% 인상). 더 나아가 원유공급의 양과 가격을 원유수입국과 이스라엘 간 친소관계에 따라 결정하였기 때문에, 원유수입국은 친아랍 성향을 보이거나 비싼 원유를 수입해야만 하는 선택지에 놓였다.

1970년대 두 충격으로 인하여 서방 주요국에서 실업률, 이자율, 물가가 동반 상승했다. 각국은 국내적으로 임금, 물가, 이자율을 통제하여 경기침체를 벗어나려고 하였다. 국외적으로는 비관세장벽을 높여 수입을 통제하려 하였다. 국제연합 경제사회이사회, 국제통화기금, 세계은행 등 제도화된 국제기구를 통하여 세계경제의 주요 쟁점을 해결했던 전통적 방식으로는 주요국 간 상이점을 극복하고 공동이해를 추구할 수 없게 되었다(Putnam and Baynes 1987, 25-27).

위기 전까지 지구적 쟁점을 해결하는 최고 협의체였다.[6]

....

6   러시아는 1993년 초빙국 자격으로 G7 정상회의에 일부 참여하였고, 1994년부터 1997년까지 G7 정상회의 중 정치 분야에만 참석하였다. 당시 G7 정상은 세계경제의 주요 쟁점을 먼저 논의한 후, 러시아와 함께 안보 쟁점을 협의하였다. 이 시기

셋째, 2008년 등장한 G20 세계경제정상회의는 현재 경제 분야에서 최고 협의체다. 2007-2008년 미국에서 경제위기가 발생했지만 G8 정상회의를 통한 해결이 불가능했다. G8이 통상 세계경제위기 관리자였지만, 2008년 세계경제위기에서는 G8 회원국이 위기의 핵심이었기 때문이다.[7] 미국 달러화에 대한 신뢰가 추락하는 상황에서, 각국이 대외준비로 보유한 2조 8천억 달러를 투매하여 금이나 다른 통화로 바꿀 경우, 세계경제가 파국을 맞이할 수도 있었다. 특히, G8의 대외준비규모가 전체 대외준비규모 가운데 27.2%인 반면, G8을 제외한 G20 회원국의 대외준비규모가 39.2%였다. 당시 대규모 외환을 보유했던 중국, 한국, 브라질, 인도가 세계경제를 안정시키는 데 중요한 행위자였다. G8은 세계경제의 안정을 모

....

G7 회원국만 참여하는 G7 정상회의, 러시아까지 참여하는 P8 정상회의가 순차적으로 열렸다. 러시아가 1998년 정회원으로 인정을 받아 G8이 되었지만, 우크라이나의 크림반도 병합 후 2014년부터 G7 회원국은 러시아의 참여를 허용하지 않고 있다.

7   2007년 후반기 미국은 재정정책에서 양난 상황에 빠졌다. 2000년 11월 이후 2004년 1월까지 미국은 경기부양을 위하여 이자율을 지속적으로 낮추었는데, 이는 미국 자본시장으로부터 해외자본의 이탈과 과도한 주택융자대출로 이어졌다. 자본의 해외유출을 막기 위하여 금리를 인상하면, 달러화의 평가절하를 막는 긍정적 효과가 예상되었지만, 국내 주택융자대출에 기반한 채권의 부실화가 심화되어 미국 자본시장에 대한 신뢰가 약화되는 부정적 효과가 예상되었다. 반면, 금리를 인하하면, 국내 주택융자대출에 기반한 채권의 부실화를 막는 긍정적 효과가 예상되었지만, 미국으로부터 자본유출과 달러화의 평가절하가 예상되었다. 금리 인상과 금리 인하가 모두 장단점을 가진 상황에서, 2007년 후반기 미국은 저금리 정책으로 선회하여, 주택융자대출에 기반한 채권의 부실화를 막으려 하였지만, 이미 주택융자대출에 기반한 채권의 부실화가 진행된 상황에서 자본유출이 본격화되었다. 미국 자본시장에 대한 신뢰가 떨어지고, 달러화의 평가절하가 본격적으로 진행되었다. 이런 과정은 2008년 금융위기로 귀결되었다.

| 표 10-1 | 대외준비로 보유한 외환의 구성(2008년, 단위: 10억 달러)

	1분기		2분기		3분기	
	총액	백분율	총액	백분율	총액	백분율
총액	4382.1		4428.3		4360.6	
미국 달러	2768.8	63.2%	2783.9	62.9%	2812.9	64.5%
파운드	204.0	4.7%	208.1	4.7%	197.6	4.5%
엔	136.6	3.1%	145.7	3.3%	138.8	3.2%
스위스 프랑	6.6	0.2%	7.1	0.2%	6.6	0.1%
유로	1169.4	26.7%	1185.7	26.8%	1112.7	25.5%
기타	96.8	2.2%	97.8	2.2%	92.1	2.1%

출처: IMF(2022)

도하기 위하여 G20 재무장관 회의를 정상회의로 격상시켰다.[8]

G20 정상회의는 세계경제위기의 악화를 방지하기 위한 신사협정의 역할을 수행했다. 자유무역의 정신에 부합하지 않지만 각국이 경제위기를 극복하기 위하여 취한 조치를 불문에 부치고 추가적 보호무역조치를 취하지 않는 '동결(stand still)'에 합의함으로써 위기의 악화를 막았다. 세계경제위기가 진정된 후에는 경제성장, 무역과 금융관리, 지속가능한 성장이 의제가 되었다(이용욱 2016, 73-74). 최근에는 여성, 이주, 디지털화, 심지어 테러까지도 G20 정상회의의 의

....

8   1999년 출범한 G20 재무장관회의는 1990년대 동아시아금융위기를 극복하는 과정에서 형성되었는데, G8, G8의 주요 협력국(중국, 인도, 브라질, 멕시코, 남아프리카공화국을 지칭하는 "Outreach 5"), 주요 6개국(아르헨티나, 호주, 인도네시아, 한국, 사우디아라비아, 터키), 그리고 유럽연합이 참여했다(Hajnal 2016[2007], 151-158).

제가 되어, G20 정상회의의 관여 범위가 확산되는 추세다.

(2) 국제기구

국제기구는 3개 이상의 국가에 공식 회원을 두고 회원의 합의를 법의 원천으로 하여 설립된 조직으로, 의사결정을 담당하는 회원국 대표, 기록과 실무를 담당하는 사무국, 회원국의 재정 출연 등으로 구성된다. 현대 국제기구의 연원은 크게 두 가지로 요약된다. 첫째, 19세기 등장한 국제공공연맹에서 연원을 찾을 수 있다. 국제공공연맹은 교통과 운송능력의 향상으로 인하여 발생한 초국경 현상을 관리하던 개별 국가의 행정기관 간 연합체이다. 20세기 들어 초국경 현상이 심화됨에 따라 특정 초국경 쟁점을 공동으로 관리하기 위한 국제기구의 수 또한 증가했다. 국제기구는 외견상 회원국 합의에 의해 설립되며, 회원국의 대표가 의사결정을 담당하고, 사무국이 실행기제인 듯 보인다. 실제로는 특정 쟁점을 담당하는 회원국의 행정기관이 합의에 참여하고, 행정기관의 대표자가 의사결정에 참여하며, 회원국 행정기관이 결정된 사안의 실행을 담당한다. 20세기 이후 등장한 대부분 국제기구는 국제공공연맹의 성격을 가진다.

둘째, 19세기 특정 쟁점을 해결하기 위한 국가 간 회합이다. 특정 쟁점에 관심을 가진 회원국이 회합하여 합의에 도달한 이후, 회원국들은 회원국 간 합의 이행을 관리하는 업무를 수행하기 위한 조직으로서 국제기구를 만들 수 있다. 회합을 통하여 특별한 합의에 도달하지 않더라도, 특정 쟁점에 관한 회합을 안정적으로 유지하기 위하여, 국제기구를 만들 수 있다. 회합에 의하여 탄생된 국제기구는 위임받은 업무를 수행하고, 그 내용을 회원국에게 보고하는 역할

인터폴, 국제기구인가 비정부기구인가?

인터폴은 1971년 국제연합 경제사회이사회로부터 정부 간 기구로 공인되었지만, 1956년부터 1970년까지 각국 경찰의 연합체로 비정부기구로 취급을 받았다. 교통과 운송능력이 증가하면서 범죄의 지역적 범위와 범죄인의 이동 또한 국경을 가로질러 진행되게 되었다. 초국경 범죄 현상과 초국경 범죄인 이동에 공동으로 대처하기 위하여 각국 경찰은 1914년 모나코에서 국제경찰회의를 열어 공조를 탐색하였고, 이런 활동은 1923년 유럽권에서 국제형사위원회의 발족, 1956년 인터폴의 창설로 이어졌다.

인터폴은 국제법상 회원국의 명시적 합의가 아니라 회원국 경찰청의 합의에 기반한다. 강제수사권, 체포권, 자체 수사인력을 가지지 못하며, 국제범죄자나 국경을 넘어 도망친 범죄자의 소재 수사와 초국경 범죄에 관한 정보를 인터폴 가맹국의 경찰을 연결하는 '엑스 400'이라는 통신망으로 공유한다. 예를 들어, 한국에서 범죄를 저지른 사람이 해외로 도피하면, 한국 경찰청이 '엑스 400'을 통해 각국 경찰청에 해당 범죄인에 대한 수배 사실을 통고하고, 범죄인이 입국했거나 입국 가능성이 높은 국가의 경찰청과 협조하여 해외도피 사범이 현지 경찰에 의하여 체포될 수 있도록 한다.

을 담당한다. 또한 회원국의 합의에 따라 국제기구에 새로운 업무가 추가되기도 된다(조동준 2012, 456). 이런 절차를 통하여 만들어진 국제기구는 협약 관련 기록을 담당하는 최소 사무국만을 갖추는 수준에서부터 대규모 사무국은 물론 일반 실행능력을 갖춘 수준까지 상이한 형태를 보일 수 있다.

국제기구는 특정 초국경 문제를 해결하는 기능을 담당하는 동시에 위임받은 업무에서 벗어나 새로운 쟁점 해결을 위한 토론장을 제공하며, 더 나아가 쟁점을 해결할 새로운 방식을 제기하기도 한다. 예를 들어, 국제연합 안전보장이사회가 국제평화와 안보에 있어

최고 의사결정으로 출범했지만, 국제평화와 안보에 대한 해석이 넓어지면서 전시 인권, 난민, 개입 등 여러 쟁점을 다룰 수 있다. 특히 국제연합 안전보장이사회 결의 688(1991.4.5.)는 국제평화와 안보에 영향을 미칠 수 있는 원인으로서 난민문제를 해결하기 위한 강제조치를 명시하여 국제평화와 안보의 관할 영역을 크게 넓혔다. 이로써 국제연합 안전보장이사회는 국가 간 분쟁은 물론 내전과 관련된 여러 문제에 개입할 수 있게 되었다.

(3) 국제회합

특정 쟁점을 해결하기 위한 국가 간 회합 관행은 현대 세계정치에서 두 가지 모습으로 유지된다. 첫째, 19세기 돌발성 회합 관행이 지금도 유지된다. 집속탄금지협약(Convention on Cluster Munitions)의 탄생은 국가 간 회합이 현대 세계정치에 관여하는 대표적 예다. 2006년 레바논 전쟁에서 사용된 집속탄의 피해가 국제사회에 알려지자, 스퇴라(Jonas Gahr Støre) 노르웨이 외무장관은 집속탄의 문제점을 논의하고 집속탄을 금지하기 위하여 국제회합을 각국 외무장관, 비정부기구의 대표, 국제기구 수장에게 제의했다. 노르웨이의 제안에 48개국, 국제적십자, 5개 국제연합 기관, 비정부기구인 '집속탄 연대(Cluster Munition Coalition)'가 호응하여 2007년 2월 오슬로에서 회합이 이루어졌다. 이 회합에서 2008년 안에 집속탄금지협약을 만들자는 합의가 도출되었다. 2007년 2월 시작된 오슬로 프로세스는 2008년 5월 집속탄금지협약으로 이어졌다.

둘째, 국제연합과 유네스코와 같이 보편적 국제기구가 주도하여 특정 쟁점을 해결하기 위하여 소집하는 국제회합이다. 통상 국제

2006년의 레바논 전쟁과 집속탄

2006년 7월 12–8월 14일 이스라엘과 헤즈볼라간 전쟁이 일어났다. 레바논 남부에 주둔한 헤즈볼라 무장단체가 이스라엘 군을 선제공격하여 이스라엘 군인 3명을 전사시키고 2명을 납치하였다. 이스라엘 군은 헤즈볼라를 레바논 남부에서 몰아내기 위하여 레바논 남부에서 지상전을 벌였다. 이 전쟁에서 민간인 1,200여명이 전투에 휩쓸려 사망했는데, 이스라엘 군이 사용한 집속탄(集束彈, cluster munition)이 주요 사망 원인이었다. 이스라엘 군이 민간인 거주 지역에서 활동하던 헤즈볼라 전투원을 공격하기 위하여 집속탄을 사용했기 때문이다.

집속탄은 시한장치에 의해서 모폭탄(母爆彈)이 공중에서 폭발되면 그 속에 들어 있던 자폭탄(子爆彈)이 나와 공격하는 무기다. 자폭탄이 특정 목표 지점을 향하지 않고 불규칙적으로 흩어지기 때문에 산탄형폭탄으로 불리기도 한다. 집속탄은 전투 중 전투 목표와 무관한 민간인을 공격하지 말아야 한다는 전쟁법원칙과 충돌된다.

기구가 제안하는 국제회합이 국제합의로 연결되기 때문에, 국제회합과 국제법상 협약 사이의 구별이 모호해졌다. 외향적으로는 국제기구가 회합을 후원하는 듯 보이지만, 실제로는 특정 지구적 쟁점에 관심을 가진 회원국이 국제기구를 활용한다. (1) 먼저 특정 쟁점에 관심을 가진 회원국 일부가 국제기구로 하여금 국제회합을 준비하는 결의 또는 합의를 이끌어내면, (2) 회합 개최를 위임받은 국제기구가 회합에 필요한 지원을 담당하고 국제기구의 명의로 회합 초청서가 각국으로 발송된다. (3) 각국이 초청에 응하여 대규모 회합이 진행되어 특정 지구적 쟁점의 해결을 위한 협의 후 또 다른 협약이 만들어진다. 이처럼 19세기 회합 관행이 국제기구를 매개로 더 빠르게 진행된다. 현대 세계정치에서 협약은 주로 국제기구를 매개로 이루어진다.

　'사막화방지협약(United Nations Convention to Combat Desertification)'은 국제기구를 매개로 하는 국제회합이 지구적 쟁점의 해결에 관여하는 양상을 대표적으로 보여준다. 환경과 개발에 관심을 가진 회원국은 2000년 이후 환경과 개발 쟁점을 논의하는 시각을 마련하기 위하여 국제연합 총회에서 '세계환경개발위원회(World Commission on Environment and Development)'를 설립하는 결의(A/RES/38/161)를 주도했다. 이 결의에 따라 설립된 '세계환경개발위원회'는 1992년 국제연합이 후원했던 '국제연합 환경개발회의'에 필요한 자료를 마련했고, 이 자료는 1992년 국제연합 환경개발회의(United Nations Conference on Environment and Development, UNCED)의 결과물에 반영되었고, 국제연합 환경개발회의는 사막화방지를 위한 협약을 준비하기 위하여 국제연합 사무국이 '정부 간 협상 위원회(Intergovernmental Negotiating Committee)'를 1994년 6월까지 만들라고 권고하였다. 이 권고에 따라 1992년 국제연합 총회는 '정부 간 협상 위원회'를 만들기로 결의하였고, '정부 간 협상 위원회'에 5차례 협의를 거쳐 협약의 초안이 마련되었다. 1994년 회원국은 회합을 통하여 협약의 출범에 합의했고, 1996년 발효되었다.

(4) 국제비정부기구 간 회합

국제비정부 행위자가 지구적 쟁점의 해결에서 차지하는 비중이 작지만, 특정 가치와 해결 방식을 옹호하고, 실행 과정을 감시하는 역할이 점차 커지고 있다. 현대 국제비정부기구는 크게 세 유형으로 구분된다. 첫째, 특정 목적을 위하여 공식적 상호연결망을 통해 정기적으로 상호작용과 집단행동을 하는 사람들로 구성된 비정부기구이다. 각국에서 병립하던 비정부기구가 지구화의 진전과 함께 초국가활동에 연계되는 경우가 많아지고 있다. 더 나아가 일부 비정부기구는 초국가적 연계를 상설화시켜 국제비정부기구로 발전했다. 국제비정부기구의 설립 이후 각국에 존재하던 비정부기구는 지부의 역할을 담당하고, 다른 국가에서도 지부가 추가적으로 설립되도록 관여한다.

둘째, 전문가 집단이다. 세계정치의 의제가 매우 복잡하기 때문에 특정 쟁점에 관한 전문성을 갖춘 사람들이 반드시 필요하다. 전문성의 기준과 교육과정이 국경을 초월하여 비슷해지면서, 전문가집단의 초국경성이 높아지고 있다. 전문가집단은 자신의 전문성과 관련된 지구적 쟁점의 해결 과정에서 통일된 목소리를 내기도 한다. 예를 들어, 2018년 인공지능 분야에서 전문성을 가진 연구자 집단은 한국과학기술원이 전투용 로봇의 개발에 관여한다는 이유로 한국과학기술원과 협업 중단을 촉구하였다. 이들은 인공지능과 로봇이 전투용으로 사용되지 말아야 한다는 믿음에 따라, 과학자가 군사용 연구에 관여하지 않도록 사회적 분위기를 만든다.

셋째, 영리를 목적으로 조직된 다국적기업으로 구성된 국제비정부기구이다. 다국적 기업은 자금력과 이동성을 활용하여 투자를 유치하려는 국가를 규제하고 경제환경 등의 변경을 요구하며, 세계경제에서 기회를 결정하는 역할을 담당한다. 또한, 다국적기업들은 자신들의 활동을 규율하는 원칙 등을 스스로 창출하면서 경제문제와 관련된 세계정치 운영에 참여한다. 예를 들어, 볼프스베르그 집단(Wolfsberg Group)은 13개 다국적은행으로 구성되는데, 국제투명성기구(Transparency International), 바젤대학교 피스 교수(Professor Mark Pieth of the University of Basel)를 포함한 전문가 집단과 함께 2000년에 '사적금융에서 돈세탁방지를 위한 볼프스베르그 원칙(Wolfsberg Anti-Money Laundering Principles for Private Banking)'을 만들었다.

국제비정부기구는 언론과 여론으로부터 관심을 끌기 위하여 국제회의(international convention)와 정상회의처럼 국제회합을 묘사하는 수식어를 덧붙인 초국경회의를 조직한다. "xx에 대한 세계정상회의(Global Summit on xx)"라는 수식어를 붙인 수많은 비정부기구 간 회합이 열리는데, 국제비정부기구 간 회의는 비정부기구의 역할이 국경을 초월하여 이루어지도록 한다. 특히, 비정부기구 간 국제회합은 현대 세계정치의 운영을 규정하는 규범 창출에 관여하기 때문에, 상충적 입장을 가진 비정부기구 간 회합이 병렬적으로 진행되기도 한다.

2. 공공외교의 공간으로서 세계정치의 장

지구적 쟁점의 해결을 위하여 마련된 세계정치의 장은 공공외교의 공간으로 활용된다. 지구적 쟁점은 인류 모두의 관심 사항이기 때문에, 세계정치의 틀에서 지구적 쟁점이 논의되면 언론이 큰 관심을 표명한다. 언론의 관심과 취재는 특정 국가의 입장과 이미지를 알릴 수 있는 기회이기 때문에, 각국은 지구적 쟁점의 해결을 위하여 세계정치의 틀을 활용하면서 동시에 자국의 관심사와 의제를 투영하고 국격을 높이려 한다. 특히 냉전 종식 후 전쟁이나 핵무기와 같은

1941년 8월 10일 영국 전함 프린스 오브 웨일스호(HMS Prince of Wales)에서 루즈벨트 미국 대통령과 처칠 영국 수상이 찍은 사진은 과거 정상회의의 의전을 잘 보여준다. 양국 정상은 8월 9일부터 12일 사이 양국의 전함을 오가면서 2차 대전 후 국제질서를 논의했고, 8월 14일 미국 해군기지 '아르헨티나(Naval Base Argentia)'에서 나중에 '대서양 헌장(Atlantic Charter)'으로 알려진 공동선언문을 발표했다. 대서양 선상 회동은 공동선언문이 발표되기 전까지 대중에게 알려지지 않았다.

정상회의가 선상에서 진행되는 관행은 오랜 역사를 가진다. 중세 유럽에서 왕이 직접 외교에 참여하는 경우, 선상에서 회의가 종종 진행되었다. 정상회의에 참여하는 왕은 각기 호위함으로 선상 회의장까지 이동하고, 왕과 소수 수행원이 비무장 상태에서 선상 회의장으로 입장함으로써, 왕이 회의장으로 이동하는 중 또는 회의장에서 시해를 당하는 위험을 줄였다. 중세기 등장한 선상 정상회의는 이후 정상회의의 의전으로 자리를 잡았다. 1807년 7월 나폴레옹 프랑스 황제와 알렉산더 러시아 황제 간 네넴강(Neman River) 선상회의, 1989년 12월 2–3일 몰타 연안에 정박한 '막심 고르키호(Maksim Gorkiy)' 선상에서 진행된 몰타 정상회의 등이 유명하다.

안전이 선상 정상회의의 최우선 고려사항이었기 때문에, 대중은 회의 준비와 진행 과정을 알 수 없었다. 선상회의를 옆에서 지켜본 사람이 전한 정보만이 여러 과정을 걸쳐 부분적으로 대중에게 알려질 뿐이었다. 최근 선상 정상회의에 대한 정보통제가 상대적으로 완화되었지만, 선상 정상회의는 여전히 대중이 접근할 수 있는 기회를 차단한다.

경성 세계정치의 의제보다는 환경, 경제, 인권과 같은 연성 세계정치의 의제가 상대적으로 부각되면서, 세계정치의 틀과 공공외교가 밀접하게 만나게 되었다.

국가가 상대국 국민의 마음을 얻기 위한 좁은 의미의 공공외교는 세 측면에서 세계정치의 틀과 만난다. 첫째, 세계정치와 관련된 회합을 유치하는 국가는 취재진과 참가자에게 자국을 알릴 수 있는 독점적 기회를 가질 수 있다. 지구적 쟁점을 본격적으로 논의하기 전 진행되는 환영 연회, 회의장 장식, 의전, 휴식 중 활동 등을 유치국이 통제할 수 있기 때문에, 유치국은 자국에게 우호적인 요소를 회합에 투영하고자 한다. 올림픽 개최국이 지구촌을 대상으로 자국의 상을 보여주듯이, 지구적 쟁점을 논의하는 국제회합을 유치하는 국가는 자국의 상을 국제사회로 알리려 한다.

2016년 중국 항저우에서 열린 G20 정상회의는 세계정치가 공공외교와 연관되는 양상을 대표적으로 보여준다. 중국은 G20 정상회의 환영 만찬에서 현대식으로 재해석한 36개 중국 요리를 선보였고, 항저우의 풍경을 담은 전통 도자기, 병풍, 가구로 연회와 회의장을 준비했다. 환영 만찬 후 귀빈은 유람선을 타고 서호(西湖) 위에서 장예모 감독이 연출한 〈가장 그리운 곳은 항저우〉라는 문예공연을 관람했는데, 대자연과 어우러진 화려한 조명, 음악은 중국의 전통문화를 충분히 살리면서 서양문화도 폭넓게 수용했다. 중국 CGTN은 중국 안에서는 접속이 차단된 유튜브에 공연 영상을 올려 G20에서 중국적 요소를 알리려 하였다. G20 정상회의장 밖에서도 중국에 대한 호감을 높이기 위한 행사가 진행되었다. 평균 대졸 이상, 24세, 168cm의 여성으로 구성된 순찰대를 조직하여 서호 지역의 질서유지와 관광자문 서비스를 담당시켰고, 중년 여성으로 구성된 '우린다마(武林大媽)'라는 여성자원봉사단을 통하여 시민들에게 부드러운 미소로 공중도덕 준수를 권장했다. 정상회담이 진행되는 동안 공장의 가동을 중단하고 노동자에게는 집단 휴가를 주어, 공기 질과 교통 상황을 관리했다(이기성 2016). 이처럼 중국에게 우호적인 상을 G20에 투영하기 위한 노력이 다양하게 진행되었다.

2006년 러시아 세인트 피터스버그에서 열린 G8 정상회의는 러시아의 공공
외교와 반세계화 시민운동 간 충돌을 상징적으로 보여준다. 러시아는 미국계
Ketchum 홍보회사와 계약을 맺어 러시아의 긍정적 자산을 G8 정상회의에 투영
하여 국가 이미지를 개선하려 했다. Ketchum 홍보회사는 경제성장, 교육 혁신, 전염
병 예방 쟁점에서 러시아의 장점을 확인한 후, 러시아의 국가 이미지를 경제적 번
영과 연결시키는 작업을 제안했다. 동시에, 러시아의 국익과 관련된 에너지 안보,
러시아가 국제사회에서 자랑하고자 하는 교육 혁신과 전염병 예방을 G8 정상회의
의 의제에 넣으라고 권고하였다. 러시아는 Ketchum 홍보회사의 제안을 수용하
여, 에너지 안보, 교육 혁신, 전염병 예방을 G8 정상회의의 의제로 투영하였다. 그
결과 2006년 G8 정상회의가 만들어낸 16개 결과문서 가운데, 첫 문서의 제목이
'세계에너지안보', 둘째 문서의 제목이 '21세기 혁신사회를 위한 교육', 셋째 문서의
제목이 '전염병 퇴치'였다.

　　다양한 사회운동단체는 러시아의 삼엄한 통제 아래서도 G8 정상회의에 반
대하는 활동을 전개하였다. 예를 들어, 지구화에 반대하는 자파는 '모스크바 자유
포럼(Libertarian Forum in Moscow)'을, 민주단체는 '러시아 사회포럼(Russian Social
Forum)'을 G8 정상회의에 맞추어 열어 반지구화, 민주주의와 인권 등을 G8 정상
회의에 투영하려고 했다. 사회운동단체는 예비 참가자들에게 체포 또는 구금될 경
우를 대비한 법적 대처법까지 제공하여 참여 규모를 늘려, G8 정상회의 참여자와
취재자가 자신이 옹호하는 가치에 관심을 가지도록 했다. 이런 활동은 결국 러시아
경찰과 충돌을 초래하여, 사회운동가 약 200여 명이 체포 또는 구금되었다(Bigg
2006).

둘째, 세계정치와 관련된 회합을 유치하는 국가는 자국의 관심
의제를 세계정치에 투영하는 기회를 가져, 자국에게 우호적 이미지
를 창출하는 데 도움을 얻을 수 있다. G-X, 국제기구의 총회, 대규
모 비정규 국제회합을 유치하는 국가는 의제를 선정하는 과정에서

특권적 지위를 가지는 관행이 있다. 각국은 자국의 의제를 세계정치에 투영하기 위하여 경쟁적으로 세계정치를 논의하는 회합을 유치하려 경쟁한다. 유치국이 강점을 가진 의제가 채택되면, 언론보도와 결과문서를 통하여 국제사회가 유치국의 강점을 알게 된다. 이는 결국 유치국에 대한 좋은 인상으로 이어지는 데 도움을 준다.

셋째, 세계정치가 논의되는 장소를 유치하지 못해도 각국은 자국에게 유리한 의제를 국제사회로 투영하고 자국에게 유리한 인상을 확산시키려 한다. 세계정치가 논의되는 다자 회합은 공개외교(open diplomacy)의 원칙에 따라 진행된다. 회의 과정이 취재진과 방청객에게 공개되고 심지어 실시간으로 중계되기 때문에, 세계정치에 변론과 수사가 중요한 역할을 담당한다. 각국은 지구정치와 관련된 모임을 자국에 대한 호감 제고를 위한 장소로 활용한다. 심지어 국제회합에 투영된 자국의 이미지 또는 자국 지도자의 이미지를 국내정치에 활용하기도 한다.

역대 한국 대통령의 국제연합 연설은 국제연합이 공공외교의 장소로 활용되는 양상을 대표적으로 보여준다. 국제연합에서 처음 연설을 한 노태우 대통령은 1991년 정전협정의 평화협정으로의 대체, 남북한 군축 및 상품, 정보, 사람의 자유 교류를 제안했는데, 이는 노태우 대통령이 1989년 발표했던 한민족공동체통일방안(韓民族共同體統一方案)을 반영했다. 김영삼 대통령은 자신의 민주화 경력을 드러낼 수 있는 민주화를 강조했고, 김대중 대통령은 햇볕정책을 홍보했고, 노무현 대통령은 국제사회 구성원 간 공존을 강조하여 자신의 개혁적 이미지를 부각하려 했다. 이명박 대통령은 북한의 안전보장과 경제지원, 북핵문제의 일괄타결을 담은 '그랜드바긴' 구상을 제시하면서, 청계천의 성공을 드러낼 수 있는 물관리와 관련된 의제를 제시했다. 박근혜 대통령은 부친인 박정희 대통령의 성과인 '한강의 기적'을 언급했다. 문재인 대통령은 남북정상회담을 언급했다. 이처럼 한국의 역대 대통령은 국제연합 연설을 통하여 지구적 쟁점에 관한 입장을 밝히면서도, 한국 또는 자신의 장점을 드러내려 하였다.

세계정치의 공간은 세계시민외교의 통로로도 활용된다. 사회세력과 비정부기구는 특정 지구적 쟁점이 자신의 가치에 부합되게 해결되도록 다양한 활동을 전개한다. 대규모 회합을 유치한 국가와 협업, 자신의 가치와 문제해결 방식을 드러내기 위한 시위와 홍보활동, 자신의 입장에 동조하는 국가와의 공조 등이 이루어진다. G-X 정상회의와 반대 시위가 공존하는 현상, 국제기구 총회에 비정부기구의 대표가 참여하는 현상이 이제는 보편적이다. 언론의 주목을 상대적으로 받지 못하지만, 지구적 쟁점의 해결과 관련된 각종 실무급 모임에서 사회세력과 비정부기구는 전문가, 청문 대상자로 참여한다. 이처럼 사회세력과 비정부기구가 세계정치에 관여하는 현상은 국내정치에서 시민이 외교정책의 형성과 실행에 관여하는 현상에 비견될 수 있다. 후자를 '국민외교'로 칭한다면, 전자는 세계시민외교로 부를 수 있다.

IV. 대규모 행사(mega-event)와 공공외교

19세기 과학기술의 획기적 발전은 교통과 운송수단의 발달로 이어졌다. 특히 증기선, 철도, 자동차의 발달로 인류는 물리적 거리로 인한 제약을 넘어설 수 있게 되었다. 교통과 운송수단의 발달로 박람회, 운동경기, 축제, 예전 등에 대규모 인파가 원거리에서 몰려 대규모 행사(mega-event)가 출현했다. 이 절은 19세기 대규모 행사가 출현하는 현상과 대규모 행사가 공공외교의 장으로 활용되는 현상을 기술한다.

1. 19세기 대규모 행사

산업화 이전 길이 정비되어 있다고 가정할 경우, 인류는 마차로 하루에 평균 35km 정도, 도보로 20km 남짓 이동할 수 있었다. 이동 중 숙박할 장소가 마련되어야만, 하루 이동거리를 넘어 더 먼 곳으로 이동할 수 있었다. 중세유럽에서 자연부락 간 거리가 5-6km, 읍락(town) 간 거리가 15-20km, 주요 읍락 간 거리가 55-75km였던 사실은 인류의 제한된 행동반경을 반영한다. 산업화 이전 여러 기록을 종합하면, 상설 장터가 위치한 읍락을 중심으로 주변 자연부락까지 포함하는 공간이 인류의 하루 생활권이었다. 즉, 인류의 하루 생활권은 대략 10km 반경으로 국한되었다.

　　반면, 19세기 교통운송 능력이 비약적으로 발전했다. 19세기 초반 증기선이 시간당 9km 정도 이동할 수 있었지만, 1870년대 초반에는 시간당 40km에 육박했다(1874년 Sir Arthur Cotton호는 최고 시속 39.6km 기록). 증기선의 안전성도 증가하여 안전한 원양 항해가 가능해짐에 따라, 해외 이동이 쉽게 이루어졌다. 육상에서는 증기기관차와 철도가 운송의 풍경을 바꾸었다. 1804년 최초 증기기관차의 속도가 시간당 8Km였지만, 1895년 터우형 증기기관차(Ten wheeler 10륜차)는 시속 149km를 기록했다. 철도가 확산되면서 육상에서 이동이 쉽게 이루어지게 되었다.

　19세기 교통운송 능력의 비약적 발전으로 대규모 행사가 가능해졌다. 일반인도 원거리 여행을 쉽게 할 수 있게 되자, 흥미로운 행사에 많은 사람을 불러 모을 수 있게 되었다. 19세기 대규모 행사는 크게 두 종류로 구분될 수 있다. 첫째, 19세기 산업화의 성과를 한 장소에 모아 대중에게 공개하는 행사가 열리기 시작했다. 대중의 관심을 얻어 상업적 성공을 거두기 위한 경제적 욕망과 여흥거리를 찾는 대중의 선호를 동시에 충족시키는 새로운 행사였다. 1798년 프랑스 파리에서 일반 대중의 입장이 허용된 산업박람회가 처음으로 열린 이후 부정기적으로 열리다가,[9] 1851년 최초의 국제박람회가 영국 런던에서 열렸다. 영국 런던의 산업박람회에는 44개국으로부터 출품작이 제출되었고 무려 6백만 명이 넘는 관객을 모을 수 있었다. 이후 이보다 더 큰 산업박람회가 뒤따라 19세기에만 총 13회 국제산업박람회가 열렸다. 통상적인 산업박람회에 식민지의 산물과 생활양식을 선보이는 행사도 열리기 시작했다. 1879년 호주 시드니에서 첫 식민지 산업박람회가 열린 이후 19세기에만 총 11회 식민산업박람회(colonial exhibition)가 열렸다.

　둘째, 국제운동경기이다. 19세기 초반에는 운동 동호회가 여러 곳에서 생겼고, 곧 동호회 간 운동경기가 시작되었다.[10] 철도의 발달

....

9　신성로마제국 황제 레오폴드 2세(Leopold II, 재위 1790-1792)의 즉위에 맞추어 1791년에 열린 프라하 산업박람회가 최초 산업박람회지만, 즉위식에 초청을 받은 사람과 일부 특권층만 관람할 수 있었다.

10　계몽시대 이전에는 신체적 운동을 전사 양성, 노동 능력의 향상과 연결시킨 생각이 사회적으로 수용되었지만, 계몽시대 사상가는 개인 차원에서 이성을 활용할 수 있

로 장거리 원정경기가 가능해짐에 따라, 동호회의 선수는 물론 대규모 관객이 원정경기에 참가하는 현상이 나나타기 시작했다. 이런 환경은 자연스럽게 국제운동경기로 이어졌다. 1844년 최초 국제운동경기로서 미국과 상(上)캐나다(Upper Canada) 크리켓 대표단 간 시합이 진행된 후,[11] 여러 종목에서 국제경기가 열렸다. 1851년 미국 참가단과 영국 참가단 간 최초 국제요트 경기, 1872년 영국과 스코틀랜드 간 최초 국제축구시합 등이 진행되었다. 동호회 간 운동시합은 물론 국제운동시합은 대규모 인파를 불러 모았다.

이런 변화는 "인류에 봉사하는 스포츠"를 지향하는 근대 올림픽 운동으로 이어졌다. 1850년 영국 웬록(Wenlock)에서 독서모임이 '올림픽 교실(The Olympian Class)'을 개설하여 매년 운동경기를 진행했고 1866년 영국에서 국가 차원의 올림픽이 진행되었다. 영국에서 진행된 올림픽의 성공은 국제 차원에서 올림픽을 진행하려는 운동으로 이어져 국제올림픽위원회(International Olympic Committee)가 결성되었고 1896년 최초의 근대 올림픽이 열렸다. 1회 올림픽에는 총 14개국에서 241명이 참가했다. 헝가리만 국가 차원의 대표단

....

는 환경을 만들기 위하여 신체적 운동을 장려했다. 계몽시대 운동관이 19세기 사회적으로 수용되면서, 사회적 변화가 일어났다. 공교육에서 체육이 필수 교과목으로 채택되었고, 상류층에서 운동 동호회가 일어났고, 체육 활동을 정확히 측정하고 기록을 남기는 현상이 일어났다.

11   1844년 미국 대표단과 상(上)캐나다 대표단 경기는 1840년 작은 소동으로 거슬러 올라갔다. 1840년 뉴욕 세인트 조지(St. George) 크리켓 동호회 선수단은 토론토 크리켓 동호회의 사무총장을 사칭한 조지 필포츠(George Philpotts)이 초청장을 믿고 마차를 이용하여 토론토에 도착했다. 도착 후 초청장이 위조되었다는 것을 알게 되었지만, 두 동호회 간 경기가 열렸다. 이 소동 후 두 동호회는 국가대표단 간 경기를 추진했고, 4년 후 뉴욕에서 회동했다.

을 보냈고, 참가 선수는 동호회 또는 대학 차원에서 선발되었다.

2. 대규모 행사를 통한 매력 발산

19세기에 등장한 대규모 행사는 공공외교의 흔적을 가지고 있었다. 국제산업박람회의 주최국은 자국의 성취를 가장 잘 보여주기 위한 전시관을 마련하여 국내외 관객에게 깊은 인상을 남기려 하였다. 예를 들어, 영국은 1851년 최초 국제산업박람회를 열면서 당시에는 진귀한 유리창문을 다량 활용하여 '수정궁전(Crystal Place)'이라 불리는 전시관을 제작했다. 당시 관람객이 '수정궁전'에 입장하는 순간부터 영국의 건축 능력에 압도당했다. 더 나아가 식민산업박람회는 식민지 모국의 앞선 기술과 식민지의 낙후된 환경을 대조적으로 보여줌으로써 제국주의를 정당화하는 효과를 가져왔다. 예를 들어, 1883년 벨기에의 식민산업박람회(International Colonial and Export Exhibition)는 전시관 중 일부를 식민지 관련 전시공간으로 만들어 자바산 물품, 자바 원주민의 거주지, 그리고 자바 원주민을 전시했다. 관람객은 전시된 식민지의 환경과 실제 원주민을 보면서, 제국주의의 지배를 정당화하는 담론을 부지불식간에 수용하게 되었다.

20세기 이후 대규모 행사의 유치는 국가브랜드 창출과 연결되어 있다. 대규모 행사에 대규모 인파가 몰릴 뿐만 아니라 방송을 통하여 대규모 관객에게 전달되기에, 대규모 행사는 인위적으로 국가의 평판을 올릴 수 있는 좋은 기회가 될 수 있다. 대규모 행사의 개막식은 개최국이 국가상을 국내외 일반인에게 투영하기에 좋은 기회이다. 또한, 개막식에 맞추어 각국 사절단이 대규모로 방문하고 여러 정상회담이 열리기에, 개최국은 자국의 의제를 국제사회로 투영시키는 기회를 가진다. 대규모 행사에 몰리는 국내외 이목과 사람을 대상으로 개최국은 사실상 공공외교를 벌인다.

20세기 중반 이후 대규모 행사는 크게 세 부류로 구분된다. 첫째, 주기적으로 열리는 운동경기다. 올림픽, 아시안게임과 같이 여러 종목의 경기가 한 장소에 열리는 대규모 행사, 축구, 야구, 배구 등 단일종목에서 진행되는 대규모 행사 등이 주기적으로 열린다. 둘째, 대규모 박람회다. 19세기 산업박람회는 세계전람회(expo)로 확대되었다. 미술 분야에서 열리는 비엔날레, 조경 분야에서 열리는 세계원예박람회 등이 자리를 잡았다. 첨단산업, 치안, 영화, 음악 등 다양한 분야에서 새로운 대규모 박람회를 만들기 위한 경쟁이 여러 곳에서 진행되고 있다. 셋째, 국가 차원의 예전과 축제이다. 20세기 중반 이전에도 즉위한 왕이 행진하는 행사를 통하여 국가적 예전에 대중이 참여할 수 있는 기회가 있었지만, 방송매체의 등장으로 국내외 관객이 국가 차원의 예전에 쉽게 참가할 수 있게 되었다. 예를 들어, 1953년 영국 엘리자베스 2세(Queen Elizabeth II)의 즉위식에 초청된 인원은 8251명(129개국 사절단 포함)이었지만, TV 중계를 통하여 영국에서 2천만 명, 미국에서 8천 5백만 명이 보았다. 대규모 여행객이 흥밋거리를 찾아 국경을 넘게 되면서, 축제 또한 대규모 행사가 되었다. 예를 들어, 2019년 네덜란드 나이메큰에서 열리는 예술축제(Vierdaasefeesten Nijimegen)에 7일 동안 163만 명이 몰렸는데, 많은 외국인이 포함되어 있었다.

20세기 중반 이후 지구 차원의 대규모 행사는 공공외교의 기회로 활용되었다. 대규모 행사의 개최국은 도시 재생 또는 사회기반시설 구축 등 국내적 성과는 물론 특정한 국가 이미지를 국내외로

2016년 리우 올림픽은 개최국 브라질의 경제위기와 정치위기, 안전 문제, 지카 바이러스 등 여러 어려움 속에서 치러졌다. 일부 경기장과 시설이 개막 직전에야 겨우 완공될 정도였고, 선수 숙소는 전기 배선 등 기본적 정비가 이루어지지 않은 상태였다. 국제올림픽위원회 부위원장 코츠(John Coates)가 역대 올림픽 중 가장 준비가 안 된 상태라고 말할 정도였다.

왜 브라질은 올림픽을 개최하려 했을까? 2009년 리우데자네이로시가 제출한 유치의향서를 보면, 리우 올림픽이 유치되면 "주요 성장경제국이며 독특한 관광지로서 브라질의 지위가 강화되며 … 활력 있고 보람찬 장소로서 브라질의 장기적 명성을 높이는" 효과를 가진다고 예상했다. 브라질은 브라질의 매력을 전 세계에 발산하려는 목적을 가지고 올림픽을 유치했다.

브라질의 유치 목적은 개막식을 통하여 잘 드러났다. 개막식에서 아마존 밀림이 생명의 탄생지로 묘사되었고, 원주민의 유입과 유럽인의 등장, 흑인 노예의 도착, 아랍인과 일본계 이주민의 등장을 드러내어 브라질이 형성되는 역사를 강렬한 춤과 음악으로 그려냈다. 또한, 리우데자네이로의 고층건물과 역동적 삶의 양태를 시각적 요소와 음악으로 보여주어, 개최지의 매력을 보이려 했다.

리우 올림픽은 브라질의 국가상을 우호적으로 만드는 데 일정 정도 기여했다. 세계 인구의 반 이상이 리우 올림픽을 보았고, 올림픽 기간 브라질을 찾았던 방문객의 재방문 의사가 현저하게 올라갔다. 리우데자네이로와 연결된 인식이 지카바이러스에서 활기찬 관광지로 바뀌었고, 브라질이 아마존 밀림을 보존하며 사회적 다양성을 가진 국가로 인식되었다.

투영하는 기회로 활용한다. 개막식과 경기장에 국가적 가치와 문화를 덧입히고, 외국 방문객을 맞이하는 일반인의 행동을 세계 차원의 예절에 맞추려는 노력을 한다. 또한, 개최지의 사회기반시설과 삶의 양식을 매력적으로 보이게 함으로써, 국가 이미지를 좋게 만든다. 참가국도 대규모 행사에 참여하면서 공공외교에 관여한다. 박람

회의 경우 참가국이 쓰는 전시실에 국가적 이미지를 덧입히고, 대표단의 단체복에 국가적 문화자산을 투영하고, 국가를 대표할 수 있는 인물을 국제경연과 축제에 보낸다. 개최국이 자국의 이미지를 투영하기 위하여 만든 공간에서 참가국도 매력을 발산하려 노력한다.

1차 세계흑인예술축제(World Festival of Black Arts)는 대규모 행사가 공공외교로 활용되는 현상을 잘 보여준다. 1966년 4월 1일부터 24일까지 세네갈은 세계 최초로 흑인예술제(Festival Mondial des Arts Nègres)를 기획했다. 정치인이면서도 유명 시인인 셍고흐(Léopold Sédar Senghor) 세네갈 대통령은 흑인의 예술적 성취를 보임으로써 아프리카인의 자긍심과 연대감을 확인하고, 아프리카의 고유한 발전 경로를 모색하려는 움직임에 정당성을 부여하려 했다. 또한, 흑인 예술이 아프리카 밖에서 미친 영향을 보여줌으로써 아프리카가 예술 측면에서 서구보다 앞선다는 점을 드러내려 했다. 문학, 춤, 시각예술, 영화, 음악 등 다양한 분야에서 활동하는 흑인 예술가 2,500명이 이 행사에 참여했다. 개최국 세네갈은 이 행사를 통하여 범아프리카 운동과 아프리카의 예술적 힘을 보였다.[12]

참가국도 흑인예술제에 특정 성향을 보이는 예술가를 보내거나 흑인예술제를 후원함으로써 국가 이미지를 관리하려 했다. 미국 국무부는 국내적으로 흑인의 민권운동과 거리를 두는 보수적인 예술가의 여행경비를 부담함으로써, 흑인예술제가 민권운동과 연계되지

---

12 2차 세계흑인예술제가 1977년 오바산조(Olusegun Obasanjo) 나이지리아 국가수반의 후원 아래 성황리에 열렸다. 1976년 군부에 의하여 국가수반으로 추대된 오바산조는 세계흑인예술제를 나이지리아의 위상 회복과 연결하여 추진했다. 50여 개국으로부터 예술가 1만 7천 명을 불러 모아, 아프리카에서 열린 예술제 중 최대 인파를 기록했다.

않도록 하였다. 구소련은 국내에 흑인 예술의 영향이 사실상 없음에
도 불구하고 유람선을 일시적으로 제공하여 숙박 문제를 해결하는
데 큰 도움을 주었다. 흑인 예술을 지원함으로써 아프리카인에게 우
호적인 인식을 심어주려고 하였다. 개별 참가국은 자국의 국내외적
목적과 연결하여 흑인 예술제에 접근했다.

V. 맺음말

인류는 지구화로 인한 상호 의존성 증가와 주권국가로 구성된 국제
사회의 분절성 간 간극을 메우기 위하여 노력했다. 산업혁명 이후
지구화의 속도와 범위가 급속히 증가되면서, 인류는 강대국 간 협의
에 기반한 유럽협조체제, 분절된 비정부기구 간 초국경연대, 초국경
쟁점을 규율하는 데 관여하는 관련 부처 간 모임으로서 국제공공연
맹, 특정 지구적 쟁점에 관심을 가진 국가가 모여 협의하고 해결책
을 모색하는 관행을 차례로 발전시켰다. 이는 20세기 중엽 이후 강
대국 간 정상회의, 국제기구, 국제회합, 국제비정부기구의 출현으로
자리를 잡았다. 이로써 인류는 지구적 쟁점을 논의하고 해결책을 모
색하는 안정적 방식과 장소를 갖추게 되었다.
　세계정치의 장에 대한 언론과 여론의 관심으로 인하여 세계정
치의 장이 공공외교의 공간으로 활용되기도 한다. 각국은 자국에게
유리한 의제를 세계정치의 장에 투영하여 궁극적으로 자국에게 우
호적인 국제여론을 형성하려 한다. 더 나아가 세계정치와 관련된 국
제회합을 유치하는 국가는 의제 결정에 중요한 영향력을 행사하는

동시에 의전과 관련된 주요 결정을 하는 관행을 활용하여, 자국에게 우호적인 인상을 심어주기 위해 노력한다. 주요 정상회담과 국제기구 총회를 유치를 둘러싼 경쟁은 지구적 쟁점 해결 과정에 참여하는 노력과 동시에 자국의 이미지를 좋게 만들려는 노력을 동시에 포함한다. 따라서 세계정치 참여와 공공외교는 분리될 수 없다.

세계정치의 장에 사회세력과 비정부기구도 적극적으로 참여하려 한다. 비정부기구는 통상 국가 안에서 담당하는 옹호, 비판, 감시 기능을 국경을 넘어 수행한다. 전문가 집단은 지구적 쟁점의 해결 과정에 전문적 조언을 제공하기도 한다. 심지어 영리를 추구하는 다국적기업도 자신에게 유리한 환경을 조성하기 위하여 세계정치의 장에 관여한다. 시민이 세계정치의 결정 과정과 실행에 참여한다는 점에 주목하면, 이런 활동은 세계시민외교로 불릴 수 있다.

대규모 행사도 공공외교의 통로로 활용된다. 세계적 이목을 끄는 박람회와 운동경기는 개최국의 입장에서 국가 이미지를 세계로 투영하는 기회이다. 개최국은 기반시설과 경기장에 자국의 가치와 성취를 투영하여, 개최국에 대한 세계 관객의 인식을 바꾸려 한다. 왕가의 결혼식과 같은 예전에 특정 가치를 투영하기도 한다. 동시에 대규모 행사에 참여하는 국가도 자국의 가치와 이미지를 투영하려 한다. 이처럼 대규모 행사가 다양한 방식으로 공공외교의 통로로 활용된다.

1 지구화가 왜 주권국가체제와 상충하는가? 19세기 지구화로 인한 초국경 상호
   의존과 주권국가 간 분절성이 어떤 방식을 통하여 부분적으로 해소되었는가?

2 20세기 중반 이후 세계정치의 장을 어떻게 유형화할 수 있는가? 이는 19세기
   세계정치의 혁신과 어떻게 연결되는가?

3 누가 그리고 왜 세계정치의 장을 공공외교의 공간으로 활용하는가? 한국이
   세계정치의 장을 공공외교를 위한 공간으로 활용한 구체적 사례를 찾아보자.

4 누가 그리고 어떻게 대규모 행사를 공공외교의 공간으로 활용하는가? 한국이
   대규모 행사를 공공외교를 위한 공간으로 활용한 구체적 사례를 찾아보자.

5 시민은 세계정치의 장과 대규모 행사에서 어떤 방식으로 공공외교에 관여하
   는가?

추천 문헌

- 이용욱. 2016. "한국의 중견국 금융외교: G20을 통해 본 가능성, 한계, 그리고 역할의 모색." 『국가전략』 22(2): 61-94.
- 조동준. 2012[2007]. "세계정치 운영방식의 변환과 한국의 참여." 하영선·남궁곤 편. 『변환의 세계정치』. 서울: 을유문화사. pp.445-472.
- Hajnal, Peter I. 2016[2007]. *The G8 System and the G20: Evolution, Role and Documentation*. London, UK: Routledge.
- Grix, Jonathan and Donna Lee. 2013. "Soft Power, Sports Mega-Events and Emerging States: The Lure of the Politics of Attraction." *Global Society* 27(4): 521-536

참고 문헌

이기성. "中 항저우 G20: '하늘 색깔'도 바꿔라." SBS 뉴스 (2016.9.3.).

이용욱. 2016. "한국의 중견국 금융외교: G20을 통해 본 가능성, 한계, 그리고 역할의 모색." 『국가전략』 22(2): 61-94.

조동준. 2012[2007]. "세계정치 운영방식의 변환과 한국의 참여." 하영선·남궁곤 편. 『변환의 세계정치』. 서울: 을유문화사. 445-472.

Barbieri, Katherine and Omar M. G. Omar Keshk. 2016. "Correlates of War Project Trade Dataset Version 4.0." http://www.correlates ofwar.org/data-sets/bilateral-trade (검색일: 2022.2.28.).

Bigg, Claire. 2006. "Russia: Kremlin Hoping to Speak West's Language." *Radio Free Europe/Radio Liberty* (9 June).

Correlates of War Project. 2016. "State System Membership (v2016)." http://www.correlatesofwar.org (검색일: 2022.2.28.).

Emory University. 2022. Trans-Atlantic Slave Trade Database https://www.slavevoyages.org/ (검색일: 2022.2.28.).

Epstein, Charlotte. 2008. *The Power of Word in International Relations: Birth of an-Whaling Discourse*. Cambridge, MA: the MIT Press.

Hajnal, Peter I. 2016[2007]. *The G8 System and the G20: Evolution, Role and Documentation*. London, UK: Routledge.

International Monetary Fund. International Financial Statistics (IFS). https://data.imf.org (검색일: 2022.2.28.).

Maynard, Douglas H. 1960. "The World's Anti-Slavery Convention of 1840." *Mississippi Valley Historical Review* 47(3): 452–471.

Murphy, David. 2016. "The First Black Arts Festival Was Shaped by Cold War Politics." *The Conversation*(2016.4.1.).

Putnam, Robert D. and Nicholas Baynes. 1987. *Hanging Together: Cooperation and Conflict in the Seven-Power Summits*. Boston, MA: Harvard University Press.

Weisberger, Bernard A. 1994. "A Nation of Immigrants." *American Heritage* 45(1): 75–91.

Wightman, George. 1840. "Anti-Slavery Convention." *The Baptist Magazine* 32: 373–374.

디아스포라와 공공외교

신범식 | 서울대학교 정치외교학부

I. 머리말

II. 공공외교 자산으로서의 디아스포라 네트워크

   1. 디아스포라 네트워크

   2. 디아스포라 네트워크의 외교적 가치

   3. 디아스포라 공공외교의 도전

III. 디아스포라의 역할과 공공외교 전략

   1. 공공외교와 디아스포라의 역할

   2. 21세기 공공외교와 디아스포라 전략

IV. 한국 디아스포라 외교의 실재

V. 맺음말: 한국 디아스포라 공공외교의 과제

* 본 장은 다음 졸고를 기초로 수정·보완하여 작성하였음. "한민족 디아스포라와 공공외교," 김상배 외(편), 『중견국의 공공외교』(사회평론아카데미, 2013).

'디아스포라', 즉 "외국에 흩어져 살고 있는 동포들"이 공공외교의 자산으로 새롭게 주목받고 있다. 과거 디아스포라는 본국 정부의 통제와 관계없이 그저 타국 정부의 통제 아래에 있는 존재로서 이해되었으며, 점차 그 연결성의 관점에 의한 이해가 높아졌음에도 불구하고 주로 시장적 연결의 가능성에 주목하는 정도였다. 하지만 세계화와 초국경 상호작용의 증대는 디아스포라를 국민국가의 성긴(porous) 경계를 넘어 조직화되고 작동하는 네트워크적 실체로 이해하는 것을 가능하게 했다. 이 같은 디아스포라에 대한 이해는 정치, 경제, 외교, 사회, 문화 등 모든 측면에서 그 중요성을 더해가고 있다. 디아스포라의 외교적 기능은 크게 변호(advocacy), 중재(mediation), 대표(representation)로 나누어 볼 수 있으며, 이 같은 기능은 다양한 공공외교의 원천으로 활용되고 있다. 미국, 중국, 인도, 이스라엘 등 여러 나라들은 디아스포라의 외교적 자산으로서의 가치를 십분 활용하기 위한 정책을 적극적으로 구사하고 있다. 한국 또한 급변하는 글로벌 사회에서 코리언디아스포라를 공공외교의 자산으로 인식하고 재외동포 정책을 추진하고 있으며, 나아가 디아스포라를 주요 전략적 자산으로 인식하고 한국 공공외교의 중요 대상이며 주체로 자리매김할 필요가 있다.

핵심어

디아스포라diaspora   디아스포라 네트워크diaspora network

공공외교public diplomacy   정책네트워크policy network

변호advocacy   재외동포재단Overseas Koreans

중재mediation   Foundation

대표representation

I. 머리말

공공외교의 자산으로 "외국에 흩어져 살고 있는 동포들", 즉 '디아스포라'가 새롭게 주목받고 있다. 본래 "흩어진 사람들"이란 뜻의 디아스포라는 팔레스타인을 떠나 세계 각지로 흩어져간 유대인을 지칭하는 말에서 유래하였다. 전 세계적으로 흩어진 그리스인, 유대인, 아르메니아인, 이탈리아인, 갤릭인(스코틀랜드 등)들은 대표적인 디아스포라이다. 하지만 사실 이들 못지않게 제3세계의 인도, 중국, 터키를 비롯하여 다양한 디아스포라 그룹이 지구상에 분포하며, 한민족 디아스포라 또한 무시할 수 없는 존재이다. 그 역사가 오랜 디아스포라는 최근 그 존재감을 높이고 있는데, 디아스포라를 이해함에 있어서 가장 중요한 변화는 디아스포라를 바로 네트워크로 이해하게 되었다는 점에 있다.

유태인 디아스포라는 그 역사가 오랠 뿐만 아니라 특히 상업 네트워크가 잘 조직화되어 있다. 금융업계에서는 J. P. Morgan, Bank of America, 원유업계에서는 엑슨, 모빌, 로열 더치셸, 브리티시 페트롤리움, 언론계에서는 뉴욕타임즈, 워싱턴포스트, 월스트리트저널, ABC, CBS, NBC 등 거대 기업이 유대인 소유이며, 전 세계 500개 다국적기업 중 미국에 있는 240여 개 회사 중 상위 그룹 대다수가 유대 자본 소유이다. 이러한 유대인의 상업적 지배력은 바로 유대인 디아스포라의 세계적 연대로부터 나오고 있다. 이 유대인 디아스포라 네트워크의 중심에는 세계유대인총회(World Jewish Congress, WJC), 미국유대인협회(American Jewish Committee, AJC), 미국이스라엘공공문제위원회(The American Israel Public Affairs Committe, AIPAC) 등 막강한 정치적 영향력을 지닌 단체들이 존재하고 있다. 유대인 디아스포라는 그 자체의 촘촘한 네트워크를 기반으로 다양한 활동을 벌이고 있으며, 디아스포라가 소재한 정부 및 이스라엘 정부 등에 대한 영향력을 행사하면서 다양한 층위와 분야에서 국제정치적 영향력을 행사하기도 한다.

지구화와 민족주의가 공존하는 세계 속에서 네트워크로서 이해되는 디아스포라는 다양한 가능성과 자산으로 재평가되고 있으며, 공공외교와의 연관성도 점차 중요해지고 있다. 이러한 디아스포라 공공외교의 중요성은 경성권력의 측면에서 세계 최강대국인 미국과 중국의 외교정책에서도 분명하게 드러나고 있다. 지난 2010년 미국과 중국은 전략대화를 통해 양국 간 인적 교류를 늘릴 필요성을 절감하고, 중국 정부는 미국에서 공부하는 중국 유학생에 대한 경제적 지원을 늘리고, 미국도 중국에 10만 명의 유학생을 보내는 '100,000 Strong Initiative'를 실행하기도 하였다. 이렇게 많은 두뇌들이 미국과 중국 내에 머물면서 상대국을 배울 수 있을 뿐만 아니라 본국으로 귀국하는 사람들 이외에 적지 않은 수가 상대국에서 일터를 잡으면서 상대국 내 디아스포라 네트워크를 본국과 연결시킬 가능성을 생각해 보면, 이는 단순한 인적 교류 문제가 아니라 새로운 외교의 패러다임이 될 수도 있다. 또한 2011년 5월 미국은 세계 최대의 이민국가로서 국내외의 이민 커뮤니티 등을 공공외교에 활용함으로써 소프트 파워의 증진을 위하여 세계디아스포라포럼(Global Diaspora Forum)을 개최하고, 미 국무부 지원으로 국제디아스포라연계연합(International diaspora Engagement Alliance, IdEA)을 창설하였다. 이른바 디아스포라 공공외교의 시대가 열리게 된 것이다.

지리적으로 국내에 존재하지 않지만 친분이나 심리적 및 경제적 고리 등으로 연결된 다양한 관계에 의하여 국내 사회구성원에 준하는 존재감을 지닐 수 있는 주체로서 디아스포라야말로 공공외교의 중요한 대상일 뿐만 아니라 주체가 될 수 있다. 이런 견지에서 해외 한인들도 한국 공공외교의 '대상'인 동시에 공공외교의 '주체'로 이해되어야 한다. 이들이 한국 공공외교의 중요한 자산이 될 수 있음에도 불구하고 그 동안 해외 한인들에 대한 공공외교 전략은 매우 소극적으로만 이루어져 왔다. 따라서 한국에서도 디아스포라를 공공외교의 자산으로 새롭게 자리매김하려는 인식과 전략이 잘 준비되어 실행될 필요가 있다.

이미 디아스포라의 가능성에 주목하고 이들에 대한 공공외교를 강력히 추진해 온 나라들도 있다. 따라서 한국도 현재 외교부 산하 재외동포재단을 통해 제한적으로 이루어지는 디아스포라 공공외교를 넘어 보다 체계적이고 전략적이며 네트워크적인 전략을 구사할 필요가 있다. 이를 위해 해외 한인들에 대한 공공외교를 시행할 뿐 아니라 '해외 한인'[1]을 공공외교의 주체로 만들기 위한 정책이 동시에 이루어져야 하며 정부와 민간 및 디아스포라가 상호 협력하는 체계를 구축하는 것이 공공외교의 당면한 목표라 할 수 있다.

이러한 인식적, 전략적, 실천적 필요를 충족시키기 위하여 최근 논의되고 있는 디아스포라에 대한 네트워크적 접근이 숙고될 필요가 있다. 네트워크적 접근은 정부와 같은 위계적 구성과 시장과 같은 탈위계적 구성의 중간 정도에 해당되는 관계망이 지니는 구조적 속성과 그 구조 내 행위자들의 상호작용을 포괄하여 설명하는 데 유용성을 가지고 있다(Kahler 2009). 따라서 분산적 개체로서 "흩어진 자들"을 다양한 관계망 속에서 포착함과 동시에 이들에게 주체로서의 성격을 부여하는 초기적 자극과 이후 벌어지는 생동감 있는 상호작용을 보완하고 관리하는 역할은 역시 국가, 특히 정부의 몫이 될 것이다. 따라서 정부와 국내 민간 그리고 디아스포라를 함께 묶는 복합적 관계망을 형성하는 것이 현재 디아스포라 외교의 중요한 방향으로 설정되어야 할 것이다.

따라서 이 장에서는 우선 디아스포라를 공공외교의 자산으로 현실화하는 과제와 관련하여 디아스포라 공공외교에 대한 중요한 도전과 대응 원칙이 무엇인가 살펴보고, 이를 준거로 한국의 디아스포라 외교의 현황을 파악해 볼 것이다. 그리고 이를 바탕으로 한인

....

1   해외에 흩어진 한민족을 지칭하는 명칭과 관련된 많은 논쟁이 있다. 이 장에서 '한인 디아스포라'라는 용어를 '해외 한인'이나 '재외 동포' 등의 용어와 같이 대한민국 출신 이민자 및 그 후손들을 지칭하는 데 사용한다. 하지만 조선 말기 이후 본격화된 강제적 및 자발적 해외 이주의 결과 등장한 대륙 및 해양에 거주하는 우리 민족을 통칭하기 위해서는 '코리언디아스포라'라는 용어를 잠정적으로 사용하기로 한다.

디아스포라 공공외교의 과제를 현지 디아스포라 네트워크의 조직화와 국내 조응 조직의 네트워크화 그리고 안과 밖의 네트워크화라는 세 방향성에서 검토함으로써 한국의 디아스포라 공공외교의 발전을 위한 전략을 모색해 보고자 한다.

II. 공공외교 자산으로서 디아스포라 네트워크

1. 디아스포라 네트워크

일반적으로 조직과 질서를 이해하는 방식으로는 세 가지 유형을 상정해 볼 수 있다. 첫째는 정부(government)형 조직과 질서이다. 이것은 힘의 위계적 질서와 원리에 따라 조직되어 있고, 그 대표적 정치체로서 국민국가는 다시 그들 간의 위계적 상호관계를 구성할 수도 있다. 주로 정부형 조직 간의 관계로 구성되는 국제관계는 완전한 폐쇄적 단위체들 사이에서 이루어지는 정치의 형태를 띠게 된다. 따라서 국제정치의 가장 중요한 원칙은 정부형 조직 단위인 국민국가들이 추구하는 안보와 생존 자구원칙이 된다.

둘째는 시장(market)형 조직과 질서이다. 이는 조직 원리로서의 위계의 원칙이 배제된 수평적 행위자들 간의 경쟁과 상호작용이 만들어 내는 관계와 산물이다. 이 질서는 비위계적이며 수평적 성격을 지니며 경제적 상호작용에서 많이 나타난다. 주로 국가 하위의 기업이나 비정부기구(NGO) 그리고 다양한 결사(association)들이 국내적으로 상호작용하는 질서이다. 때때로 이들은 국가의 경계를 넘어 초국경적으로 펼치는 상호작용을 추구하여 수평적 시장원리로 국민

국가를 제약하기도 한다. 물론 이 경쟁은 그 상위의 위계적 권위가 부재할 경우 무제한으로 확대되기도 하며, 상호작용하는 행위자들과 정치체들을 속박할 수도 있다. 하지만 기본적으로 시장적 원리는 단위체들 간의 평등한 관계와 자유로운 상호작용을 전제로 한다는 점에서 위계적이지는 않다.

셋째는 네트워크(network)형 조직과 질서이다. 정치체를 기본적으로 네트워크적이라고 파악하게 될 경우 국가는 폐쇄적 단위가 아니라 네트워크 조직으로 이해될 수 있다. 그래서 국경은 성긴 (porous) 것이며, 이런 국경을 관통하는 다양한 상호작용이 구축하는 새로운 네트워크는 중층적이며 복합적인 지구질서를 구축하게 된다. 이 경우에 질서는 다양한 행위자들의 네트워크가 만드는 집중과 분산의 구조가 주는 힘에 의하여 결정된다. 따라서 네트워크형 조직들이나 질서에서 힘이 작용하는 방법은 '관계적'이고 '중개적'이며 '구조적' 특징을 가진다.

과거 디아스포라는 본국 정부가 통제할 수 있는 대상이라기보다는 그저 타국 정부의 통제 아래에 있는 존재로서 이해되었으며,

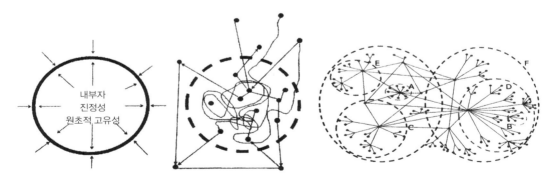

| 그림 11-1 | 〈당구형 모형과 네트워크형 모형의 국가〉 　　　　　〈네트워크형 단위들의 상호작용의 중층·다기성〉

기껏해야 이들의 시장적 연결의 가능성 정도에 주목하였다. 하지만 세계화와 초국경 상호작용의 증대는 디아스포라를 성긴 국민국가의 경계를 넘어 조직화되고 작동하는 실체로서 이해하는 네트워크적 발상이 보편화되면서 디아스포라는 새로운 가능성의 현상으로 이해되기 시작하였다. 이 같은 시각에 의해 디아스포라는 네트워크 국가의 일부이면서 동시에 그 영향력의 통로이고 새로운 힘의 거점으로 기능할 수 있는 다양한 가능성의 대상으로 부상하기 시작하였다. 디아스포라에 대한 네트워크적 발상은 디아스포라 정치의 부흥을 가져왔다. 그래서 난민, 이주, 정체성의 정치 등과 같은 주제는 디아스포라와 밀접하게 연관된 주제로 연구되어지기 시작했으며, "초국가 민족 네트워크"의 활성화는 디아스포라의 존재감을 강화하는 한편 지구정치의 새로운 동력을 창출하는 주요한 분석의 층위로 이해되기 시작했다.

2. 디아스포라 네트워크의 외교적 가치

디아스포라 네트워크가 지니는 외교적 가치를 정리해 보면, 정치, 경제, 외교, 사회, 문화 등 제 측면에서 그 중요성을 더해가고 있는데, 그 중에서 특징적인 몇 가지 면모를 살펴보면 다음과 같다.

첫째, 디아스포라 네트워크는 지식의 축적과 발전을 위한 두뇌의 순환고리를 만들 수 있는 기반을 제공해 준다. 이를 통하여 디아스포라 모국은 정보공유와 상호원조를 통하여 본국의 과학기술 발전을 위한 좋은 자산을 만들 수 있다. 특히 교통 및 통신 수단의 발전이 과거와 달리 원거리 네트워크의 구축을 가능하게 해주면서 이런 가능성은 더욱 확장되고 있다.[2] 한국의 우수한 두뇌들은 세계 각지에서 명망 있는 전문가들로 활동하고 있다. 하지만 이들을 통하여 우리가 얻을 수 있고 그들을 또한 더 세울 수 있는 내외의 연결고리가 효과적이며 조직적으로 기능하고 있다고 보기는 어렵다.

둘째, 디아스포라 네트워크는 모국에 대한 중요한 해외투자의 주체가 될 수 있으며, 한국의 경제활동의 지구화를 국가와 기업이 주도하는 형태가 아니라 지구적 네트워크의 관점에서 한 단계 업그레이드시킬 수 있는 자산이 될 수 있다. 중앙아시아 국가들의 경우에는 러시아 등에 흩어져 있는 디아스포라의 송금으로 국가 재정의 상당 부분을 충당하기도 한다. 인도의 경우 디아스포라 과학자들이 인도 내 사업에 투자하는 사례가 적지 않다. 한국의 경우 한상대회 등을 통해 형성된 재외동포 상업네트워크가 작동하고 있으나, 그 시너지효과를 내기에는 아직 제도적이며 조직적인 보완이 필요해 보인다. 이에 대한 보완책 마련이 시급해 보인다.

셋째, 디아스포라 네트워크는 본국의 외교적 목표를 지지하는 외국 내 로비세력으로 활동할 수 있다. 유태인 네트워크가 미국 외교정책에 미치는 영향력에 대해서는 재론의 여지가 없다 (Mearsheimer and Walt, 2007). 반면 미국 내 한인 디아스포라의 국내 정치세력으로서의 영향력은 미미하다. 이는 수의 문제가 아니라 조직의 문제이다. 이런 견지에서 기존 한국 정부에 대한 관계에 초점

....

2　'지식 이전(knowledge transfer)' 네트워크의 성공적 사례는 유네스코(UNESCO) 의 Virtual Laboratory Toolkit이나 유엔개발계획(UNDP)의 TOKTEN(Transfer of Knowledge Through Expatriat Naitonals) 등이 있다. 후자의 경우 UNDP가 개별 국가의 두뇌 유출을 보상해주면서 외국에 있는 학자들이 개발도상에 있는 본국에 도움을 주는 것을 가능하게 해 주는 제도적 틀을 지향한다. 레바논의 "Visiting Scientist Programme"가 대표적 사례라 할 수 있다.

을 맞추고 있던 세계 각지에 흩어져 있는 한인회 모임과는 성격을 달리하는 디아스포라의 네트워크화 전략의 수립과 추진이 필요하다. 현지 국가의 주류사회와 동등한 기반에서 소통하고 주장할 수 있는 단체를 디아스포라 스스로가 조직화될 수 있는 계기를 만들어야 한다.

넷째, 디아스포라 네트워크는 모국의 문화적 콘텐츠의 개발과 전파를 통한 인지도와 매력을 확산시키는 현지 교두보로서의 기능을 감당할 수 있다. 유럽에서는 한국의 영화와 음식에 대한 관심으로부터 촉발된 한류에 대한 관심이 대중가요와 만화 등을 비롯한 한국 문화 전반에 대한 관심으로 확산되는 현상이 관찰된다. 프랑스 내에서 한국 대중문화가 급속하게 확산된 배경에는 한국계 입양아 청년 막심 파케(Maxime Paquet)가 조직한 'Korean Connection'이라는 한국 대중문화 애호가 모임이 있었다. 이 사례는 자발적 디아스포라의 활동이 안과 밖을 엮어줄 때에 어떤 폭발적인 효과를 낼 수 있는지 잘 보여준다.

위에 열거한 디아스포라의 가능성 외에도 디아스포라와 내국인들이 공존 및 상호 번영을 위한 다양한 영역의 협력 체제를 만드는 것은 가능하다. 따라서 한국의 정부와 민간이 디아스포라 공공외교의 활성화를 위해 노력해야 할 영역은 급속히 확장되고 있으며 이를 개념화하고 조직화하는 일이 과제로 부각되고 있다.

3. 디아스포라 공공외교의 도전

디아스포라 공공외교를 구상하는 데에는 다양한 도전들을 상정해 볼 수 있는데, 기존 연구에 대한 검토를 통해 그 대응 원칙들을 다음과 같이 정리해 볼 수 있다.

첫째, 디아스포라 외교가 지니는 내포적 측면과 외연적 측면이라는 이중성을 바로 이해하고 이를 모두 종합해 낼 수 있는 전략이 필요하다. 잘 알려져 있듯이 공공외교의 목표는 외국 정부 및 민간의 관심을 끄는 매력을 고양시킴으로써 소프트 파워를 강화하는 데 있다. 이런 목표를 달성하는 데에는 두 가지 대조적 접근법이 존재한다. 하나는 포괄적이고 분산적인 접근법이며, 다른 하나는 선택적이고 집중적인 접근법이다. 가령, 캐나다와 노르웨이의 공공외교를 비교한 연구에 따르면, 캐나다는 분산된 공공외교를, 노르웨이는 단일 혹은 집중된 공공외교를 추구하는 상이한 전략을 구사하고 있는 것으로 나타나고 있다(Bátora 2005).

캐나다의 경우 외교부가 중심이 되어 "Promoting Canada Abroad Initiative"를 도입하면서 "Canada-Cool-Connect"라는 슬로건을 걸고 캐나다에 대해서 5Cs(Civil, Competitive, Creative, Caring, Cosmopolitan) 이미지를 만들려는 노력을 경주하였다. 그런데 이 같은 포괄적이지만 파편화된 캐나다의 공공외교정책을 놓고 다양한 정부 조직과 비정부기구 간의 '조율'의 문제가 제기되었다. 캐나다 대중들 사이에서 이 같은 캐나다 공공외교에 대한 관심이 줄어드는 문제도 발생했다. 이를 극복하기 위해 캐나다 정부는 'Policy e-Discussions'과 같은 정부 웹사이트를 적극적으로 활용하여 대중의 의견을 청취하고 "Dialogue Paper"를 만들어 외교부에서 이를 참조하여 대중의 의견을 외교정책에 반영하려는 노력을 강화하였다.

한편 노르웨이의 경우 선택적이고 집중화된 공공외교 모델을 통하여 노르웨이가 지닌 낮은 가시성(visibility)을 극복하기 위한 노력에 집중하여, 선택된 시민사회 섹터가 외교부와 협력하면서 컨퍼런스 및 위원회를 통해 공공외교정책에 의견을 조율하고 반영하는 구조를 구축하였다. 따라서 노르웨이 외교부는 공공외교와 관련된 국내 조직들과 지방정부 관련 조직을 통합하여 'Innovation Norway'를 구축하고 공공외교정책을 전담하게 하였고, 외교부 산하에 NORAD(Norwegian Agency for Development Cooperation)를 설립하여 많은 노르웨이 비정부기구와 학술 기구를 네트워킹 하는 협력구조를 설립하였다.

결국 많은 경성권력의 자산을 소유하고 있는 강대국들과는 달리 그렇지 못한 중소국 외교에서는 "주의를 끄는 것" 자체가 중요하다. 국가의 낮은 가시성 자체가 문제인 중소국 공공외교에서는 결국 비교우위를 지닐 수 있는 분야에 대한 선택과 집중의 전략이 필요한 것이다. 하지만 공공외교가 어떤 방향을 지향하든 대외적인 자국 이미지 만들기 못지않게 중요한 과제는 바로 국내 행위자들이 자국의 매력을 인정하고 동시에 그들의 의견을 조율해 갈 수 있는 기재를 만드는 것이다.

이 같은 과제와 관련하여 디아스포라의 이중적 위상에 주목할 필요가 있다. 디아스포라는 국외 행위자이면서 동시에 국내 행위자이다. 이런 의미에서 디아스포라의 이중성은 외부의 주의를 끄는 동시에 내부의 지지를 동원하는 양면성의 공공외교를 수행하는 데 있어서 중요한 객체이면서 주체인 것이다. 이들을 외국인으로만 취급하거나 내국인으로만 취급해서는 안 되며, 그럴 수도 없다. 디아스포라의 이 같은 이중성을 있는 그대로 인정하면서 시작해야 한다.

디아스포라에 대한, 그리고 디아스포라를 통한 공공외교는 내포와 외연의 측면을 모두 담아내는 선택적이면서도 포괄적인 전략을 수립하는 방향으로 추진되어야 한다.

둘째, 디아스포라 공공외교가 지니는 위기적 측면과 기회적 측면에 대한 바른 진단과 대응이 필요하다. 이민자들의 존재론적 기반이 지니는 취약성에 대한 지적은 많이 이루어졌다. 하지만 이러한 취약한 존재적 기반은 시간이 지나면서 정치, 경제 및 사회의 지구화 과정이 강화됨에 따라 점차 기회적 요인으로 작용할 수 있는 국제정치 구조의 변화가 일어난 것도 사실이다.

가령, 얼마 전까지만 해도 디아스포라지식네트워크(DKN)에 대한 연구들은 이 현상을 주로 두뇌유출이라는 관점에서 파악하면서 디아스포라에 대한 의심과 회의를 많이 제기하였다. 하지만 최근 연구들은 디아스포라지식네트워크가 "두뇌 유출"보다 "두뇌 이득"의 측면을 훨씬 강하게 보여주고 있다는 추세를 강변하고 있다(Meyer and Wattiaux 2006; Xiang 2005). 물론 이 네트워크가 얼마나 효율적인가에 대해서는 여전히 논란이 있지만, 이러한 지식네트워크는 꾸준히 증가하고 있으며, 특히 인터넷 등을 활용한 지식네트워크 활동도 지속적으로 강화되는 추세를 보이고 있다(Lowell and Gerova 2004).

한편 디아스포라 관련 외교는 "외교의 정치화" 과정과 얽히면서 외교정책결정과정을 더욱 어렵고 복잡하게 만들 수 있다. 하지만 이러한 외교과정의 정치화 문제는 세계화와 민주주의의 진전 그리고 커뮤니케이션 수단의 발달에 따라 피할 수 없는 과제로 등장한 것이며, 이를 정면으로 해결하지 않고는 외교의 새로운 영역이 지닌

가능성과 기회를 활용할 방도가 없다. 따라서 디아스포라를 통한 공공외교의 가능성과 실천방안을 강구함에 있어서 이 같은 도전 요인에 대한 냉정한 분석과 더불어 긍정적 기여의 가능성을 동시에 파악하는 것이 급선무이다.

콜롬비아와 남아프리카공화국의 디아스포라지식네트워크에 대한 한 연구는 디아스포라를 정책적 옵션의 하나로 고려할 필요가 있음을 보여주었다. 디아스포라는 과학, 기술, 정치적 정보들을 공유하면서, 전문지식을 이전하고, 전문가 및 과학자들의 외교 활동과 공동 프로젝트를 추진하고, 출신국에 대한 각종 도움을 베푸는 등 다양한 활동으로 본국에 도움을 주고 있다는 것이다. 특히 흩어져 있는 디아스포라를 연결하는 네트워크가 출신국을 중심축(hub)으로 형성되고 있다는 점에서 이를 단순한 '초국경공동체(transnational community)'로만 파악하기는 어렵다는 것이다(Meyer and Wattiaux 2006). 따라서 디아스포라의 네트워킹 현상을 단순한 공동체주의의 수준에서 파악해서는 곤란하며, 더 크고 포괄적인 정체성의 창출을 위한 근거로 보아야 한다는 점에 주목할 필요가 있다. 이러한 디아스포라의 새로운 정체성의 근거가 되는 초국경공동체가 활동하는 "초국경 지리공간(transnational geographic space)"의 창출이야말로 디아스포라 공공외교가 제기하는 새로운 도전의 장이며 동시에 새로운 활동영역의 근거인 것이다.[3] 따라서 디아스포라 공공외교는

....

3 이러한 관점은 남북관계와 관련해서도 중요한 문제와 과제를 제기한다. 가령, 미주 지역의 코리언디아스포라는 북한의 개혁과 개방을 위한 특구에 대한 투자를 통하여 북한의 경제를 미국 및 한국과 연결하여 초국적 사업네트워크를 구축하는 노력을 기울이고 있으며, 구소련 지역의 고려인들은 유라시아 내 디아스포라와 북한 및 한국을 연결하는 문화 및 체육 교류네트워크를 구축하기 위한 다양한 노력을 기울이

디아스포라의 초국경성을 어떻게 인정하고 활용할 것인지에 대한 가능성에 주목하면서 개방적이면서도 관리 가능한 대안들을 모색하는 데 깊은 주의를 기울여야 할 것이다.

셋째, 디아스포라 공공외교를 포함하는 모든 공공외교의 성공을 위해서는 전통적인 외교의 발상을 넘어서는 네트워크적 사고에 따른 발상의 전환이 필요하다.

공공외교 자체가 위계적 조직에 의해 추진되어 전통적 외교의 틀 안에 담아내기 어려운 특성을 지닌다. 지구화시대의 외교는 다양한 수준과 주체들이 참여하는 개입(engagement)의 통로를 전제로 진행되고 있으며, 다양하고 복잡한 정책네트워크에 의해 정책이 실현되는 경우가 점점 더 많아지고 있다(Hocking 2008). 따라서 공공외교 조직이 위계적일수록 외부 행위자들의 네트워크와 관계 맺기가 어렵게 될 것은 분명하다. 외부 행위자들과의 네트워크가 강한 영향을 끼치지 못하는 경우에는 무방하지만, 이런 경우는 점점 줄어들고 있다. 특히, 1999년 세계무역기구(WTO) 각료회의를 저지한 농민들 연대에 의한 "시애틀 전투"나 2011년 중동 민주화의 과정 등에서 나타난 것처럼 분산적이면서도 인터넷 등 다양한 통신매체를 활용해 상호작용을 조직화해 낼 수 있는 "직접행위자네트워크(Direct Action Network)" 혹은 "영리한 대중(smart mob)"의 등장은 공공외교에 대한 사고의 근본적 변화를 요청하고 있다. 결국 공공외교의 탈중앙화 내지 분산화된 접근이야말로 네트워크로 구성된 외

....

고 있다. 이는 남북관계뿐만 아니라 네트워크 통일론의 관점에서도 커다란 시사점을 준다.

부 행위자들과의 상호작용에서 필수적이며 핵심적인 과제가 되고 있다(Fisher 2010).

　　냉전 시기에 핵전쟁을 대비하여 지속가능한 다기적 통신망을 구축하기 위해 고안된 넷워(net war) 개념에서 출발된 기술로부터 시작하여 상업화된 월드와이드웹(www)이 출현했다는 사실이나 이 넷워 개념을 이용해 "시애틀 전투"가 진행되었다는 평가, 그리고 2008년 미국의 국방과학위원회(Defense Science Board)가 국방부에게 현존하는 다양한 인터넷기술 및 네트워크 기법을 이용한 "전략적 소통"의 강화를 주문하였던 사실 등을 상기해 보면, 공공외교의 네트워크적 접근은 단순한 탈중앙화의 전략만을 의미하는 것이 아니다. 네트워크 시대의 외교는 분산적이며 네트워크적 속성을 가진 행위자들을 대함에 있어서 정부라는 위계적 조직이 어떤 전략을 취할 수 있는가에 대한 답을 찾아가는 방법으로서의 네트워크적 접근을 필요로 하는 것이다. 디아스포라 공공외교의 경우에도 중앙화된 정부 내지 그 유관 조직이 파편적이고 분산적 속성을 지닌 디아스포라와 어떤 소통의 통로를 구축하고 어떻게 상호작용할 것인지에 대한 전략을 통합적으로 마련하는 난제를 제기하고 있다. 이런 의미에서 최근 "디지털외교 PD 2.0" 논의나 정보통신망 기반의 다양한 사회관계망서비스를 활용하는 공공외교의 네트워크 구축 논의는 디아스포라 공공외교 영역을 포괄하는 논의로 확대될 필요가 있는 것이다.

III. 디아스포라의 역할과 공공외교 전략

1. 공공외교와 디아스포라의 역할

디아스포라는 독립적인 정치적 행위자로서 다양한 시기에 다양한 이유를 가지고 다양한 형태의 방법을 활용해 지방, 국가, 초국경 지역, 그리고 지구적 수준에서 영향력을 끼쳐 온 것이 어제오늘만의 일이 아니다. 이런 디아스포라의 역할과 관련하여 공공외교에서 디아스포라가 감당할 수 있는 변호(advocacy)와 중재(mediation) 그리고 대표(representation)로 대변되는 역할에 주목할 필요가 있다. 이 같은 역할들은 서로 분리되어 있다고 이해하기보다는 각각의 역할이 지니는 기능의 특수한 측면을 강조하기 위해 구분하는 것이다 (Ho and McConnell 2017).

변호

디아스포라가 공공외교에서 맡는 첫 번째 역할은 자기 집단을 변호하는 것이다. 변호는 디아스포라 자신들이 가진 집단적 목적과 대의를 관철하기 위해 디아스포라의 모국이나 혹은 현재 거주국의 대내외 정치에 영향을 미치는 행동이다. 가령, 쿠르드족 디아스포라는 터키가 유럽연합(EU)에 가입할 때 갖춰야 하는 다양한 조건들과 관련하여 터키 내 쿠르드인에 대한 인정과 인권보장 조치를 포함시킬 수 있도록 다양한 수단과 매체를 통해 유럽 여러 나라에 거주하고 있는 쿠르드 디아스포라를 통해 유럽 내 여론을 환기해 왔다. 특히 쿠르드인들은 전통적인 매체와 더불어 사이버 공간을 활용하여 변호 전략을 성공적으로 구현함으로써 국제 현안에서 꾸준한 존재감을 발휘할 수 있었다. 한편 디아스포라의 변호 활동은 모국의 밖으로부터 안으로 향하는 방향에 국한되어 있지는 않다. 가령, 네팔의 구르카 디아스포라는 식민지 시기 영국군에 복무하면서 받은 부당한 대우에 대한 보상을 위해 영국 정부뿐만이 아니라 네팔 정부에도 영향력을 행사한 사례가 있다.

중재

디아스포라는 또한 정치적인 위기에 처한 여러 집단들 사이의 관계를 중재하는 역할을 맡을 수 있다. 과거 정계나 학계에서는 모국의 내전이나 분리 독립의 상황에서 디아스포라가 모국의 심각한 갈등과 마찰을 직접 마주하지 않으면서 바깥에서 극단적이고 과격한 분위기를 조성하는 데 일조하는 일종의 "모국에서 멀리 떨어져 있는 민족주의자들"이라 칭하며 이들이 평화와 거리가 먼 집단으로 비판해 왔다. 디아스포라에 대한 이러한 이해와 관련하여 현대에도 여전히 이들은 갈등을 조장하고 심지어 무력 충돌을 원하는 경우도 있다고 비판받기도 하지만, 최근 연구들은 디아스포라가 한 사회 내 존재하는 갈등이나 사회 내 다양한 층위에서 나타나는 불협화음을 평화적으로 중재하는 역할을 수행하면서, 사회적 합의를 이끌어 내고, 다각도로 사회 발전에 기여하는 모습에 주목하고 있다. 외국에 노동을 목적으로 이주한 후 본국으로 송금하는 이민자들의 경우, 본국의 경제를 안정화시키면서 동시에 활력을 불러일으킬 수 있는 존재로 가치가 부각되기도 한다. 또한 이들은 거주국 대중에게 모국의 문제에 대한 인식을 제고시키며, 거주국 정부와 국제기구 등에 직접 로비를 수행함으로써 모국의 문제를 해결하는 데 기여하기도 한다. 북아일랜드 평화 정착 사례의 경우, 미국에 거주하는 아일랜드계 디아스포라가 조직적으로 경제, 정치 분야의 로비를 수행하면서 중요한 역할을 수행한 것으로 알려지고 있다. 북아일랜드 분리주의자 집단에 대해서는 압박을, 미국 정부에는 회유를 통해 미주 아일랜드계 디아스포라는 아일랜드의 평화를 위한 협상이 완성될 수 있도록 중재의 노력을 훌륭히 감당한 것으로 평가된다.

대표

디아스포라들은 기본적으로 다양한 속성을 가지고 있으며, 따라서 특정 상황과 목표에 따라 하나의 집단이 아니라 다양한 그룹으로 분리되어 각기 다른 정체성을 대표할 수도 있다. 인도의 펀자브 지역과 시크 디아스포라를 일례로 살펴보면 디아스포라 속 다른 층위의 집단들이 각기 다른 대표성을 추구한다는 것을 알 수 있다. 펀자브주 정부는 전체 시크 디아스포라 네트워크를 활용하여 인도 발전에 기여하도록 촉구하지만, 전체 디아스포라 중 일부분인 시크교 분리주의자들은 시크교만의 대표성을 강화하는 데 더 큰 관심을 보인다. 디아스포라가 가진 '대표'의 기능은 특히 국가가 그 기능을 상실하거나 존재하지 않게 되는 경우에 그 중요성이 더욱 부각된다. 이 경우 디아스포라는 국제사회에서 정치적 승인과 주권의 획득을 위하여 외교적 활동에서 대표성을 내세운다. 티베트 망명정부는 각국 정부들을 대상으로 로비를 수행하며 변호의 기능을 담당할 뿐만이 아니라 전 세계 대륙에 걸쳐 11개 외교사절단을 파견하여 티베트 독립의 필요성과 정당성을 알리고 주권을 인정받기 위한 로비를 수행함으로써 대표의 기능을 수행하였다. 한편 모국의 상황에 따라 임시

인도인 디아스포라와 정부의 디아스포라 전략

인도는 전 세계 국가 중 디아스포라 관련 부(Ministry)를 가장 먼저 설치한 국가이다. 인도는 인도계 디아스포라를 해외에서 태어난 인도혈통인(Persons of Indian Origin, PIOs)과 비거주인도인(Non-Resident Indias, NRIs)으로 구분하여 각각 차별화된 디아스포라 정책을 실시하여 왔다. 원래 디아스포라 정책의 초점은 주로 비거주인도인에 대해서만 보호하고, 해외 인도인들의 인도에 대한 투자를 장려하는 데에 맞추어져 있었다. 하지만 이러한 인도의 정책은 1999년 인도혈통인 카드(PIO Card)의 도입, 2004년 1월 이후 재외인도인 이중시민권(dual citizenship)의 허용, 그리고 같은 해 9월 해외인도인업무부(Ministry of Overseas Indian Affairs)를 설치함으로써 적극적인 디아스포라 네트워크의 활용이라는 새로운 국면을 열었다. 특히 2004년 해외인도인업무부의 설립을 통해 인도 정부는 인도혈통인과 비거주인도인을 구분하지 않고, 해외 인도인들 간 연대 강화와 네트워크 형성, 그리고 본국과의 결속 강화를 위해 노력하고 있다.

　　해외인도인업무부는 디아스포라 네트워크 구축을 위해 많은 제도적 틀을 제공하고 있다. 인도 정부는 단순한 해외 인도인의 본국 투자와 비즈니스 장려뿐만 아니라, 해외 인도인의 네트워킹, 문화 정체성 유지, 해외 인도인에 대한 재정적 지원 등 다양한 정책을 펼치고 있다. 현재 해외인도인업무부 산하에는 여러 기구가 설치되어 있다. 먼저, '해외인도인촉진센터(Overseas Indian Facilitation Centre, OIFC)'는 해외 인도인들의 인도 투자 및 비즈니스를 돕는 기구이다. '인도개발기금(India Development Foundation, IDF)'은 인도의 사회 발전을 위한 디아스포라의 자선 활동을 조율하는 기구이다. 또한 인도 정부는 '인도해외취업위원회(Indian Council of Overseas Employment, ICOE)'라는 인도인과 해외 인도인의 해외 취업을 돕기 위한 싱크탱크이다. 이 외에도 해외인도인업무부 산하에 '세계인도인지식네트워크(Global Indian Network of Knowledge, Global-INK)' 웹사이트를 만들어 해외 인도인들의 전문지식, 기술, 경험의 공유와 모국으로의 유입을 위한 온라인 네트워크의 구축에 힘쓰고 있다. "나는 당신이 나라의 발전을 위해 공헌하도록 초청합니다. …(중략)… 우리는 돈에 대해 말하는 것이 아니라, 아이디어, 개인의 이니셔티브, 공동 행동을 이야기하는 것입니다"라는 초대글로 시작하는 이 웹사이트를 통해서 인도는 디아스포라의 송금 및 투자와 같은 단순한 경제적 부의 유입이 아닌 혁신적 아이디어의 본국으로의 유입을 중시하고 있음을 알 수 있다.

정부 혹은 과도정부를 디아스포라가 대표한 경우도 있다. 아랍의 봄 당시 리비아 국가임시위원회나 2013년 시리아 과도정부의 경우 조직의 일원 대부분이 각각의 디아스포라에 기반을 두고 있었다.

2. 21세기 공공외교와 디아스포라 전략

디아스포라 전략이란 모국에 대한 애착심을 중심으로 모인 이민자 집단인 디아스포라를 활용하는 정부의 정치적 행위 및 다양한 이니셔티브들을 통칭한다. 1990년대부터 여러 국가들이 해외 거주 디아스포라들을 위한 정부 조직을 설치하였다. 이 조직을 바탕으로 디아스포라의 모국, 이른바 송출국가(sending state)는 해외에 거주하고 있는 자국민 디아스포라를 관리하고, 동시에 국가가 가진 전략적 목표를 실현하고자 하였다. 한편 글로벌한 사회로 발전하면 할수록, 다양한 층위에 존재하면서 초국적 공간을 적극적으로 활용하는 21세기 디아스포라의 광범위한 활동을 전략적으로 접근하기 위해서는 기존 송출국가 중심의 디아스포라 전략의 관점을 넘어서는 새로운 접근법이 요구된다(Dickinson 2017).

유연한 국경정체성 발현 전략

디아스포라 전략에서 국경은 더 이상 모국과 디아스포라를 연결하는 가장 강력한 고리로서 작동하지 않는다. 디아스포라가 가지고 있는 자기 민족의 영토나 국적에 대한 애착심은 상징적인 의미로만 받아들여야 한다. 우선, 국가 차원에서, 모든 디아스포라를 동등하게 취급하기보다는 외교 전략과 국내 정책에 부합하는 디아스포라들을 취사선택하는 사례가 다수 등장하고 있다. 가령, 고숙련 기술자나 자본가 같이 경제성이 높은 엘리트 디아스포라와 그렇지 못한 디아스포라 간의 권리나 규제 정도에 차이를 두는 정책을 도입하고 있는 싱가포르의 경우 국가가 민족성과 애착심을 기준으로 모든 디아스포라를 포용하기보다는 선택적으로 활용하고 있음을 알 수 있다. 디아스포라 또한 모국과의 관계를 절대적인 것으로 보지 않는다. 모국의 디아스포라 전략이 현 거주 상태를 불안하게 만들 수 있거나, 그들의 경제적 내지 정치적 이해관계에 부합하지 않을 때에 해외 디아스포라 집단들은 이 전략을 선택하지 않을 수 있으며, 반대로 모국 정부가 추구하는 이상적인 디아스포라와의 관계를 넘어서는 모국과 긴밀한 소통과 지원 및 교류에 나설 수도 있는 것이다. 따라서 디아스포라를 일의적 존재 내지 고정적 대상으로 규정하는 인식을 넘어 유연한 국경정체성을 발현하는 전략이야말로 현대 디아스포라 외교의 중요한 기초가 되고 있다.

네트워크 국가 전략

앞서 언급했듯이, 21세기 공공외교 전략을 구사하는 데 있어서 국가는 단일하고 중앙집권적 성격을 가진 단위로 인식되지 않으며, 상이한 행위자들에게 항상 동일한 논리로 외교를 펼치지도 않는다. 국가는 디아스포라를 포함하여 타국 정부, 글로벌 거버넌스 조직 등과 같은 국가 내외의 다양한 행위자들과의 협상, 대화, 합법화 과정을 통하여 외교를 수행하게 된다. 따라서 디아스포라 전략은 보다 광범위한 권력관계로 이해되어야 한다. 특히 더욱 네트워크화되고 공간적으로 더욱 분산된 현대 지구정치에서 국가는 단순히 애국심이나 소속감을 바탕으로 디아스포라와의 관계를 설정하기 어렵다. 국가 조직 또한 각각의 이해관계를 달리하는 분산된 네트워크 형태를 가지고 있기 때문에, 디아스포라 전략도 이에 맞게 분화 및 다기화될 수밖에 없다. 이때 네트워크적 국가전략은 구조 내 행위자들의 상호작용을 포괄하여 설명하는 데 유용하다. 따라서 정부, 국내 민간, 디아스포라, 글로벌 거버넌스 등을 함께 엮을 수 있는 복합적인 관계망을 형성하는 것이 디아스포라 외교 전략의 중요한 방향으로 설정되어야 한다.

집합체로서의 국가 전략

현대 사회에서 국가는 중앙에서 통제하는 합일된 가치관과 논리로 운영되기보다 다양한 이해관계와 가치관에 따라 각각의 부처가 분산적으로 움직이기 때문에, 국가를 이질적인 요소들의 결합으로 인식하는 시각이 새로운 디아스포라 전략을 구상하는 데 큰 도움이 될 수 있다. 이때 이러한 이질적인 요소들의 결합 또한 고정적이고 주어진 것이라기보다는 다른 외부 요인들과의 관계 속에서 명확히 드러나는 결과들과 구체적인 힘의 상호작용으로 이뤄진다. 국가를 집합체로 파악하는 시각은 디아스포라 전략의 다채로운 환경을 이해하는 데 다음과 같은 장점을 가진다. 첫째, 디아스포라 전략을 통해 만들어진 공간 형태에 대한 불안정성과 모순을 이해하는 데 기여할 수 있다. 둘째, 영토화 및 탈영토화된 공간적 형태와 정치적 형태를 만들어내는 분산된 사람들과 조직들을 포착할 수 있다. 셋째, 집합체로서 국가를 바라보는 인식은 또한 사람과 사건 및 조직이 상호작용하면서 연결되는 공간에 주목할 수 있도록 도와준다. "집합체로서의 국가(State as Assemblage)" 개념은 특정한 정치나 경제적 의제를 지닌 국가 기구나 엘리트가 고정적인 역할을 할 수 없다는 한계를 지적하고 있으며, 이러한 한계를 극복하기 위해서는 다층적이고 다양한 형태로 존재하는 네트워크를 유동적으로 결합할 수 있어야 한다는 점을 강조한다. 따라서 집합체로서 국가가 구사하는 디아스포라 외교는 훨씬 다기화되고 분산된 형태로 진행되고 있는 본국-민간(본국)-디아스포라-글로벌거버넌스 간의 상호작용에 대응하는 적절한 전략으로 이해될 필요가 있는 것이다.

화상(華商) 네트워크

화상 네트워크는 전 세계 디아스포라의 상업네트워크들 가운데 그 결속력이 매우 강하고 네트워크적 지향성이 높은 것으로 평가받고 있다. 화상 네트워크는 화인(華人)이라는 문화적 동질성에 기초하면서 동시에 가족관계, 동일한 언어, 선조의 고향 등과 같은 비공식 연줄에 기초하고 있기 때문에 어떤 조직들보다 강한 신뢰관계를 우선시하는 특징을 지닌다. 그러나 화상 네트워크의 공고함은 이러한 가족관계, 언어, 문화 동질성 등과 같은 요인을 통해서만 유지되는 것은 아니다. 도리어 국제화교협회, 아시아화교네트워크, 세계화상대회나 세계화상네트워크와 같은 공식화된 조직을 통해서 그 힘을 더욱 강화할 수 있었다. 그 중 특히 주목할 만한 것은 세계화상대회와 세계화상네트워크이다.

이 같은 화상네트워크는 화인으로서의 문화적 동질성에 기초한 네트워크로부터 시작하여 세계화상대회 및 세계화상네트워크와 같은 조직적 매개를 통해 긴밀하고 재생산 가능한 조직적 네트워크로 발전해 나가고 있다. 화상네트워크는 중국의 경제개발 기간에 본토에 대한 거대한 규모의 경제적 투자를 진행해 왔으며, 이것은 중국경제가 빠른 속도로 성장하는 데 있어서 중요한 원동력으로 작용한 것으로 평가되고 있다.

IV. 한국 디아스포라 공공외교의 실재

공공외교와 디아스포라 간의 관계에 대한 이상의 검토를 통해 공공
외교의 자산으로서 한인 디아스포라를 재규정하고 한국의 공공외
교를 발전시켜 나가기 위해서 크게 다음과 같은 세 부분의 네트워크
를 점검하고 정비해 나갈 필요성이 있다.

첫째, 디아스포라 공공외교의 리더십 구축을 어떻게 할 것인가
의 과제이다. 이는 정책의 구심점이 될 조직을 확대 내지 네트워킹
하는 작업과 그 정책을 실현할 조건과 수단을 정비하는 작업으로 구
분해 살펴보아야 한다.

디아스포라 공공외교를 조직화하고 추진해 가는 리더십모델은
크게 네 가지 정도가 작동되고 있는데, 하나는 정부가 주도하는 모
델, 민간 커뮤니티가 주도하는 모델, 국제기구가 주도하는 모델, 이
슈에 따른 대학이나 비정부기구 등의 기관이 주도하는 모델 등이다.
하지만 외국의 디아스포라 공공외교 사례를 검토해 보면 디아스포
라 공공외교의 리더십모델에서 어떤 한 가지 유형이 절대적 우위를
가지기 어렵다는 점을 알 수 있다. 이슈와 사안에 따라 각각의 모델
이 가지는 장단점이 다르게 나타나기 때문이다. 따라서 디아스포라
공공외교의 리더십 모델은 이런 다양한 주도적 영향력이 모두 함께
결합된 네트워크형 조직을 만들어낼 때에 유연성과 효과성을 함께
담보해 낼 수 있을 것으로 보인다.

현재 한인 디아스포라와 관련된 한국 정부 정책의 중심에 있는
조직은 재외동포재단이다. 그런데 많은 외국 사례들이 디아스포라
관련 정책의 담당부서로서 외무부 내 부서나 독립된 부서(ministry)

를 설립해 이 업무를 맡게 하고 있다는 점에 주목할 필요가 있다. 물론 한국의 경우 외교통상부에서 재외동포 관련 외무부의 내 업무의 일부를 독립시켜 집중과 효율을 꾀하려 한 것이 사실이다. 하지만 760여만 명으로 추산되는 한인 디아스포라가 처한 다양한 문제와 필요는 재외동포재단이 모두 맡을 수 있는 문제가 아니다. 가령, 우크라이나의 고려인들의 법적 지위를 안정화하는 문제는 현지 한국 대사관과 외교통상부의 힘겨운 노력 끝에 문제해결의 가닥을 잡았으며, 뒤에 살펴볼 상업네트워크의 구축에도 이 재단이 단순하게 모으는 집합적 의미를 넘어 디아스포라를 유기적으로 결합하는 역할을 감당하는 데는 한계를 보이는 것이 사실이다. 디아스포라를 외교적 자원으로 고양시키기 위하여 필요한 재외동포 정책의 추진을 위해서는 무역 및 투자, 기술, 교육, 법적 지위, 문화 등 다양한 분야에서의 업무가 필요한데 이를 재외동포재단이 홀로 떠맡기에는 한계가 있어 보인다. 따라서 재외동포재단은 물론 외통부, 문화부, 교육과학기술부, 법무부, 재정경제부 등 다양한 정부부처의 재외동포 관련 업무들을 통합적이고 유기적으로 조정·실행할 조직의 창설이 필요하다. 그리고 이 조직은 정부 내만 아니라 정부 외 민간단체들과의 연대를 통하여 확장형 정책네트워크를 조직하는 일이 필요하다. 이는 국내와 국외를 모두 지향하는 활동의 통로를 확충하는 작업이 될 것이다.

또한 한인 디아스포라에 대한 정책을 강화해 가는 데 필수적인 문제가 재외동포 선거권의 확충과 이중국적 허용의 과제가 있다. 현재 재외선거제도는 한국 국적의 외국 일시 체류자와 외국 영주권자들의 투표권을 인정하고 있다. 하지만 이는 결국 해외에 거주하

재외동포재단

1996년 2월 국무총리 소속으로 '재외동포위원회'를 설치한 이후 재외동포 지원을 담당할 조직으로 1997년 10월 외교통상부 산하에 '재외동포재단'이 설치되었고, 1999년에 '재외동포법'이 제정되었다. 재외동포재단은 한민족의 정체성을 유지하고 "재외동포들이 거주국 내 민족정체성을 유지하고, 스스로의 권익과 지위를 향상시키며, 역량을 결집할 수 있도록 지원"하는 목적으로 설립된 단체로, 이를 위해서 다양한 연구, 교육, 문화, 협력 사업들을 펼쳐왔다. 현재 이 재단이 추진하고 있는 중점추진사업은 글로벌 코리안네트워크 구축을 통한 온라인 한민족공동체 형성, 세계한상정보센터 설립을 통한 모국의 재외동포사회 경제번영 추구, 한인정체성 함양 및 차세대 인재육성을 위한 재외동포 교육지원 강화, 조직 운영 효율화를 통한 재단 역량 강화의 4가지이다. 이러한 중점추진사업 아래에, 부서별로 진행되고 있는 다양한 활동이 있다. 재외동포재단의 중점 사업과 세부 사업으로부터 알 수 있는 재외동포재단 활동의 특징은 다음과 같다. 첫째, 재외동포재단 사업이 매우 다양한 스펙트럼에 걸쳐 있다. 둘째, 재외동포재단은 세계 한국인 '네트워크' 구축에 그 사업의 많은 부분을 할애하고 있다. 세계한인차세대포럼, 세계한인정치인 네트워크, 재외동포 통합 네트워크, 세계한상 네트워크를 통해 재외동포재단은 연령, 직종에 상관없이 재외 한국인을 통합하고 엮을 수 있는 네트워크를 구축하고자 한다. 최근 특히 강조되고 있는 사업은 '글로벌 코리안 네트워크' 구축이다.

가령, 벌써 14번 이상의 모임을 가진 세계한인차세대포럼의 경우 세계 각지에서 성공한 젊은 지도자들이 한국과 무관히 살다가 한국을 방문해 자신의 뿌리를 발견하고 이를 보편적 세계가치와 어떻게 결부시키며 자신의 존재를 발전시켜 나갈 수 있을 것인가에 대하여 많은 자극이 되고 있다. 재단의 경우 매년 100명의 젊은 동포들을 초청하는 사업을 주도하였지만, 여기에 참가하고 자기의 삶의 터전으로 돌아간 이들은 자발적으로 네트워크를 조직하면서 자신의 연구와 사업에서 상조하는 창조적인 네트워크를 구축해 가고 있다. 이는 새롭게 변화하는 세계 속에서 한인들의 네트워크의 가능성을 개발하고 현실화하는 바람직한 정책지향을 보이고 있는 것이 사실이다. 하지만 이러한 폭넓은 사업을 추진하는 주체로서 재외동포재단이 지니는 한계도 엄연히 존재한다.

는 한인들을 부분적으로 인정함에 그침으로써, 한인 네트워크를 모두 결집할 수가 없다는 한계가 있다. 그리고 이러한 선거가 해외 동포 사회를 정치화하고 분열시키는 문제와 더불어 현지법과의 충돌 등으로 인하여 많은 난제들이 제기되고 있는 상황이다. 또한 우편투표제와 같은 대안적 투표방식의 개발 없이 제한된 투표참여의 한계를 넘어서기도 어렵다. 이러한 문제들을 해결해 나가려는 노력과 더불어 우리 실정에 맞는 재외동포의 정치참여의 길을 보완하고 강화하는 과제를 풀어야 한다. 더불어 이 문제의 보다 완전한 해결을 위해서는 이중국적 허용 문제가 관련된다. 이중국적을 놓고 해외 인적 네트워크의 확대 및 활용이라는 취지에서 찬성론이 강하게 제기되고 있다. 많은 국가들도 해외 우수 인력의 유치와 이들의 모국 해외 진출 도움 가능성에 착안하여, 이중국적 정책을 펼치고 있다. 1977년 캐나다를 필두로 하여 아르헨티나, 콜롬비아, 코스타리카, 이스라엘, 대만 등지에서 이중국적을 허용하여, 현재 전 세계 국가 절반 정도가 이중국적을 허용하고 있는 것으로 알려져 있다. 중국은 자국의 기술 발전을 위해서 엔지니어나 정보통신(IT) 관련 종사자 등에 한정해 이중국적을 허용하고 있고, 인도는 역시 기술과 자본 유입을 목적으로 미국, 영국 등 7개국 국적자에게만 한정해 이중국적을 허용하고 있다. 하지만, 이중국적 문제는 여전히 이중국적자들의 병역 의무 회피 가능성, 이중국적에 대한 전반적으로 부정적인 국민 정서, 실제 실행에서 법적 차원 문제 등 여러 면에서도 논란이 있다.

결국 디아스포라 공공외교의 실현에서 앞으로 우리 정부가 해결하여야 할 가장 논쟁적인 부분이 바로 이중국적 부여 및 재외동포 대표성을 확대하는 문제이다. 이 문제는 안과 밖의 갈등 그리고 해외 디아스포라 내의 갈등을 야기할 수 있는 민감한 문제이다. 따라서 정부는 디아스포라 공공외교의 발전단계에 따른 점진적 접근 방식을 고려하여 이 문제를 풀어가야 할 것이다. 하지만 장기적으로 디아스포라 네트워크와 국내 조직들 사이의 온전한 결합과 시너지를 위해서 이 문제는 꼭 해결하고 넘어가야 할 문제로 보인다.

둘째, 한인 디아스포라 공공외교의 강화를 위해서 제기되는 문제로 한인 디아스포라의 현지 조직화 방식을 재검토해 볼 필요가 있다. 현존하고 있는 다양한 한인 단체들과 네트워크가 이미 존재하고 있는데, 이들의 한계점을 넘어서는 새로운 조직화가 필요하다. 한인 디아스포라가 집중적으로 거주하고 있는 미국의 경우가 좋은 예가 될 수 있다.

미국의 대표적 한인 단체는 미주한인총연합회(The Federation of Korean Associations in the United States of America)이다. 1903년 도산 안창호 선생이 회장이었던 한인 친목회에 그 뿌리를 두고 1977년에 오늘날의 미주한인총연합회가 창립되어 한민족의 이민정착과 권익 향상 및 공동체 건설을 목표로 활동하고 있다. 현재 미국 중서부, 중남부, 동남부, 서남부, 서북, 플로리다, 워싱턴 지구, 미동부에 총연 산하에 총 8개의 지역 연합회가 있다. 미주한인총연합회는 가장 오래된 재외동포 단체로서 미주한인들의 미국과 한국에서의 정치력 신장, 한국과 미국의 교류를 위해서도 노력하고 있다. 하지만 미주한인총연합회의 구체적인 활동은 회장에 따라 다르게 나타났다는 평가가 있다. 실제 활동 내용을 보면 회장이 누구였는가에 따라서 남북한 문제, 이민법 문제, 한미 교류, 해외 재난에 대한 자선활동, 한국의 정치력 신장 등등 미주한인총연합회가 역점을 둔 분야가 달랐다. 최근 총연합회의 활동 중에서는 해외 참정권 우편투표 제도 도입을 위한 한국 정부로의 청원, 한인의 미국에서의 정치력 신장을 위한 미국 정계 진출 연구, 동시에 재미교포들의 한국에서의 참정권 도입을 위한 포럼과 같은 재미한인의 한국과 미국에서의 정치력 신장을 위한 활동이 눈에 띈다. 이 외에도 해외한민족대표자대회 참가, 세계한인회장대회와 같은 해외 동포들과의 교류도 이루어지고 있다.

최근 들어 특히 주목할 만한 미주한인총연합회의 활동은 한미 자유무역협정(FTA) 비준 촉구를 위한 노력이다. FTA 관련 활동은 총연합회 홈페이지의 활동현황 소개 부분에서 따로 한 카테고리를 차지할 정도로 중요하게 다루어지고 있다. 총연합회는 2009년부터 '한미 FTA 비준 촉구 전 미주 추진 위원회'를 결성하여, 지역의 연방 상·하원 의원실을 대상으로 한미 자유무역협정(FTA) 지지 결의서, 서명된 진정서를 전달하고 서한 송부, 지지서명 운동, 미 의원과의 면담을 통한 로비 활동, 미국인을 대상으로 한 FTA 홍보 활동 등 한미 FTA의의 조속한 비준 결의를 위한 여러 활동을 벌였다. 하지만 미주 한인사회를 위한 봉사단체로서의 초기 목표가 변질되고 있으며, 그 활동이 지나치게 회장에 의존적이고, 회장 선거 제도가 정비되어 있지 않으며, 민족 정체성 확립에 노력이 부족하고, 지역 한인회 차원의 문제에 관심이 적다는 비판도 있다. 물론 이런 기존의 한인들의 권익을 증진하기 위한 단체의 필요성은 명확하다. 그런데 기존 조직들은 내향적 내지 고국 지향적 성향을 기본적 특성으로 한다. 그래서 현지 사회, 즉 미국 사회와 정부에 대해 가지는 영향력이 대단히 제한적이다. 이를 증진하기 위해서는 미국 내 한인 디아스포

한국계미국인공동체재단(Korean American Community Foundation, KACF)

2002년 창립된 한국계미국인공동체재단(이후 한인커뮤니티재단)은 한인 1.5~2세대가 주축이 되어서 만든 비영리 단체로서, 한인을 비롯해 아시아계, 흑인, 라틴계 등 소수민족을 포함하는 미국 사회 전역의 자선단체와 봉사활동을 지원하는 단체이다. 참여 인원과 규모는 미국한인총연합회에 비해 작지만, KACF는 미국에서 가장 영향력 있는 한인 모임이라고 할 수 있다. 2007년 10월 17일에 있었던 한인커뮤니티재단의 갈라 디너에는 반기문 유엔 사무총장과 마이클 블룸버그 뉴욕 시장이 참석하여 언론의 큰 주목을 받았었다. 이는 한국 이민 모임 행사에서는 이례적인 일이었다. 한인커뮤니티재단의 설립은 미국 사회에서 성공한 한인들의 네트워크가 부재했다는 점에서 출발했다. 2002년 가을 5명의 교포와 2명의 총영사관 직원이 참석해 시작된 이 모임을 필두로 법률, 금융, 출판업계 등 미국 사회 각 분야에서 성공한 한인들이 당시 뉴욕 한국총영사였던 조원일 총영사의 저택에서 첫 모임을 가졌다. 이들이 주축이 되어 한인 사회의 미국 내 역할을 강화하기 위해서, 또한 한인 사회와 미국 사회 그리고 한인 사회와 다른 아시아계 사회 사이의 가교 역할을 하자는 취지에서 한인커뮤니티재단을 설립하였다.

운영위원회가 주로 젊은 전문직 한인2세들로 이루어진, 한인커뮤니티재단은 비정치적 성격을 띤 단체로서 자선활동에 그 초점이 맞춰져 있다. 그 뒤 이 모임에 한인들 이외에 ABC의 앵커우먼이었던 주주 창을 비롯하여 랜덤하우스 아시아 지역 사장 지영성씨 등과 같은 인사들이 참여하게 되고 뉴욕의 명사들도 몇몇 가세하였다. 첫 모임이 있은 뒤 1년 만에 열린 재단설립 파티에는 뉴욕의 명사들이 다수 참석하였고, 이후 오래지 않아 익명의 한국계 사업가가 300만$를 재단에 쾌척하였다. 이 사건은 재단 발전에 커다란 충격과 자극이 되면서, 기존 한인 사회에 커다란 반향을 일으켰다. 그리고 설립 4년 만에 400명의 인사들이 참여하는 재단으로 급속하게 성장하면서 뉴욕의 정계도 주목하는 단체가 되었다. 2006년부터 시작한 한인커뮤니티재단의 기금 마련을 위한 갈라 디너행사는 해를 거듭할수록 성황리에 이루어지고 있는데, 2006년 갈라 디너행사에서는 50만 달러를 모금할 수 있었고, 2007년에는 반기문 유엔 사무총장과 마이클 블룸버크 뉴욕 시장을 초대할 수 있었고, 2009년 갈라 디너에서는 80만 달러를 모금할 수 있었다. 2010년부터 한인커뮤니티 재단은 추가로 골프 클래식을 개최하여 기금을 모금하고 있다. 한인커뮤니티재단은 이러한 행사에서 모금한 기금을 '한국계미국인가족센터(Korean American Family Service Center)'와 같은 한인 사회 관련 단체뿐만 아니라, '평등을 위한 아시안계 미국인(Asian Americans for Equality)', '뉴욕시 재건(Restore NYC)' 등과 같은 아시아계 및 미국계 자선단체를 포함해 뉴욕의 20여 개의 단체에 재정지원을 하는 데에 사용하고 있다. 또한 포드재단으로부터 기금을 받고 아시아계, 라틴계, 흑인 등 다른 인종들과 '공동체 간 발전(Inter—Community Development)'을 위한 프로젝트를 추진하고 있다.

이러한 한인커뮤니티재단의 활동은 비록 이것이 직접적인 정치 로비는 아닐지라도 미국사회에서 한인사회의 새로운 형태의 네트워킹과 더불어 한인사회의 위상 제고에 대단히 긍정적인 영향을 미치고 있다. 한인커뮤니티재단의 이름이 갈수록 알려지면서, 이 재단의 활동에 미국사회에서 성공한 한인들의 참여가 높아지고 있으며 갈라 디너에도 힐러리 클린턴을 비롯한 미국 정치인들의 축사와 관심이 늘고 있다.

이 단체는 한국의 뉴욕총영사관에서 이니셔티브를 가지고 모임의 시작을 제안했지만 자발적인 조직으로 성장하게 되었으며 현재 뉴욕의 명사들과 정치인들이 주목하는 단체로 발전하고 있다. 최근 주목할 만한 변화는 이러한 KACF의 성공사례가 다른 지역의 한인들에게도 자극이 되어 미국 북서부 도시들과 밴쿠버에서도 유사한 형태의 조직화가 시도되고 있다는 점은 고무적이다. 밴쿠버 지역의 한인들은 이를 위해 KACF의 활동과 노하우를 전수받기 위하여 인턴십 훈련생을 파견하여 활동을 시작하였다. 이러한 조직의 전파가 진행될 경우에 이들 사이의 네트워크가 진행될 수 있을 것이며, 이는 미국 내 한인사회 존재의 혁명적 변화로 귀결될 수도 있는 운동이 될 것이다.

라 결사가 더욱 미국 사회를 지향하는 방식으로 전환될 필요가 있어 보인다.

그런 의미에서 한국계미국인공동체재단(KACF) 사례는 시사점이 크다. 한인커뮤니티재단은 민족 정체성의 보호 혹은 자국민 보호와 같은 배타적 네트워킹이 아닌 해외 국가와 사회에 기여할 수 있는 포괄적 의미의 공동체가 한인들의 위상을 제고할 뿐만 아니라 네트워킹에도 효과적임을 보여주는 사례이다.

또한 최근 성장하고 있는 중국 내 한인 디아스포라의 조직화 과정에도 주의를 기울일 필요가 있다. 역사는 오래지 않지만 중국한국상회(中國韓國商會, Korea Chamber of Commerce in China)의 사례도 현지 조직화의 과제와 관련하여 한인 디아스포라 공공외교를 위하여 시사하는 바가 크다. 현재 중국의 한상 네트워크는 중국한국상회와 재중국한인회를 중심으로 이루어지고 있다. 하지만 실제로 많은 활동 내용이 겹침에 따라서, 대부분 지역에서 한국상회와 재외한인회가 통합적으로 운영되어서 "한인 사회단체의 대표성과 기능적 분화가 미흡"하다는 비판이 있다. 또한 최근 중국한국상회의 회장이 "재중국한국인회는 불법단체"라고 발언해 큰 물의를 빚었고, 재중국한인회와의 관계 설정을 놓고 중국한국상회 내부에서도 분열이 나타나기도 했다. 이러한 갈등적 상황에 대한 관찰은 향후 새로운 디아스포라 네트워크가 기존 디아스포라 조직과 충돌하지 않을 방안의 구상이 지니는 중요성을 역설해 주고 있다.

셋째, 한인 디아스포라 커뮤니티의 지역 간 혹은 글로벌한 네트워크 구축의 과제이다. 현지 한인 디아스포라 커뮤니티의 현지 정부 및 사회에 대한 네트워크적 영향력을 신장하는 과제 이외에도 또 다른 외부적 과제로는 세계 각지에 흩어진 한인 디아스포라 커뮤니티 간의 새로운 네트워크의 구축을 고민해야 할 것이다.

이와 관련하여 재외동포재단에서 재외 한국 경제인들의 네트워크 짜기는 가장 중요한 사업 중 하나이다. 재외동포 경제인들의 망 짜기는 한국에게도 많은 경제적 이익을 가져올 수 있는 사업의 하나이기 때문이다. 이에 따라 재외동포재단 경제 사업팀에서는 재외동

중국한국상회는 1993년 설립되고 중국 내 중국 정부가 공식적으로 인증한 7번째 외국인 상회로, 현재 중국에서 46개 지역별로 한국 상회가 구성되어 있다. 중국한국상회는 중국에 주재하는 한국 회사 간 경제 정보 교환, 중국 내 경영 활동 관련 권익 보호, 회원사, 중국기업, 재중 외국기업 사이의 상호 교류 및 협력 증진을 목표로 하고 있다. 중국한국상회는 '코참차이나 뉴스레터'의 이메일 서비스를 통해 중국경제 관련 정보, 법령, 정책을 전달, 중국 진출 기업들의 경영 편의를 위한 '중국 경제 법령집' 발간, 홈페이지를 통한 뉴스레터와 저널에 있는 정보 제공, 유료로 중국에 진출하는 기업들에 경영상담 서비스를 제공, 주중대사관과 협력해 한국 기업의 불이익, 피해 사례 해결 위한 노력, 정보 교류회를 정기적 개최, 중국 정부 및 주중 외국상회와 협력, 상회 회원사들 간 정보 교류 증진의 활동을 하고 있다. 중국한국상회의 홈페이지에서는 중국경제단신, 경제 법령, 경제통계 정보와 같은 중국 경제 정보, 중국 투자 정보, 중국 기업과 각종 전시회와 박람회에 대한 정보를 제공하고 있는데, 이 모든 정보가 회원 가입을 하지 않아도 볼 수 있도록 개방되어 있다. 또한 1994년에 설립된 중국한국상회의 유료 경영상담센터는 2008년에는 122건의 상담 실적이 있었다. 이 외에도 중국한국상회 홈페이지에서는 각 지역별 한국상회 소식과 한국 기업들의 정보를 제공해주고 있다.

재중국한인회는 중국한국상회보다 먼저 결성되었던 중국한인상회를 기초로 1999년 창립되었다. 하지만 중국 정부의 1국가 1단체 정책으로 인해서, 중국 정부로부터 먼저 인정을 받은 중국한국상회 때문에 아직까지 중국 정부로부터 승인을 받지 못했다. 재중국한인회는 중국 각 지역에서 54개의 지역한인회를 대표하는 단체로 활동하고 있다. 재중국한인회는 "전중국 네트워크 구축 및 지역 활성화, 한중 우호 증진 활성 극대화, 한국인의 정체성 및 위상 제고"라는 3대 방향을 가지고 운영되고 있다. 재중국한인회는 경제와는 직접적으로 관련되지 않은 좀 더 포괄적 의미의 한국인 네트워크 구축을 위해서 노력하고 있다. 구체적 활동 내용으로는 교민 소식지인 '중국한인회보' 발행, 한·중 문화 교류 사업, 중국 대학생 장학생 선발, 중국과 한국 도시 간, 중국과 한국 초등학교 간 자매결연 추진, 중국 불우이웃 돕기 등 중국에서의 봉사 활동을 하고 있다. 또한 한글학교의 설립 및 지원, 교민 도서관, 중국어 웅변대회, 한국인 대학생 취업박람회, 지역별 음악회, 한민족 체육대회, 전국체전 선수 선발, 한인 회관 및 노인정 건립, 문화·역사·교육원 건립 추진과 같이 한국인으로서 정체성을 제고하기 위해 노력하고 있다포 경제인을 통한 우수한 경제인 발굴을 통한 한상네트워크 구축의 중심 확보와 내외동포 간 교류 활성화, 그리고 재외동포 경제인들 간 연대 강화를 통한 경제적 지위 향상과 더불어 모국과의 네트워크 구축 지원을 통한 '한민족경제공동체 구현'을 위해 노력해왔다. 이러한 목표 달성을 위해 핵심적으로 추진해 온 사업 중의 하나가 '세계한상대회'였다.

세계한상대회(The World Korean Business Convention)는 2002년 서울에서 처음 개최된 이래 11차례의 세계한상대회가 있었다. 세계한상대회는 재외동포 경제인들과 국내 경제인, 기업인들의 네트워크 구축을 위한 모임으로서 구체적 프로그램으로는 업종별 비즈니스 세미나, 일대일 비즈니스 미팅, 기업 전시회, 멘토링 세션, 재외동포 민원상담, 한상대회 초청 패션쇼 등이 있다. 세계한상대회의 기획, 운영, 집행을 담당하는 한상본부사무국이 재외동포재단 내에 있어서 이를 전담하고 있다. 2002년 첫 개최 이후 세계한상대회는 국내외 경제인들이 서로 교류하고 정보 교환을 할 수 있는 기회를 제공해줌으로써 세계한상네트워크 경제교류의 기초가 되어주었다. 이뿐만 아니라 세계한상대회에서 중소기업은 상품 전시회를 하고 수출 상담을 할 수 있는데, 이는 중소기업에도 이득이 됨과 동시에, 대회 참가자들의 숙식비, 쇼핑 비용 지출 등으로 지역 경제에도 활력을 불어넣어주는 효과가 있다.

하지만 회의의 목적인 '네트워크 구축'을 위해서는 3-4일에 불과한 기간 동안의 교류가 부족한 것이 사실이었다. 이러한 일회성, 그리고 오프라인의 한계를 극복하기 위해서 재외동포재단은 지난해 6월 온라인 '세계한상정보센터(www.hansang.net)'를 구축했다.

이는 기존의 '세계한상대회'의 한계를 극복하고 온라인을 통해 지속할 수 있는 세계한상네트워크 구축을 위한 시도였다. 이 웹사이트는 크게 다음과 같은 4가지 꼭지로 이루어져 있다. 즉, 전 세계한상들의 경제 단체, 기업과 인물, 비즈니스 정보를 제공해주는 '한상 인포,' 각 분야별로 사업정보를 공유하는 '분야별 네트워크,' 한상들의 기업, 상품을 PR할 수 있는 공간과 사업 관련 실시간 상담과 정보를 제공해주는 '비즈니스 서포팅,' 국내와 해외 기업 성공 사례 소개와 각 기업 분야별 자료를 공유하고 사업 정보를 교류하는 공간인 '비즈니스 지식인'이 그것이다.

세계한상정보센터는 기존 '세계한상대회' 위주의 오프라인 일회성 이벤트에 의존해 온 한상네트워크 구축이 가질 수 있는 제약을 온라인과 지속성으로 극복하고자 한 시도였지만 실제 그 웹사이트 운영을 살펴보면 아직도 많은 한계가 나타나고 있다. 첫째, 웹사이트 운영이 활성화되어 있지 않다는 점이다. 세계한상정보센터의 '분야별 네트워크'를 보면 기업 중에서도 제조업, 서비스업, 금융업, 무역업만 있고, 다른 업종의 네트워크는 없다. 또한 이미 있는 이 업종의 웹사이트 운영 현황을 보면 작년 6월 개설 이후로, 2011년에 들어 새로운 글이 올라와 있지 않은 업종도 있다. '비즈니스 서포팅'을 보더라도 웹사이트가 개설된 이래 총 상담건수가 24건에 불과하고, 1대1 비즈니스 매칭은 단 1건만 올라와 있다. 둘째, 현재 세계한상정보센터의 기능은 많은 부분 이미 존재하고 있는 다른 단체들과 겹친다는 사실이다. 예를 들어 기업인들 간의 정보 교류는 이미 각 국가에 있는 기업인들의 모임, 그리고 각 지역 비즈니스 정보 제공은 KOTRA와 같은 다른 단체들이 제공해줄 수 있는 것들이다.

V. 맺음말: 한국 디아스포라 공공외교의 과제

한국의 디아스포라 공공외교는 전술한 과제들을 풀어가기 위해 어떤 미래지향적 체제와 전략적 지향 속에서 추진되어야 할 것인가?

첫째, 한인 디아스포라 커뮤니티의 포괄적 형성 및 분화를 촉진하여야 한다.

해외에 흩어져 있는 한인들은 지역별 한인회 등을 중심으로 이미 모임을 결성하고 있으며, 현지에 진출한 상공인 연합회 형태 등의 협력체를 다수 구성하고 있다. 하지만 이런 다양한 모임들이 조직되어 있음에도 불구하고 특히 취약한 부분은 현지 국가의 주류사회와 상호작용을 통해 영향력을 발휘할 수 있는 단체가 많지 않다는 점이다. 특히 새로운 세대들이 기존의 한인회와는 무관하게 살고 있으며 이들 중 적지 않은 수가 현지 국가 내 주류사회에 진입해 가고 있는 상황을 주목할 필요가 있다. 이미 검토한 한인커뮤니티재단(KACF)의 사례는 시사적이다. 이러한 사례는 현지의 한인 네트워크가 자발성의 원칙과 더불어 현지 사회에 대한 기여성의 원칙을 확보하는 것이 중요하다는 점을 일깨워 준다. 네트워크의 중요한 기초는 이익에만 있는 것이 아니라 가치에도 있는 것이다. 성공한 한인들의 모임이 한인사회만을 위해 존재하는 것이 아니라 현지 사회의 보편적 발전과 정치과정에 기여할 때에 강한 힘을 가지게 된다는 점을 보여준다. 다만 이러한 변화는 한국과의 상호작용에 용이한 기존 한인 커뮤니티와 현지와의 상호작용에서 더 큰 영향력을 가진 커뮤니티 사이의 갈등으로 비화되는 것을 방지하고 분화된 역할 속에서 다양한 기능과 상호작용을 수행하는 현지 한인 커뮤니티 네트워크로 진화되는 지향점을 지녀야 할 것이다. 이를 위해 정부의 영사업무의 방향성을 좀 더 적극적으로 전환하고 한인 커뮤니티 간 상호작용을 위한 논의가 활성화되는 데 기여할 수 있어야 할 것이다.

둘째, 한인 디아스포라 네트워크와 조응할 수 있는 국내 민간 중심의 다양한 공공외교 주체들을 조직하고 활성화하여야 한다.

해외의 동포들이 조직화되는 것과 더불어 이들과 조응하여 해외 동포들의 네트워크를 결집하고 방향성을 부여할 수 있는 민간단체의 활성화와 조직화가 우선적으로 중요하다. 이는 다양한 분야에서 시도될 필요가 있다. 과학기술과 지식 창조 분야에서의 네트워크는 국가경쟁력의 새로운 발전을 위해 대단히 중요한 분야이다. 상공업 관련 네트워크의 중요성은 재론할 필요가 없으며, 최근 들어 소프트 파워의 증진에 문화교류 네트워크의 중요성은 더욱 커가고 있다. 이러한 다양한 분야에서의 네트워크는 해외에서 디아스포라 네트워크의 형태로만 존재해서는 안 되며 국내에 이에 조응하는 민간 내지 민간에 준하는 네트워크가 설립되어 상호작용을 할 때에 커다란 시너지를 발휘할 수 있다.

가령, 재외동포재단을 비롯하여 세계한상대회사무국, 한국문화산업교류재단(KOFICE), 국제방송교류재단 등을 비롯한 다양한 공영(公營) 조직들이 있다. 하지만 민간 차원에서 시도되고 있는 다양한 네트워크는 주목받지 못하고 있다. 이러한 국내 민간의 노력들을 지원하고 힘을 실어줄 수 있는 제도적 뒷받침이 필요하다. 이미 지적한 '코리안커넥션'의 파케같이 한류(韓流) 전파의 전도사 역할을 하는 이들이 많이 나오고 있다. 이들은 불우한 환경에서 조국을 떠나야 했지만 이제는 성공적인 삶을 영위하면서 자신들의 뿌리인 한국과 한국 문화에 강한 애착을 가지고 있다. 이들은 그들이 태어난 대한민국의 성공을 자랑스럽게 생각하고 그들을 키워준 나라와 한국 사이의 가교 역할을 훌륭히 수행하고 있다. 우리 정부와 기업이 한국 소프트 파워의 중요한 숨은 자산인 이들에게 관심을 가지고 지원하는 일이 필요한데, 이는 국내적으로 조응해 활동할 수 있는 자발적 조직을 활성화함으로써 가능할 것이다.

또한 세계적으로 다양하게 분포하고 있는 한인 디아스포라의 특성을 고려하여 지역별 디아스포라 네트워크에 대한 맞춤형 접근 전략이 필요하다. 가령, 미주 지역의 동포들과 중국 지역이나 구소련 지역의 동포들이 안고 있는 삶의 역사와 환경이 다른 것이 사실이다. 남미 지역이나 새롭게 진출하고 있는 중동 및 아프리카 지역의 소수 동포들도 나름의 고민이 있다. 현지에서 성공하고 기반을 잡기가 쉽지 않은 지역에서 디아스포라 네트워크를 구축하는 문제는 조금 다른 각도에서 접근될 필요가 있다. 이들은 관리가 필요한 경우에 해당된다. 하지만 디아스포라 네트워크의 궁극적 지향점은 역시 자발성에 입각한 다양한 창발의 과정으로 연결되어야 한다. 따라서 이러한 지원은 정부의 협조를 얻어 민간단체나 기업 등이 주축이 되는 구조를 만들 필요가 있다.

가령, 최근 한국의 대러 협력에서 동시베리아·극동지역 개발을 위한 노력이 주목을 받고 있는데 소통채널의 부재로 인한 난관이 있는 것이 사실이다. 따라서 이 경우에는 지금까지와는 다른 방법으로 접근하는 '재외동포' 자원의 적극적인 활용방안을 강구할 필요가 있어 보인다. 고려인들을 '한민족네트워크'에 합류시켜 인적자원 정보를 체계적으로 관리하는 것이 필요하고, 특히 중소상공인을 포함한 기업가들은 하나의 한상네트워크로 통합시키는 것이 필요하다. 이는 정부가 주도할 일이 아니라 그 목적에 맞는 기업이나 민간단체의 주도로 이루어지는 것이 바람직하다. 이러한 과정을 통해서 자발성의 원칙을 강화해 갈 수 있기 때문이다. 이처럼 자발성의 원칙과 아래로부터의 운동이야말로 디아스포라 공공외교를 활성화하고 견실하게 지탱하는 가장 기본적인 원동력이 될 수 있을 것이다.

셋째, 디아스포라 공공외교정책의 기본적 전략 지향은 정부의 수준에서 포괄적 분산적 전략을 염두에 두는 것이 필요하지만 분야별 네트워킹 과정에서는 선택과 집중이 필요하다.

일단 한국 정부는 현재까지 그 충분한 가치를 인정받지 못한 디아스포라의 공헌 가능성을 인정하고 높이 사는 자세를 가질 필요가 있다. 그리고 정부는 본국의 과학, 경제, 산업, 문화 커뮤니티와 디아스포라 커뮤니티의 분야별 연결이 활성화되도록 노력해야 한다. 이러한 과제를 수행하기 위하여 우선적으로 과학기술, 문화, 경제 등 다양한 네트워크의 해외 디아스포라 인적 자산들에 대한 데이터베이스를 구축하는 작업이 시급하다. 실로 디아스포라 네트워크를 조직하고 동원하기 위해서는 초기에 적지 않은 재정적, 행정적 지원이 요구되는 것이 사실이다. 제한된 재원과 인력을 가진 정부로서는 이러한 지원의 우선순위를 정하고 이를 효과적으로 분배하기 위하여 관련된 데이터베이스 구축에 집중할 필요가 있다. 이러한 데이터베이스의 구축 작업은 단순한 정보의 구축에서 끝나서는 안 된다. 다양한 인터넷 사이트와 방송매체 등을 집중하여 디아스포라 및 디아스포라 공공외교 네트워크 관련 주체들에게 제공하는 것이 필요하다. 이러한 정보수집 및 분석 그리고 배포의 역할이야말로 정부가

해야 할 가장 중요한 역할 중의 하나이다.

또한 정부는 현재 추진되고 있지만 개선의 여지가 많은 디아스포라 관련 교환 프로그램, 해외 경제인들에 대한 세금우대 및 면제 프로그램, 이중국적 허용과 선거권 부여 등과 같은 구체적이고 가능한 정책으로 디아스포라와의 링크를 강화하는 정책적 기반을 마련하는 것이 중요하다. 이것은 단지 제도적인 기반을 마련하는 문제만은 아니다. 정부의 공공외교에 대한 인식과 실천의 정도가 새로운 수준으로 업그레이드되는 것을 의미한다. 가령, 대통령의 외국 방문 시 본래의 외교적 목적에 준하는 높은 우선순위를 가지고 현지의 디아스포라를 격려하고 조직화하는 정책을 강화해 나갈 필요가 있다.

넷째, 안과 밖을 네트워크로 엮어낼 수 있는 네트워크형 디아스포라 공공외교 조직을 정비하되, 특히 정부 내 유관 부처의 기능을 묶어 관련된 정책네트워크의 허브를 창설할 필요가 있다.

정부가 세계에 흩어진 디아스포라와의 소통의 채널을 구축하기 위해서는 '적극적인 건설자 역할'을 감당해야 하지만, 동시에 디아스포라 공공외교 관련 국내외 단체들의 상호작용의 내용은 자율성의 원칙에 근거하여 보장하는 '최소주의 개입의 역할'을 견지하여야 하며, 이 상호작용의 활성화 및 소통에서의 장애와 저항을 제거하기 위한 '보완적 역할'이라는 삼중 역할의 견지에서 추진체계를 정비하는 것이 필요하다.

상술한 이질적인 전략의 결합을 위해서는 정책네트워크적인 접근법이 필수적이며 이를 실현하는 과정에서 디아스포라 네트워크와의 지속적인 소통과 조율이 필요하다. 어쩌면 한국의 디아스포라 공공외교는 이제 막 시작단계에 있다고 볼 수 있다. 물론 한국의 모든 분야의 발전은 정부가 주도하는 압축성장의 과정을 거쳐 이루어진 것이 사실이다. 따라서 디아스포라 공공외교에서도 정부의 역할은 주요할 수밖에 없다. 하지만 디아스포라 공공외교에서 관건은 역시 자발성과 창발성의 원칙에 근거한 상호작용이다. 그렇다면 국가의 주도성과 다양한 주체들의 자발적 창발성을 결합할 수 있는 디아스포라 공공외교의 추진체계를 재정비하는 과제는 극히 중요하다. 이러한 차별화된 기능을 수행할 수 있는 다수의 조직을 연합하여 하나의 긴밀한 네트워크화가 구축된 허브를 만들어야 한다. 왜냐하면 이런 조직을 통해서만 국가 차원은 물론 민간 차원에서 진행되는 공공외교를 조율할 수 있기 때문이다. 이에 각국 사례에서 나타난 디아스포라 정책 관련 부처의 기능과 역할에 대한 비판적 검토와 공공외교 관점에서 창의적 재해석이 이루어질 필요가 있다.

결국 성공적인 디아스포라 공공외교를 위해서는 정책네트워크(policy network) 구축이 중요하다. 누차 지적했듯이 디아스포라 공공외교에서 정부의 역할은 공공외교의 성패를 가르는 중요한 열쇠가 될 것이다. 하지만 무조건 정부가 주도적 역할을 하는 것이 능사는 아니다. 분야에 따라 정부가 앞서야 할 경우가 있지만, 상당한 분야에서 공공외교의 활성화는 민간의 참여가 주요한 변수가 될 수 있다. 따라서 정부는 쟁점에 따라 자신의 역할을 상이하게 규정하는 유연성이 필요하다. 정부가 디아스포라 관련 안팎의 네트워크에서 브로커(broker)의 역할을 할지, 코디네이터(coordinator)의 역할을 할지, 아니면 좀 더 자원에 대한 통제력을 가진 디스트리뷰터(distributor)의 역할을 할지는 쟁점의 성격과 단계에 따라 다르다. 이러한 결정은 디아스포라 공공외교의 형태를 분산형으로 가져갈지 혹은 선택집중형으로 가져갈지에 따라 달라질 수도 있다. 따라서 이러한 선택과 결정을 위해서는 디아스포라 공공외교를 정부와 유관 기관 및 전문가 그리고 국내외 디아스포라 관련 단체들이 함께 참여하는 정책네트워크의 조직화를 추진하는 것이 중요하다. 그리고 정부는 장기적으로 자발성과 창발성의 원칙을 중시하면서 거시적 코디네이션의 역할에 주력하는 방향으로 움직여 가야 할 것이다.

1   21세기 지구촌에서 디아스포라는 어떠한 존재인가? 디아스포라는 국가, 글로벌 거버넌스, 민간 영역과 어떠한 관계를 가지고 있는가? 각 행위자들이 정적인 성격을 지녔다기보다, 역동적이고 가변적이라는 관점에서 디아스포라의 존재성을 설명해 보시오.

2   디아스포라가 가지는 외교정책적 가치는 어떠한 것이 있는가? 공공외교에서 디아스포라가 가진 가능성과 기대되는 역할은 무엇인가? 강대국이 아닌 중견국의 입장에서 디아스포라의 어떤 특징들이 효과적으로 활용될 수 있는지 설명해 보시오.

3   최근 대한민국 국민들 사이에 해외에서 온 디아스포라에 대한 불쾌감이나 혐오감이 증대되고 있다는 지적이 있는데, 이 같은 현상을 어떻게 이해해야 하는가? 해외에 있는 코리언디아스포라가 비슷한 상황에 처한다면 한국 정부는 어떻게 대처하는 것이 좋을까?

추천 문헌

- Ho, Elaine L.E. and Fiona McConnell. 2017. "Conceptualizing 'diaspora diplomacy': Territory and populations betwixt the domestic and foreign." *Progress in Human Geography XX(X)*.
- Hocking, Brian. 2008. *Engagement: Public Diplomacy in a Globalised World*. London: Foreign and Commonwealth Office.

참고 문헌

임채완. 2008. "세계화 시대 '디아스포라 현상' 접근: 초국가네트워크사례를 중심으로." 『한국동북아논총』 49.

전형권. 2004. "글로벌 민족네트워크와 각국의 동포정책: 인도와 이스라엘 사례를 중심으로." 『한국동북아논총』 33.

정성호. 2008. "코리안 디아스포라: 공동체에서 네트워크로." 『한국 인구학』 31(3).

Bartora, Jozef. 2005. "Public Diplomacy in Small and Medium-sized States: Norway and Canada." Netherlands Institute of International Relations "Clingendael," March.

Biao, Xiang. 2005. "Promoting Knowledge Exchange through Diaspora Networks: The Case of People's Republic of China." ESRC Centre on Migration, Policy and Society(COMPAS), March.

Dickinson, Jen. 2017. "The political geographies of diaspora strategies: Rethinking the 'sending state.'" *Geography Compass*.

Ho, Elaine L.E. and Fiona McConnell. 2017. "Conceptualizing 'diaspora diplomacy': Territory and populations betwixt the domestic and foreign." *Progress in Human Geography XX(X)*.

Hocking, Brian. 2008. *Engagement: Public Diplomacy in a Globalised World*. London: Foreign and Commonwealth Office.

Kahler, Miles ed. 2009. *Networked Politics: Agency, Power, and*

Governance. Ithaca and London: Cornell University Press.

Lowell, B. Lindsay and Stefka G. Gerova. 2004. *Diasporas and Economic Development: State of Knowledge.* Washington D.C.: World Bank.

Mearsheimer, John J. and Stephen M. Walt. 2007. *The Israel lobby and U.S. foreign policy.* New York: Farrar, Straus and Giroux.

Meyer, Jean-Baptiste and Jean-Paul Wattiaux. 2006. "Diaspora Knowledge Networks: Vanishing Doubts and Increasing Evidence." *International Journal on Multicultural Societies* "Transnational Knowledge Through Diaspora Networks", Vol. 8, No. 1.

제12장 국민외교와 네트워크 공공외교

이승주 | 중앙대학교 정치국제학과

I.   머리말
II. 세계정치의 변환과 공공외교 패러다임의 변화
III. 네트워크 공공외교: 행위자와 매체의 다양화
   1. 행위자의 다양화
   2. 매체 및 데이터의 다양화
IV. 네트워크 공공외교의 국내적 차원
   1. 국내 공공외교의 등장
   2. 국민외교: 한국의 사례
V. 맺음말

21세기 공공외교는 네트워크 공공외교와 국민외교라는 새로운 차원으로
나아가고 있다. 이는 공공외교를 둘러싼 대내외 환경이 급격하게 변화한 데
따른 것이다. 강대국 중심의 국제정치가 세력 변동으로 인해 구조적인 변화의
단계에 진입함에 따라, 제한적이기는 하지만 힘에 기반하여 자국의 국익을
투사하는 전통적인 외교에서 탈피할 수 있는 세계정치의 변화가 발생하고
있다. 또한 세계화의 진전으로 인해 세계정치에서 직간접적으로 참여하는
행위자가 수적으로 증가하고 있을 뿐 아니라, 이들 사이의 상호작용의 패턴이
다양화되는 변화가 빠르게 진행되고 있다. 이에 더하여 다양한 행위자들 사이의
쌍방향적이고 수평적인 상호작용을 거의 실시간으로 가능하게 하는 디지털
기술의 발전으로 세계정치가 네트워크화되는 변화 또한 발생하고 있다. 더 이상
정부 주도적인 공공외교만으로는 목표로 했던 성과를 거두기 어려운 환경이
형성된 것이다. 네트워크 공공외교는 이러한 배경에서 대두되었다. 여기에
상대국 정부와 대중과의 접촉면을 넓히기 위해서는 민간의 힘을 효과적으로
활용해야 할 필요가 증가함에 따라 새로운 방식의 공공외교에 대한 광범위한
인식의 공감대가 형성되었다.

국내적 차원에 볼 때, 외교정책에 대한 국민의 관심이 증대되면서 정책
결정의 투명성과 책무성에 대한 요구가 증대되었다. 공공외교도 예외는
아니었다. 특히, 국민외교는 정부가 국민의 힘을 대외적으로 투사, 활용하는
데 집중한 나머지, 국민의 의사를 국내적으로 수렴하는 과정이 빈약했다는
자성에서 비롯되었다. 자국 정부, 자국 국민, 상대국 정부, 상대국 국민으로
구성된 네트워크 공공외교에서 자국 정부와 국민 사이의 연계가 취약했던
것이다. 국민외교는 이러한 한계를 극복하기 위하여 공공외교를 기획·집행하는
과정에서 국내적으로 일반 대중들과 의사소통을 강화하려는 새로운 변화의
시작이라고 할 수 있다.

핵심어

신공공외교 new public diplomacy　　세력 변동 power shift

네트워크 공공외교 network public　　세력 확산 power diffusion
　　　diplomacy　　　　　　　　　　중견국 middle power

국민외교 people's diplomacy

I. 머리말

21세기 공공외교는 네트워크 공공외교와 국민외교라는 새로운 차원으로 나아가고 있다. 이는 공공외교를 둘러싼 대내외 환경이 급격하게 변화한 데 따른 것이다. 강대국 중심의 국제정치가 세력 변동으로 인해 구조적인 변화의 단계에 진입함에 따라, 제한적이기는 하지만 힘에 기반하여 자국의 국익을 투사하는 전통적인 외교에서 탈피할 수 있는 세계정치의 변화가 발생하고 있다. 또한 세계화의 진전으로 인해 세계정치에서 직간접적으로 참여하는 행위자가 수적으로 증가하고 있을 뿐 아니라, 이들 사이의 상호작용의 패턴이 다양화되는 변화가 빠르게 진행되고 있다. 이에 더하여 다양한 행위자들 사이의 쌍방향적이고 수평적인 상호작용을 거의 실시간으로 가능하게 하는 디지털 기술의 발전으로 세계정치가 네트워크화되는 변화 또한 발생하고 있다. 더 이상 정부 주도적인 공공외교만으로는 목표로 했던 성과를 거두기 어려운 환경이 형성된 것이다. 네트워크 공공외교는 이러한 배경에서 대두되었다. 여기에 상대국 정부와 대중과의 접촉면을 넓히기 위해서는 민간의 힘을 효과적으로 활용해야 할 필요가 증가함에 따라 새로운 방식의 공공외교에 대한 광범위한 인식의 공감대가 형성되었다.

국내적 차원에 볼 때, 외교정책에 대한 국민의 관심이 증대되면서 정책 결정의 투명성과 책무성에 대한 요구가 증대되었다. 공공외교도 예외는 아니었다. 특히, 국민외교는 정부가 국민의 힘을 대외적으로 투사, 활용하는 데 집중한 나머지, 국민의 의사를 국내적으로 수렴하는 과정이 빈약했다는 자성에서 비롯되었다. 자국 정부, 자국 국민, 상대국 정부, 상대국 국민으로 구성된 네트워크 공공외교에서 자국 정부와 국민 사이의 연계가 취약했던 것이다. 국민외교는 이러한 한계를 극복하기 위하여 공공외교를 기획·집행하는 과정에서 국내적으로 일반 대중들과 의사소통을 강화하려는 새로운 변화의 시작이라고 할 수 있다.

이 장에서는 네트워크 공공외교와 국민외교를 21세기 공공외교의 새로운 형태로 보고, 발생 원인과 형성 과정을 중점적으로 검토한다. 이를 위해 세계정치와 국내 정치의 변환이 공공외교에 미친 영향을 고찰한다. 특히 세력 확산에 따른 행위자의 다양화와 디지털 기술의 발전에 따른 쌍방향적 의사소통의 확대가 네트워크 공공외교의 형성을 촉진한 배경을 검토한다. 또한 이 장에서는 디지털 기술이 매체의 다양화뿐 아니라 쌍방향적 의사소통과 데이터 기반의 공공외교를 촉진한 점에 주목한다. 마지막으로 이 장에서는 국민외교를 정부와 국민 사이의 쌍방향적 의사소통 강화라는 차원에서 검토하고, 주요 내용을 소개한다.

II. 세계정치의 변환과 공공외교 패러다임의 변화

상대국 정부를 대상으로 하였던 전통 외교와 달리, 공공외교는 일반적으로 '상대국 정부뿐 아니라 대중을 대상으로 펼치는 외교 활동'을 뜻한다. 냉전기 미국이 소련 및 동유럽 공산권 국가들을 상대로 진영 대결을 치열하게 전개하는 과정에서 정부 주도의 전통 외교뿐 아니라 공공외교를 광범위하게 실행하면서 외교에 있어서 민간의 역할이 부각된 바 있다. 이때 공공외교는 하드 파워를 기반으로 했던 전통 외교와 달리, 소프트 파워의 개발과 동원에 초점을 맞추었다는 점에서 차별성을 갖는다. 체제 경쟁을 하는 상황에서 상대국 대중에게 자국 체제의 우월성을 부각하는 데 공공외교가 활용되었던 것이다. 이때 문화와 같은 소프트 파워를 적극 활용함으로써 상대 국민들이 매력을 느끼도록 하거나 주요 정책 사안에 대한 이해를 제고하는 것을 목표로 하였기 때문에 '문화 외교', '지식 외교' 등이 공공외교의 주류를 형성하였다. 그러나 탈냉전 시대에 접어들면서 진영 대결의 필요성이 감소하자 공공외교에 대한 정책적 관심과 지원 역시 쇠퇴하였다.

네트워크 공공외교는 신공공외교의 대두와 맥락을 같이한다. 다만, 신공공외교에 대한 논의가 공공외교 변화 자체에 초점을 맞추었다면, 네트워크 공공외교는 세계정치의 성격 변화라는 구조적 맥

신공공외교는 새로운 국제정치 상황에서 대두되었다. 외국의 대중을 외교 활동의
대상으로 삼았다는 점에서는 정부 중심의 전통 외교와 차별화되고 기존 공공외교
와 유사하다. 그러나 기존 공공외교가 정부 행위자가 상대국 대중을 대상으로 한
외교 활동을 주도했다면 신공공외교는 외국의 대중과 상호작용하는 주체가 비정부
행위자까지 확대되었다는 점에서 기존 공공외교와 커다란 차이가 있다. 뿐만 아니
라, 신공공외교는 정부 및 비정부 행위자들이 소통하는 수단과 매체가 다기화되었
다는 점에서 기존 공공외교와 차별화된다. 정부 주도의 외교와 달리 행위자의 다양
화와 더불어 매체의 다양화는 외교 현안에 대한 일반 대중의 인식을 제고함으로써
상대국 대중과 수평적이고 쌍방향적 소통을 촉진한다는 점에서 의미가 있다(김태환
2012).

락에 초점을 맞춘다는 점에서 다소 차이가 있다. 21세기 세계정치
에서 하드 파워에 기반한 권력 분포의 지각 변동이 급격하게 진행
되는 권력 이동(power shift)과 전통적인 국가 행위자 이외의 다양한
행위자들로 권력이 분산되는 권력 분산(power diffusion)이 동시에
진행되고 있다(Cooper 2013). 전통적인 정부 간 외교와 공공외교가
권력 이동의 장에서 이루어지는 것이라면, 새롭게 전개되고 있는 권
력 분산은 네트워크 공공외교의 현실적 필요성을 환기시키고 있다.

비국가 행위자의 대두가 세계정치에 초래한 질적 영향은 지대
하다. 전통적인 국제정치는 정부 행위자, 특히 강대국 정부를 중심
으로 상호작용이 이루어지는 비교적 단순한 형태를 취하였을 뿐 아
니라, 상대국 국민을 직접적인 외교의 대상으로 해야 할 현실적 요
구가 그리 크지 않았다. 그러나 21세기 국가 행위자와 비국가 행위
자가 다양한 관계를 중첩적으로 맺으면서 세계정치의 복잡성과 불

| 표 12-1 | 21세기 신공공외교의 특징

	전통 외교	20세기 공공외교	21세기 신공공외교
주체	정부	정부	정부, 다양한 민간 주체
대상	정부	정부, 민간	정부, 민간
동원 자원	하드 파워	소프트 파워	소프트 파워
매체	정부 간 협상 및 대화	PR, 캠페인	전통 매체, 디지털 매체
행위자 간 관계	수평적(정부 간)	수직적, 일방적	수평적, 쌍방향적

출처: 김태환(2012).

확실성이 크게 증대되었다. 인터넷의 급속한 확대에 따라 다양한 비정부기구의 활동이 빠르게 증가하고 있다.

쟁점 영역에 따라서는 비국가 행위자들의 이해와 협력이 수반되지 않고는 문제 해결이 어려운 분야가 증가하고 있다. 21세기에 점차 중요성을 더해가고 있는 환경, 재난, 빈곤, 지속가능한 발전, 사이버 안보 등 신흥 이슈들이 이에 해당한다. 신흥 이슈들은 다른 이슈와 분절된 개별 분야가 아니라 다수의 분야를 가로지르는 교차 쟁점(crosscutting issue)이라는 특징을 갖는다. 이 때문에 신흥 이슈는 과거와 같이 정부가 주도하는 분절적 접근 방식으로는 해결하기 어렵다는 것이 일반적인 견해이다. 다양한 쟁점들이 복합화되고 있기 때문에, 이와 직간접적으로 관련된 다양한 비정부 행위자들과 협업하여 입체적으로 접근할 수 있는 시스템을 만들어 낼 수 있는지 여부가 21세기 공공외교의 성패를 결정하는 주요 요소라고 할 수 있다.

신흥 이슈의 특징은 국제정치의 복잡성이 증대됨에 따라 문제 현상에 대한 합의 도출, 원인 분석, 문제 해결을 위한 집합적 노력에 이르기까지 해결해야 할 난제가 중첩되어 있다는 점이다. 예를 들면, 기후변화로 인한 문제점이 지적된 것은 1970년대 초였지만, 정작 기후변화 현상에 대한 국제적 합의를 도출하기까지 30년 가까운 시간이 소요되었을 뿐 아니라, 그 원인을 규명하고 책임 소재를 밝히는 과정은 아직도 현재진행형이다. 트럼프 행정부가 파리협정 탈퇴를 결정한 데서 나타나듯이, 문제 해결을 위한 공동의 노력은 더욱 지난한 일이다. 합의 도출 또는 의사결정의 측면에서 볼 때, 21세기 세계정치에서 주요 현상으로 대두되고 있는 신흥 이슈의 해결이 어려운 이유 가운데 하나는 전통적 행위자인 국가들 사이의 이해관계의 대립뿐 아니라, 새로운 유형의 행위자들이 국제적인 합의 과정에 대거 포함되면서 의사결정 체계의 복잡성이 증대되었기 때문이다. 행위자 및 이슈 차원에서 볼 때, 세계정치가 빠르게 네트워크화되어 가고 있는 것이다.

네트워크 공공외교는 이처럼 세계정치의 변화 양상과 밀접한 관련이 있다. 기존의 공공외교가 전통 외교와 달리 상대국의 대중을 상대로 한다는 점에서는 새로운 외교의 방식이기는 하다. 그러나 기존 공공외교는 이러한 차별성에도 불구하고, 21세기 세계정치의 변환의 의미를 수용하는 데 한계를 드러냈다. 기존 공공외교가 다양한 행위자들의 중요성을 인식하기는 하였으나, 이들과의 소통은 여전히 일방향적 방식을 유지하였다는 것은 일부 문제의식과 방식의 변화를 추구하기는 하였으되 전통 외교의 연장선에서 공공외교를 추진하였다는 의미이기도 하다(김태환 2012).

그러나 다양한 행위자들이 다양한 매체를 통해 실시간으로 외교 관련 이슈에 참여하는 현상은 네트워크 공공외교의 필요성을 환기시키는 결과를 초래하였다. 네트워크 공공외교의 핵심은 정부 주도의 일방향적 소통 방식에서 탈피하여 다양한 행위자들과 쌍방향적으로 소통하는 가운데 수평적 협력 관계를 형성함으로써 상대국으로부터는 자국에 대한 인식을 개선시키는 효과를 얻고, 국내적으로는 외교정책에 대한 피드백을 통해 정책의 효과성을 제고하는 것이다.

III. 네트워크 공공외교: 행위자와 매체의 다양화

1. 행위자의 다양화

기존 공공외교가 정부 주도의 일방향적 외교의 형태를 취했던 것은 대체로 공공외교가 강대국의 전유물이었다는 점과 무관하지 않다. 전통 외교와 마찬가지로 기존 공공외교에서 강대국 편향성이 나타나는 것이다(한인택 2015). 냉전 종식 이후 국제정치에서 소프트 파워의 중요성이 부각되기 시작하였지만, 하드 파워에 기반하지 않은 소프트 파워는 한계가 있을 수밖에 없다는 인식이 널리 퍼지게 되었다. 주로 강대국들이 소프트 파워 자체가 독립적으로 작용하는 것이 아니라고 인식하였기 때문에 하드 파워를 보완하는 수단으로서의 가능성에 주목하게 되었다. 그 결과 공공외교도 하드 파워를 갖춘 강대국들이 자신들의 매력을 적극적으로 상대국에 발산하는 수단으로 활용하는 데 초점이 맞추어졌다.

강대국들이 공공외교의 기능과 역할에 다시 주목한 것은 대외 환경의 변화에도 그 원인이 있다. 탈냉전 시대에 선진 민주주의 국가들에서 외교정책의 책무성에 대한 요구가 증가하면서 외교정책의 이해관계자가 대폭 증가하였다. 세계화의 진전은 개인들이 초국적으로 활동하면서 국가 수준을 넘어선 문제에 대한 인식을 전환하는 계기로 작용하였다. 공공외교의 주요 영역인 개발협력의 사례를 보면, 냉전기 원조는 강대국들이 자국의 이익을 위해 동원하는 외교정책의 수단으로 활용되기도 하였다(Lancaster 2006). 냉전기 원조는 자국의 이익에 부합한다는 이유로 정당화되었다. 그러나 냉전이 종식됨에 따라 미국을 비롯한 강대국들은 원조의 지속적 제공에 대한 국내적 지지를 확보하는 데 어려움을 겪게 되었다. 외교정책의 수단으로서 원조의 효과에 의문이 생겼기 때문이다. 이른바 '원조 피로(aid fatigue)' 현상이다.

　　이러한 환경 변화에 직면하여 일부 강대국들과 북유럽 국가들은 원조의 필요성을 새로운 방식으로 정당화하는 접근 방법의 변화를 모색하였다. 원조와 외교정책의 연계를 재구성한 것이다. 탈냉전 시대에 과거와 같이 원조를 단기적이고 협소한 의미의 국익을 추구하는 수단으로 정의할 경우, 원조의 효과와 정당성이 감소하는 것은 불가피하였다. 주요 선진국들은 국익을 보다 장기적이고 개방적 관점에서 정의하고, 원조가 이러한 목적에 부합한다는 점을 강조하되, 원조 관련 정책 결정의 투명성과 책무성을 높임으로써 국민의 지지를 확보하는 전략을 취하였다. 미국 또는 중국과 같이 원조와 외교정책을 높은 수준에서 연계하는 국가들이 여전히 있으나, 탈냉전 시대 원조 패러다임은 국익 추구와 느슨한 방식으로 연계되는 변화가 초래되었다. 국가브랜드 등에 대한 관심이 고조되기 시작한 것도 이러한 맥락이며, 원조 정책이 공공외교의 중요한 요소로 대두된 것도 이 때문이다.

또한 강대국들이 공공외교에 관심을 갖게 된 것은 결국 상대국 정부 또는 비정부 행위자들과 쌍방향적 소통을 하는 데 목표가 있었다고 보기 어려운 측면이 있다. 강대국들이 전통적으로 활용했던 하드 파워만으로 자국의 외교정책 목표를 달성하는 데 한계에 직면하거나, 때로는 오히려 역효과에 직면하게 되자 새로운 대안으로서 소프트 파워 기반의 외교를 추구할 현실적 필요성이 커짐에 따라 공공외교에 대해 관심을 갖게 되었기 때문이다.

탈냉전 시대 공공외교의 전면적 개편을 선도한 국가는 미국이다(United States Advisory Commission on Public Diplomacy 2014). 미국이 공공외교의 개혁을 시도하게 된 직접적인 계기는 9·11 사건이다. 미국 정부가 중동 지역에 상당한 외교 자원을 투입하였음에도 불구하고, 이 지역 일반 대중의 미국에 대한 호감보다는 반감이 증가하는 역설적 현상이 발생하였다. 미국 정부는 이러한 상황에 직면하여 전통 외교의 한계를 실감하게 되었다. 과거 개도국 또는 신생 민주주의 국가들의 경우, 권력이 일부 지도자들에게 집중되었기 때문에 외교의 대상을 확대할 필요성이 크지 않았다. 그러나 이러한 방식의 외교는 상대국 대중으로부터 호감과 매력을 얻는 데 근본적 한계를 드러냈다는 것이 미국 정부의 판단이었다. 일반 대중들이 독립적으로 선택하고 행동하는 경향이 증가함에 따라 이에 맞는 공공외교를 실행할 필요가 크게 증대된 것이다(United States Government Accountability Office 2009).

그 결과 미국 정부는 상대국 국민들과의 적극적인 소통과 상호 교류를 통한 이해 증진을 적극 추구하게 되었다. 미국 정부는 이해관계를 공유하는 상대국 대중과의 소통을 강화할 수 있는 네트워크를 형성하고 유기적인 협력을 촉진하는 '공동체 외교'(community diplomacy)를 지향하고자 하였다(U.S. Department of State and U.S. Agency for International Development 2010). 더 나아가 미국 정부는 세계 각국의 대중들이 미국 외교의 주요 사안에 대한 공론화 과정에 참여하도록 촉진하기 위해 세계 주요 지역에 미디어 허브를 설치하는 등 공공외교의 수준을 한 차원 높이는 데 주력하기 시작하였다.

이러한 고민의 산물이 2010년 미 국무부와 개발청이 발간한 '외교와 개발 4개년 검토(Quadrennial Diplomacy and Development Review, QDDR)'이다. 부제(Leading through Civilian Power)에서 알 수 있듯이, 미국 정부는 21세기 공공외교는 정부 주도의 외교에서 탈피하여 민간의 힘을 적극 활용하는 네트워크 공공외교를 추진하여야 한다는 결론을 내린 셈이다. 2015 QDDR에서 미국이 지속적으로 세계적 리더십을 행사하기 위해서는 사회, 경제, 문화의 모든 분야를 망라하여 외교정책에 대한 '전 정부적 접근(whole-of-government approach)'을 넘어서서 '전 미국적 접근(whole-of-America approach)'을 할 필요가 있다는 점을 지적하였다.[1] 미국민 개개인들이 '시민 외교관'이 될 수 있도록 역량을 강화해야 한다는 것이다. 이를 위해, 해외의 미국 동포들과 교류를 확대하고, 학생 및

....

1   U.S. Department of State and U.S. Agency for International Development, 2015.

시민 지도자들에 대한 접촉을 강화할 필요가 있다.

이러한 인식에 기반하여 미국 정부는 공공외교를 위한 전략적 프레임워크를 새로 구성하고, 이에 기반한 전략적 목표를 제시하였다. 이 전략 목표에는 미국 정부가 네트워크 공공외교를 위한 구체적인 방향성이 포함되어 있다. 5대 전략 목표의 첫 번째는 '나레이티브의 형성(shape the narrative)'이다. 네트워크 공공공외교의 출발점은 외국민들과 적극적으로 교류할 수 있는 전략을 개발하는 데 있다. 미국 정부가 전통적인 외교 방식에서 벗어나 주요 지역에 미디어 허브를 설치함으로써 외국 대중과의 교류 기회를 확대하고, 궁극적으로 미국의 존재에 대한 가시성을 높일 필요가 있다는 것이다. 교류를 통한 상호 이해의 증진이 미국 정책에 대한 이해와 지지로 연결될 가능성이 높기 때문이다(U.S. Department of State and U.S. Agency for International Development 2010).

두 번째 전략 목표는 민간 대 민간의 관계를 확대·강화(expand and strengthen people-to-people relationships)해야 한다는 것으로 역시 네트워크 공공외교의 관점이 반영되어 있다. 미국이 해외에 메시지를 효과적으로 전파하기 위해서는 상대국 국민이 중요하게 생각하는 것들에 초점을 맞추어야 하며, 이러한 목적을 위해서는 대민 관계의 강화가 효과적이라는 인식이 작용한 결과이다. 특히 청년과 여성을 포함하여 대민 접촉의 인구적 기반을 가능한 한 확대하고, 신기술을 활용해야 한다는 것이다(U.S. Department of State and U.S. Agency for International Development 2010).[2]

....

2 5대 전략 목표에는 이외에도 과격한 극단주의에 대응(counter violent extrem-

미국이 이처럼 공공외교를 근본적으로 재편했음에도 불구하고 이에 대한 문제가 제기되기도 한다. 2010년 이후 미국이 변화하는 국내외 현실을 적극 반영하여 공공외교를 효과적으로 수행하기 위한 다양한 노력을 기울인 것은 사실이나, 이는 수단적 차원에 지나지 않는다는 비판적 시각이 그것이다(Gregory 2014). 공공외교는 수단과 방식보다는 이를 통해 전달할 수 있는 내용이 중요한데, 미국이 이러한 공공외교의 자산을 적극적으로 업그레이드하지 못할 경우 한계에 직면하게 될 수 있다.

한편, 미국과 중국 등 강대국들이 공공외교 추진을 본격화하면서 중견국들은 절대 열위에 있는 하드 파워와 상대적을 빈약한 소프트 파워의 한계를 벗어나기 어렵다는 인식 때문에 범위와 수준 면에서 공공외교를 소극적으로 펼치는 경향이 있었다. 한국의 경우 강대국들과 같이 광범위하고 포괄적인 공공외교를 실행에 옮기기보다 공공외교를 일부 분야로 축소시키는 결과가 초래되었다. 한국의 공공외교가 비교적 최근까지 주로 문화외교를 중심으로 전개된 것이 이에 해당한다(Cho 2012). 중견국이 강대국들이 주도적으로 추진하던 기존 공공외교와 차별화하여 보다 적극적인 공공외교를 펼쳐야 한다는 주장이 제기되기 시작한 것은 이러한 배경이다(진행남 2013).

네트워크 공공외교의 관점에서 볼 때, 중견국들의 공공외교는 강대국 공공외교와 차별화될 필요가 있다. 권력 이동과 권력 분산으

....

ism), 정책결정에 대한 정보 제공의 개선(better inform policymaking), 외교 자원의 합목적적인 배치(deploy resources in line with current priorities) 등이 포함되어 있다(U.S. Department of State and U.S. Agency for International Development 2010).

로 상징되는 21세기 세계정치에서 더 이상 강대국들만이 공공외교를 독점할 수 있는 것은 아니다. 정부 행위자가 상대국 대중을 대상으로 했던 비교적 단순한 형태의 전통적인 공공외교와 달리, 21세기 공공외교는 정부 행위자와 비정부 행위자가 어우러져 상대국 정부와 비정부 행위자들과 다양한 수준과 방식으로 상호작용하는 데 초점을 맞추고 있다. 행위자 수의 증대는 국가 간의 관계 역시 정부 대 정부 수준을 넘어 다양한 수준에서 상호작용이 이루어지는 네트워크화 양상을 초래하고 있기 때문이다.

세계정치가 네트워크화되는 점을 고려할 때, 중견국들은 때로는 네트워크에서 유리한 위치를 점할 수 있는 이점을 가질 수 있다. 미국 또는 중국과 같은 강대국들은 패권 경쟁 때문에 상대국과 구분된 독자적인 네트워크를 구성하는 경향이 있다. 이에 비해 중견국들은 패권적 야망을 갖고 있지 않기 때문에 강대국을 포함한 다양한 국가 및 비국가 행위자들이 형성하는 네트워크를 연결할 수 있는 중요한 위치를 점할 수도 있다. 이 경우 하드 파워나 소프트 파워가 아니라 위치 권력에 기반한 영향력의 확대가 가능하다. 중견국이 네트워크 공공외교를 지향해야 하는 이유는 여기에 있다. 네트워크 공공외교는 중견국들이 하드 파워의 제약을 효과적으로 보완함으로써 국제적 영향력을 확대하고 새로운 어젠다를 주도할 수 있는 가능성을 제시한다(김상배·이승주·배영자 2013).

2. 매체 및 데이터의 다양화

디지털 기술이 발전함에 따라 외교정책에 직접적으로 참여하거나 관심을 갖고 있는 행위자들이 활용하는 매체가 다양화되고 있을 뿐 아니라, 공공외교의 효과적 실행을 위한 데이터 활용의 필요성 역시 매우 커지고 있다. 매체 면에서 의사결정을 위해 오프라인에서 이루어지는 모임뿐 아니라, 온라인에서 인터넷, 소셜미디어 등 다양한 수단들이 폭넓게 활용되고 있다. 주요국 정부들은 새로운 매체와 유형의 데이터를 적절하게 활용할 경우 공공외교의 효과를 제고하고 공공외교의 범위를 확대할 수 있다는 판단하에 디지털 기술의 변화를 수용하기 시작하였다.

　매체와 데이터의 다양화는 네트워크 공공외교의 가능성을 제시하는 새로운 수단이다. 21세기 공공외교는 매체의 다양화와도 밀접한 관계가 있다. 인터넷과 SNS가 보편화되면서 정책에 대한 수요와 피드백이 외교의 장에도 빠른 속도로 유입되고 있다. 다양한 행위자들이 IT 기기를 활용한 소통을 정부의 외교 행위에 대해 거의 실시간으로 피드백하는 환경이 만들짐에 따라 공공외교의 필요성이 급격하게 증대되기 시작하였다. 기존의 공공외교에서도 대중과의 소통이 중시되었던 것은 사실이지만 소통 방식의 다양성과 즉시성은 21세기 공공외교의 새로운 특징이라고 할 수 있다.

　매체 다양화가 초래한 변화는 쌍방향적 소통을 훨씬 용이하게 했다는 점이다. 기존 공공외교가 수단과 성과 면에서 제한적일 수밖에 없었던 이유 가운데 하나는 매체가 가진 속성의 한계를 극복하기 어려웠던 점과 무관하지 않다. 전통적인 매체들은 기본적으로 일방향적 속성을 크게 벗어나기 어렵기 때문에, 네트워크 공공외교를 실행하는 데 커다란 제약 요인으로 작용하였다. 물론 기존 공공외교에서도 일방향적 소통의 한계를 극복하기 위한 다양한 시도가 이루어지기는 하였다. 외국 대중들의 의견을 청취하기 위한 전담 창구를 설치하거나, 다양한 아웃리치(outreach) 활동을 조직하는 것이 일방향적 소통의 한계를 극복하기 위한 노력의 일환이다. 그러나 디지털 기술에 기반한 새로운 매체의 등장은 일방향적 소통의 한계를 획기적으로 개선할 수 있는 대안으로 인식되었다. 쌍방향적 소통은 기술적 차원에서 정부와 민간의 의사소통 방식을 변화시켰을 뿐 아니라, 정부와 민간의 상호작용의 성격 자체를 근본적으로 바꾸어 놓았다. 수평적 의사소통 방식은 공공외교는 물론 외교정책의 투명성에 대한 요구를 반영하는 효과적인 방식이라고 할 수 있다.

주요국 정부들이 디지털 기술의 활용에 주목하게 된 또 하나의 이유는 데이터의 활용과 관련이 있다. 네트워크 공공외교의 관점에서 볼 때, 설문조사와 같은 전통적인 방법에 전적으로 의존하지 않더라도 상대국 대중의 선호를 파악하는 데 디지털 기술에 기반한 데이터를 활용할 수 있게 되었기 때문이다. 대면 접촉 등의 전통적 방식과 디지털 기반의 데이터를 상호 보완적으로 활용할 경우, 쌍방향적 소통이 실질적으로 제고되는 효과를 기대할 수 있다. 이처럼 주요국 정부들은 웹 기반 데이버, 위성 데이터, 크라우드 데이터 등 데이터의 활용이 용이해짐에 따라 데이터 기반의 공공외교에 주목하고 있다.[3]

일부 국가들은 이미 디지털 기술의 변화에 발 빠르게 대응하여 빅데이터를 공공외교에 활용하기 시작하였다. 미국과 영국 등 전통적인 선진국은 물론 싱가포르와 같은 신흥국들도 빅데이터를 공공

....
3   데이터 기반 외교는 미국 기업들이 유럽 시민들의 개인 정보를 미국으로 이전하는 문제를 둘러싸고 미국 정부와 EU가 협상을 벌인 사례에서 나타나듯이 때로는 자국민의 개인 정보에 대한 보호 문제를 포함하기도 한다(Kurbalija 2017).

빅데이터는 외교의 다양한 영역에 활용될 수 있다. 특히 빅데이터를 활용한 외교는 (1) 외국인 데이터의 관리 및 분석과 비상사태 시 자국민 소재 파악과 같은 영사 업무; (2) 양자 관계 또는 다자 협정의 출범에 따른 효과 분석 등 전략 기획 및 정책 연구; (3) 소셜미디어 데이터를 분석함으로써 자국 이미지 변화를 파악하는 공공외교; (4) 원조의 정확한 배분과 원조 프로젝트의 효과성 모니터링을 위한 개발 및 인도주의적 원조; (5) 위성 이미지를 활용하여 법적 증거를 확보하는 데 빅데이터를 활용하는 국제법 분야 등 광범위하게 활용될 수 있다.

　　빅데이터의 활용은 데이터베이스의 관리가 핵심인 영사 업무에 비교적 일찍 도입되었다. e-비자, 외국인에 대한 모니터링, 비상사태가 발생할 경우 적시의 지원 제공 등이 대표적인 사례이다. 빅데이터는 전략 기획과 정책 연구에도 유용하다. 정부는 전통적인 외교 관계 이외에 경제, 사회, 문화 등 국가 간 관계를 다양한 측면에서 검토하는 데 빅데이터를 활용할 수 있고, 다자 관계에서도 국제 협정의 서명과 비준에 대한 다양한 데이터베이스를 분석함으로써 특정 국가의 입장을 파악하는 등 외교정책을 수립하는 데 활용할 수 있다(DiploFoundation 2017). 빅데이터 분석은 과거에는 설명하기 어려웠던 외교 이슈의 전후 맥락을 이해하는 데 도움을 준다. 특히 빅데이터 분석이 시각화되어 표현될 경우 미묘한 외교 이슈에 대한 이해도를 제고하는 데 커다란 도움이 된다. 빅데이터는 외교 현장에서 오랜 기간 활동한 외교관의 경험 및 지식과 결합될 때 유용성이 더욱 커질 수 있다(USC 2014).

　　그러나 빅데이터를 외교정책에 전면적으로 활용하는 데 따른 문제점도 없지 않다. 외교정책에 본격적으로 빅데이터를 활용하기 위해서는 확증 편향의 문제, 특정 온라인 플랫폼 사용자들의 과다대표 문제, 프라이버시와 보안 문제 등을 해결해야 한다.

외교에 활용하기 위한 방안을 다각적으로 모색하고 있다.[4] 공공외

....

4　　외교안보 분야에서 빅데이터 기반 분석에 기초한 정책결정과정에서 고려해야 할 사

교 분야의 경우, 소셜미디어의 데이터를 활용하여 특정 쟁점, 국가, 지역에 대한 감정 분석을 수행할 수 있다. 또한 네트워크 분석을 통해 특정 쟁점에 대하여 영향력을 행사하는 개인 또는 어젠다를 주도하는 사람을 파악해냄으로써 공공외교의 대상을 보다 정교하게 좁힐 수 있게 된다(DiploFoundation 2017).

주요국 정부들은 소셜미디어에 나타난 자국 이미지에 대한 빅데이터를 수집, 분석함으로써 자국에 대한 우호적인 이미지를 만들어 나가는 데 활용하고 있다. 이 과정에서 주요국 정부들은 외교정책 사안에 따라 특정 집단을 대상으로 한 메시지를 발신하는 등 빅데이터 분석을 통해 보다 정교화된 공공외교를 추진하고 있다(Kurbalija 2017).[5] 다만, 빅데이터에 기반한 네트워크 공공외교의 효과를 제고하기 위해서는 데이터의 형태, 외교 활동의 종류, 빅데이터를 활용하는 데 있어서 예상되는 장애 요인 등을 함께 고려해야 한다. 빅데이터 분석은 추세, 패턴, 상관관계 등을 비교적 정확하게 파악하는 데 도움이 되지만, 예측력을 높일 수 있는 방안을 구체화할 필요가 있다. 데이터 기반 네트워크 공공외교 전략은 기존 외교관들의 직관, 경험, 지식과 결합될 때 더욱 효과적일 수 있다. 그런 점에서 데이터 기반의 분석과 직관 기반의 문화의 유기적 연계가 중요하다. 또한 빅데이터가 서베이 데이터와 결합될 경우 어느 한 가지 방식만으로는 포착하기 어려운 현상을 분석하는 데 도움이 된다

....

항에 대해서는 김상배(2017) 참조.

5 한편, 데이터 기반의 공공외교가 전혀 새로운 방식의 외교라기보다는 냉전기 외교의 제도적·이념적 잔여(institutional and ideological residue)에 불과하다는 비판적 시각도 있다(Bean and Comor 2018).

(USC 2014).

이와 관련, 미국의 공공외교자문위원회(The U.S. Advisory Commission on Public Diplomacy)는 데이터 기반 프로그램을 공공외교에 활용하는 권고안을 제시한 바 있다.[6] 이 위원회의 결론은 데이터 기반의 전략 기획은 '연구 문화(culture of research)'의 토양이 확립되지 않을 경우 현실적으로 대단히 어렵다는 것이다. 데이터 기반 분석을 존중하는 문화가 확립되지 않을 경우 데이터를 아무리 생산하더라도 기존 외교 업무로 통합되지 않는다는 것이다(US Advisory Commission on Public Diplomacy 2014). 이 위원회는 미국 공공외교를 개선하기 위해서는 다음의 다섯 가지 과제가 선결되어야 한다고 제안한다. (1) 국무부 관리의 공공외교에서 연구의 중요성에 대한 인식; (2) 국무부의 위험회피 문화로부터 단절; (3) 공공외교 활동의 개발과 평가를 위한 보다 일관성 있는 전략적 접근; (4) 연구 및 평가를 포함한 전략 기획 업무를 위한 훈련 확대; (5) 기존 프로그램과 활동을 개선하는 데 도움이 되는 평가 인력과 예산의 확대 등이다(US Advisory Commission on Public Diplomacy 2014).

....
6   미국공공외교자문위원회는 1948년 의회가 설립한 초당적 패널로 공공외교 관련 정책과 프로그램을 제안하고, 미국 정부의 공공외교 활동을 평가하는 역할을 수행하고 있다(US Advisory Commission on Public Diplomacy 2014).

IV. 네트워크 공공외교의 국내적 차원

1. 국내 공공외교의 등장

공공외교에서 국내적 차원이 중요해진 것은 공공외교의 네트워크적 성격이 강화된 것과 밀접한 관련이 있다. 공공외교에서 네트워크의 강화와 확대는 주로 대외적 차원에서 이루어졌다. 그러나 공공외교를 위한 국내적 차원의 네트워크가 대외적 차원의 네트워크와 조응하는 형태로 형성되지 않을 경우, 공공외교의 지속가능성을 담보하기 어렵다. 공공외교의 대외적 차원과 대내적 차원을 유기적으로 연결하는 '국내-국제 넥서스(domestic-international nexus)'가 21세기 네트워크 공공외교의 현실이 된 것이다. 국내적 차원의 네트워크 형성은 공공외교의 '다행위자 네트워크(multi-actor network)'의 완성을 의미한다(Huijgh 2013).

국내적 차원의 네트워크 형성은 네트워크의 효과적인 작동이라는 측면에서 매우 중요하다. 21세기 네트워크 공공외교가 실효를 거두기 위해서는 네트워크의 구축과 운영에서 해결되어야 할 과제가 있다. 네트워크 공공외교는 국민을 수동적 수신자가 아닌 잠재적 협력자, 더 나아가 능동적 기여자라는 인식의 전환을 전제로 한다. 이러한 인식의 전환은 국민 개개인들이 외국인들과 직접 교류하고 소통하는 기회의 양과 질이 과거와 비교할 수 없을 정도이기 때문에, 자국민을 더 이상 공공외교의 수동적 객체로 방기할 수 없는 현실과 관련이 있다. 이러한 현실을 감안할 때, 자국민이 정부 정책과 우선순위뿐 아니라 국제적 이슈에 대하여 지적인 대화를 할 수 있도록 준비시켜주는 것이 공공외교의 중요한 과제가 된다.

이를 위해서는 공공외교 메시지의 효과적인 전달을 위한 설계에서 동태적인 상호작용이 실질적으로 이루어질 수 있는 국내적 차원의 네트워크를 구축하는 것이 필수적이다. 국내적 차원의 기존 노력은 시민에 대한 정보 제공의 편의성과 효율성을 위한 네트워크를 구축하는 데 초점이 맞추어져 있었다. 정부가 펼치는 외교의 핵심 활동, 목표, 주요 대상 등과 관련하여 다양한 정보를 신속하게 제공함으로써 국민들이 공공외교를 효과적으로 수행할 수 있도록 하자는 취지이다. 여기에는 국민들의 국제정세 또는 외교 현안에 대한 정보 요청에 대하여 반응한다는 의미도 있다. 그러나 국내적 차원의 네트워크를 일방향적 소통을 위해 과도하게 활용할 경우 공공외교의 전략적 성격이 강화되는 문제가 발생한다. 공공외교는 협상과 거래에 기반한 정부 간 외교와 달리 매력을 발산하는 것이라는 점을 고려한다면, 공공외교의 전략적 성격이 드러날 경우 효과가 반감될 수밖에 없기 때문이다.

그렇다면 21세기 네트워크 공공외교가 국내적 차원에서 지향해야 할 방향은 무엇인가? 정부가 국민에게 다양한 정보를 신속하게 제공할 수 있는 국내적 차원의 네트워크를 구축하고 운영하되, 국민의 행동과 인식을 형성하거나 조작하지 않도록 유의할 필요가 있다. 21세기 네트워크 공공외교가 정부 주도의 일방향적 소통에서 탈피하여 시민들 사이의 자발적이고 지속적인 소통이 이루지는 공공 네트워크의 구축과 운영으로 전환해야 하는 것이다. 이러한 면에서 국민에 대한 정보 제공보다 국민들이 네트워크를 활용하여 자발적으로 참여하고 소통하는 거버넌스를 형성하는 것이 더욱 중요하다. 이러한 면에서 정부가 공공외교 관련 국내 지원 활동(outreach)

을 확대·강화하는 것은 매우 중요하다. 국내적 차원의 네트워크가 시민들 사이의 상호이해를 증진하는 데 기여할 경우, 공공외교 거버넌스 전체의 역량을 강화하는 효과가 있기 때문이다.

다만, 국내 네트워크 형성과 쌍방향성에 대한 강조가 공공외교에서 전략적 성격을 배제해야 한다는 것은 아니다. 공공외교를 배타적 국익 추구의 수단으로 활용할 경우 그 효과가 반감되는 것이지, 상호이해의 증진과 이미지 개선 등의 목표를 달성하는 데 공공외교가 매우 효과적인 수단임은 분명하다. 공공외교의 전략적 추구는 이러한 면에서 가능하고 또 필요하다. 여론을 선도하는 '인플루언서(influencer)'의 활동을 지원하는 것은 전략적 접근의 한 방법이 될 수 있다(Ingenhoff et al. 2021). 인플루언서들이 정보를 전파하는 역할은 물론, 양국 국민들 사이의 쌍방향적 관계를 형성하는 데 있어서 촉매제 역할을 할 수 있기 때문이다.

2. 국민외교: 한국의 사례

공공외교에서 대중의 역할이 점차 중요해지고 있음은 분명하다. 그러나 기존의 공공외교는 주로 상대국 대중을 상대로 한다는 데 우선순위를 부여한 나머지 자국민을 대상으로 한 공공외교에는 소홀한 측면이 있었다. '외교는 내치의 연장'이라는 오랜 인식에도 불구하고 자국민을 대상으로 외교정책의 투명성을 높이고 이해의 폭을 확대하려는 노력이 상대적으로 적었던 것이다. 국민외교는 기존 공공외교의 이러한 한계를 개선한다는 차원에서 새로운 외교의 가능성을 보여준다.

국민외교는 "외교에 대한 국민 의견 수렴을 통해 국민의 이해와 지지를 확대하고, 국민 참여를 강화함으로써 국민의 외교 역량을 결집시켜, '국민 중심, 국익 중심'의 외교를 구현"하는 것으로 정의된다(외교부 홈페이지 http://www.mofa.go.kr/www/wpge/m_20937/contents.do). '국민과 함께 만들어가는 국민외교'라는 슬로건에서 드러나듯이, 국민외교는 기존 외교가 외교 사안의 특성을 감안하여 국익을 보호한다는 이유로 정부 주도로 이루어지고 국민과의 쌍방향적 소통에 적극적이지 못했다는 비판적 평가에서 비롯되었다.

지난 10여 년 사이 공공외교가 다양한 행위자들 사이에 전개되면서 외국 대중을 대상으로 한 공공외교 활동에 대한 일반 국민들의 관심이 증대되어 온 것이 사실이다. 지난 10여 년 사이 정부는 정무와 경제를 중심으로 한 전통 외교에 더하여 상대국 대중으로 대상으로 전개하는 공공외교를 강화하고, 우리 국민들 역시 민간 공공외교에 활발하게 참여하는 변화가 발생하였다. 쌍방향적 공공외교의 토대가 놓여진 것이다.

국민외교는 네트워크 외교의 공백을 메운다는 의미가 있다. 〈그림 12-1〉에 나타나듯이, 정부가 네트워크 외교 차원에서 상대국 정부와 대중을 대상으로 쌍방향적 공공외교를 강화하였으나, 국내적 차원에서 정부와 자국민 사이의 쌍방향적 커뮤니케이션은 이에 상응하는 수준에 이르지 못하였다. 국민외교는 네트워크 외교 관점에서 볼 때 정부와 자국민 사이의 소통 채널을 수립하고, 더 나아가 기존의 수직적·일방향적 방식에서 수평적이고 쌍방향적 소통 방식으로 전환시킴으로써 공공외교의 질적 전환을 시도한다. 다시 말해, 자국 정부, 자국 국민, 상대국 정부, 상대국 국민 사이에 형성되어 있는 공공외교 네트워크에서 일종의 비어 있는 링크인 '자국 정부–자국 국민'의 관계를 강화하자는 것이다. 이로써 정부와 국민 사이에 쌍방향적 소통에 기반한 '환류형 외교정책 네트워크'가 형성된다.

소셜미디어와 다양한 스마트 기술의 사용이 일반화되면서 국민이 정책결정에 참여하는 변화가 빠르게 일어나고 있는데 외교정책도 더 이상 예외적 분야가 아니게 되었다. 기술 혁신에 기반한 다양한 방식의 소통이 실시간으로 이루어지는 변화가 외교정책에도 상당한 변화를 미치고 있다는 점을 감안할 때, 국민의 의사를 보다 적극적으로 수용할 필요가 있다는 것이 국민외교의 기본 문제의식이다. '외교의 민주화(democratisation of diplomacy)'가 국민외교의 출발점인 것이다(Grant 2005).

국민외교는 외교의 민주화가 국익을 증진하는 데도 도움이 된다는 전제에서 출발하였다. 외교정책의 특성상 여전히 기밀 유지의

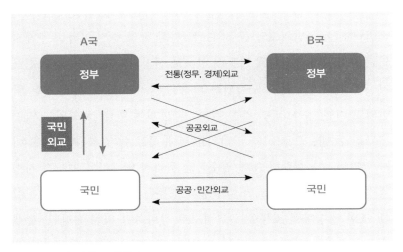

| 그림 12-1 | 국민외교 개념도

출처: 외교부 홈페이지 〈http://www.mofa.go.kr/www/wpge/m_20937/contents.do〉

특수성을 필요로 하는 예외적 사안을 제외할 경우, 국민과의 쌍방향적 소통을 외교정책 수립 단계부터 적극적으로 함으로써 국민의 이해와 지지 속에 외교정책을 추진할 필요성이 증대되고 있다는 현실 인식도 함께 작용하였다. 외교의 민주화에 기반한 국민외교가 자국민과의 수평적이고 쌍방향적 소통을 강화함으로써 외교정책의 절차적 정당성을 강화하는 데 일차적 목적이 있기는 하지만, 그렇다고 해서 국익 증진을 소홀히 하는 것은 아니다. '국민 중심, 국익 중심'의 외교라는 슬로건에서 나타나듯이, 외교정책에 대한 국민의 활발한 참여가 국익 증진을 저해하는 것이 아니라 오히려 정부가 외교정책을 통해 국익을 달성하는 데 긍정적 역할을 할 수 있다는 것이다. 인터넷과 소셜미디어가 일상화된 현실을 외교정책에 반영할 수밖에 없다는 인식과 국민과의 수평적이고 쌍방향적 소통이 국익 증진에 도움이 된다고 보기 때문이다.

한국에서 국민외교가 대두된 과정은 다음과 같다. 2017년 6월 국민외교는 '국민외교와 공공외교를 통한 국익 증진'이라는 주제로 외교 분야 6대 국정과제 가운데 하나로 선정되었고, 이후 추진 전략이 수립되고 인프라가 구축되는 과정을 거치고 있다. 이 과정은 국민외교 기반 구축, 국민 소통 강화, 국민 참여 확대, 국민외교 역량 제고를 주 내용으로 하는 국민외교 '4대 목표'에 집약되어 있다. 이는 국민외교를 실행하는 데 필수적인 물리적 인프라와 제도적 시스템을 조기에 구축함으로써 쌍방향적 소통을 강화, 확대하려는 것이다. 또한 쌍방향적 소통을 실질적으로 강화하기 위해 온라인 플랫폼을 구축하는 한편, 국민 참여의 양적 확대를 넘어 질적인 향상을 촉진하는 시스템을 구축하겠다는 것이다(외교부 홈페이지 http://www.

mofa.go.kr/www/wpge/m_20937/contents.do).

국민외교에서 쌍방향적 소통의 중요성은 아무리 강조해도 지나치지 않다. 쌍방향성의 원칙은 국내외 모두에 적용된다. 공공외교, 특히 정부가 주도하는 공공외교가 자국의 입장을 적극 전파함으로써 국제적인 공감대를 확대하거나, 문화 자산을 해외에 알리는 데 치중하는 경향이 있기 때문에 일방향성을 극복하기 어려운 것이 현실이다. 그러나 공공외교가 일방향적으로 메시지를 전파할 뿐 상대가 발신하는 메시지를 수용하는 데 소홀할 경우 그 효과를 기대하기 어렵다. 공공외교는 대외적으로도 발신 못지않게 수신이 중요하다(한인택 2015). 이러한 면에서 볼 때, 국민외교가 국내적으로 국민의 의사를 수렴하고 지지를 확보하여 대외적으로 공공외교를 전개하는 것을 넘어 상대국 외교의 수신자로서 국민이 적극적인 역할을 할 수 있는 제도적 장치를 만들고 문화를 개선해 나가는 것이 중요하다. 이렇게 될 때, 다양한 행위자들이 다양한 수준에 쌍방향적으로 상호작용하는 네트워크 공공외교가 더욱 효과를 발휘하게 될 것이다.

국민외교는 그동안 공공외교의 수동적 파트너에 머물렀던 자국 국민을 공공외교의 주체로 전환시키고, 공공외교를 위한 인적 자산의 지속적 확대라는 점에서 기존의 공공외교에서 한 걸음 더 나아간 것이라고 할 수 있다. 그러나 국민외교가 가지고 있는 잠재적 가능성에도 불구하고 풀어야 할 숙제도 만만치 않다. 우선, 정부와 자국민의 소통 수단이 다양화되었다는 것이 곧 소통의 지속가능성을 담보하는 것은 아니라는 점에서, 국민의 지속적 참여를 유지할 수 있는 소통의 플랫폼을 구축할 필요가 있다(김준형 2018). 단발성 소통이 의미가 아무런 의미가 없는 것은 아니나, 점진적이고 장기적인 노력을 필요로 하는 공공외교의 특성을 감안할 때 국내적 차원에서도 국민의 지속가능한 참여를 위한 플랫폼의 완비가 필요하다.

V. 맺음말

세력 변동과 세력 확산은 세계정치의 성격을 근본적으로 변화시키고 있다. 중국의 부상과 미국의 상대적 쇠퇴로 상징되는 세력 변동이 국가 간 하드 파워의 변화에 수반된 것이라면, 세력 확산은 권력의 소재가 비정부 행위자로 확산되는 과정에서 발생하는 변화이다. 세력 변동과 세력 확산은 공공외교의 성격과 수단을 변화시키는 결과를 초래하였다. 세력 변동으로 인해 강대국의 전유물이었던 공공외교를 중견국들도 효과적으로 추진할 수 있는 계기가 마련되었다. 하드 파워와 소프트 파워와 같이 개별 국가가 가진 내재적 속성에 기반한 공공외교에서 네트워크 구조 내의 유리한 위치를 점하는 데서 오는 네트워크 공공외교의 가능성이 열린 것이다. 세력 확산은 네트워크 공공외교를 더욱 촉진하는 요인으로 작용하였다. 다양한 행위자의 등장과 디지털 기술의 활용으로 인해 정부뿐 아니라 비정부 행위자들이 빠른 속도로 쌍방향적이고 수평적인 의사소통을 할 수 있게 됨으로써 공공외교의 네트워크적 속성이 더욱 강화된 것이다.

국민외교는 공공외교의 국내적 차원의 변화로 인해 추동되었다. 공공외교가 상대국 정부뿐 아니라 상대국 국민들을 대상으로 다양한 방식의 외교 활동을 전개하는 데 치중한 나머지, 국내적 차원에서 국민들의 의사를 수렴하고 쌍방향적으로 소통하는 데 소홀한 면이 있었다는 비판적 인식에서 국민외교가 대두되었다. 네트워크 공공외교의 관점에서 보면 국민외교는 자국 정부, 자국 국민, 상대국 정부, 상대국 국민을 유기적인 네트워크로 엮어내는 데 있어서 연결되지 않은 마지막 링크(missing link)를 연결함으로써 공공외교의 네트워크적 성격을 강화하였다는 의미가 있다. 이는 국민의 의사를 적극적으로 수렴함으로써 국민의 지지 속에 추진되는 공공외교가 더욱 효과적이라는 인식의 전환에 따른 것이라고 할 수 있다

1   공공외교가 대두된 배경은 무엇인가? 정부 간 외교와 공공외교의 차이점은
     무엇인가?

2   21세기 세계정치가 변화하는 원인과 결과는 무엇인가? 세계정치의 변환이 공
     공외교에 미치는 영향은 무엇인가? 공공외교 패러다임은 어떻게 변화하고 있
     는가?

3   중견국의 공공외교는 강대국의 공공외교와 어떤 차이가 있는가?

4   네트워크 공공외교와 기존 공공외교의 차이점은 무엇인가? 행위자의 다양화
     와 매체의 다양화가 공공외교에 미치는 영향은 무엇인가?

5   디지털 기반의 네트워크 공공외교가 갖는 장점과 한계는 무엇인가?

6   국민외교란 무엇인가? 국민외교가 대두된 국내외적 배경은 무엇인가?

추천 문헌

- 김상배·이승주·배영자 편. 2013. 『중견국의 공공외교』. 사회평론.
- 김준형. 2018. "'국민외교'의 출발과 가야 할 길." 『주요국 여론과 공공외교』. JPI 정책포럼. No. 2018-07/08/09.
- Grant, Ricahrd. 2004. "The Democratisation of Diplomacy: Negotiating with the Internet", *Discussion Papers in Diplomacy*, Netherlands Institute of International Relations 'Clingendael'.

참고 문헌

김상배. 2014. "권력변환과 네트워크 권력론." 『아라크네의 국제정치학: 네트워크 세계정치이론의 도전』. 한울. 225-279.

김상배·이승주·배영자 편. 2013. 『중견국의 공공외교』. 사회평론.

김준형. 2018. "'국민외교'의 출발과 가야할 길." 주요국 여론과 공공외교. JPI 정책포럼. No. 2018-07/08/09.

김태환. 2012. "21세기 한국형 '신공공외교(New Public Diplomacy): 외교정책의 패러다임 쉬프트와 전략적 맵핑." 국립외교원 외교안보연구소 주요국제문제분석.

외교부 홈페이지 http://www.mofa.go.kr/www/wpge/m_20937/contents.do

진행남. 2013. "중견국의 소프트 파워 증진 방안: 한국의 공공외교를 중심으로." JPI 정책포럼. No. 2013-03.

한인택. 2015. "한국형 공공외교 모델의 모색: 정책네트워크를 활용한 맞춤형, 과학적 공공외교." JPI Research Forum. 제주평화연구원.

Bjola, Corneliu. 2019. The "Dark Side" of Digital Diplomacy. USC Center for Public Diplomacy Blog. January 22. 〈https://www.uscpublicdiplomacy.org/blog/dark-side-digital-diplomacy〉.

Cho, Yun Young. 2012. "Public Diplomacy and South Korea's Strategies." *The Korean Journal of International Studies* 10(2):

275–296.

Grant, Ricahrd. The Democratisation of Diplomacy: Negotiating with the Internet. Discussion Papers in Diplomacy. Netherlands Institute of International Relations 'Clingendael.'

Gregory, Bruce. 2014. The Paradox of US Public Diplomacy: Its Rise and "Demise." Institute for Public Diplomacy & Global Communication. George Washington University.

Huijgh, Ellen. 2013. "Changing Tunes for Public Diplomacy: Exploring the Domestic Dimension." *Exchange: The Journal of Public Diplomacy* 2(1): 62–73.

Ingenhoff, Diana, Giada Calamai, and Efe Sevin. 2021. "Key Influencers in Public Diplomacy 2.0: A Country–Based Social Network Analysis." *Social Media+Society*: 1–12.

Lancaster, Carol. 2006. *Foreign Aid: Diplomacy, Development, Domestic Politics*. The University of Chicago Press.

United States Advisory Commission on Public Diplomacy. 2014. Comprehensive Annual Report on Public Diplomacy and International Broadcasting. Focus on FY13 Budget Data.

U.S. Department of State and U.S. Agency for International Development. 2010. Quadrennial Diplomacy and Development Review: Leading through Civilian Power. Washington, D.C.: U.S. Department of State and U.S. Agency for International Development.

저자 소개

김상배 서울대학교 정치외교학부 교수

미국 인디애나대학교 정치학 박사

연구업적:『미중 디지털 패권경쟁: 기술-안보-권력의 복합지정학』(한울아카데미, 2022), 『버추얼 창과 그물망 방패: 사이버 안보의 세계정치와 한국』(한울아카데미, 2018), 『아라크네의 국제정치학: 네트워크 세계정치이론의 도전』(한울아카데미, 2014) 외 다수

송태은 국립외교원 안보통일연구부 조교수

서울대학교 외교학 박사

연구업적: "바이든 행정부의 인공지능 국가정책"(국립외교원, 2022), "신기술 무기의 안보적 효과와 주요 쟁점"(국립외교원, 2021), "인공지능 기술을 이용한 국가의 사회감시 체계 현황과 주요 쟁점"(국립외교원, 2020), "하이브리드 위협에 대한 최근 유럽의 대응"(국립외교원, 2019) 외 다수

안태현 서울대학교 국제문제연구소 선임연구원

미국 노트르담대학교 정치학 박사

연구업적: "플라톤 해석을 중심으로 살펴본 누스바움 연구의 변화와 특징: 인간과 행복에 대한 철학적 이해와 정치적 해법"(『21세기정치학회보』, 2020) 외 다수

박종희 서울대학교 정치외교학부 교수

미국 워싱턴대학교 세인트루이스 정치학 박사

연구업적:『개발협력의 세계정치』(사회평론아카데미, 2016), "Detecting Structural Changes in Longitudinal Network Data" *Bayesian Analysis*(2019) 외 다수

배영자 건국대학교 정치외교학과 교수

미국 노스캐롤라이나대학 정치학 박사

연구업적: "공공외교로서 과학기술외교"(2011), "미중 패권경쟁과 과학기술혁신"(2016) 외 다수

전재성 서울대학교 정치외교학부 교수

미국 노스웨스턴대학교 정치학 박사 정치학 박사

연구업적:『동북아 국제정치이론: 불완전국가들의 국제정치』(한울출판사, 2020),『주권과 국제정치: 근대주권국가체제의 제국적 성격』(서울대학교출판문화원, 2019) 외 다수

박성우 서울대학교 정치외교학부 교수

미국 시카고대학교 정치학 박사

연구업적:『동굴 속의 철학자들: 20세기 정치철학자와 플라톤』(편저, 서울대학교출판문화원, 2021),『정치사상사 속 제국』(편저, 서울대학교출판문화원, 2019),『영혼돌봄의 정치: 플라톤 정치철학의 기원과 전개』(인간사랑, 2014) 외 다수

조동준 서울대학교 정치외교학부 교수

미국 펜실베이니아주립대학교 정치학 박사

연구업적: "Bargaining, Nuclear Proliferation, and Inter-state Dispute" *Journal of Conflict Resolution*(2009), "사회세력과 담론 간 이합집산"(2015), "신호이론으로 분석한 2013년 한반도 위기"(2018) 외 다수

신범식 서울대학교 정치외교학부 교수

러시아 모스크바국제관계대학(MGIMO) 정치학 박사

연구업적:『기후변화와 사회변동』(사회평론아카데미, 2022),『북중러 접경지대를 둘러싼 소지역주의 전략과 초국경 이동』(이조, 2020),『평화의 신지정학』(박영사, 2019) 외 다수

이승주 중앙대학교 정치국제학과 교수

미국 캘리포니아 버클리대학교 정치학 박사

연구업적: *The Political Economy of Change and Continuity in Korea: Twenty Years after the Crisis*(Springer, 2018), "불확실성 시대의 국제정치경제: 자유주의 국제질서의 위기?"(2017) 외 다수